분단트라우마와 치유의 길

이 책은 2009년 정부(교육과학기술부)의 재원으로 한국연구재단의
지원을 받아 제작되었습니다.(NRF-2009-361-A00008)

■ **건국대학교 통일인문학연구단(IHU)**
The Institute of the Humanities for Unification

통일 문제에 대한 인문학적 성찰과 지혜를 모으고자 '소통·치유·통합의 통일인문학'을 표방하며 건국대학교 인문학연구원에서 출범한 연구기관이다.
2009년 한국연구재단의 '인문한국(HK)지원사업'에 선정되면서 연구 체계를 본격화하였으며, 2012년 1단계 평가에서는 '전국 최우수 연구소'로 선정되었다.
통일인문학은 사람 중심의 인문정신을 바탕으로 한반도의 통일 문제를 진단하고 그 해법을 찾고자 하는 새로운 학문 영역으로서, '체제의 통일'을 넘어 '사람의 통일'로, 분단과 대결의 시대에서 통일과 평화의 시대로 나아가기 위한 인문학적 성찰과 지혜를 모으고자 한다.
'소통·치유·통합'의 아젠다를 통해 새로운 통일 패러다임을 모색하고 있는 통일인문학연구단은 앞으로도 분단 극복과 한민족 통합의 인문적 비전을 제시하기 위한 학문 연구와 사회 활동을 활발하게 펼쳐 나갈 것이다.

통일인문학 길 02

분단트라우마와 치유의 길

© 건국대학교 통일인문학연구단, 2015

1판 1쇄 인쇄_2015년 01월 20일
1판 1쇄 발행_2015년 01월 30일

지은이_건국대학교 통일인문학연구단
펴낸이_양정섭
펴낸곳_도서출판 경진
      등록_제2010-000004호
      블로그_http://kyungjinmunhwa.tistory.com
      이메일_mykorea01@naver.com
공급처_(주)글로벌콘텐츠출판그룹
      대표_홍정표
      편집_김현열 송은주 **디자인**_김미미 **기획·마케팅**_노경민·이용기 **경영지원**_안선영
      주소_서울특별시 강동구 천중로 196 정일빌딩 401호
      전화_02) 488-3280 **팩스**_02) 488-3281
      홈페이지_http://www.gcbook.co.kr

값 25,000원
ISBN 978-89-5996-440-6 93340

통일인문학 길 **02**

분단트라우마와
치유의 길

건국대학교 통일인문학연구단

경진출판

분단서사를 넘어 통합서사로,
분단트라우마 치유의 길을 찾는 통일인문학

　건국대학교 통일인문학연구단은 출범 이래 삶과 소통하는 인문정신의 관점에서 통일을 사유함으로써 새로운 통일 패러다임을 정립하고자 노력해 왔다. 그리고 그 방향은 남북 주민들의 마음과 몸에 아로새겨진 적대적인 가치—정서—문화를 극복하는 '사람의 통일'을 지향하는 것이었다. 정치경제적 체제통합 이전에 가치—정서—문화적인 차원에서 '사람의 통일'이 필요한 이유는 그것이 정치경제적 통합을 떠받치는 바탕이자 통일을 진정한 사회적 통합으로 만드는 근본적인 힘이기 때문이다. 따라서 통일은 상이한 체제에서 살아온 사람들이 소통하고, 분단의 상처를 치유하면서 통합적인 새로운 민족적 공동체를 창출하는 과제가 될 수밖에 없다. 이런 점에서 통일인문학은 '사람의 통일'이란 관점에서 소통·치유·통합의 패러다임을 새롭게 정립하려는 통일학이라고 할 수 있다.

　하지만 이런 시도에 대해 적극적으로 동의하는 사람들조차 통일인문학이 '사람의 통일', '인문학적 통일론'쯤으로 단순하게 이해할 뿐, 그것이 학문적으로 어떤 이론체계를 가지고 연구가 진행되고 있는지를 아는 경우는 흔치 않다. 이것은 '소통·치유·통합의 통일인문학'을 내세우면서 연구를 진행해 왔던 건국대학교 통일인문학연구단이 여러 학술대회나 논문투고를 통해서 연구 성과를 발표해 왔음에도 불구하고 주로 개별적이면서 산발적으로 발표가 이루어져 전체적인 연구 상황을 한눈에 확인할 수 없었기 때문이기도 했다. 따라서 통일인문학연구단은 기간에 이루어진 연구 성과들 중에서 '소통·치유·통합의 통일인문학'을 전체적으로 그려 볼 수 있는 논문들을 모아서 세 권의 연작 시리즈를 기획·발간하기로 했다.

'사람의 통일'이라는 통일인문학의 통일학은 '소통·치유·통합'이라는 세 가지의 이론적 패러다임으로 구성되어 있다. 이것은 이전까지 한국에서의 통일담론이 분단 극복의 문제를 '체제통합'이나 '민족동질성 회복' 차원에서 접근했으나, 사람의 통일과 관련된 남북 주민들 사이의 분단과 가치·정서·욕망의 문제들을 다루지 않았기 때문에 이를 새로운 이론적 틀로 개념화하여 분단의 역사에 적용하여 사람의 통일이라는 길을 찾고자 했기 때문이다. 이 연작에서는 이런 가치·정서·문화분단의 문제를 '분단아비투스(habitus of division)', '분단트라우마(trauma of division)', '민족공통성(national commonality)'이라는 새로운 개념화를 통해서 분단 극복의 문제가 '정서적·신체적 분단'을 극복하고 '통일의 사회적 신체'를 만들어 가는 것이자 미래기획적으로 민족공통성을 창출해 가는 과정이라는 점을 밝혀 놓고 있다.

또한, 그것은 남북소통의 장애물인 분단아비투스를 해체하는 '소통의 길', 분단트라우마를 치유하면서 분단서사를 극복하는 '치유의 길', 차이들의 접속과 공명을 통해 민족공통성을 창출하는 '통합의 길'을 찾아가는 것이라고 할 수 있다. 바로 이런 점에서 통일인문학연구단은 『분단의 아비투스와 남북소통의 길』, 『분단트라우마와 치유의 길』, 『민족공통성과 통일의 길』이라는 제하로 〈통일인문학 '길' 시리즈〉를 발간하게 되었다. 이 책 각 권은 제목이 보여 주듯이 각각 '사람의 통일'이라는 기치하에서 '분단아비투스, 분단트라우마, 민족공통성'에 대한 이론적 개념화 및 패러다임 구성에서 시작하여 이를 극복하는 '소통의 길', '치유의 길', '통합의 길'을 실천적으로 찾아가는 연구 결과물들을 순차적으로 연결해 놓은 방식으로 구성되어 있다. 〈통일인문학 '길' 시리즈〉 중 『분단트라우마와 치유의 길』은 다음과 같은 문제의식과 기획의도에서 출발하고 있다.

코리언에게 있어 일제 식민지 지배는 부국 강병한 근대적 국가로 향한 민족적 리비도의 흐름을 가로막고 '민족≠국가'의 어긋남을 만들어 낸 역사적 비극이었다. 그러하기에 제2차 세계 대전의 종결과 함께 찾아온 해방은 대중들에게 좌절되었던 '민족=국가'를 이룰 수 있다는 희망을 한껏 안겨 주었다. 하지만 그 희망이 곧바로 현실로 이어질 수는 없었다. 미·소를 중심으로 한 승전 연합국들이 일본군의 무장 해제를 빌미로 한반도의 남과 북을 각각 점령하면서, 한반도는 어지러운 역사의 소용돌이 속에서 또 한 번 시련을 겪어야 했다. 대중들의 반대에도 불구하고 결국 신탁 통치안이 통과되면서 남과 북은 분단되고 만다. 그것은 일제 식민지 지배 시절에 겪었던 '민족≠국가'의 어긋남을 재차 경험하는 것이었다. 그런 이유로 분단트라우마는 아물지 않은 식민트라우마에 다시 생채기를 내는 것과 같은 이중의 상처였다.

문제는 '민족≠국가'의 어긋남이 일제 식민지 지배의 그것과 같은 것이 아니라는 점에 있다. 분단으로 인한 어긋남은 외세에 의해 국권이 상실되면서 발생한 것이 아니다. 그것은 해방 이후 미·소를 중심으로 한 냉전 질서가 형성되는 가운데 하나의 민족이 두 개의 진영으로 나눠진 결과이다. 그러나 남과 북, 이 둘 중 누구도 민족 전체를 대표하는 온전한 국가가 될 수는 없었다. 이 둘은 '민족≠국가'의 어긋남을 극복하지 못하고 결핍을 가진 '결손국가'이기 때문이다. 따라서 하나의 국가를 건설하겠다는 대중들의 열망은 분단국가와의 마주침 속에서 미끄러질 수밖에 없었던 것이다.

이는 무엇을 말하는가? 그것은 분단국가가 대중들의 열망에 응답할 수 없으며 그러한 이유로 각자가 가진 결핍을 은폐하고 어떠한 방식으로든 그 틈새를 땜질할 필요가 있다는 것이다. 이에 남과 북의 국가는 한편으로는 좌절된 민족의 에로스적 욕망을 상호 적대성에 기반한 타나토스적 욕망으로 전치시키면서, 또 한편으로는 공포와 삭제의 정치 논리 속에서 민족적 열망을 폭력적인 방식으로 '억압'한다. 그렇기에 예컨대 제주 4·3, 여순사건 등에서 보듯이 남북 총선거가 무산되고 단독 정부를 수립하는 과정은 순탄할 수 없었던 것이다. 억압의 과정은 배제와 포함의 경계에서 국가 폭력으로 이어졌으며, 이 과정에서 수많은 사람들이 죽어 갔다. 그러나 '희생자'는 그렇게 죽어 간 자들에게 한정되지 않는다. 사랑하는 사람을 상실한 가족들 그리고 그러한 죽음들을 목격하며 살아남은 자들 역시 죽을 때까지 씻을 수 없는 '트라우마'를 안고 살아가야 했기 때문이다. 따라서 분단트라우마는 국가 폭력트라우마와 결합되게 된다.

하지만 비극의 역사는 여기에서 끝난 것이 아니었다. 분단은 더 큰 비극을 몰고 왔다. 1950년 6·25전쟁이 발발한 것이다. 몇몇 사람들이 말하듯이 어쩌면 이 전쟁은 이미 예견되어 있었는지 모른다. 왜냐하면 남북이 분단되었고 단독정부를 수립하였다고 해서 통합에 대한 열망이 사라진 것은 아니며, 오히려 통합의 열망은 긍정적으로 나아가지 못하고 공포와 삭제의 정치 논리 속에서 부정적 통합의 욕망으로 전치되어 있었기 때문이다. 그렇기에 이 전쟁은 그러한 욕망이 상대를 폭력적으로 내입(內入)해서라도 이루겠다는 극단적인 형태로 나타난 결과였다고 할 수 있다. 그러나 3여 년간의 전쟁은 결국 3·8선을 휴전선으로 대체했을 뿐 승리자 없이 막을 내리게 된다.

이 전쟁이 남긴 것이 있다면 그것은 동족을 살해했다는 죄의식이다. 죄의식은 곧 자기를 향한 마조히즘적 공격성향을 가진다는 점에서 코나투스를 유지하기 위해서 그것은 외부로 돌려질 필요가 있다. 남과 북은 피해자와 가해자라는 이분법적 논리 속에서 분단과 전쟁에 대한 책임을 서로에게 전가하면서 그 죄의식을 원한과 증오의 감정으로 전치시킨다. 따라서 자신은 '민족의 계승자', '순수', '선'이 되는 반면 상대는 곧 '민족의 배반자', '비순수', '악'이라는 환상적 규정 속에서 절멸의 대상이 된다. 이 과정에서 '분단의 사회적 신체'는 분단서사를 내면화하면서 사회 구조적으로 (재)생산되어 왔던 것이다. 분단 70여 년이라는 오랜 세월이 흘렀음에도 불구하고 상호 간에 반목과 갈등을 반복하는 것은 바로 그러한 분단의 사회적 신체가 재생산되고 있음을 말해 주는 것이다. 그렇기에 분단 극복과 통일이 단지 정치·경제적인 체제 통합이 아니라 사람의 통합, 마음의 통합이 되어야 한다면 통일의 과정은 그러한 사회적 신체를 통일의 신체로 바꾸어 가는 것이어야 한다.

이에 건국대학교 통일인문학연구단은 분단 극복과 통일에 있어 무엇보다 중요한 것 중 하나가 지난 70여 년 동안 남과 북이 경험하였던 비극의 역사가 남긴 '분단트라우마'를 치유하는 것이라고 보고 그 치유 방법을 모색하여 왔다. 이 책은 그 중 이미 발표 되었던 몇몇 논문들을 한데 모아 새롭게 엮은 것이다.

제1부 '분단서사의 진단'에서는 분단트라우마의 개념과 분단의 사회적 신체를 재생산하는 기제로 작동하고 있는 분단서사의 양상을 살피고 있다. 여기에서 대상이 되는 사람들은 크게 두 분류로 나눌 수 있다. 하나는 분단과 전쟁 전후 한반도에서 발생하였던 비극을 직접 체험한 사람들이다. 이들은 공식적으로 기록되지 않은 역사를 생애담을 통해 구술하고 있다. 하지만 여기에서 중요한 것은 그러한 생애담을 통해 역사적 사실(fact)을 복원하는 것이 아니다. 그보다 더 중점을 두고 있는 것은 이들이 역사를 기억하는 '방식'이다. 왜냐하면 분단트라우마는 피해자와 가해자의 논리적 구도 속에서 상대에 대한 원한과 증오의 감정으로 점철된 기억을 지니고 있기 때문이다. 또 다른 하나의 대상은 북을 떠나 남한에 거주하는 탈북민들이다. 이들은 전자와 같은 비극의 역사를 경험한 사람들이 아니다. 하지만 이들은 한반도의 분단국가 중 하나인 북에서 왔다는 점에서 남한 주

민과의 접촉은 분단의 두 신체 간에 만남을 의미하며, 이 만남 속에서 이들이 경험하게 되는 민족 동일화에 대한 욕망 좌절 그리고 사회적 배제와 차별은 한국 주민들이 지닌 분단서사로 인한 배타적 적대심에서 나오는 것이다. 그러한 점에서 탈북민들이 탈북 과정뿐만 아니라 한국에서 일상적으로 경험하는 트라우마는 통일 시대에 우리가 대비해야하는 여러 가지 문제점을 미리 짚어 본다는 중요한 의미를 지닌다. 요컨대, 1부에 실려 있는 글들은 분단의 신체가 지니고 있는 분단트라우마의 중핵을 분단서사의 문제로 짚어 내면서 그것을 만들어 가는 것이 남남 그리고 남북 통합의 길이 될 것이라고 제안하고 있는 것으로 읽을 수 있다.

① 김성민·박영균, 「분단의 트라우마에 관한 시론적 성찰」(『시대와 철학』 21권 2호, 한국철학사상연구회, 2010)은 남북 분단구조의 '공생적 적대'를 정신분석학적으로 해명하고자 하는 연구이다. 특히 이 논문은 "왜 대중들이 끊임없이 냉전으로 회귀하기를 원하는가?"에 대한 문제의식을 통해, 사회심리학의 차원에서 한반도의 민중이 가지고 있는 무의식의 형성에 주목한다. 그래서 통일된 민족국가를 염원했던 '민족적 리비도'의 흐름이 중단되고 결국엔 "원죄의식을 타자에 대한 폭력으로 전환시키는 메커니즘 속에"서 탄생한 분단트라우마의 구체적인 실상을 도출한다. 궁극적으로 이 논문은 분단트라우마의 치유방안에 대해 민주주의의 발전, 억압된 기억의 회복과 자기서사의 구성, 분단서사로부터 통합서사로의 이행을 제시하고 있다.

② 박경열, 「제주 여성 생애담에 나타난 4·3의 상대적 진실」(『통일인문학논총』 47집, 건국대학교 인문학연구원, 2009)은 제주도에 거주하는 한 여성의 생애담을 통해 그들이 기억하고 있는 4·3사건에 주목한다. 이 논문은 "제주 4·3사건이 제주도민에게는 생애에 잊을 수 없는 큰 경험이고 기억"임을 주장하면서, 여성의 생애담을 통해 4·3사건의 '진실'과 그 기억을 추적한다. 이때 그 여인의 생애담에는 자신들에게 규정되었던 가해자의 표상이 오히려 피해자로 전환된다. 그렇다

고 해서 그러한 전환이 결코 상대에 대한 공포와 증오만을 남기는 것은 아니다. 결론적으로 이 논문은 가해자와 피해자의 논리적 구도 속에서 서로에 대한 용서와 화해의 단초를 발견할 수 있는 성찰적 지점에 대해 고민하고 있다.

③ 김종군, 「지리산 인근 여성 생애담에 나타난 빨치산에 대한 기억」(『통일인문학논총』 47집, 건국대학교 인문학연구원, 2009)은 좌우 이념 투쟁의 소용돌이 속에서 각 개인들에게 남겨졌던 트라우마가 어떻게 전승되고 있으며, 또 어떻게 극복되는지를 살펴보고 있는 논문이다. 특히 "지리산 인근에 살았거나 살고 있는 두 여성의 생애담을 통하여, 지리산과 백운산에 숨어들었던 빨치산 치하에서의 삶의 실상을 살피고, 그 트라우마를 어떻게 극복하는지"에 고민한다. 그래서 이 논문은 생애담이 갖는 치유적 성격에 주목한다. 이를테면 "말하지 못하고 가슴 속에 담아둔 한을 서서히 풀어내도록 유도하는 것"은 그 자체가 서로에 대한 이해와 용서의 마음을 발현시키는 기제가 될 수 있다는 것이다.

④ 박재인, 「탈북 여성 B의 구비설화에 대한 이해 방식과 자기서사」(『고전문학과 교육』 26집, 한국고전문학교육학회, 2013)는 20대 초반의 탈북 여성 B를 대상으로 실행한 문학치료 활동 결과에 대한 연구이다. 특히 "북한이탈의 궁극적인 목적이 더 나은 인간다운 삶을 지향하는 데에 있다고 한다면, 그들의 내면을 어루만져 줄 수 있는 인문학적 접근이 유용할 수 있다"는 전제 아래, 문학치료적 관점에서 그들의 트라우마에 대한 치유의 단초를 발견하기 위한 연구이다. 결과적으로 이 논문은 고전설화에 대한 창조적 재독해를 함으로써 인간이 갖는 자기서사의 방식을 건강한 방향으로 강화시키고 삶을 살아가는 긍정적 에너지를 증진시키는 문학치료의 실증적 사례를 북한이탈주민의 문학치료로부터 찾고 있다.

⑤ 나지영, 「탈북 청소년의 적응 문제와 분단서사: 탈북 청소년 A의 전교회장 당선 사례를 중심으로」(『통일인문학논총』 55집, 건국대학

교 인문학연구원, 2013)는 북한이탈주민의 남한사회로의 적응을 가로막는 근본적 요인이 무엇인지에 주목하면서, 문학치료적 관점에서 그에 대한 치유의 방식을 모색하고 있는 연구이다. 특히 이 논문은 그것의 구체적인 사례로서 "서울 모 중학교에서 탈북 청소년 A가 전교회장으로 당선되는 과정에서 작동하고 있던 분단서사의 실체를 드러내"고자 한다. 그래서 이 논문은 어떤 주체가 다른 주체들과 대등한 관계가 아니라 언제나 우위에 서려고 하는 인간관계 양태를 '분단서사'의 구체적인 작동양태로 규정하면서, 북한이탈주민과 남한주민이 서로 대등하고 평등한 관계를 맺어갈 수 있는 '서사의 전환'을 촉구하고 있다.

제2부 '분단트라우마의 실상'에서는 분단 이후 발생하였던 여러 유형의 트라우마들을 구체적이고 다각적인 측면에서 조망하면서 특히 분단트라우마가 낳는 또 하나의 문제점 즉, 남북 간의 적대성이 이 둘 간의 문제로 국한되지 않고 남남 갈등으로 전이되고 있다는 점에서 주목한다. 주지하다시피 오늘날 한국 사회에서 남북 간의 갈등은 정치적 차원에서는 '진보=친북 vs 보수=반북'이라는 대결적 구도를 만들고 있으며 나아가 지역, 세대 간의 갈등을 낳으면서 우리 내부의 분열을 형성하는 데 주요 요인으로 작동하고 있다. 이러한 점에서 이 글들은 전쟁 이전 3·8선 이북이었던 아바이마을 사람들에서부터 남편과 아들을 분단과 전쟁으로 인해 상실한 여성 그리고 탈북민들에 이르기까지 분단트라우마를 지닌 다양한 삶에 대해 분석하고 있는 것이다. 하지만 이 글들이 분석에만 머무르는 것은 아니다. 이 글들은 여기에서 더 나아가 시론적이나마 분단트라우마의 치유를 위한 방향성까지 제시하고 있다. 트라우마의 치유에 있어 중요한 것은 안정적인 상태에서 트라우마와의 대면을 통해 그것을 자기 서사로 통합하는 것이다. 그것은 상처를 잊어버리는 것이 아니라 곧 자기 삶의 일부로 받아들여 인정하는 것을 말한다. 그러나 분단트라우마가 지

닌 난점은 그것이 개인적인 차원에서 치유될 수 없다는 점이다. 왜냐하면 분단트라우마를 현재화하는 것은 남북 그리고 남남 간에 뿌리 깊이 박혀 있는 적대성이기 때문이다. 다시 말해 분단트라우마는 사회적 심리 토양 그 자체를 바꾸지 않는 한 반복될 수밖에 없다는 것이다. 따라서 분단트라우마를 치유하기 위해서는 분단과 전쟁의 역사 속에서 우리 모두가 피해자이며 함께 고통을 겪었으며, 겪고 있다는 '공감적 연대감'의 생산이 필요하다. 그럴 때 비로소 자신이 경험했던 비극의 역사를 불운했던 한반도의 역사 속에서 이해하고 '자기 서사'로 통합하는 것이 가능해지는 것이다.

① 김종군, 「구술을 통해 본 분단트라우마의 실체」(『통일인문학논총』 51집, 건국대학교 인문학연구원, 2011)는 속초 아바이마을 거주민의 구술을 통해 드러나는 '분단트라우마'의 전승 양상을 분석하고 있는 연구이다. 특히 이 논문은 한국 전쟁 전에 월남한 이들이 거주하는 속초 아바이마을의 독특성에 주목하면서, "평생 북에 두고 온 가족에 대한 미안함과 죄책감에 시달려야 하는 트라우마"를 간직하고 있는 이들의 구술을 분석하고 있다. 나아가 이 논문은 자신에 대한 죄책감과 서로에 대한 적대감을 보이는 속초지역의 복합적인 트라우마 양상을 치유하기 위한 대안으로서 '트라우마 실체의 자각' 및 '자기 정체성의 확립'이 어떻게 실현될 수 있는지를 모색하고 있다.

② 강미정, 「북한이탈주민의 탈북경험담에 나타난 트라우마 분석: 『고난의 행군시기 탈북자 이야기』 이승준 사례를 중심으로」(『문학치료연구』 30집, 한국문학치료학회, 2014)은 북한이탈주민의 탈북경험담을 관찰하여 그러한 경험으로부터 발생하게 된 트라우마의 특성을 밝히고, 트라우마를 극복할 수 있는 방안을 전망하기 위한 연구이다. 이를 위해 이 글은 문학치료적 관점에서 특정 북한이탈주민의 경험담을 분석하면서, 그가 갖는 심리적 특성을 "현실회피와 피암시적 경향이 반복됨"으로 규정한다. 따라서 이 논문은 북한이탈주민의 자기독립성을 강화시킬 수 있는 고전설화의 특정한 서사방식을 제안하고

있다.

③ 나지영, 「문학치료학적 관점에서 본 탈북 청소년의 자기서사 진단 사례 연구」(『통일인문학』 52집, 건국대학교 인문학연구원, 2011)는 문학치료학적인 관점으로 탈북 청소년이 겪고 있는 문제의 근본적인 원인을 밝히고 구체적인 극복 방안을 모색하기 위한 연구이다. 특히 이 논문은 어려운 상황에서도 성공에 대한 믿음과 자신감 그리고 미래에 대한 긍정적인 태도를 잃지 않으려는 경향성을 갖고 있는 탈북 청소년의 사례를 통해 내면적으로는 자신의 미래에 대한 반성과 구체적인 과정준비에 소홀히 하는 측면이 강하게 드러나고 있음을 주목한다. 그래서 이 논문은 고전설화의 서사방식에 착안해서, 자신들의 삶을 계획적으로 구성하고 이를 위해 긍정적인 노력을 촉발시킬 수 있는 문학치료프로그램의 구체적인 사례를 제시하고 있다.

④ 박현숙, 「여성 전쟁 체험담의 역사적 트라우마 양상과 대응 방식」(『통일인문학』 57집, 건국대학교 인문학연구원, 2014)은 여성의 전쟁체험담에서 역사적 트라우마로 작용하는 보편적 서사 양상을 부정적인 반응과 적극적인 대응으로 구분함으로써, 여성들이 참혹한 전쟁의 역사적 삶을 어떠한 태도로 대응하고 극복해 나가는지를 살펴보고 있는 연구이다. 특히 이 논문은 여성의 전쟁체험을 '고난의 서사', '상실의 서사', '공포의 서사'로 규정하면서 이러한 트라우마적 양상을 극복할 수 있는 단초들 역시 그녀들의 삶의 방식과 태도로부터 찾고자 시도한다. 이를테면, "여성들은 전쟁 상황에서도 가족을 부양하는 가장의 책임감으로 어떤 생명의 위협에도 삶을 포기하지 않고 끝까지 감내해" 가는 모습에 주목하면서 전쟁의 상흔을 자정적으로 치유해 내는 여성의 서사구조의 특성을 성찰적으로 규명하고 있다.

제3부 '분단트라우마의 치유'에서는 문학, 구술, 영화에 이르기까지 여러 매체를 활용한 치유 방법론을 제시하면서, 분단 체제가 형성한 자기중심성을 해체하고 분단서사를 '포용의 서사' 혹은 '통합서사'

나아가 '통일서사'로 만들어 갈 것을 제안하고 있다. 하지만 이 글들에서 제시하는 포용, 통합, 통일을 서로에 대한 차이를 동일성의 논리로 환원하여 동질화하는 것으로 이해되어서는 안 된다. 오히려 이 글들이 전제하는 바는 타자는 근본적으로 나와 '다름'을 지닌 존재라는 것을 인정하고 소통하고 협력해야 하는 대상으로 받아들이며, 서로가 가진 차이는 제거되거나 삭제되어야 하는 것이 아니라 생성의 힘이 되는 것으로 받아들여야 한다는 것이다. 그러한 점에서 분단트라우마를 '치유(healing)'한다는 것은 일반적인 정신의학이나 병리학이 가진 치료(therapy)와는 다른 것이다. 분단트라우마의 치유는 정상과 비정상이라는 이분법적 구도 속에서 비정상의 정상화를 의미하는 것이 아니다. 그것은 서로의 아픔에 대하여 공감하며, 우리가 지닌 상처가 그 누구의 탓이 아닌 불운한 역사가 빚어낸 결과물이었다는 점을 받아들이면서 질곡되고 억압되었던 생명의 흐름을 창출하는 것이다.

① 신동혼, 「한국전쟁 체험담을 통해 본 역사 속의 남성과 여성: 우리 안의 분단을 넘어서기 위하여」(『국문학연구』 26집, 국문학회, 2012)는 한국전쟁 체험담에서 드러나는 남성과 여성의 경험·기억·말하기 방식의 특성과 차이에 주목하는 연구이다. 특히 이 논문은 극명하게 드러나는 전쟁에 대한 남성과 여성의 대립적 대응방식이 곧 남성과 여성의 '삶의 분단' 내지 '서사의 분단'이었다고 규정한다. 결론적으로 이 글은 "'나'와 함께 '또 다른 나'로서 가족을 몸과 마음으로 품어왔던 여성들의 삶에 작동해 온 포용의 서사를 주목해야 한다"고 주장한다. 이로부터 나의 가족과 이웃을 끌어안는 노력이 있어야만 진정한 소통과 통합이 가능하기 때문이다.

② 김종군, 「한국전쟁 체험담 구술에서 찾는 분단트라우마 극복 방안」(『문학치료연구』 27집, 한국문학치료학회, 2013)은 한국전쟁 체험담의 다양한 구술 사례에서 등장하는 말하기 방식과 서사의 내용에 주목하면서 한국전쟁이 생산한 분단트라우마를 어떻게 극복할 수 있는지

를 규명하고 있다. 특히 이 글에서는 남북의 분단과 한국전쟁이 지속 시키고 있는 개인의 상처와 정치사회적 갈등이 곧 '분단트라우마'로 규정된다. 그런데 이 글은 이러한 분단트라우마가 한국전쟁 체험담 에서 어떻게 서로 다른 양상으로 드러나는지를 주목하면서, 상대를 가해자로 지목하여 철저하게 비난하는 분단서사에 고착된 말하기 방 식이 아닌 "온정에 입각해서, 더 나아가서 사건의 전모를 객관화하여 말하는 통합서사를 지향하는 말하기 방식"이 분단트라우마를 치유 하는 데 기여할 수 있음을 주장하고 있다. 나아가 그러한 말하기 방 식을 발굴하여 사회적으로 확산시켜 일종의 '담론의 장'을 형성함으 로써 객관적인 구술 치유의 실현이 가능하게 될 것이라고 주장하고 있다.

③ 강미정, 「영화 〈웰컴 투 동막골〉을 통해 본 외상 후 스트레스장 애와 분단서사 극복 전망」(『통일인문학논총』 52집, 건국대학교 인문학연 구원, 2011)은 구체적인 영화를 분석하여 남북 분단에 기인한 외상 후 스트레스 장애 현상을 탐색하고, 문학치료적 관점에서 그러한 증상 이 어떻게 극복될 수 있을지를 제안하는 연구이다. 특히 이 글은 한 국전쟁이 생산한 전쟁 트라우마가 한국의 문학·예술의 다양한 영역 에서 소재로 활용되고 있음에 주목하면서 그러한 작품에서 드러나는 서사구조를 분석하고 있다. 이를 통해 이 논문은 전쟁 트라우마를 생산하는 서사구조가 남과 북의 화해와 공존을 위한 서사로 어떻게 전환될 수 있을지를 여러 고전설화를 통해 규명하고 있다.

④ 김종군, 「구술생애담 담론화를 통한 구술 치유: 『고난의 행군시 기 탈북자 이야기』를 중심으로」(『문학치료연구』 26집, 한국문학치료학 회, 2013)는 북한이탈주민의 구술생애담을 분석하여 이들에 대한 치 유의 방안을 제안하는 데 목적을 둔 연구이다. 이를 위해 이 논문은 '고난의 행군시기'의 북한이탈주민의 탈북경험담을 분석 대상으로 삼음으로써, 이들로부터 발견되는 이산 트라우마·국가폭력 트라우 마·사회폭력 트라우마 등을 고찰하고 있다. 결론적으로 이 글은 북한

이탈주민의 트라우마적 경험을 단순히 사적인 문제로 국한시키지는 것이 아니라 그것을 집단적인 문제로 인식하도록 하고 이를 통해 자신의 고통을 토로하는 '담론의 장' 형성을 곧 북한이탈주민에 대한 '구술치유'의 방안으로 제안하고 있다.

현재, 통일인문학연구단은 이론적 패러다임의 정립을 거쳐 통일의 인문적 가치와 비전 정립 등을 수립하고 이에 근거한 통일인문학의 사회적 확산 및 의제화, 분단 극복의 실천적 적용, 대중화 프로그램 개발로 진화하고 있다. 따라서 건국대학교 통일인문학연구단은 통일의 인문적 가치와 비전 속에서 분단의 아비투스와 트라우마를 극복하는 치유프로그램이나 교육프로그램, 정책개발 등을 포함하여 디지털 콘텐츠들을 활용한 통일인문콘텐츠 개발에 나아가고 있다. 또한, 그 과정 속에서 더 많은 이론적 수정과 연구 분석들이 이루어져야 할 것이다. 따라서 여기서 제시된 통일인문학의 이론적 분석 및 방향이 완결된 것이라고 할 수 없으며 통일인문학의 현실적 구현은 더 많은 연구자들의 결합과 대중들의 대화를 통해서만 완수될 수 있을 것이다.

하지만 그렇기 때문에 이 책이 가지고 있는 의미가 있다. 여기에 실린 글은 새로운 글이 아니다. 이 책에 실린 글들 대부분은 국내·외 학술지나 잡지 등을 통해 발표된 바가 있는 글들이며 그것 중에 한두 개의 글은 다른 책에 실린 경우도 있다. 하지만 그럼에도 불구하고 하나의 책으로 전체 논문들을 다시 엮은 것은 '소통·치유·통합의 통일인문학'이라는 이론적 틀에서부터 그것의 적용까지 전체적인 틀을 보여 주는 데 없어서는 안 되는 글이며 이 책을 통해서 우리는 통일인문학 전체를 보여 주고자 했다. 아마도 독자들은 이 세 권의 책을 통해서 그동안 '통일인문학'이라는 새로운 패러다임에 기초하여 진행되어 왔던 연구 성과의 현재적 지점을 확인할 수 있을 것이다. 게다가 독자들은 이 세 권의 책을 통해서 통일인문학연구단이 어떻게 소통·치유·통합의 통일인문학이라는 길을 찾아 왔는지를 연대기적으로, 이론추상에서 현실적 적용까지를 한눈에 볼 수 있는 기회를 가질 수 있을 것이다.

이렇게 말하고 보니 새로운 통일사유의 지평을 열기 위해 분투해 온 지난 역사와 연구단 선생님들의 고민과 열정을 새삼 떠오르게 되는 것은 어쩔 수 없는 인지상정인지도 모르겠다. 또한, 뿌듯함도 느끼게 된다. 〈통일인문학 '길' 시리즈〉 3권의 발간은 본 연구단의 HK(연구)교수님들 및 일반연구원 선생님들, HK연구원 선생님들의 노고가 오롯이 담겨 있는, 연구단 구성원 모두의 노력과 역량이 결집된 산물이다. 이번 책의 출판을 통해서 모든 분들에게 깊은 고마움과 감사를 드린다. 아울러 연구단의 연구 성과들을 단행본 시리즈로 출간할 수 있도록 배려해 주신 도서출판 경진에도 깊은 감사의 말씀을 전한다. 하지만 그럼에도 불구하고 인문학적 상상력과 성찰이 살아 있는 통일연구는 단순한 고민과 열정만으로 이루어지지 않는다는 점 또한 명백하다. 왜냐하면 분단현실을 정면으로 직시하는 비판적 성찰, 분단 고통을 외면하지 않는 감수성, 인류보편적 가치가 실현되는 통일과정에 대한 비전 등 통일연구의 학문적 자세와 지향은, 그만큼의 노고를 요구하기 때문이다. 앞으로 우리는 그 초심을 잃지 않고 정진하고자 한다.

건국대학교 통일인문학연구단장 김성민

차례

|제1부| 분단서사의 진단

|제2부| 분단트라우마의 실상

|제3부| 분단트라우마의 치유

제1부

분단서사의 진단

분단의 트라우마에 관한 시론적 성찰

김성민·박영균

1. 남·북 분단의 구조, 야누스의 두 얼굴

남·북 관계는 매우 기묘한 관계이다. 이 기묘성은 한치 앞을 내다볼 수 없을 만큼 예측불가능하다는 성격 말고도 상식적인 추측의 수순을 수시로 파괴하면서 화해와 적대의 악순환을 만들어낸다는 점에서 그러하다. 여기에는 안정적인 평화도, 지속적인 냉전도 없다. 냉전은 평화의 계기가 되며 평화는 냉전의 계기가 된다. 예를 들어 '7·4 공동성명'이 유신헌법과 신헌법의 제정으로 나타났고 이것이 이전보다 더 강력한 한반도의 냉전질서를 만들었다는 역사적 사례가 이를 증명한다. 따라서 한반도에서의 분단구조는 야누스의 두 얼굴이다. 그것은 두 개의 전혀 다른 얼굴이지만 분리될 수 없는 하나의 얼굴이다.

그러나 하나이면서 두 개의 얼굴인 이 분단의 구조는 여기서 멈추지 않는다. 그것은 서로의 얼굴 없이 존재할 수 없다. 이승만정권의 북진통일론은 북의 민주기지론의 쌍생아였으며 박정희정권의 유신체제는 북의 유일체제에 대한 쌍생아였다. 심지어 영구미제의 사건으로 남은, '아웅산 테러사건', 'KAL기 폭파사건', 그리고 '금강산댐'과 최근의 '천안함 침몰사건'까지 분단은 진실 없는 상호 적대를 생산하며 치킨게임을 무한 재생하고 있다. 심지어 대통령선거 때면 어김없이 벌어지는 '북풍'과 '총풍'은 그 끝이 어딘지 알 수 없을 정도로 '분단의 구조'는 야누스적이다. 이런 점에서 이종석은 남의 유신체제와 북의 유일체제를 비교하면서 다음과 같은 질문을 던지고 있다.

"과연 대칭적인 상극체제에서 비슷한 시기에 공히 독재체제가 등장했다는 사실은 무엇을 의미하는가?" 이 질문은 한반도 분단구조에 대한 근본적인 질문이라고 할 수 있다. 왜냐하면 남·북은 양쪽 다 자신의 관점에서 상대를 바라보면서 한반도의 분단구조를 전체로서 사유하지 않기 때문이다. 한반도를 전체로 사유하기 위해서는 우선적으로 분단구조 그 자체를 사유해야 한다. 이런 점에서 한반도의 분단을 사유해 온 강만길이나 백낙청, 그리고 송두율은 항상 전체로서의 한반도를 연구 대상으로 삼는다. 예를 들어 강만길은 '분단시대'를, 백낙청은 '분단체제'를, 그리고 송두율은 '집합적 단수로서의 우리'를 사유한다.

그런데 아이러니하게도 이런 사유들은 대부분 하나의 지점에서 만나고 있다는 점이다. 백낙청은 "세계체제의 하위체제이면서 일정한 독자성을 갖는 남북한 체제의 독특한 결합"[1]으로 분단체제를 제시하면서, 체제경쟁 속에서 남북 기득권세력들이 일정하게 공생하는 관계를 이야기하고 있으며 이종석 또한, "적대적 의존관계"와 "거울이미지효과(mirror image effect)"로 남북의 분단구조를 설명하고 있다.[2] 여기서 적대적 의존관계는 "남북한이 서로 상대방과의 적당한

---

1) 백낙청, 『민족문학의 새 단계』, 창작과비평사, 1990, 83쪽.
2) 송두율의 논의 또한, 다르지 않다. 그에게서 '휴전선'은 "이러한 '상호성'을 긍정적인 의미에서보다는 부정적인 의미에서 더 부각"(『민족은 사라지지 않는다』, 한겨레신문사, 2000, 128쪽)시키는 것이며 그의 경계의 철학은 이와 같은 상호성을 동일율에 따른 배제가 아니라 차이의 인정이라는 그 분열성 자체로부터 나오는 철학이다.

긴장과 대결국면 조성을 통해서, 이를 대내적 단결과 통합 혹은 정권 안정화에 이용하는 관계"이며 거울이미지효과는 "일방의 행위가 상대방의 반작용을 일으키는 효과"를 말한다.[3] 따라서 남북의 분단구조는 베링턴 무어가 말하는 '적대적 공생, 또는 공생적 적대(symbiotic antagonism)'의 관계를 가지고 있는 구조라고 할 수 있다.

위의 분석들은 한반도 분단구조의 내재적인 의존성, 적대적 공생의 사회-정치적 구조, 세계체제 속에서의 남·북 구조를 파악할 수 있게 하는 장점을 가지고 있다. 하지만 이런 분석들은 사회-정치적 구조의 차원에 머물 뿐, 근본적으로 이런 적대적 공생의 구조가 어떻게 두 체제 내부에 강고하게 자리 잡을 수 있었는가에 대한 답을 줄 수는 없다. 왜냐하면 현재의 적대적 공생 구조는 위로부터의 강제가 아니라 아래로부터의 적극적 동의와 요구에 근거하고 있기 때문이다. 따라서 이와 같은 답변은 여전히 남·북 분단구조의 적대적 공생 구조의 강고함을 설명하는 데 역부족이다.

그렇다면 이제 물어져야 할 것은 '끊임없이 냉전으로 회귀하며 회귀하기를 원하는 대중의 본능은 무엇인가'이다. 여기서 해명되어야 할 것은 이런 적대적 공생의 구조가 권력자들에 의해 생산되고 있다는 점에 있는 것이 아니라 남·북의 인민들 스스로 이와 같은 권력의 메커니즘을 자발적으로 수용하고 재생산하고 있다는 점이다. 이 논문은 이 문제를 해명하고자 한다. 이를 위해 첫째, 휴전선을 두고 대치하는 남·북의 '적대'구조가 뿌리박고 있는 남·북 대중들의 심리를 분석하기 위해서 개인 병리적 심리학이 아니라 사회 심리학의 차원에서 무의식의 문제를 설정한다. 둘째, 남·북의 적대적 공생을 생산하는 사회 심리의 중핵에 존재하는 '분단의 트라우마(trauma)'가 형성되어 온 과정을 '역사적 국가'의 해체와 민족≠국가라는 한반도의 특수성

---

3) 이종석, 「남북한 독재체제의 성립과 분단구조」, 역사문제연구소 엮음, 『분단 50년과 통일 시대의 과제』, 역사비평사, 1995, 146~148쪽. 이 글에서는 'mirror image effect'를 '면경영상효과'로 번역했으나 여기서는 '거울이미지효과'로 바꾸었다.

으로부터 해명한다. 셋째, 이를 통해서 이 논문은 현재 남·북 관계의 악순환을 생산하는 트라우마에 대한 치유의 방향을 모색한다.

2. 남·북 적대성의 지층: 분단의 트라우마 분석을 위한 전환 지점들

분단구조 또는 분단체제를 접할 때 우리가 느끼는 당혹감은 남·북 상호간의 적대성이 항상 더 강고하면서도 폭력적인 지배의 권력을 생산한다는 점이다. 우리에게 공포를 불러일으키는 대상은 나의 밖에 있는 '북' 또는 '남'이지만 그 공포를 통해서 실질적으로 나를 억압하는 것은 나와 함께 있는 '남의 권력', 또는 '북의 권력'이다. 이것을 남과 북 내부자의 입장에서 보게 된다면 이 작동의 메커니즘은 보다 명확해진다. 즉, 각기 서로는 서로를 위협하는 공포의 대상이다. 그러나 그 공포가 현실화되는 것은 언제나 남과 북 내부의 권력이다. 남과 북은 외부의 공포를 근거로 국가폭력에 정당성을 부여하며 예외적인 상황을 정상적인 상황으로 바꾼다. 조봉암의 진보당, 민족일보, 인혁당, 인혁당재건위, 민추위, 5.18, 북핵 등 남과 북의 적대성은 지배체제 내부의 위기와 균열을 봉합하는 기제였을 뿐만 아니라 예외적 상황에서의 예외적 조치, 비상조치와 계엄, 5.18과 같은 무자비한 국가폭력을 정당화하는 기제였다.

그러나 이런 남·북의 적대성과 내적인 폭력으로의 전화라는 메커니즘이 지닌 기괴함, 그것의 진정한 이해불가능성은, 그것이 지배 권력 체제의 위기라는 비정상적인 상황에서만 나타나는 것이 아니라 오히려 일상적인 삶에서 끊임없이 환기되고 반복된다는 점에 있다. 그것은 항상 일상적으로 출몰한다. 그러나 일상성만이 그것이 가진 특징은 아니다. 그것의 강고함은 그 어떤 상황에서도, 심지어 가장 극악했던 국가폭력에 대항하여 스스로를 무장하면서 일체화되었던 5.18광주에서조차도 작동할 정도로 강력하다는 점에서 드러난다. 내적인 권력인 국가가 대중들을 죽이는 상황에서조차 대중들은 그 스스로 이 적대성을 생산하며 자신들을 국가폭력의 희생양으로 만들어 버렸다. 그 대표적인 사례가 전춘심(당시, 전옥주)이다. 그녀는 5월 19일부터 차를 타고 시위 참여를 독려했다. 그런데 21일, 어느 누구가 '저 여자, 간첩이야'라고 소리치자 사람들은 어처구니없게도 그 전까지 생사를 같이하는 동지였던 그녀를 붙잡아 자신에게 총칼을 겨누고 있는 정보기관에 넘겨버렸다.

이 강고함, 이 지속성은 도저히 이성적 논리 위에서 이해될 수 있는 것이 아니다. 이것이 지닌 기괴함은 남·북의 상호 적대성이 단순히 위로부터 강제되는 것이 아니라 아래로부터의 적극적인 공조와 호응, 심지어 열광적 추종에 의해 이루어진다는 점에 있다. 따라서 이것을 이해하기 위해서 해명되어야 할 것은, 이전까지 설명되어 왔던 남·북 지배 권력의 상호 의존성, 또는 일란성 쌍생아와 같은 닮음의 복제라는 정치-제도적 차원이 아니라 자기를 향해 총부리를 겨누는 국가권력에 투항하면서까지 대중들 스스로 생산해내고 있는 대중의 정서, 사회 심리이다. 그것은 빌헬름 라이히가 이미 던졌던 질문, '왜 대중들은 그 스스로 지배받기를 원하고 있는가?'와 동일한 구조를 가지고 있다. 이런 점에서 '적대적 공생'이 기반하고 있으며 끊임없이 수혈을 받으면서 작동하는, 그것이 놓여 있는 심층적 차원, 지층이 있다. 그것은 일상적인 경험을 지각하고 인식하는 의식(consciousness) 저편의 무의식(unconsciousness), 그리고 의식과 무의식을 가르는 그 경계의 지점에서 모호하게 작동하는 전의식(preconsciousness)의 차원에 놓여 있다.

프로이트는 인간의 정신 중에 드러나 있는 의식의 차원은 빙산의 일각일 뿐이며 그 이면에 감추어져 있으면서 드러나지 않은 보다 크고 강력한 무의식의 세계가 존재한다고 말한다. 전의식은 문지기이며 의식과 무의식의 경계에 존재한다. 의식은 우리의 경험이나 감각을 인식하는 장이다. 그러나 대부분의 경험이나 감각은 시간 속에서 퇴락해 무의식의 영역으로 들어간다. 그러나 어떤 경험들은 경험 당시에 이미 의식의 차원이 아니라 무의식의 차원으로 유폐되며 전의식은 이 경험들을 의식의 차원에서 봉쇄한다. 그것은 의식의 차원에서 결코 자연스럽게, 또는 쉽게 떠오르지 않는다. 왜냐 하면 그것이 우리의 의식으로 현상하게 되면 그 의식을 가진 자는 더 이상 생존할 수 없기 때문이다. 대부분의 정신질환들은 이것과 관련되어 있다.

그러나 일반적인 사람들에게 더 많이 나타나는 것은 경험 당시에 유폐되거나 봉쇄된 기억들이 아니라 검열이나 조작을 통해서 전의식에 남겨진 기억들이다. 무의식으로 유폐된 기억들은 그것들이 있는 그대로 현상할 때, 우리의 생존 자체가 위협받기 때문에 봉쇄된다. 마찬가지로 조작되거나 변형된 기억들은 그것들이 그대로 현상할 때, 우리의 삶이 위험에 처하기 때문에 이루어진다. 여기서 작동하는 메커니즘은 응축과 대치 등 경험 세계와 우리의 욕망 사이에서 일어난다. 이것은 우리가 살아가기 위해서 우리의 리비도(libido)가 취하는 방어기제이다. 따라서 이 방어기제는 한편으로 어떤 기억들을 유폐하거나 조작하면서 다른 한편으로 어떤 경험이 드러내는 금지된 욕망과 박탈된 욕망을 감추거나 추방한다.

기본적으로 생명은 자신의 욕망을 실현하고자 하는 에로스(eros, 삶의 본능)에 의해 지배받는다. 그러나 그 본능이 박탈 또는 억압되고 생명의 위험으로 전화할 때, 방어기제는 그것을 금제, 금기의 영역으로 몰아넣는다. 프로이트는 이것을 이드(Id)와 초자아(super-ego) 사이에서 형성되는 자아의 삼분구조로 설명하고 있다. 따라서 분단의 적대적 상생의 구조는 형성되어온 방어기제 속에서 금제, 금기의 영역으로 추방되면서 만들어진 사회심리 또는 집단 심리로 해명되어어야 한다. 그러나 이것을 위해서는 몇 가지 프로이트 이론의 변환과 보완을 필요로 한다.

첫째, 초기 프로이트는 '리비도'를 성충동으로, 가족 내부에서 일어나는 어머니-나-아버지라는 삼분구조 속에서의 개인적 성충동을 가지고 정신분석학을 전개하였다. 그러나 후기 프로이트는 인간 본성의 개인적 차원에서 사회적 차원으로, 리비도의 성적 욕망에서 총체적인 인간 활동 에너지로, 그의 분석을 이동시켰다.[4] 따라서 분단이 가지고 있는 사회 심리, 또는 집단 심리를 분석하기 위해서는 초기의 프로이트 심리학이 아니라 이것을 넘어선 후기 프로이트, 그리고 집단 무의식을 이야기하는 융이나 에리히 프롬, 그리고 마르쿠제의 사회심리를 차용할 필요가 있다. 이 논문은 주로 프롬이나 마르쿠제의 사회심리를 분단트라우마 분석의 핵심 관점으로 삼았다. 이것은 융의 '집단 무의식'이 민족적 심상의 '원형'-신화분석 등에 근거하여 논의를 전개함으로써 분단의 트라우마라는 비교적 가까운 시간에 벌어진 사건의 무의식을 다루는데 적합하지 않다고 판단했기 때문이다.

둘째, 프로이트는 초기에 성본능과 자아본능(자기보존 본능)의 이분법을 가지고 논의를 전개했다. 그러나 이것은 분단의 사회심리를 다루는 데 적절하지 못하다. 뒤에서 논의되겠지만, 분단의 사회심리에서 결정적인 것은 성본능이 아니라 '타나토스'이기 때문이다. '타나토스(thanatos, 죽음 본능)'는 프로이트가 「쾌락원칙을 넘어서」에서 처음 제시했을 때[5], 그것은 앞선 논의, 에로스가 보다 결정적이었던

---

4) 이와 관련하여 프로이트는 다음과 같이 그의 자서전적인 글에 덧붙였다. "나의 관심은 평생에 걸쳐 자연과학과 의학을 두루 거친 뒤에 오래전, 그러니까 내가 숙고를 할 수 있을 만큼 충분히 나이가 들지 않았던 젊은 시절에 나를 매혹시켰던 문화적 문제들로 돌아 왔다. 정신분석적 연구의 절정기였던 1912년에 나는 이미 『토템과 타부』를 집필하면서 정신분석에서 얻은 새로운 통찰을 종교와 인류의 기원을 연구하는데 이용하려 시도했었다."(Sigmund Freud, 한승완 옮김, 「나의 이력서」, 『나의 이력서』, 열린책들, 1998, 91쪽)

5) "심적 구조에서 발전에 관한 프로이트의 초기이론은 성본능과 자아본능(자기보존본능)의 적대관계가 중심으로 되어 있지만 후기에 이르러서는 삶의 본능과 죽음의 본능 사이에 있는 갈등으로 집중되었다."(Hebert Marcuse, Eros & Civilization, 오태환 옮김, 『프로이트 심리학 비판』, 선영사, 1991, 95쪽) 또한, 프롬도 다음과 같이 말하고 있다. "1920년에 간행된 『쾌락원리의 피안』이라는 저서에서 프로이트는 그의 본능이론에 대한 근본적인 수정을 시작했다. 이 저서에서 프로이트는 본능의 특징을 '반복강박'으로 규정지었다. 또 여기서 처음으로 그는 에로스와 죽음의 본능과의 새로운 이분법을 가정했는데 그 성질에 대해서는 『자아와 이드』 또는 그 이후의 저서에서 보다 상세하게 논하고 있다. 이 삶의 본능과 죽음의 본능의 새로운 이분법이 자아와 성의 본능에 대한 처음의 이분법을 대신한 것이다."(Erich Fromm, Greatness & Limmitation of Freud's Thought, 오태환 옮김, 『프로이트심리학 비판』, 선영사, 1991, 279쪽)

초기의 입장을 정정한 것으로서, 이전의 관점에서 설명할 수 없었던 반복 강박증을 설명하기 위한 것이었다. 그러나 이 반복 강박증이야말로 분단의 트라우마에서 핵심적인 역할을 하는 것이다. 따라서 분단의 트라우마를 설명하기 위해서는 에로스와 타나토스의 대립 갈등, 그리고 이에 따라 나오는 쾌락원칙과 열반원칙, 그리고 현실원칙을 가지고 사회심리를 설명하는 프롬이나 마르쿠제의 논의를 따라갈 필요가 있다. 이것의 핵심 테제는 에로스와 타나토스가 동일한 것이라는 관점이다. 마르쿠제는 다음과 같이 말하고 있다. "도착은 삶의 본능과 죽음의 본능이 결국 동일한 것이라는 점 또는 본능이 죽음의 본능에 굴종하게 된다는 점을 시사해 주고 있다."[6)]

셋째, 이와 같은 프로이트의 정신분석학은 한반도의 독특한 경험의 장을 형성하고 있는 분단 구조 속에서의 사회심리로 변환되어야 한다. 분단의 사회 심리는 어머니-나-아버지가 아니라 민족과 국가 사이에 균열과 간극 사이에 존재한다. 이를 위해서 나의 욕망 대상인 어머니를 '민족(nation)'으로, 그리고 어머니의 욕망 대상이자 나를 거세하려는 위협의 대상인 초자아로서 아버지는 '국가(states)'라는 상징으로 변환되어야 한다. 그리고 이 속에서 나는 인민주권의 주체로 존재한다. 인민주권의 주체인 나 또는 인민(people)은 민족국가와 관련하여 시민(citizen) 또는 신민(subject)이다. 따라서 민족-국가의 균열 속에서 전개되는 에로스와 타나토스가 만들어내는 변증법은 시민 또는 신민의 균열 속에 존재한다. 이와 관련하여 이미 장준하가 주장했듯이 '민족분단'이 이념과 제도의 차이만을 말하는 것이 아니라 한 사람의 생활의 분단이자 파괴요, '나 자신의 분열이며 파괴'라고 말한 점을 상기할 필요가 있다.[7)]

---

6) Hebert Marcuse, Eros & Civilization, 오태환 옮김, 『프로이트심리학 비판』, 선영사, 1991, 120쪽.

7) 장준하, 「민족주의자의 길」, 법정 편저, 『아, 장준하』, 동광출판사, 1982, 208쪽. 이런 점에서 함석헌은 분단이란 우리에게 "치명적인 상처"인바, 치명적인 상처를 입은 사람이 그 상처가 낫기까지는 일을 할 수도, 학문을 할 수도, 사회활동을 할 수도 없다고 말한 바

3. 분단의 트라우마 1: 역사적 국가의 해체와 민족≠국가

트라우마는 프로이트가 말한 것처럼 "심각한 기계적 충격, 철도 사고, 그리고 생명이 위협받을 수 있는 기타 사고를 겪은 후에 발생"[8]하는 것으로, 과도한 위험과 공포, 스트레스가 유발하는 심각한 심리적 충격을 의미한다. 이런 심리적 충격은 프로이트가 보았듯이 "본능을 충족시킬 수 없는 사태", 즉 '좌절'과 "이 좌절을 초래하는 규제"인 '금지'에 따른 "박탈"이 유발하는 것이다.[9] 그렇다면 한반도에 형성된 집단적 트라우마는 어떤 욕망의 좌절과 박탈이 가져온 것일까? 이를 위해 먼저 한반도의 역사에서 격변기였던 근대로의 이행기와 그 이행기 당시에 한반도의 민중이 가지고 있었던 열망이 무엇이었으며 그것은 어떻게 좌절되었는가를 보아야 한다.

에리히 프롬은 특정한 시대에 형성되는 민중의 열망, 집단의지와 관련하여 다음과 같이 말하고 있다. "개인적 성격처럼 '사회적 성격' 역시 에너지가 특유한 방향으로 향해짐을 의미한다. 그러므로 일정한 사회에서 사는 대부분의 사람들의 에너지가 같은 방향으로 향해지면, 그들의 동기가 같은 것으로 될 뿐만 아니라 같은 이념과 이상을 받아들이게 된다."[10] 이것은 그 시대의 정신을 만드는 원초적인 질료, 토양이 바로 집단적 리비도이며 이 리비도의 흐름이 '사회적 성격'이라는 것을 의미한다. 그렇다면 근대로의 이행기에 한반도 민중이 가지고 있던 리비도는 무엇이었을까? 그것은 시대의 동시성과 비동시성 양자를 포함한다. 시대의 동시성이라는 관점에서 그것

있다(함석헌, 「민족통일의 길」, 『민족통일의 길: 함석헌전집』 17, 1984, 17쪽).

8) Sigmund Freud, 박찬부 옮김, 「쾌락원칙을 넘어서」, 『쾌락원칙을 넘어서』, 열린책들, 1998, 16쪽.

9) Sigmund Freud, 김석희 옮김, 「집단심리학과 자아분석」, 『문명 속의 불안』, 열린책들, 1998, 180쪽.

10) Erich Fromm, *Beyond the Chains of Illusion; My Encounter with Marx and Freud*, 김진욱 옮김, 『마르크스 프로이트 평전-환상으로부터의 탈출』, 집문당, 1994, 91쪽.

은 서구와 동일하다. 그러나 비동시적이라는 측면과 다른 특수성을 가지고 있다.

일단, 동시적 측면에서 보았을 때 당시의 집단적 리비도는 서구와 같은 근대적 국민국가의 건설이었다. 서구에서 근대사회는 중세적인 신의 지배와 봉건적 소유구조에 저항하면서 '신이 없는 사회'에서의 새로운 규범과 가치를 창조하고 사회계약에 기초한 새로운 국가, 근대적인 국민국가를 만들어 왔다. 홉스와 로크는 인간의 존엄성에 기초한 자기 인신에 대한 절대적 소유권, 그리고 인간의 생명과 재산권의 보호라는 윤리적 가치를 제시하면서 그 기반 위에 근대적인 국민국가의 건설을 제시했다. 그리고 근대적 국민국가는 지젝의 말처럼 '공통의 뿌리', '피나 대지'와 같은 우연적인 물질성에 호소하면서 국민과 민족을 결합시키고 국민국가의 국민을 창출하면서 헤겔처럼 국가에 '인륜성'이라는 실체를 부여하고자 했다. 따라서 근대사회의 '사회적 성격'은 근대적인 민족국가의 건설에 주어졌으며 서구의 근대사회는 민족과 국가를 통합시켜 근대적 국민국가, 즉 민족=국가를 만드는 것이었다.

그러나 비동시적 측면에서 보면 이와 근대적 국민국가, 민족=국가라는 이념과 이상은 한반도에서 좌절로 등장했다. 한반도의 근대사는 국가와 민족이 통합된 국민국가가 아니라 국가와 민족이 분리된, 민족≠국가[11]의 경로를 밟아 왔다. 여기서 배제되고 박탈된 사회적 욕망은 민족이라는, 베네딕트 엔더슨이 말하는 '상상된 정치적 공동체(imagined political community)'였다. 물론 서구 근대국가의 건설 과정이 보여 주듯이 민족은 자연적으로 주어진 것이 아니다. 그것은 '상상된' 것이며 오히려 국가에 의해 창조된 것이다. 그러나 이런 '상상된 공동체'는 허구가 아니다. 그것은 그 시대의 리비도를 특정한 가

---

11) 류보선, 「민족≠국가라는 상황과 한국 근대문학의 정치적 (무)의식」, 『한국 근대문학과 민족-국가 담론』, 소명출판사, 2005, 24쪽.

치와 이념, 행동을 만들어내는 힘이다. 이런 점에서 그것은 알뛰세르가 말하는 '상상적 동일화'로서, 개인을 집단으로 묶어세우는 시멘트이자 집단적 행위를 창출하는 힘으로서 '이데올로기'이다. 여기서 최종심급의 결정적인 역할을 수행한 것은 국가이다. 서구에 존재하는 대부분의 근대국가가 사실상 자연적 전통 위에서 만들어진 단일한 민족에 근거한 국가가 아니라는 사실은 이것을 보여 준다.

그러나 한반도에서의 국민국가는 그것을 수행할 수 없었다. 그것은 다른 무엇보다도 한반도의 국민국가가 민중의 집단적 리비도에 근거하지 못했기 때문이다. 게다가 한반도의 경우, 서구적 민족이나 국민의 개념으로 설명할 수 없는, 보다 강력한, 장구한 역사 속에서 형성된 집단의지, '민족적 리비도'를 가지고 있었다. 서구에서의 근대적 국민국가가 사실상 민족=국민이 아니라는 것을 수용하는 에릭 홉스봄조차도 중국, 일본과 함께 한반도는 이런 것에 속하지 않는 예외적인 것으로 다루고 있다. 그는 한반도를 '민족=국가', '역사적 국가(historical states)'로 다루고 있다.[12] 한반도는 서구의 근대국가와 달리 적어도 고려시대 이후로 하나의 종족이 하나의 국가를 형성해 온 '역사적 국가'이다. 따라서 근대로 이행하는 시기에 한반도에서 사람들이 가지고 있었던 열망과 가치, 이념은 근대적인 민족국가의 건설이었지만 그 강렬함이나 리비도적 흐름에 있어서는 서구적 열망을 넘어서 있었다.

한반도에서의 근대국가를 향한 열망은 갑오농민전쟁과 갑신정변으로 등장했다. 그러나 지배 권력의 배신으로 좌절을 겪으면서 한반도는 민족이 상실된 국가, 식민지국가로 전락하였다. 여기서 국가는 한반도라는 '민족', 앤더슨이 이야기하는 상상의 공동체를 향한 욕망

---

12) 홉스봄은 '상상된 공동체'라는 개념에 동의하면서도 "왜 이 특수한 형태의 대체물을 상상해야만 하는가"는 여전히 의문에 남는다(Eric John Hobsbawn, 강명세 옮김, 『1780년 이후의 민족과 민족주의』, 창작과비평사, 2008, 68쪽)고 말하면서 원형-민족주의를 검토하고 한국, 일본, 중국 등을 "역사적 국가의 희귀한 사례"(같은 책, 94쪽)라고 주장하고 있다.

의 좌절을 겪어야 했다. 그러나 이런 욕망의 좌절은 사회적 무의식을 만든다. 에리히 프롬은 다음과 같이 말한다. "사회적 성격이 있는 곳에는 항상 사회적 무의식이 존재하는 것이다. 내가 말하는 사회적 무의식이란 사회구성원 대부분이 똑같이 억압하고 있는 분야를 가리킨다. 이 공통된 억압 요소란 특수한 모순을 내부에 지닌 사회가 성공적으로 운영되기 위해서 의식되어서는 안 될 내용을 말한다."13) 따라서 일본제국주의 하에서 민족에 대한 욕망은 '국가'에 의해 거세되고 봉쇄되었다.

당시의 민중들이 꿈꾸었던 민족국가는 민족=국가로서의 국민국가였다. 여기서 국토, 또는 고향으로 상징화되는 한반도는 어머니로서, '민족'에 관한 우리의 욕망이다. 반면 아버지로서 '국가'는 내가 욕망하는 어머니가 꿈꾸는 욕망의 대상이 아니다. 그것은 어머니를 배제하고 유린하는 식민지국가=반민족적 국가였다. 일제와 결탁한 식민지 국가는 내부에서 분열을 만들어 냈다. 그러나 그 국가는 민족적 토양 위에 건설된 국가가 아니다. 따라서 국가는 욕망의 대상이 아니다. 식민지 국가는 어머니를 향한 나의 욕망을 위해 극복되어야 할 대상이었다. 민족해방투쟁은 바로 이와 같은 우리 민족의 욕망과 열정을 표현했다. 그러나 민족해방투쟁은 역사상 유래가 없을 정도의 열정적인 투쟁과 희생을 낳았음에도 불구하고 우리 힘으로 이루어지지 못했다. 분단의 비극은 이로부터 기원했다. 그럼에도 불구하고 8.15는 식민지 국가의 부재하는 어머니를 향한, 우리 자신의 좌절된 욕망을 다시 부활시킨 계기가 되었다.

식민지국가와 제국주의적 폭력에 의해 자행된 거세 공포와 위협, 폭력 속에서 억압되었던 욕망, 민족국가를 향한 리비도가 다시 귀환했을 때, 그 욕망은 더욱더 강력한 힘으로 우리에게 돌아 왔다. 통일된 민족국가의 건설은 8.15 이후 사회적 성격이 되었으며 통일은 민

---

13) Erich Fromm, 앞의 책, 103쪽.

족사적 당위가 되었다. 여기서 부활한 것은 '역사적 국가'를 향한 '에로스'적 충동이었다. 그러나 문제는 이 욕망이 실현되기 위해서 일제와 결탁되었던 식민지 권력의 청산과 외세의 배제가 요구되었다는 점이다. 민족=국가라는 근대적 국민 국가를 향한 민중의 욕망은 또다시 좌절되었다. 미/소 냉전체제와 친일/반일, 사회주의/자본주의의 이념 대립이 복잡하게 얽혀 있었던 한반도에서 국제적이고 국내적인 정세는 이런 욕망의 실현을 다시 한 번 좌절시켰다.

에로스는 좌절되었다. 그것은 제국주의적인 외부 권력에 의한 폭력적인 억압만이 아니라 미/소 냉전이라는 국제질서의 내부적인 착종 속에서 이루어졌다. 따라서 통일된 민족=국가를 향한 욕망은 좌절되었으며 그것은 자기 방어를 위해 내부적인 폭력, 타나토스로 전화하였다. 그것은 후기 프로이트와 마르쿠제가 말하듯이 '에로스'와 '타나토스'가 하나이며 에로스가 좌절되는 곳에서 타나토스가 작동하기 때문이다. 여기에는 민족적 동일성이라는 신화가 작동했다. "한마디로 서구의 경우 자유로운 개인들의 고안물이었던 민족, 그리고 그것을 실현하는 기구로서의 민족=국가를 향한 지향이 우리의 경우에는 개인의 고유한 욕망이나 개인의 자율성을 억압하는 기제로 작동하게 되는 것이다."[14]

신탁통치안은 이것에 불을 지폈다. 정국은 찬탁과 반탁으로 분열되었으며 내부에서는 각종 폭력과 적대성이 등장하기 시작했다.[15] 해방정국에서의 각종 폭력과 이승만의 북진통일론, 그리고 북조선의 민주기지론과 중립노선의 불허용은 분단을 점점 더 현실적인 것으로 바꾸어 놓고 있었다. 따라서 분단이 좌절되는 곳에서 '민족=국가를 건설하려는 욕망'의 좌절은 다시금 '억압된 욕망'으로, 분단의 깊은 상처를 향하고 있었다. 게다가 분단의 현실화는 8.15 이후 억압으로

---

14) 류보선, 앞의 책, 28쪽.
15) 찬탁과 반탁, 이를 둘러싼 논쟁의 와중에서 좌우합작과 중도파가 몰락하는 과정을 임헌영은 잘 보여 주고 있다(임헌영, 『분단시대의 문학』, 태학사, 1992, 34~56쪽).

부터 풀려나온 이전보다 더 강력해진 욕망에 근거하고 있었다. 따라서 그 동일화에 대한 욕망의 강함에 비례해서 적대성 또한 심화되었다.16)

타나토스는 보다 강력한 방식으로 이 동일화의 욕망을 작동시키고자 했다. 또한, 동일화의 열망이 박탈되는 것에 비례하여 개인의 공포도 커졌다. 유대감은 상실되었으며 민족과의 동일화를 향한 충동은 더 많은 공포를 생산했다. "큰 위험이 닥치거나 감정적 유대(리비도적 카텍시스)가 사라지는 것은 개인에게 공포를 불러일으킨다. 감정적 유대가 사라지는 것은 신경증적 공포나 불안의 증세이다. 이와 마찬가지로 공통된 위험이 증대되거나 집단을 결속시키는 감정적 유대가 소멸되면 공황이 일어난다. 그리고 감정적 유대가 사라지는 것은 신경증적 불안의 증세와 비슷하다."17) 따라서 해방정국의 분단화는 6·25라는 참화를 예고하고 있었다. 해방정국의 많은 지식인들은 이것을 이미 예감하고 있었다.

예를 들어 "사상은 두 가지가 있으나 조국은 하나뿐이다."라고 선언했던 오기영은 분단이 몰고 올 비극을 다음과 같이 예언했다. 외국으로부터의 원조는 "반동정권이 그 혜택을 독점하고 기개(幾個)의 자본가나 모리배의 이익이 될 뿐 경제적 채무와 더불어 대소전에 피를 바쳐야 하는 생명상의 채무가 인민에게 부담되는 것이다." "남북조선이 갈려서 미·소전쟁의 전초전을 담당케 할 위험이 있는 것이며 이리하여 민족통일과는 반대로 총화(銃火)를 나누는 골육상잔으로써

---

16) 예를 들어 채만식은 「낙조」에서 영춘의 입을 빌려 이와 같은 정서를 다음과 같이 보여주고 있다. "남조선이 승리 하면, 남조선 저우의 호령이 압록강 두만강까지 미칠테구, 실팰하는 날이면 북조선 정권이 제주도까지 미치구 할 테죠. (…중략…) 미국의 남북전쟁이 그랬구, 신라의 백제에 대한 통일전쟁이 그랬구 한 것처럼, 이번의 남북통일 전쟁두 둘 중에 하나가 결정적으루 쓰러지구 마는 그날까지 계속이 될 것이지, 그래서 남조선이 없어지거나 북조선이 없어지거나 하구서, 단지 조선이 남구 말 것이지, 절대루 둘이 다시 남아 있겐 아니 될 게 아니겠어요?"(「낙조」, 『채만식전집』 8, 창작과비평사, 1989, 400쪽)

17) Sigmund Freud, 김석희 옮김, 「집단심리학과 자아분석」, 『문명 속의 불안』, 열린책들, 1998, 111쪽.

민족 자멸의 참화를 두렵게 하는 바이다."[18]

따라서 분단의 트라우마는 바로 이와 같은 민족=국가의 욕망이 좌절되는 지점에서, 그리고 '민족≠국가'라는 어긋남이 빚어낸 것이다. 그리고 이미 예견되었듯이 이 어긋남의 후과는 민족적 집단의식 속에 씻을 수 없는 트라우마를 각인시킨 6·25로 귀결되었다. 6·25는 어머니를 향한 상상적 욕망을 국제적인 냉전 질서와 더불어 제공되는 내부적인 이념 대립으로 전화했으며 이런 전화는 어머니를 놓고 형제가 싸우는 '골육상잔'의 비극이라는 상처를 남겼다. 따라서 한편으로 이것을 부정하고자 하는 의지와 그것을 드러내고자 하는 의지 사이의 충돌이라는 '분단의 트라우마'가 우리 민족의 무의식에 깊숙이 자리잡게 되었다. 여기서 '분단의 트라우마'는 일제 식민지하에서의 억압이나 거세공포로 환원되지 않는다. 그것은 '골육상잔'의 비극으로, 민족의 집단 무의식에 깊은 '죄책감'을 남겨 놓았다. 어머니를 향한 욕망은 역으로 형제간에 총부리를 마주하며 국토를 유린하면서 상호 간에 깊은 상처를 남겼다.

그 상처는 두 가지 수준에서 진행되었다. 한편으로 '분단의 트라우마'는 분단 극복이라는 원초적인 동일성을 회복하고자 하는 욕망으로, 다른 한편으로 그 욕망이 생산한 동족상잔의 '원죄적 무의식'을 감추고, 그 원죄적 무의식을 초자아(국가)가 요구하는 양심의 가책과 윤리의 내면화를 통해서 민족을 국민으로 전화시키는 억압적 코드로 변환시키는 것이다. 여기서 초자아로서 민족 없는 국민국가는 '국민'을 생산하기 위해서 트라우마를 이용했으며 트라우마를 타나토스적 적대의식과 기억의 왜곡-재편의 중핵으로 변환시켰다. 이렇게 탄생된 것이 바로 민족 없는 두 개의 국민국가로서 유일주체의 조국으로서 북과 자유민주의 반공국가로서 남이다. 따라서 "독일도 패전 후

---

18) 오기영, 『자유조국을 위하여』, 161쪽; 임헌영, 『분단시대의 문학』, 태학사, 1992, 57쪽에서 재인용.

서독, 동독으로 분단되었는데, 일본은 그대로 보존되고 대신 왜 우리나라가 분단이 된 것일까요? 그렇게 보면 일본이 우리에게 남긴 트라우마 중 가장 심각한 후유증을 남긴 트라우마는 바로 분단일지도 모르겠습니다."[19]는 말은 시사하는 바가 매우 크다.

4. 분단의 트라우마 2: 결손국가와 적대적 분단 '국민'의 탄생

근대적 민족국가를 향한 집단적 리비도의 좌절과 6·25라는 민족상잔의 비극이 남긴 트라우마에 대응하는 방어기제는 다양한 수준으로 작동했다. 채만식 소설에 등장하는 죄인의식과 분단의 망탈리테, 그리고 「요한시집」에서 등장하는 전쟁과 환멸, 『자유부인』에서 묘사되는 타락한 전후사회는 분단이 현실화되는 1945년 이후 1950년대까지의 민족적 리비도의 흐름이 중단된 상황에서의 트라우마를 보여준다.[20] 그것은 민족 없는 국민국가의 건설에서 일본 식민지 권력, 외설적인 아버지의 역할을 수행했던 지배 권력이 어떻게 다시 권력자가 되어 분단체제를 만드는지를 보여 준다. 게다가 그 속에서 민중들의 상실감이 어떻게 니힐리즘과 퇴폐주의를 가져오는지를 보여 주고 있다. 여기에는 6·25라는 트라우마가 깊게 자리를 잡고 있었다.

그러나 이후 한반도에서의 '주인담론'은 라캉이 말하는 '대학담론'의 형식을 띠면서 오히려 이 트라우마를 활용했다.[21] 6·25 이전까지

---

19) 김준기, 『영화로 만나는 치유의 심리학』, 시그마북스, 2009, 210쪽.
20) 이에 대한 분석과 논의는 유임하, 『기억의 심연』, 이화문화사, 2002, 1부를 참조할 것.
21) 라캉과 프로이트는 정신분석학에 대해서 근본적인 차이를 가지고 있다. 예를 들어 프로이트는 정신분석 치료를 환자의 복리나 성공적인 사회생활로의 복귀를 목표로 삼는다면 라캉은 욕망이 근본적으로 실현될 수 없는 것이라는 곤경에 직면하도록 만드는 것이다. 이것은 라캉이 욕망의 구조를 우리가 벗어날 수 없는 근본적인 환상의 구조로 보기 때문이다. 따라서 라캉은 프로이트처럼 '에고'에 대해 말하는 것이 아니라 '주체'에 대해 말하며 이드-자아-초자아가 아니라 실재계-상상계-상징계에 대해 말하며 그것이 근본적으로 균열적인 주체라는 점을 보이고자 한다. 이 논문에서는 이런 근본적인 차이에도 불구하고 프로이트의 정신분석학이 가진 근본적인 한계를 벗어나기 위해서 분단의 트라우마에 보다

남과 북의 지배 권력은 끊임없이 주체의 자리를 차지하고자 했다. 그들은 그 스스로 주인기표와 자신을 동일시함으로써 민족국가의 대표성을 자임하였다. 이것은 남과 북이라는 두 개의 이데올로기로 나타났으며 이 두 개의 적대적 이데올로기는 한반도의 분단구조에 의존하는 특수한 형태의 국민정체성을 생산했다. 그것은 바로 민족 없는 '국가정체성'이며 '민족' 전체의 대표성을 상대에 대한 적대성으로 전화시키면서 그 스스로를 주인으로 자임하는 '국민'의 생산이었다. 따라서 한반도에서의 두 국가의 건설은 '민족 전체'를 통합하면서 국민국가를 만들어내는 긍정적 통합(positive integration)의 방식이 아니라 타자에 대한 적대성에 기초하여 내부의 통합을 생산하는 부정적 통합(negative integration)의 방식으로 진행되었다.

여기서 전치되는 것은 '민족' 없는 국가의 주인화이다. 그것은 곧 민족 없는 국가, "결손국가(a broken nation states)"[22)가 자신의 내부에 깊숙이 드리워져 있는, 내적 균열과 공백을 감추기 위한 분단과 전쟁의 트라우마를 전치시킴으로써 이루어졌다. 분단과 전쟁의 트라우마는 '선'과 '악'의 이분법으로, 상대를 '악'이자 '적'으로 놓는 방식으로 이루어졌다. 여기서 민족국가를 향한 동일성이라는 민족적 집단의지는 내부의 '적'에 대한 분노와 적개심으로 전화되었으며 이 적에 대

적절하다고 판단되는 곳에서는 라캉의 논의를 빌려 왔다. 물론 치유의 방법론에서 양자는 심지어 적대적이기까지 하다. 그러나 이 논문은 양자의 이 적대성이 개인의 차원과 정치의 차원에서 달라지는 것이기 때문에 양자를 적절하게 조화시키는 방식을 취했다.

22) 임현진·정영철, 『21세기 통일한국을 위한 모색』, 서울대학교출판부, 2005, 1쪽. 여기서 필자들은 분단국가 또는 분할국가가 남북한을 통합적 실체로 파악하기보다는 개별화시키는 경향이 있다고 하면서 '결손국가'라는 개념을 제시한다. 결손국가는 "동일한 민족으로서의 상상적 정치공동체이기는 하지만 서로 주권을 달리하는 두 개의 국가로 나누어져 있다"(같은 책, 17쪽)는 것이다. 이들의 관점은 민족이 상상적으로 구성된 것이라는 앤더슨의 이야기를 수용하면서도 '에스니(echnie)'와 '네이션(nation)'을 구분하고 노태돈의 '전근대의 민족형성설'에 동의를 표현하면서도 이것을 '민족'이 아니라 '에스니'로 파악하고 있다. 따라서 이 점에서 이 논문의 입장과 다르다. 하지만 한반도가 "세계에서 그 유래를 찾아보기 어려울 정도로 오랜 전통을 갖는 단일민족으로서 '에스니적' 역사문화 공동체 의식"(같은 책, 22쪽)을 가지고 있다고 보는 점에서 이 논문의 입장과 다르지 않다. 따라서 에스니냐 네이션이냐의 쟁점은 이 논의에 별다른 영향을 미치는 것이 아니기 때문에 추후로 남겨 놓는다.

한 대립항으로 각기 자신을 정립하였다. 따라서 남과 북의 지배 권력은 모두다 '적'과의 대립에서 '선'을 떠맡는 초자아가 되며 이 적대성을 근거로 민족을 대표하는 주인이 되었다.

게다가 6·25 이후 남·북의 지배 권력은 외부의 적, 예를 들어 빨갱이-김일성, 미국-자본가에게로 대중들이 가지고 있는 동족상잔의 '원죄의식'을 '강박 신경증'적인 폭력으로 전화시켰다. 6·25의 모든 기억은 환상구조에 의해 창출된 '적'으로 대치되었다. 대신에 국민은 두 개의 국가가 표방하는 욕망을 따라 스스로 주인기표의 복제하는 '국민'이 되었다. 따라서 분단의 트라우마가 드러내는 아이러니는 이 트라우마가 오히려 두 개의 적대적 항, 남·북의 지배체제의 적대성에 의한 '국민'의 생산하는 핵심 기제가 되었다는 점이다.

가해자와 피해자는 서로 역으로 전치되었다. 처음에 그것은 조병옥이 말하는 '비상사태 준전시국가'라는 표현으로, 국가안보이데올로기로 제시되었다. 여기서 공산주의자는 '악'으로, 동존상잔의 역사적인 가해자로 전치되었다. 그리고 자신은 민족의 순수성과 단일성을 지키는 '선'으로 미화되었다. 안호상, 양우정 등이 중심이 되어 결성한 대한문화협회는 '민족정신의 깨끗한 세례', '민족정신의 순수한 세례'를 통한 '국민정신의 정화'를 주창하였다. 마찬가지로 북에서도 일제하 항일무장투쟁과 김일성의 유일지배체제의 사상적 순수성을 통해서 '선'을 세웠다. 처음에 그것은 친일청산과 토지개혁을 둘러싸고 진행되었다. 그러나 이 또한 분단구조와 고착화와 더불어 이데올로기적 순수성으로 전화되었다. 따라서 분단의 트라우마를 전치시켜 탄생된 양쪽의 국가권력은 모두 다 '고백과 참회'라는 과정을 통한 국민을 단일화하고, 동종화했다. 여기서 타자는 배제되고 국민국가의 정체성은 '공포'의 내면화를 통해서 재생산되었다. 이런 점에서 민족 없는 두 개의 국민국가는 "국가테러리즘"의 성격을 강하게 가지고 있었다.

국가테러리즘은 에로스가 좌절한 그 곳에서 작동하는 타나토스의 발산이다. 거기에는 근본적으로 좌절되거나 억압된 욕망이 있다. 그리고 민족 없는 국가는 이 좌절되거나 억압된 욕망, 그리고 6·25의 원죄의식을 타자에 대한 분노와 적개심으로 전치시켰다. 따라서 진방식이 이야기하듯이 "반사회적 공격행동인 '용공음해·제거' 행위는 우리 사회에서 극히 민감한 문제로서, 정신의학자 프로이트가 지적하듯이 '죽음의 본능에서 나오는 공격적 에너지가 쌓여 밖으로 발산하는 반윤리적 공격행위'"[23]이다. 그럼에도 불구하고 분단의 트라우마는 6·25를 계기로 하여 결정적으로 남·북 양쪽 모두에게 떨쳐버릴 수 없는 정신적 상처가 되었으며 오히려 그 상처를 타자에 대한 적대성으로 전화시켜 몸에 체현하고 있다. 여기서 일차적으로 이루어진 전치는 피해자와 가해자의 위치이다.

한반도의 민중들은 통일을 염원했다. 그러나 현실적으로 남과 북에 들어선 지배 권력은 두 개의 국가권력이었다. 그들은 민중의 욕망을 배제하고 분단체제를 구축했다. 따라서 그들 각자는 자신의 국가를 건설하기 위해 민중들이 가지고 있는 통일에 대한 염원, 단일한 민족국가의 건설욕망을 내부화할 필요가 있었다. 이 과정에서 단일한 민족국가의 건설이라는 염원을 거세했던 남·북의 지배자들은 역으로 민중들의 억압된 욕망과 분단의 트라우마를 '국민화'의 중핵으로 삼았던 것이다. 가해자였던 지배자들은 '민족'이라는 어머니 없는 국가 건설 속에서 피지배자들의 기억을 조작하고 은폐하며 "길들이기(seasoning)"에 착수하였다. 길들이기는 "공포를 발생시키는 폭력"을 사용하는 것이지만 이것은 "최후의 수단"일 뿐이다.

기본적으로 범죄의 책임에서 벗어나기 위해서 가해자들과 권력자들은 할 수 있는 일은 모두 다 한다. 은폐와 침묵이란 가해자가 취하는 첫 번째 방어책이다. 그들은 시간감각을 변형시킨다. 이 시간감각은 분단의 현실화 속에서, 그리고 6·25란 참상 속에서 이루어졌다.

---

23) 진방식, 『분단한국의 메카시즘』, 형성사, 2004, 25쪽.

단일한 민족국가라는 미래는 더 이상 가능하지 않다. 리비도의 흐름은 중단된다. 대신에 적대적 대상이 그 자리를 차지한다. 그리고 과거의 기억을 전도, 변형시킨다. "시간감각의 변형은 미래를 삭제하는 것에서 시작하지만 점진적으로 과거를 삭제하는 것으로 진행"24)된다. 그리고 이것을 통해서 지배 권력은 복수에 대한 환상을 불어넣는다. "복수환상은 외상기억에 대한 거울상일 수 있다. 이 속에서 가해자와 피해자는 역할이 전도된다."25)

그러나 이렇게 일단 역할의 전도가 이루어지자마자 트라우마가 작동하는 방식은 더 이상 트라우마의 중핵을 달래는 방식이 아니라 오히려 그것을 덧나게 하면서 공포를 유발하는 방식으로 작동한다. "트라우마의 핵심은 두려움과 외로움"26)이다. 따라서 사회적 관계의 단절을 유발하는 공포는 트라우마의 중핵을 건들면서 사람들을 주인기표로 끌어들인다. 심지어 여기서 피해자들은 이렇게 전도된 권력을 자신의 욕망으로 전치시킨다. "가해자는 전지전능하고 저항은 헛된 것이며 피해자의 인생은 전적인 순종을 통해서 가해자의 너그러움을 회득하는 데 달려 있다고 알게 되는 것." 다시 말해서, "가해자의 목표는 피해자에게 죽음에 대한 두려움뿐만 아니라 삶을 허용해 주었다는 감사를 주입시키는 데 있다."27) 따라서 자기 동일성의 위기에서 생겨난 트라우마는 역으로 가해자를 외부의 적에 대한 분노에 기반하고 있는 주인기표로 전치시키고 자신을 적대적인 '국민'으로 전환시켰다. 여기에는 다양한 기제들이 활용되었으며 대학담론은 이런 이데올로기를 수행한다.

라캉이 말하는 대학담론은 이 권력, 주인기표를 대변한다. 황석영

---

24) Judith Herman, 최현정 옮김, 『트라우마』, 플래닛, 2009, 158쪽.
25) 위의 책, 314쪽.
26) Jon G. Allen, 권정혜·김정범·조용래·최혜경·최윤경·권호인 공역, 『트라우마의 치유』, 학지사, 44쪽.
27) Judith Herman, 앞의 책, 138~139쪽.

의 소설, 『손님』에서 대학교수와 북한의 신천박물관 해설원은 모두 다 이 담론을 수행한다. 대학교수는 자기가 선호하는 체제에 편입시키려는 정치적 의도를 깔고 조선족 동포식당 아주머니에게 다음과 같이 묻는다. "아주머니, 남하구 북하구 어디가 좋소?" 그러자 아주머니는 "그건 꼭 아이들 놀리는 식인군요. 어머니가 좋냐 아버지가 좋냐 하구 말이지요. 큰나라 탓이지 백성들이야 무슨 죄가 있나요."라고 답한다. 그러자 대학교수는 마치 그것이 단순한 수사인 것처럼 "이 아주머니 말솜씨가 정치인들 빰치겠군."이라고 말한다.[28] 마찬가지로 신천박물관 해설원도 "지난 조국전쟁해방 시기 미제침략자들은 조선에서 인류역사상 일찍이 그 류례를 찾아볼 수 없는 전대미문의 대규모적인 인간살륙 만행을 감행함으로써 … 무고한 인민들을 가장 잔인하고 야수적인 방법으로 학살하는 천추에 용납 못할 귀축 같은 만행을 감행하였습니다."라고 말한다.[29]

따라서 한반도에서 분단의 트라우마는 두 개의 적대적인 '국민'으로, 내전이라는 독특한 역사적 경험 때문에 한편으로 "반공이데올로기가 일종의 가상적인 국민적 합의로 내재화된 동질적인 극우공동체"[30]라는 반공규율사회로, 다른 한편에서는 항일무장투쟁과 미국에 포위된 사회주의 조국을 방어하는, 유일주체의 봉건적 사회주의로 귀결되었다. 그러나 위의 아주머니가 답하고 있는 것처럼 피해자는 이 은폐와 침묵에 성공하지 못한다. 억압된 것은 반드시 돌아온다. 그것을 반영하는 것이 1960년대 황순원의 소설과 최인훈의 소설이다. 여기서 다시 전쟁에 대한 새로운 성찰적 이해가 이루어진다. 그것은 "냉전 논리와 지배 이데올로기의 허구성을 직시하고 분단 현실의 극복을 염원하는 것"[31]이다. 게다가 1970년대 최인훈의 소설

---

28) 황석영, 『손님』, 창작과비평사, 2001, 64쪽.
29) 위의 책, 99쪽.
30) 조희연, 『한국의 국가·민주주의·정치변동』, 당대, 1998, 63쪽.
31) 성민엽, 「4.19의 문학적 의미」, 김병익·김주연 공편, 『해방40년: 민족지성의 회고와 전망』,

은 분단현실 속에서 "남북사회에 만연한 정치적 이념적 허위에 맞서서 힘겹게 마련하는 개인 주체의 가치발견과 자기구원, 더 나아가 가족의 혈연적 유대, 국민과 민족이라는 차원마저 넘어선 주체 정립의 미적 기획을 예고"[32]하고 있다.

그렇다면 이런 주체 정립의 미적 기획이 보여 주고 있는 것은 무엇일까? 그것은 가족의 혈연적 유대, 국민과 민족이라는 차원을 넘어서 있는 것이다. 그러나 여기서의 근본적 깨달음은 민족의 부정이 아니라 새로운 주체의 정립을 예고하는데 있다. 최인훈의 소설에서 주체는 끊임없이 경계인으로, 회색인으로 존재한다. 그것은 라캉식 표현으로 하면 '분열된 주체'이다. 그러나 이 분열된 주체란 다름 아닌 "하나님도 내적 갈등을 지니고 계신 존재"[33]라는 깨달음에서 나오는 것이다. "라캉에게 실재란 궁극적으로 탈실체화된 것임을 의미한다. 실재란 상징적 네트워크로의 포획에 저항하는 외재적 사물이 아니라 상징적 네트워크 자체 내부의 틈이다."[34] 이 속에서 드러나는 것은 주인기표를 자임했던 국민국가가 균열된 것이었음을 보여 주는 것이다. 따라서 그것은 국민국가를 자신의 욕망으로 전치시켰던 '국민'의 욕망 또한 그것이 우리가 짊어져야 할 짐이라는 것을 깨닫는 것이다.

5. 히스테리적 주체의 생산과 치유의 방향

라캉에 따르면 히스테리적 주체는 자신 앞에 놓여 있는 현실에 대한 근본적인 의문을 제기하는 자이다. 남·북의 민족 없는 국민국가는 국민을 생산하는 데 성공했다. 그러나 그것은 결코 완전하지 않다.

문학과 지성사, 1985, 242쪽.
32) 유임하, 『기억의 심연』, 이화문화사, 2002, 161쪽.
33) 황석영, 앞의 책, 155쪽.
34) Slavoj Žižek, 박정수 옮김, 『How to Read 라캉』, 2007, 웅진지식하우스, 112쪽.

민족 없는 국민국가는 결손국가이며 분열적인 주체로서 구멍을 막는 근본적으로 불완전한 주체이기 때문이다. 국민은 분열된 국가의 욕망을 복제한다. 국민이 복제한 욕망 속에서는 '민족'이 없으며 '민족'이 있는 곳에는 '국민'이 없기 때문이다. 여기서 '민족의 통일성, 동일성'을 말하는 것은 '터부(taboo)'이다. 왜냐하면 남과 북은 둘 중 하나가 없어져야 할 적대적인 양항이기 때문이다. 따라서 여기에는 '민족'이 없다.

그럼에도 불구하고 이 터부가 두 개의 국민국가 내부에서 잘 작동해 왔던 것은 프롬이 말했듯이 "터부의 자각을 억압하는 것은 거세 공포 때문이라기보다는 오히려 고립과 추방의 공포"이기 때문이다.[35] 따라서 여기서 결손국가가 드러내는 근본적인 균열이 있다. 근대적인 인민은 주권자로서 인권을 가진 자이다. 근대적 국민국가는 인권을 보호하는 최후의 장치이다. 그러나 남·북의 국민국가는 근본적인 결함을 가진 국가로서 어머니 민족을 향한 욕망을 봉쇄해야 하는 국가이다. 민족적 리비도의 흐름은 중단된다. 그리고 그러나 그 흐름의 중단은 욕망의 포획과 더불어 대가를 지불한다. 이 지점에서 두 개의 국민국가는 내부의 국민을 주권자이면서 출생의 고향인 어머니 민족을 향하는 근대적 '시민(citizen)'이 아니라 국민국가의 욕망을 복제한, 종속적 존재로서의 '국민−백성(subject)'이다. 따라서 국민국가의 욕망이 복제되는 곳에서 시민은 없으며 시민이 작동하는 곳에서 국민국가란 없다.

비록 퇴행적이기는 하지만 통일담론들이 끊임없이 고향으로서 민족과 원시적 환상을 생성하는 어머니로 돌아갔던 것은 바로 이와 같은 억압적 국가장치가 생산해 낸 것이다. 유임하가 분석했던 것처럼 "황순원의 『별과 같이 살다』에서 본 모성적 존재가 민족의 근대사에 대한 상징이자 인격화된 민족 심성이라면 해방 직후 현실에서 요구

---

35) Erich Fromm, 앞의 책, 139쪽.

되는 그 역사적 편모는 허준의 『잔등』에서 잘 나타난다." 그것은 "파란 많은 해방정국에서도 잃지 않아야 할 휴머니즘의 희미한 등불이다."36) 따라서 그것은 프로이트식으로 '구강기'로 퇴화하여 어머니와 자신을 동일시하면서 어머니를 직접적인 욕망으로 삼는 것이다. 그러나 그럼에도 불구하고 '어머니' 서사는 억압된 욕망이 다시 귀환하는 것이기도 하다.

문제는 이 억압된 욕망이 상상계 안에 갇히는 것이다. 상상계를 떠받치는 것은 상징계이며 상징계를 구성하는 대타자로서 국가는 이미 균열적이다. 상징의 틈새가 드러날 때 국민국가의 균열성 또한 드러난다. 이 균열이 드러나는 자리는 남·북의 적대적 상생의 구조가 내부의 억압으로 전화하는, 바로 그 지점에 존재한다. 최근 민주주의의 진전과 함께 레드 콤플렉스가 약화되는 것은 이와 같은 균열이 어떤 파열구를 내는지를 보여 준다. 왜냐하면 민주주의는 주인-기표 없는 주인-기표이기 때문이다.

"민주주의는 주인-기표인가? 틀림없이 그렇다. 그것은 그 어떤 주인-기표도 없다고 말하는, 혹은 적어도 홀로 서 있을 주인-기표는 없다고 말하는, 모든 주인-기표는 다른 기표들 가운데 스스로를 현명하게 삽입해야 한다고 말하는 주인-기표다. 민주주의는 라캉이 말하는 빗금쳐진 A의 대문자 S이다. 그것은 다음과 같이 말한다.: 나는 타자에 구멍이 있다는, 타자는 존재하지 않는다는 사실의 기표이다."37) 따라서 분단의 적대적 상생 구조가 민주주의를 독재 권력으로 전화시키는 곳에서 주인기표의 이데올로기는 자신의 균열상을 드러낼 수밖에 없다. 그리고 두 개의 국민국가 내부에 존재하는 국민은 근본적으로 히스테리적 주체가 될 수밖에 없다.

그럼에도 불구하고 이 히스테리적 주체의 성장은 그냥 주어질 수

36) 유임하, 『분단현실과 서사적 상상력』, 태학사, 1998, 248쪽.
37) Jacques Alain Miller, *Le Neveu de Lacan, Verdier*, 2003, p. 270; Slavoj Žižek, 박대진·박제철·이성민 옮김, 『이라크』, 2004, 도서출판b, 144쪽에서 재인용.

없다. 라캉과 지젝은 정치적 차원에서 히스테리적 주체와 분석가적 위치를 고집할 뿐이다. 그러나 만일 우리가 분단의 트라우마를 지속적으로 재생산하면서 가해자와 피해자의 위치를 전도시키는 구조를 생각해 본다면 우리는 개인적이고 사회적 차원에서도 트라우마의 치유를 위한 방안을 모색해 보아야 할 것이다. 그것은 다름 아닌 가해자가 만들어내는 시간과 기억의 전도가 노리는 '사회와 개인의 분리', '상호 적대적인 공포'의 생산 구조이다. 이 전치의 구조 속에서 '공포'는 재생산된다. 따라서 프롬이 이야기하듯이 치유의 첫 번째 방향은 "무의식을 자각하는 일"이며 그것은 "완전한 인간성을 획득하는 동시에 사회가 인간 사이에 구축했기 때문에 생겨난 사람과 그 동포 사이의 장벽을 제거"[38]하는 것이다.

그렇다면 어떻게 이것을 수행할 것인가? 출발점은 분단의 트라우마를 치유하는 것이다. 분단의 트라우마는 두 개의 결손국가가 '민족적 리비도'의 흐름을 억압하거나 전치시킨 상태에서 나오는 것이다. 이런 점에서 분단트라우마의 치유는 '민족적 리비도'가 다시 흐를 수 있도록 만드는 것이다. 이런 점에서 각종 트라우마적 장애를 연구했던 주디스 허먼이 치유를 위한 제안하고 있는 3가지 단계를 고려해 볼 필요가 있다.[39] 그녀는 피해자와 가해자를 격리하고, 안전성과 신뢰성을 확보하는 1단계와 의식의 분리 상태에서 현실감각을 상실한 상태를 극복하고 분열된 서사들을 자기서사로 구성해 내는 2단계, 그리고 마지막으로 다른 사람들과의 연결을 통해서 사회적 삶에 자신을 통합시키는 3단계의 치료 방식을 제안하고 있다. 이것을 분단의 트라우마에 적용해 보면 가장 먼저 분단의 트라우마를 벗어나기 위해 해야 할 일은 상호간의 공포를 생산하는 환경으로부터 안전성과 신뢰성의 회복하는 것이다.

---

38) Erich Fromm, 앞의 책, 142쪽.
39) Judith Herman, 앞의 책, 2부 참조.

분단의 트라우마를 치유하는 데에서 안전성이란 두 개의 국민국가가 자신을 결함을 감추기 위해 자행하는 국가폭력으로부터 민중적인 욕망을 말할 수 있도록 하는 것이며 신뢰성이란 남북 간의 민간교류를 활성화하고 타부 없는 통일담론의 재활성화를 통해 민족의 정서적 교감을 형성해 가는 것이다. 따라서 가장 먼저 수행해 할 것은 타나토스적 적대성으로 전화되어 있는 욕망의 흐름을 다시 전치시키는 것이다. 그것은 더 이상 초자아로서 국가의 완전성을 믿지 않는 것이며 결손국가를 다시 분열된 주체의 자리로 전환시키는 것이다. 이렇게 되면 '6·25의 원죄의식'은 피해자의 것이 아니라 가해자의 것이 되며 누구의 잘못도 아닌 것이 될 수 있다.

　둘째, 분단의 트라우마가 낳은 기억의 착종과 응축 등을 자기 서사로 통합시켜 가는 작업을 수행해야 한다. 한반도에서의 분단서사는 남과 북 양쪽에서 반쪽짜리 국학을 낳고 있다. 게다가 이것은 개인의 차원에서 국민국가의 폭력성에 의존하도록 만들고 있다. 주인기표를 따라 대학담론이 편성되고 개인들의 '민족적 리비도'는 중단된다. 따라서 8.15 이후 전개된 분단서사와 전쟁의 상처를 국민국가에 전치시키는 것이 아니라 자신의 서사로 통합시키는 과정이 필요하다. 이것은 근본적으로 라캉이 말하는 '분열된 주체'를 자각하는 것이다. 한반도의 어머니를 통일된 민족국가의 욕망으로 바꾸어 놓을 수 있는 주체는 근본적으로 '결손국가'가 아니라 우리 자신이라는 점을 자각하는 것이다. 이것은 또한, 라캉이 말하고 있듯이 삶의 운명을 자신의 삶으로 통합시키는 것이다. 오류와 잘못은 개인의 책임도, 남과 북의 어떤 개인적 잘못도 아니다. 남과 북의 어느 한쪽으로 책임을 전가하는 것은 니체가 말하는 분노와 원한의 감정을 통한 노예의 도덕을 산출하는 '반동적 정서'일 뿐이다. 따라서 삶의 긍정성, 민족적 리비도가 흐르는 그 욕망을 그 스스로 떠맡아야 한다. 그리고 남과 북의 민족적 리비도가 만나 민족적 에너지가 될 수 있도록 양자의 만남을 '긍정적 정서'로 변환시켜야 한다.

셋째, 바로 이런 과정들과 함께 적대적 상생의 구조를 민족적 공통성을 생산하는 민중적 민족의 상생적 구조로 전환시켜야 한다. 그것은 두 개의 국민국가가 폭력적으로 수행하는 '민주주의'의 박탈이나 억압이 아니라 오히려 민주주의를 통해서 통일된 민족국가를 건설하는 욕망으로 전화시키는 것이다. 그것은 프롬이 이야기하듯이 "사랑하기 위해서는 '타자'가 이방인이 되지 않으면 안 되며, 사랑의 행위에 있어서 이방인은 이방인이기를 그만두고 '나'가 되는 것이다. 사랑은 소외를 필수조건으로 삼는다. 그리고 이것을 초월하는 것이다."[40) 따라서 근본적으로 치유가 향해야 할 것은 어머니 조국에 대한 욕망이 동일성의 신화에 갇혀 있는 구강기의 어머니로 퇴화하는 것이 아니라 차이를 전제로 해서 남·북의 자기서사를 구성하고 그 속에서 통합적 서사와 민족공통성의 생산을 모색하는 것이다.

---

40) Erich Fromm, 앞의 책, 67쪽.

김준기, 『영화로 만나는 치유의 심리학』, 시그마북스, 2009.

류보선, 「민족≠국가라는 상황과 한국 근대문학의 정치적 (무)의식」, 『한국 근대문학과 민족-국가 담론』, 소명출판사, 2005.

백낙청, 『민족문학의 새 단계』, 창작과비평사, 1990.

성민엽, 「4.19의 문학적 의미」, 김병익·김주연 공편, 『해방40년: 민족지성의 회고와 전망』, 문학과지성사, 1985.

송두율, 『민족은 사라지지 않는다』, 한겨레신문사, 2000.

오기영, 『자유조국을 위하여』, 161쪽; 임헌영, 『분단시대의 문학』, 태학사, 1992.

유임하, 『기억의 심연』, 이화문화사, 2002.

_____, 『분단현실과 서사적 상상력』, 태학사, 1998.

이종석, 「남북한 독재체제의 성립과 분단구조」, 역사문제연구소 엮음, 『분단 50년과 통일시대의 과제』, 역사비평사, 1995.

임헌영, 『분단시대의 문학』, 태학사, 1992.

임현진·정영철, 『21세기 통일한국을 위한 모색』, 서울대학교출판부, 2005.

장준하, 「민족주의자의 길」, 법정 편저, 『아, 장준하』, 동광출판사, 1982.

조희연, 『한국의 국가·민주주의·정치변동』, 당대, 1998.

진방식, 『분단한국의 메카시즘』, 형성사, 2004.

채만식, 「낙조」, 『채만식전집』 8, 창작과비평사, 1989.

함석헌, 「민족통일의 길」, 『민족통일의 길: 함석헌전집』 17, 1984.

황석영, 『손님』, 창작과비평사, 2001.

Allen, Jon G., 권정혜·김정범·조용래·최혜경·최윤경·권호인 공역, 『트라우마의 치유』, 학지사.

Freud, Sigmund, 한승완 옮김, 「나의 이력서」, 『나의 이력서』, 열린책들, 1998.

_____, 박찬부 옮김, 「쾌락원칙을 넘어서」, 『쾌락원칙을 넘어서』, 열린책들, 1998.

_____. 김석희 옮김, 「집단심리학과 자아분석」,『문명 속의 불안』, 열린책들, 1998.

Fromm, Erich, *Greatness & Limmitation of Freud's Thought*, 오태환 옮김,『프로이트심리학 비판』, 선영사, 1991.

_____, *Beyond the Chains of Illusion; My Encounter with Marx and Freud*, 김진욱 옮김,『마르크스 프로이트 평전-환상으로부터의 탈출』, 집문당, 1994.

Marcuse, Hebert, *Eros & Civilization*, 오태환 옮김,『프로이트심리학 비판』, 선영사, 1991.

Herman, Judith, 최현정 옮김,『트라우마』, 플래닛, 2009.

Hobsbawn, Eric John, 강명세 옮김,『1780년 이후의 민족과 민족주의』, 창작과비평사, 2008.

Žižek, Slavoj, 박정수 옮김,『How to Read 라캉』. 2007, 웅진지식하우스.

_____, 박대진·박제철·이성민 옮김,『이라크』. 2004, 도서출판b.

제주 여성 생애담에 나타난 4·3의 상대적 진실

: 김인근과 현신봉의 생애담을 중심으로

박경열

1. 기억의 변주

기억하면 떠오르는 경험이 있다. 필자에게는 초등학교 졸업 후 기억에 남아 있는 한 남학생이 있었다. 다른 수많은 친구들 중에 유독한 남학생이 궁금했는데 찾을 길이 없었다. 왜냐하면 그 아이는 4학년 이후에 전학을 갔기 때문이다. 그래서 초등학교 친구들에게 물어봐도 찾을 수가 없었다. 그러던 중 친구 찾기로 유명한 사이트에서 수소문 끝에 그 친구를 찾았다. 세월이 흘렀지만 그 친구는 어렸을 때의 모습을 갖고 있었고 친구와 함께 헤어져 있었던 시간의 이야기들을 나누었다.

그러던 중 필자는 그 친구에게 초등학교 때 전학을 어디로 갔고 왜 갔는지 물었다. 그랬더니 그 친구는 전학을 간 적이 없었다는 의외의 대답을 하였다. 필자는 그럴 리가 없다며 5학년 때 전학을 가지 않았냐고 되물었더니 그 친구는 필자를 5학년 때 학교에서 본 적이 있고 그때 대화를 나눈 적도 있다고 하였다. 그 말을 들으니 정말 이상하게도 5학년 때 그를 학교에서 본 적이 있었던 것 같은 기억이 아련하게 떠올랐다.

그러면서 그 친구가 한 여학생의 이름을 거론하며 필자에게 기억나는지 물었고, 필자는 그 이름을 듣는 순간 머리가 멍해짐을 느꼈다. 그 여학생은 줄곧 필자와 같은 반이었는데 친구가 좋아하던 인물이었다. 친구는 그 여학생을 매우 좋아했었고, 필자는 자신이 좋아하는 친구가 필자가 아닌 다른 대상을 좋아한다는 사실을 인정하지 못해 그 실연의 아픔을 남학생의 부재로 해결했던 것이다. 그럼으로써 남학생에게 거절당한 아픔으로부터 벗어날 수 있었고, 동시에 그 남학생과 필자가 여전히 좋은 관계를 형성했던 관계로 기억에 저장될 수 있었던 것이다.

이 경험담이 보여 주듯이 어떤 사건에 대한 기억은 자신의 상황에 따라 과거를 끌어 올리고 밀어 내림의 다양한 변주에 의해 이루어진다. 우리는 같은 사건을 겪었지만 이러한 기억의 변주에 의해 서로 다른 사건으로 기억하는 것이다. 기억은 이런 점에서 어떤 사건에 대한 판단이 내려진 후에 재구성된 결과물이다. 다시 말하면 기억은 그 사건을 어떻게 이해하고 받아들이는가에 대한 개인적 판단의 결과물인 것이다.

제주 4·3사건은 제주도민에게는 생애에 잊을 수 없는 큰 경험이고 기억이다. 큰 경험이라는 것은 삶에서 빠질 수 없는 그래서 그 경험이 곧 삶이라고 할 수 있을 만큼 큰 부분을 차지한다는 의미이다. 이런 점에서 4·3은 역사적 사건이기도 하지만 한 인간의 삶이 오롯이 담겨 있는 삶의 이력이 되기도 한다.

이 글은 기억이 판단이 내려진 후에 재구성된 결과물이라는 특성과 4·3이 삶의 이력일 수 있다는 측면에 주목하여 4·3이라는 역사적 사건이 개인 생애담에는 어떤 기억으로 저장되고 있는가를 살펴보고자 한다. 다시 말하면 생애담으로서의 4·3에 나타난 기억과 그 기억의 의미가 무엇인가를 알아보고자 한다.

이러한 문제를 해결하기 위하여 먼저 생애담으로 접근하는 4·3과 역사적 사건으로 접근하는 4·3의 차이를 고찰할 것이다. 그리고 생애담을 서술하는 화자들의 기억을 정리하여, 그 기억이 갖는 의미를 살펴볼 것이다. 그럼으로써 그들에게 남은 진실이 무엇인가를 찾아낼 것이다.

2. 생애담으로 접근하는 4·3

제주 4·3사건[1]은 제주도에서 1948년 4월 3일부터 1954년 9월 21일까지 지속된 사건으로 인명 피해, 재산 피해, 마을 붕괴 등의 결과를 초래한 사건을 말한다. 『제주도 4·3 피해 조사 보고서』[2]에 의하면 신고 된 희생자 수가 12,243명으로 실제 희생자 수는 당시 인구의 10%에 해당하는 3만여 명에 이를 것으로 추정하고 있다.

이 사건은 4·3사건 진상규명 및 희생자 명예회복 위원회[3]에서 2000년 3월 제주 4·3사건 처리지원단 설치부터 2008년 제주 4·3 평화재단 설립허가에 이르기까지 주요 업무들이 진행되었다. 하지만 정부가 바뀌면서 이전의 정책들과 다른 방향으로 전개되면서 4·3은 제주도민에게 민감하고 예민한 사건으로 인식되고 있었다. 실제로 김인근을 인터뷰하는 과정에서 김인근의 남편인 김용담이 이야기에 합류하였는데 그때 김용담은 조사자들을 경계하면서 다음과 같이

---

1) 4.3 사건의 개념도 '폭동', '반란', '투쟁', '항쟁'이라는 다양한 용어로 정의되고 있다. 개념 정의는 개념 사용자의 가치 판단을 전제한다. 다시 말하면 제주 4.3사건에 대한 개념 규정은 누구의 시각에서 사건의 원인과 책임을 보는가에 따라 그 개념을 달리한다. 이 글에서는 이러한 개념규정은 중요하지 않다. 왜냐하면 생애담 속의 4.3을 구연하는 화자의 시각에 초점을 맞추기 때문이다.
2) 제주도 의회, 『제주도 4·3 피해 조사 보고서』, 2000.
3) 제주 4.3연구소이기도 하다.

말했다.

아! 어디서 온 거라? [서울 건국대학교에서 왔습니다.] 참여정부 때 무사 4·3 희생자 전부 명예회복 시키지 안해서게? 참여정부 때 노무현이가. 이명박이 들어가지고 한승수 국무총리가 와가지고 나 작년에 4·3 공원에 위령제 헐 때 갔다 왔거든. 갔다 오니까 한승수 국무총리가 왔을 적에는 대통령 대리로 왔단 말이여.

그러면은 와가지고서 4·3 위령제를 앞으로 전부 철저히 잘 허겠다고 얘기하고 가가지고서 이제는 4·3 위원회도 폐지시키니 뭐니 정부에서 허니까 말이여. 아주 허는 것들이 말이지 마땅허지 못해. 경 안 해게? 지난 정부에서 명예를 회복시켜주믄 그걸 뭐 해줘야지. 정부가 바뀐다 해 가지고서 그걸 이제 또 명예회복헌 것도 뭐 어찌 되는지 모르겠지만은 응 4·3 위원회 폐지허라고 제주도 위원들 허니까 아주 못 마땅해.

그지 않아도 그 당시 희생자들은 분노해가지고서 명예회복 해 주는 걸로 위안을 삼는데 말이여. 아 여 와가지고서 이제 4·3위원회 뭐 폐지니 뭐니 정부에서 허니까 말이여. 아주 마땅칠 못해. 솔직헌 얘기가. [저희는 전국을 돌아다니면서요. 주로 할머니들이 결혼할 때 어떤 옛날 얘기들, 시집살이 어떻게 어렵게 했는지 그런 얘기를 조사하러 다니던 차에 이번에 제주도에 와 가지고 찾아뵙게 된 겁니다.] 게난, 이 4·3하고는 뭐 관여가 없네 이?4)

김용담은 정부가 죄인으로 몰린 사람들의 누명을 벗겨줌으로써 명예회복을 시켜주겠다던 약속을 이행하지 않는다고 불만을 토로하였다. 김용담은 현 정부의 4·3 사건에 대한 태도에 대해 강한 불만을 가지고 있었다. 그래서 조사자들이 현 정부와 같은 생각을 가진 사람들인지를 탐색하였고, 그렇지 않다는 것을 확인한 후에 경계를

---

4) 김인근-죄인 아닌 죄인

풀었다.

4·3은 무엇보다 사실과 진실이 중요한 영역을 차지하는 사건이다. 그 사실과 진실은 개인적 차원이 아닌 좀 더 공적인 차원의 것이다. 물론 4·3을 경험한 사람들에게는 하나의 경험담으로서의 성격을 가질 수 있기에 생애담과 같은 의미를 가질 수도 있지만, 4·3 자체가 트라우마[5]를 형성할 만큼 아픈 역사로 기억되고 있는 것이기에 개인적 차원을 초월한다 할 수 있다.

반면 생애담은 개인이 살아온 이력이 들어 있는 이야기이다. 생애담은 한 개인의 삶의 굴곡이 들어 있는 역사인 것이다. 자신의 생애담을 구술한다는 것은 그야말로 철저히 자신의 입장에서 자신의 인생을 진술하는 것이다. 그러므로 생애담에서 그것이 사실인가 아닌가의 여부는 중요하지 않다. 중요한 것은 자신이 그것을 어떻게 판단하고 이해하고 있는가 하는 것이다.

제주도는 지역의 특성상 생애담 중 4·3이 차지하는 비중[6]이 컸다. 살아온 이야기를 들려달라고 요구하자, 화자는 4·3에 이야기의 초점을 두었다. 실제로 조사과정에서도 화자가 먼저 4·3에 대해 말하고 싶다고 요구[7]하기도 했다. 이것은 4·3이 하나의 역사적 사건으로서의 4·3이라기보다는 4·3이 자신의 삶을 차지하는 그래서 4·3자체가 자신의 인생이었음을 말해 주는 것이다.

---

5) 트라우마(traumatic): 외상 후 스트레스 장애(post-traumatic stress disorder). 외상 후 스트레스 장애는 신체적인 손상과 생명의 위협을 받은 사고에서 정신적으로 충격을 받은 뒤에 나타나는 질환이다. 주로 일상생활에서 경험할 수 있는 사건에서 벗어난 사건들, 이를테면 천재지변, 화재, 전쟁, 신체적 폭행, 강간, 자동차, 비행기, 기차 등에 의한 사고, 소아 학대, 삼풍사고나 성수대교 붕괴 같은 대형사고 등을 겪은 뒤에 발생한다. 증상이 나타나는 시기는 개인에 따라 다른데, 충격 후 즉시 시작될 수도 있고 수일, 수주, 수개월 또는 수년이 지나고 나서도 나타날 수 있다. 증상이 1개월 이상 지속되어야만 외상 후 스트레스 장애라고 하고, 증상이 한 달 안에 일어나고 지속 기간이 3개월 미만일 경우에는 급성 스트레스 장애에 속한다.

6) 제주도 화자를 섭외하는 과정 중에 4.3연구소를 알고 있는 지인의 도움을 받았기에 화자들 대부분은 4.3에 대해 구연한 적이 있는 화자들로 섭외되었다.

7) 김인근은 자신이 먼저 4.3에 대해 말하면 안 되겠냐고 물었다. 조사자들이 좋다고 대답하자 이야기하였다.

바로 이 지점이 생애담으로서의 4·3이 역사적 사건의 4·3과 다름을 말해줄 수 있는 지점이다. 생애담은 자신의 경험을 떠올리면서 기억을 재구성하는 작업이다. 제주도 여성 생애담에 4·3의 비중이 크다는 것은 4·3이 생애담으로서의 성격을 갖고 있음을 말하는 것이다. 제주 여성에게 4·3은 하나의 역사적 사건에 한정되는 것이 아니라 곧 삶이고 그 삶에 대한 기억인 것이다.

기억은 자신이 경험한 것과 보았던 것, 들었던 것 등을 떠올리는 것이다. 기억은 어떤 상태에서 떠올리느냐에 따라 어떤 기억이 강조될 수도 있고 어떤 기억이 묻힐 수도 있다. 다시 말하면 접근 방법에 따라 기억은 달라질 수 있는 것이다. 역사적이고 사회적인 방법으로 접근했을 때의 4·3에 대한 기억과 생애담으로서의 4·3에 대한 기억은 다르다는 것이다. 왜냐하면 역사적 사건으로서의 접근 방법은 '그때 무슨 일이 일어났는가'에 중심이 놓인다면, 생애담으로서의 접근 방법은 '그 일을 어떻게 기억하고 있는가'를 묻는 것이기 때문이다. 이런 점에서 생애담으로서의 4·3은 과거 그 자체에 초점이 맞추어지기보다는 현재와의 관련 속에서 기억을 재구성한 결과물이기에 그 기억이 갖는 의미를 밝히는 적절한 텍스트가 될 수 있다.

이 글에서 대상으로 삼은 화자는 김인근과 현신봉이다. 이들은 실제 4·3 사건의 중심에 있었던 인물들이고 이 사건의 생존자들이다. 김인근과 현신봉은 4·3연구소의 요청으로 4·3사건에 대해 구술한 이력이 있는 인물들[8]이다. 김인근의 경우 일본 TV에서 취재를 해 간 적이 있다고 하였고, 현신봉 또한 전에 몇 차례 이 사건에 대해 구술한 적이 있다고 하였다. 이들에 대한 전반적인 사항은 다음과 같다.

---

8) 이 점은 주목할 만하다. 김인근과 현신봉은 4·3연구소에서 추천을 받은 인물이었는데 이 사건에 대해 구술한 적이 있는 노련한 화자라 할 수 있었다. 현신봉의 경우는 사건의 전말을 설명하는 원칙이 있었고, 남편인 정기성이 그 원칙을 지키지 않고 구술하면 지적하였다.

성 명	김 인 근	현 신 봉
연 령	75세	89세
조사장소	제주도 제주시 화북 1동 서부락 금산로 57번지	제주도 서귀포시 남원읍 신예 2리 1194번지
조사시간	15시 30분~17시 2분(122분)	14시 20분~15시 26분(66분)
조 사 일	2009년 1월 16일	2009년 1월 17일
특 징	심장병과 고혈압 그리고 알 수 없는 두통으로 고생함.	거동이 불편함.
구연상황	조사자 5명과 구연자 김인근, 그리고 남편 김용담이 함께 함.	조사자 4명, 구연자 현신봉, 그리고 남편 정기성이 함께 함.

　　김인근의 총 구연시간은 122분이다. 이 중 4·3은 60여 분에 이른다. 김인근은 낮은 어조로 차분하게 이야기를 진행했다. 구연하는 동안 김인근은 무릎을 꿇은 자세로 이야기하였다. 불편한 기억을 떠올리듯이 구연하는 모습 또한 편안한 자세가 아니었다. 지금의 주소지에서는 남편, 막내아들과 함께 살고 있다. 막내아들은 1급 장애자이고, 남편은 풍으로 인해 거동이 불편한 상태이다.

　　현신봉의 총 구연시간은 66분이다. 현신봉 또한 39분이 4·3에 대한 내용들로 이루어져 있다. 현신봉은 목소리가 크고 몸집이 컸으며 제주도 말로 와래[9]는 말투였다. 처음 전화로 현신봉과 통화했을 때 말을 알아들을 수가 없어서 조사가 제대로 진행될 수 있을지 걱정이 앞섰다. 하지만 실제로 조사할 때는 말이 좀 빠르기는 했으나 듣는 데는 무리가 없었다. 현신봉은 다리가 불편한 상태라 다리 한쪽은 길게 펴고 다른 한쪽은 양반다리 자세로 구연하였다.

　　김인근은 4·3을 결혼하기 전에 겪었다. 김인근은 결혼을 20세에 했는데 20세 이전인 13세에 4·3을 겪는다. 그래서 아버지, 어머니, 오빠, 언니, 작은 아버지, 올케언니, 조카 2명이 목숨을 잃는다. 반면 현신봉은 4·3을 시집와서 겪었다. 현신봉은 19세에 결혼을 한다. 그리고 27세에 4·3을 겪는다. 이 사건으로 시아버지, 시어머니, 시아주

---

9) 와랜다는 표현은 말을 할 때 소리를 크게 지르고 쉬지 않고 연달아 말하는 것을 말한다.

버니,[10] 큰동서가 죽는다.

김인근이 구연하는 동안 남편인 김용담이 집으로 들어 왔는데 순간 김인근의 목소리가 작아지면서 남편의 눈치를 살폈다. 남편이 4·3을 얘기하는 것에 대해 싫어한다고 하였다. 그래서 이야기의 화제를 시집살이로 돌렸다. 김인근이 겪은 4·3은 앞서 설명했듯이 결혼하기 전의 일이므로 시어머니가 4·3과 관련하여 자신에 대해 돌려 말할 때 싫고 미웠다고 했다. 김인근은 4·3의 후유증으로 장애가 있다고 하였는데 머리가 깨질 듯이 아프거나 구토가 나는 증상이 있다고 하였다.

현신봉의 경우는 구연할 때 눈물이 나는 것 이외의 다른 장애는 없었다. 남편인 정기성은 아내의 이야기를 옆에서 함께 들었고, 이야기가 끝나자 자신도 4·3에 대해 이야기하겠다고 하였다. 그래서 105분 되는 분량을 녹음하였다. 부부가 4·3에 대한 기억을 풀어내었는데 현신봉은 시아주방의 이야기를 중심으로 풀어놓은 반면, 정기성은 무기징역을 선고 받고 20년 동안 형을 살면서 지내온 이야기를 중심으로 구연하였다.

김인근의 이야기 방식은 조사자들의 반응과 상관없이 자신의 이야기를 차근차근 풀어놓았다. 경찰에게 끌려갔을 때 맞는 상황이나 죽은 아버지를 찾으러 가는 상황에 대한 묘사가 치밀했다. 현신봉은 조사자들이 제주도 출신이 아니라는 점을 고려하여 자신의 얘기를 제대로 이해하는지를 수차례 되묻고 확인하였다. 그리고 이야기를 할 때 한 번에 여러 가지를 말하는 경향이 있었다. 표현은 '-했다'는 단정적인 표현을 썼으며, 묘사는 치밀하지 않았으나, 사건의 정황은 정확[11]하게 구연하였다.

---

10) 뒤에서 설명하겠지만, 현신봉의 시아주버니는 생존 여부가 확실하지 않다. 일단 부재라는 측면에서 함께 넣었다.

11) 사건의 정황에 대해 정확하게 구연했다고 판단한 것은 사건의 원인이 무엇이고 왜 그랬는가를 항상 설명했기 때문이다.

3. 제주 여성 생애담에 나타난 4·3의 기억

1) 김인근의 기억

김인근이 떠올리는 4·3에 대한 기억의 핵심은 '죄인 아닌 죄인'이라는 것이다. 자신이 의도하지 않았지만 그렇게 되었다는 것, 그래서 억울하다는 것이 기억의 핵심이었다. 김인근은 자신들이 죄인이 된 원인을 다음과 같이 말한다.

> 경헌디 어떵헌 죄인이되는고 허믄 우리 오빠가 오란 한천단 단장인가 뭔가 그 어린때이니까엔. 난 뛰어다닐땐딘 한천단 단장헐 때 화북 국민학교집을 태우래, 산 폭도들이랜 허던가 폭도들이 오란 산에서 오란 집을 태와서 마심. 화북국민학교.
>
> 막 몇 밭디 집들도 탭고 헐 때 화북 국민 학교 태완 올라가면서 우리 오빨 잡혐 가면서 허는 말이 어머니가 듣기를 "너는 따뜻한 방에서 따뜻한 밥을 너는 먹엉 살 수 있냐"고 우리영 같이 뭐해야 헐 거 아니겐. 허멍 잡앙가드라고.
>
> 갠디 여기서는 경찰에서는 우리 오빠가 그냥 산으로 도망을 갔잰 행 우리 온 가족을 전부 이젠 총살 시킬 걸로 허는거라 마심. 개난 이제 여기도 무섭고 저기도 무섭고---12)

김인근은 자신들이 '죄인 아닌 죄인'이 된 이유가 오빠와 관련 있다고 기억하고 있다. 오빠가 당시에 학교를 다녔고 어떤 단체의 단장으로 있었다고 했다. '산 폭도' 혹은 '폭도'라고 불리는 이들이 동네의 학교를 불태웠고 태운 후에 입산하면서 자신의 오빠를 데려갔다고 하였다.

---

12) 김인근-죄인 아닌 죄인

폭도들은 자신의 오빠를 데려갔고, 경찰에서는 오빠가 산으로 도
망을 갔다고 판단하여 김인근의 가족을 폭도로 규정한 것이다. 그래
서 김인근의 가족은 총살 대상이 되었다. 김인근의 가족은 이제 폭도
와 경찰 사이에서 두려움에 떨게 된다.

김인근 가족은 조사를 받기 위해 동네 학교로 끌려가서 오빠의 친
구가 누구이고, 친구의 집에 대해 말하라는 추궁을 받았다. 오빠에
대해 실제에 아는 사실이 없어 모른다고 대답하자 경찰과 몇몇 사람
들에 의해 거센 폭력을 당한다.[13]

그때 김인근은 죽는 것이 두려워 탈출을 생각하고 어머니와 언니
에게 도움을 요청한다. 하지만 어머니와 언니는 안 된다는 소리만
하고 도움을 주지 않는다. 김인근은 혼자의 힘으로 차 밑으로 들어가
서 가족이 있는 곳을 탈출하여 집으로 돌아온다.

집으로 돌아온 후 시간이 지나자 어머니가 집으로 돌아오고, 어머
니로부터 자신이 도망간 후의 정황을 듣는다. 경찰과 군인들이 어머
니와 산달인 올케 언니를 트럭에 싣고 그 위에 나무를 덮었고, 나무
를 덮은 위에 군인들이 앉아서 어머니와 올케 언니를 눌렀다는 것이
다. 그 과정에서 올케 언니는 죽고 어머니는 총을 7발을 맞고 돌아온
다. 어머니는 이때부터 총상의 고통뿐만 아니라 폭도의 가족이라는
이중 고통을 받는다.

경찰은 김인근의 오빠를 찾지 못하자 살아 있는 것으로 보았고,

---

13) 군인 하나가 날 여기심언 저쪽 방으로 이렇게 끌어 가는거라 마심. 끄서강 무슨 따문에
햄시냐 허멍 가난에 "너 똑바로 얘기 안허믄 이거 보랜" 허멍 총도 놓고 요만헌 나무 닮은
것 무신거 무신거 닮은 거 책상에 탁 때리멍 영 놔그냉 허는 말이 "오빠 친구분 이름을
대라"는 거라마심. 내가 어떵 그걸 압니까게. 그 집이라도 가르키랭 허난 집도 모른댄
허난 그때부터 막 여길 때리기 시작 허난 코는 아니 맞은디 여기만 때려도 코에 피가 막
따딱따딱 나는거라마심. 게난 영해동 영행 앉아 그냥 "모르겠습니다. 모르겠습니다" 해동
또 영 있다가도 막 피를 흘리젠 허는디. 또 흔번 딱 때리난 그땐 발발발 털멍 말도 못해가난
가랜행. 이젠 어머니신디 와시난 어머니가 소리도 낸 안울고 아이고 한숨만 쉬멍 저고리
끔을 딱 하나를 끊어내는거라마심. 어머니 저고리끔을. 저고리 끔을 하나 끊어내 난 졸졸
찢엇 그 코를 피 영 막아주는거라마심. 나 손을 보끔 심엉 아파도 꼭 조금만 참으라고.
(김인근-죄인 아닌 죄인)

가족과 내통하는 것으로 생각해서 김인근의 어머니를 다시 잡아간다. 이때 김인근은 저수지14)에서 총살당한 아버지의 시체를 찾으러 간다.

오빠 이제 산에 갔당 뭐해가낭 기습행 내려온디, 어머닌 또 일구소에서 죄인 아들이 아니 들어오난 연락햄당허영 일구소에서 심어가난 오빠가 오란 오빠가 간 우리 모친님이 무슨 죄가 있길래 우리 모친님이랑 나가게 해달랜 막 허난 우리오빠가 막 맞음까지 했댄마심.

경행 어머닌 나오고 오빠는 글로 연해 동축회사로 서울 마포 형무소에 간. 거 갈땐 책도 허고 치약허고 그 때 무슨 책이든가 그것만 보내달랜허난, 이제 어머니가 이걸 어디강 알아봥 얻느랜허영 책허고 치약허고 오빠가 필요한 것들 다 글으믄 그거 허여그냉 다 붙여주고허고. 십년을 언도 받았잰 허난 벌써 잊어불건디 십년아니 이십년 육십년이 되부난. 오빠는 간곳 어선. 서울 그 뭐헐 때 삼죽음도 몰랑 떠나불고.15)

김인근의 오빠는 산에서 내려오자 어머니가 잡혀 있다는 소식을 듣게 된다. 오빠는 일구소로 어머니를 찾아 간다. 그리하여 어머니는 풀려나고 오빠는 형무소로 넘겨진다. 그 후 10년형을 선고받았으나 오빠는 돌아오지 않았다. 어머니는 아픈 몸으로 돌아가시고, 김인근 홀로 생존하게 된다.

---

14) 제주 4·3연구소의 자료에 의하면 김인근이 말한 저수지는 '고우니모루 저수지'로 판단된다. 이 저수지는 제주시 화북 2동에 있는 것으로 제주시 일도 2동과 건입동의 경계선을 따라 화북동으로 진입하는 길의 제일 높은 고개 마루이다. 고우니모루 저수지에서의 학살은 1949년 1월 8일 밤에 이루어졌고, 이 날 학살당한 희생자들은 모두 화북리 주민들로 남자였다고 한다. 학살 당시 희생자들을 저수지에 집어넣은 후 집단 총격을 가했고 소문을 들은 유족 및 친인척들이 그 날 밤부터 수습에 나섰다. 저수지의 깊이를 알 수 없기에 긴 갈퀴를 이용해 시신을 물속에서 꺼냈다고 한다.
15) 김인근-죄인 아닌 죄인

2) 현신봉의 기억

현신봉의 기억에 끊임없이 등장하는 인물은 '시아주방'이다. '시아주방'은 현신봉의 남편인 정기성의 형 정석봉을 말한다. 현신봉은 시아주방을 다음과 같이 기억한다.

> 4·3사건 일어나 난 우리 시아주방은 머리가, 큰 아들이 주게. 이건 작은 아들이고. 허난 우리 시아주방은 이젠 공부 막 해 그냥 핵교 선생질을 국민흑교 선생질을 했주게. 옛날엔 국민핵교랜 골았주게. 요즘은 초등핵교지만은. 게난 옛날 말로 골암져. 국민학교 선생질을 ㅎ난 우미리엥헌디 이 사람 알주? 이 사람 몰라도. 우미리 알지?
>
> 일본 간 사범대학꺼지 핸 오랐주게. 머리가 막 좋아. 우리 시아주방. [시아주버님께서?] 어. 머리가 막 좋아그냥 일본 간 사범대학 해오란. 국민핵교 선생으로 우미리에. 이 스람은 알주. 제주도난. 조금 동쪽이라. 이디 넘어가믄. 학교선생질 허지만은 4·3사건에 그 오야가다를 했주게. 폭도로.
>
> 나 이거 추례로 곧잰허난 굴암져. 오야가다를 허난에 이젠 서뭇 난리가 되싸질거 아니? 오야가달 허난 경찰에서 알아나낸 이름이 정석봉이주. 이 어른은 정기성이고, 우리 시아주방 이름은 정석봉이난 일름도 좋아. 그츠륵허난 정석봉인디. 그디강 학교 선생질허멍 이제 각신 옛날에 경 흔디 안 살아그냥 우미리 흔참이주.[16]

현신봉은 시아주방을 머리가 좋고 공부를 많이 한 사람으로 기억하였다. 그 시절 일본유학 가서 사범대학까지 나왔고, 우미리라는 지역에서 초등학교 선생님을 하였다. 현신봉은 시아주방을 폭도의 주요 인물이라 말하였다. 현신봉은 자신의 시아주방을 '폭도'라 칭하는데 주저하지 않았다. 김인근은 자신의 오빠를 폭도와 경찰의 일방적

---

16) 현신봉-시아주방의 4·3

규정에 의해 희생당한 인물로 기억하는 반면, 현신봉은 자신의 가족이지만 시아주방을 단호하게 폭도라 규정하였다.

그래서 현신봉은 자신의 가족이 고통 받는 이유가 시아주방 때문이라고 생각했다. 시아주방이 폭도였기 때문에 자신의 가족들이 죽음에 이르고 남편은 징역살이를 했다고 생각하였다.

> 이젠 경허난 우미리 강 헛손질허명 아 폭도 노릇을 오야가다 글좋고 허난, 폭도 노릇을 허난 이젠 우리집을 완 경찰에선 불 팍 질러불꺼아니라? 폭도. 경찰에 심사로게. 이런 사람은 죽여부러야지 해부난. 우리 시아주방이 이디 살아시믄 허지만은 잘못해정 무소우난 산에 강 곱안 살았주게.[17]

경찰이 집에 와서 불을 지르고 죽이겠다고 하는 이유는 시아주방이 잘못했기 때문이다. 현신봉은 시아주방이 머리가 좋고 글이 좋은 사람이지만 폭도 노릇을 했기 때문에 자신들과 함께 살지 못했고, 그래서 산으로 들어갔다고 하였다. 시아주방은 죽이겠다고 혈안이 된 경찰이 무서워서 산에 숨어 있는 것이다. 시아주방과 큰 동서는 집이 불탄 후 살 곳이 없어서 산에서 살았는데, 경찰(일명 토벌대)에 의해 발각된다.

> 산에 강 곱앙 산에 이시믄 경찰관이 심으래 맨날 죽여불쟁 맨날 심으래 오난 무서우난 산에 도망 강 도피자로 쓸 싣건 옛날에 핸 옛날에 쓸 앞당 믄 싣거당 앞당 산에 곱져둠서 산에 강 살거아니? 산에 강 사난, 나 츠례로 근잰허난 이거주.
> 게난 우리 시아주방 애기 스나이 놈 다섯살 난 거 어멍은 없고 아병은 거시기 이디서 막 경찰관 올라 강 군인이영 경찰관이영 올라 강 꽤나저나 고망 쑤시멍 창 아져강 막 죽이멍 했주게. 우리 동세는 애기 업으난 돈지

---

17) 현신봉-시아주방의 4·3

못허난 강으로 착 창으로 찌르난 물싹 들어앉고, 애기 없은양. 물싹 들어
앉고 우리 시아주방은 혼자난 도를거아니? 곱아부렀주게.

　우리 시아주방은 둘앙 곱아 불고, 애기 업으난 이제 탁 창으로 찌르난
물싹 들어앉으난 아긴 살았고 부릴거아니? 이제 부리난 저 치매 한복 알
지? 치매 영 흐르덕 입는거 몰라게? [아. 치마! 치마!] 치마. 게난 치마도
암해도 거기 뭔 산에 설러가신고라 애기 토벌대가 이제 경찰관이영 토벌
대영 애기 이디 걸령 업어온 거 보난 치매터리 알지? 허리곰던거. 그걸로
업언 왔더라고.18)

시아주방에게는 아들이 하나 있었는데 발각되었을 당시 아내가 아
이를 업고 있었다. 아내는 아이를 업고 있었기 때문에 달아나지 못했
고 그 자리에서 창에 찔려 죽는다. 반면 시아주방은 달아나고 다시
산에 숨는다. 아내가 업고 있었던 사내아이는 아내의 유언19)으로 작
은 동서인 현신봉의 집에 맡겨진다.

　우리 시어멍도 게난 이제 심어당 총살 시킬거아니? 아들 거시기 오야
가다나난 집에 불붙져부난 시어멍도 아들 잘 못 났댄허멍 그 때 팔춘 7지
죽여서. 궨당. 게난 우리 시어머니 갖당 총살. 우리 시아방도 총살.

　[조사자: 그 때 다 돌아가셨어요? 시부모들도요] 총살시켰주게. 아들
따문에게. 아들이 산에 강 곱아부난 애기 돌아오난에 우리 시아주방 죽어
부러시믄 우리 시어멍네가 아니 죽어실건디, 우리 시아주방이 고만 산에
곱앙 춫지 못허난게.

　춫지 못허난 심술을 우리 시어머님 시아버님 죄어시 우미리 심어당 우

---

18) 현신봉-시아주방의 4·3
19) "죽인 놈이 マ르난 이디 오면은 그 땐 예춘이라 굴아서 신예리랜 안 굴안. 예춘가믄 우리
　　죽은 동세가 이시난 죽은 동세 집이 돌아다줌서. 경굴안 탁 창으로
　　찌르난 그냥 죽여부렸주게.—게난 이 애기 정석봉의 각시가 이제 애기 이디 정기성의 집이
　　일름으로 굴으멍 우리 그디 작은 동새 이시난에 그디 돌아다 줌센 허영 이러 업언 오라수
　　다. 치매꿈으로 업언 오랐드라고."(현신봉-시아주방의 4·3)

미리에서 죽여부렀주게. 총으로 죽이난. 그 다음은 이 당신도 갈 거아니? 이 당신도 갠 공부는 안했주만은 그디 소생엔 공부 안 허난 들어가지 안 했주만은 종내이고 팔촌꺼지 죽이난에 문제어시 죽일거 아니?20)

시부모는 큰 아들이 폭도이고 그런 아들을 낳은 죄 값을 죽음으로 대신한다. 현신봉은 시부모가 시아주방 때문에 죽은 것에 대해, 만약 시아주방이 죽었다면 죄 없는 시부모가 죽지 않았을 것이라는 원망의 감정을 내보인다. 시아주방이 폭도라는 대가는 팔촌까지 그 목숨을 내 놓아야 하는 것으로 확대된다.

현기봉의 남편이자 정석봉의 동생인 정기성은 정석봉과 형제간이기에 지서에 끌려간다. 정기성은 부모가 죽고 형수가 죽는 것을 보았기 때문에 자신의 죽음을 직감한다. 정기성은 새벽에 지서가 허술한 틈을 타 탈출하고 산으로 들어가서 형을 만난다.

하지만 산에서 살 수 없게 되자 서귀포로 내려와 자수를 한다. 자수하여 죽지는 않고 무기징역 20년을 선고 받는다.21) 정기봉은 27세에 형무소에 가서 44세에 집으로 돌아온다.22)

---

20) 현신봉-시아주방의 4·3
21) 현신봉-시아주방의 4·3 [그럼 시아주버님은 옥살이 하시다가 돌아가셨어요?] 곹이 댕겼주. 곹이 갔주게. [정기성: 4·3수건 얘기허카?] 곹이 산에 강 살단게 [산에서 돌아가셨어요?] [아니 곹이 그래서 내려와서 자수하셨다고] [자수하셔서 그런 시아주버님은?] 곹이 성제가 자수 했주게. 곹이 성제를 무기징역으로 보냈주게. 우리 시아주방은 어디 몰라.
22) 이 문 영 열안보난 꼭꼭 졸암시난 남포동 불은 경 훤허지 아니허주게. 경허난 그자 슬쩍 허게 가맨히 열안에 저래 나간에 성 티어그냉 산에 올랐주게. 산에 그 내창으로만 그디 내창이서. 내창으로만 내창으로만 산에 올랑 화진에강 곹이 성이영 살았주게. 성이영 곹이 간 촛앙간 보난 성 이서랜. 경행 성 촛안 성이영 살단에 성제가 곹이 귀순행 서귀포 느련에 아무 것도 먹을 것도 없고 이제 경찰에 가근에 ᄌᆞ수해그냉 죽인가 살린가. 우린 이젠 지기랑 못 살주게. 곱아그냉 어떵 지기가 살아져? 게난 경찰에강 귀순행 내려그냉 그자 죽었든가 살았든가 허난 당신도 무기징역 죽지 안허난에 ○○○ 죽이는 법은 지나부난에 당신도 무기징역 당신도 무기징역 성제가 다 무기징역을 보냈주게. 보내난 이 하루방 간에 스물 일곱에 간에 마흔 넷에 나와서. 나 생전 잊어불지 안허여. 마흔 넷에 나와서. 겐 [그렇게 나?] 이십년 무기징역 받아부난 흔 삼년은 감해실거라. (현신봉-시아주방의 4·3)

4. 제주 여성 생애담에 나타난 기억의 의미

　지금까지 김인근과 현신봉이 기억하는 4·3사건의 전말을 살펴보았다. 그렇다면 이들의 생애담에 나타난 기억은 어떤 의미를 갖는 것일까? 이에 대한 해답은 화자들이 구술할 때 힘주어 말하는 부분과 채록된 파일을 비교 분석함으로써 얻을 수 있을 것이다.

　김인근은 4·3의 가해자를 경찰, 군인, 한천단, 폭도들로 보았다. 이들은 자신의 가족을 총살하고, 자신을 공포에 떨게 하고, 몇 십년간 어두운 기억에서 살게 한 인물들이다. 김인근에게 가해자는 가족을 말살한 이들인 셈이다. 그래서 김인근이 떠올린 죄인은 아버지를 저수지에서 잃게 하고, 어머니를 아프게 했으며 올케언니와 조카, 오빠를 죽게 한 이들인 것이다.

　현신봉 기억의 가해자는 시아주방이다. 시아부방은 현신봉이 4·3의 기억을 떠올리면서 끊임없이 거론했던 인물이다. 시부모는 죄가 없지만 폭도 노릇한 아들 때문에 죽은 것이고, 남편이 지서에 끌려가 총살당할 위기에 처한 것도 폭도 노릇한 시아주방이 형이기 때문이다. 큰동서가 죽은 것 또한 폭도 노릇한 남편의 아내이기 때문이다. 현신봉의 기억에는 시아주방이 가해자라는 기억이 강조되어 나타난다.

　현신봉의 기억에는 토벌대와 폭도의 대립이 뚜렷하게 나타난다. 반면 김인근에게는 토벌대와 폭도는 다를 바 없다. 김인근을 힘들게 하는 것은 폭도나 토벌대 하나가 아니라 이 둘 모두이다. 김인근의 오빠는 폭도들에 의해 입산하게 되었고, 입산했기 때문에 경찰에 의해 가족들이 고통을 받았으므로 이 둘은 구별되지 않는다. 동일한 가해자일 뿐이다.

　김인근의 기억에 오빠는 분명 4·3과 관련되어 있는 인물이다. 오빠가 관련되어 있지만 오빠가 원인 제공자는 아니다. 현신봉의 시아주방은 4·3과 밀접하게 관련되어 있는 인물이면서 가해자이지만, 김인근의 오빠는 가해자로 기억되지 않는다. 다음의 예문은 이러한 김인근의 기억이 의미하는 바가 무엇인지를 보여 준다.

　갠 이제 한천단에 나오난 철창들 들렁나와 막 죽이캔 허는거라마심. 그 땐 나도 이젠 경 대들엉 요망지게 못해졈직헌디, 지금은 철창으로 찔러도 좋댄.
　"당신이 우리 오빠들 이실때 이제 아이 말허면 깩 소리도 못허던 사람들이 지금 이런디. 당신한테 죽으면 어느 사람신디 죽어진건 알거 아니냐"고 찔르랜, 막 울멍 찔러도랜 막 해가난 한 사람이 한천단으로 슬슬 들어가부난,[23]

위에 제시된 상황은 김인근이 화북초등학교에서 탈출하는 상황이다. 탈출하는 도중에 한천단에서 누군가를 만난다. 한천단에서 누군가 김인근을 죽이겠다며 철창을 겨눈다. 이에 김인근은 자신의 오빠가 있을 때에는 끽 소리도 못하던 사람들이 지금은 자신을 위협한다며 그들을 향해 소리친다. 이 상황을 구술하면서 김인근은 그 상황에서 용기를 내어 그들에게 하고 싶은 말을 한 자신을 대견하게 생각했다. 그때는 어떻게 그렇게 용감하고 야무질 수 있는지 모르겠다며 스스로를 기특하게 여겼다.

　하지만 이 상황을 정리해 보면 김인근의 기억과는 다른 측면이 있음을 알 수 있다. 김인근에 의하면 한천단에서 만난 사람들은 오빠에게 감히 대들 수 없었던 사람들이라 했다. 다시 말하면 오빠는 그들과는 다른 위치에 있었던 사람들이었다는 것이다. 실제로 김인근의 오빠는 한천단 단장이었다고 했다. 그리고 학교를 태우던 폭도들이 입산할 때 오빠를 데려간 것도 이유가 없어서가 아니라 한천단 단장이기 때문에 일을 도모하기 위해 데려갔다. 김인근의 어머니가 들은

---

23) 현신봉-시아주방의 4·3

얘기에 의하면 폭도가 오빠를 잡아갈 때 우리와 함께 무엇인가를 해야 하는 것 아니냐며 잡아갔다[24]고 했다.

김인근의 가족이 힘든 건 오빠가 산으로 들어갔기 때문이다. 하지만 김인근은 오빠를 가해자로 떠올리지 않는다. 오빠는 과거와 관련이 있지만 과거를 힘들게 한 사람은 아니라고 기억하고 있는 것이다. 김인근의 기억에 오빠는 죄인이 아니며, 죄인이 될 수 없고, 죄인이 되어서는 안 되는 것이다.

현신봉은 가해자에 대한 인식이 김인근보다 명확하다. 원인과 결과가 분명하게 드러난다. 시아주방이 폭도였기 때문에 가족들이 희생을 치룬 것이고 그것을 원통해 한다. 현신봉 또한 시아주방 때문에 죽을 상황에 처하게 된다. 시아주방으로 인해 가족 모두가 폭도로 규정되어 처형되는 일만이 남았다는 것을 스스로도 잘 알고 있었다.

그래서 현신봉은 자식들을 살리기 위해 친정에 아이를 맡기기로 한다. 현신봉은 친정어머니에게 자식들을 맡아 달라고 간곡히 청하자 어머니는 "아이 느 무사 죽는니 느 무사 그 애기 세개 ᄃ랑 죽느니 아이고 아이. 느 아니 죽나. 느 무사 죽을 말이냐"[25] 하며 현신봉을 위로하고 걱정한다. 하지만 아버지는 다음과 같이 말한다.

우리 아바지 허는 말은 느 강 죽어불라. 느 하나 죽어부는게 좋죽. 느네 오라방 이제 네 성제 이제 죽은 오라방은 열 슬 안 되고 그 아래 스무슬, 서른 다섯. 그 4·3ᄉ건 때 보난. 이젠 느 이디오랑 해이리 부락 사람들 알믄 이젠 느 폭도 질럼잰허멍 느 ᄉ뭇 총살시키는디 가불즉. 느네 오라방 때 거시기 물들엄즉 허멍 이제 오랑 소근소근. 그 땐 아니해도 햄잰허멍 막 경 했주게. 이제 느 오라방네 다 이제 총살시키믄 느 어떵헐디. 느

<hr>

24) 우리 오빨 잡형 가면서 허는 말이 어머니가 듣기를 "너는 따뜻한 방에서 따뜻한 밥을 너는 먹엉 살 수 있냐"고 우리영 같이 뭐해야 헐 거 아니겐. 허멍 잡앙가드라고. (김인근-죄인 아닌 죄인)
25) 현신봉-시아주방의 4·3

하나가 죽어부는게 편안허다 편안허. 허멍 우리 아버지가 막 가랜만 몰아쳐게.26)

아버지는 현신봉이 차라리 죽는 게 낫다고 말한다. 한 사람이 죽는 편이 낫지, 살아서 여러 사람 힘들게 하는 것은 아니라는 것이다. 딸 때문에 오빠들을 같이 힘들게 할 수는 없는 것이니 문제의 원인이 제거되면 문제가 해결될 것으로 이해하는 것이다. 그러니 아버지에 의하면 딸인 현신봉이 죽으면 되는 것이다. 아버지의 이런 모습은 현신봉이 시아주방을 대하는 태도와 유사하다. 인과관계 속에서 문제 해결점을 찾는 태도, 그 모습이 닮았다. 자신은 문제 중심에 있지만 마치 자신을 문제 밖에 있는 사람으로 기억한다는 것이다.

이러한 기억은 구술하는 과정에서도 드러난다. 현신봉은 담담하게 4·3을 말했다. 김인근이 불편한 모습으로 구술하는 모습과는 달리 현신봉은 한 때 폭풍 같았던 삶을 떠올리듯 그렇게 그 사건을 말한다. 문제 밖에 있는 관조자처럼 기억을 말한다. 시아주방의 죄가 가까운 가족에서 먼 팔촌에 이르기까지 범주가 방대해도 그 속에 현신봉은 없었다. 마치 현신봉의 아버지가 부탁하러 간 딸을 단호하게 쳐내듯이 현신봉 또한 그렇게 시아주방을 가해자로 지목하는 것이다. 김인근은 자신의 오빠를 가해자로 떠올리는 것을 주저하였고 그래서 기억을 억압한 반면, 현신봉의 가해자에 대한 기억은 강조되어 나타난다. 자신의 가족을 죄인으로 기억하는 것이다.

김인근이 구연할 때 끊임없이 되풀이했던 말은 "죄인 아닌 죄인"이라는 말이다. 자신은 죄인이 아니라는 것, 죄인이 아님을 인정받는 것, 그것이 인생의 숙제였다.

[조사자: 그 지금까지 그 살아오시면서 가장 가슴에 맺힌게 뭐세요. 태

---

26) 현신봉-시아주방의 4·3

어나서 지금까지 사시면서] 4·3사건. [4·3사건?] 어머니, 아버지 그 아홉 식구 믄딱 실령 나갈 때 울멍 살아난 건 이제도 도저히 지우지를 못핸게. 그담, 허 허면 호끔 살아질거 같은디 그거 그거. [그게 평생 한으로 남으시는] 그거.

겨고 그땐 막 두드려 맞아난 산디사, 이젠 머리 조금 아프단 이젠 어지럼증이 그건지 어떵헌지 그냥 빙 허민 집이 붕 떠는 것 걸이행 막 오바이트 나멍 쓰러지는거. [지금도요?] 응. 쓰러지는거. [지금도] 경허민 그냥 누게들 병원으로 돌아가면 주사 맞고 약 먹으면 또 뭐고. 그거. [휴유증이 지금까지도 남아 있네요. 그럼 그 국가에서 어떻게 치료하거나 그런 게 없나요? 지금? 아니, 그니까 ○○○ 때도 없어요?]

경헌디 지금이난에 이런 얘기허주. 치료랑마랑. 이 4·3사건으로 그 당시 폭도여 무신 뭐여 사람들 죄인을 벗겨주는 것만으로도 나는 대만족으로. 나 치료랑 커녕 그것만 벳겨 주는것도 대만족으로 생각해멘. 예. 그때 그 사름보믄 죄인 아닌 죄인으로 주목거리. 경허난 아버지 한티강 앉앙 "아부지! 아부지! 우리 이젠 죄인 아니우다." 그 말을 막 굴멍 마음속으로 울단 나중엔 나도 모르게 아들 신 앞에서 울어지멍 해쭈마는.[27]

김인근은 지금까지 살아오면서 가장 가슴에 맺혔던 것이 무엇이냐는 질문에 주저 없이 4·3이라 말한다. 가족이 있었던 4·3을 아직도 지우지 못한다고 했다. 아홉 식구가 주검으로 실려 나갈 때 김인근은 혼자였다. 가족 중에 유일하게 살아남은 생존자인 것이다. 그래서 생존자로서의 죄의식이 드러난다. 현신봉에게 죄의식은 드러나지 않는다. 죽은 시부모와 형님이 희생되었다고는 생각하지만 남편과 함께 생존한 생존자로서의 죄의식은 나타나지 않는다.

김인근의 이러한 죄의식은 죽은 가족들에 대한 양가적인 감정일 것이다. 혼자 살아남았다는 죄의식과 함께 하지 못했다는 죄의식, 이

---

27) 김인근-죄인 아닌 죄인

것이 김인근의 트라우마를 형성하는 원인일 것이라 생각한다. 김인근이 아직까지 육체적 고통을 호소하는 것은 정신적 상처가 육체적 통증으로 전환되어 그 죄의식을 몸으로 기억하기 때문인 것이다.

현신봉의 4·3에 대한 기억의 진실은 시아주방이 죄인이라는 것이다. 시아주방의 죄로 인해 가족들은 희생된 것이다. 현신봉에게 가족들의 죽음은 희생인 것이다. 김인근의 생애담에 나타난 4·3의 진실은 오빠가 가해자가 아니라는 것, 그래서 자신들은 죄인이 아니라는 진실이다. 그러므로 김인근의 가족의 죽음은 원통하고 억울한 죽음인 것이다. 이처럼 생애담으로서의 4·3은 다른 진실을 생성한다. 그 진실은 사실의 여부와 상관없는 그야말로 자신만의 진실인 것이다. 이 점이 생애담으로서의 4·3에 대한 기억이 갖는 의미인 것이다.

5. 그들에게 남은 각자의 진실

이 글은 4·3을 역사적 접근 방법이 아닌 생애담으로 접근하여 기억의 의미를 밝힌 글이다. 기억은 자신을 어떻게 이해하고 판단하는가를 보여 주는 것이고, 생애담으로 접근하는 4·3은 현재에 그 일을 어떻게 기억하고 있는 것인가를 묻는 것이기에 기존의 역사적 접근 방법과는 다른 결과를 얻을 수 이었다.

이 글에서 대상으로 삼은 화자는 김인근(75)과 현신봉(89)인데 이들은 실제 4·3을 겪은 인물들로 4·3에 대해 구술한 적이 있는 노련한 화자들이다. 김인근은 지금까지 살아오면서 가장 가슴에 맺힌 게 4·3이라 진술하였을 만큼 4·3이 곧 자신의 인생이었다. 김인근이 기억하는 4·3은 자신이 억울한 누명을 쓴 피해자라는 것이다. 폭도나 경찰뿐만 아니라 자신을 위협하는 모든 이들을 이 사건의 가해자로 기억하고 있었고, 자신을 포함한 아홉 가족은 피해자라는 인식이었다.

김인근의 오빠는 폭도라 불리는 사람들과 함께 입산했다. 하지만 김인근은 자신의 오빠를 폭도라 구술하지 않았고 오빠를 가해자로 기억하지 않았다. 폭도들이 오빠를 잡아 갔고 경찰들은 오빠를 폭도라 규정하였지만 김인근은 오빠를 폭도와 경찰들에게 이유 없이 쫓기는 인물로 기억하고 있었다. 자신의 온 가족이 오빠로 인해 죽음에 이르게 되었지만 억울한 죄명이 씌워진 것으로 이해하였고, 그러한 죽음을 원통하게 받아들이고 있었다. 김인근에게 오빠는 가해자일 수 없고 가해자가 되어서는 안 되는 인물로 기억하고 있었던 것이다.

현신봉이 기억하는 4·3의 가해자는 시아주방이다. 시아주방이 폭도였고, 시아주방이 폭도였기 때문에 시부모님, 형님 모두가 죽음에 이르렀다고 기억하고 있었다. 김인근에게 가족의 죽음은 억울한 죽음이지만, 현신봉에게 가족의 죽음은 희생의 결과물인 것이다. 현신봉은 시아주방이 폭도였기 때문에 가족이 희생될 수밖에 없었던 것으로 이해하고 있었다.

김인근의 생애담에 나타난 4·3에 대한 진실은 오빠는 가해자가 아니라는 것과 자신들은 죄인이 아니라는 것이다. 현신봉의 4·3에 대한 진실은 시아주방이 죄인이라는 것이다. 생애담으로서의 4·3은 현신봉과 김인근에게 나타나듯이 서로 다른 진실을 낳는다. 이 진실은 사실여부와 상관이 없는 자신만의 진실로써 기억에 의해 생성되는 것이다. 이것이 생애담으로서의 4·3에 대한 기억이 갖는 의미인 동시에 그들에게 남은 각자의 진실인 것이다.

참고문헌

\<자료\>

김인근-죄인 아닌 죄인
현신봉-시아주방의 4·3

\<논문 및 단행본\>

강영안, 『도덕은 무엇으로부터 오는가』, 소나무, 2000.

권귀숙, 『기억의 정치: 사회적 기억과 진실』, 문학과지성사, 2006.

김두헌, 『한국가족제도연구』, 서울대학교 출판부, 1994.

김영범, 「기억에서 대항기억으로 혹은 역사적 진실의 회복」, 『민주주의와 인권』
3집 2호, 2003.

노길명·정태환·김응렬·서용석·현택수, 『문화인류학의 이해』, 일신사, 1998.

박찬식, 「'4·3'의 공적 인식 및 서술의 변천」, 『한국근현대사 연구』, 41집, 한국
근현대사학회, 2007.

신동혼, 『역사인물이야기 연구』, 집문당, 2002.

양정심, 「제주 4·3항쟁 연구」, 성균관대 박사논문, 2005.

한국가족관계학회 편, 『가족학』, 하우, 1993.

지그문트 프로이트, 윤희기 옮김, 『무의식에 대하여』, 열린책들, 1997.

지그문트 프로이트, 이한우 옮김, 『일상생활의 정신병리학』, 열린책들, 1998.

지그문트 프로이트, 임호빈·홍혜경 옮김, 『정신분석강의』 상, 열린책들, 1998.

지그문트 프로이트, 임호빈·홍혜경 옮김, 『정신분석강의』 하, 열린책들, 1998.

지그문트 프로이트, 황보석 옮김, 『억압 증후 그리고 불안』, 열린책들, 1997.

지리산 인근 여성 생애담에 나타난
빨치산에 대한 기억

김종군

1. 여성에게 더욱 가혹한 전쟁

한국의 현대사를 색채로 빗댄다면 '회색'의 이미지로 떠오른다. '비극'이라는 단어로 규정할 수 있겠지만, 그래도 삶은 살아내야만 하는 것이기에 그 처절한 삶을 부여안고 살아온 세월이라고 할 수 있다. 가난이라는 질곡도 버거운 판에 이념 갈등, 전쟁이라는 무시무시한 사건들을 모두 견디고 목숨을 유지해야만 하는 삶이었다.

지금의 나이 70대 중반부터 90세를 전후한 세대들은 인간으로서 살아가면서 한 번도 겪어내기 힘든 사건들을 연이어 겪으며 살아온 삶이었다. 1935년 이전 출생으로 10세를 넘겨 해방을 맞고, 성년으로서 살아갈 즈음에 이데올로기 갈등과 한국전쟁을 겪으며 생사를 넘나든 세대들이다.

특히 지역적으로 여유가 있는 반촌도 아닌 초근목피로 연명하던 산골지역이 역사적으로 갈등의 현장이 되었을 때 그 삶은 이루 형언하기 어려울 정도로 암울했다고 할 수 있다. 그 가운데 사회 구조적 약자인 여성들의 삶은 벼랑 끝의 처지였다고 할 수 있다.

이 글은 여성 생애담(시집살이 이야기)을 조사하던 중에 그 생애담에 시집살이 등의 가족사, 생애사 차원을 넘어선 한국 현대사의 이념 갈등사, 분단사로 간주1)할 수 있는 내용들이 다수 포함되어 있다는 사실을 확인하고 그 실상을 논의하고자 하는 자리이다.

이 글에서 논의할 지리산 인근 지역의 70대 중반 이후의 여성들은 이중의 질곡을 지고 살았다고 할 수 있다. 가정 내적으로는 한 집안의 며느리와 아내, 어머니로서의 역할에서 오는 무거운 짐을 짊어져야 했고, 가정 외적으로는 1948년 발생한 여순사건의 세력들이 웅거한 지리산·백운산 인근에 산다는 지역적 특성 때문에 생명의 위협을 포함한 온갖 수탈을 겪어야 했다. 이렇게 말하면 그 시기 남한의 어느 지역 여성들이 그와 같은 어려움을 겪지 않았겠냐고 논박하겠지만, 이 지역의 전쟁기는 다른 지역 사람들이 겪은 1950년 6·25부터 9·15 인천상륙작전까지의 두세 달이 아니라, 1948년 10월 여순사건이 발발하면서 시작되어 1953년 9월 빨치산 사령관 이현상이 사살될 때까지 5년의 시기2)를 총성 속에서 산 것이다.

그러므로 이 지역 여성들의 생애담에서 '빨치산 체험담'은 '시집살이담'과 대등한 비중으로 자리하고 있으며, 오히려 그 강도가 더 하여 시집살이 정도는 '그래도 견뎌낼 만한 일상'정도로 자리3)하고 있

---

1) 이와 같은 맥락으로 윤택림이 '분단은 특정한 남한 주민에게는 정치적이고 군사적이고 외교적이고 이데올로기적인 차원의 것이 아니라, 가족사이고 생애사'라고 한 논의와 통한다(「분단의 경험과 기억의 정치학: 한 개성 실향민과 한 월북인 가족의 구술사 분석을 통하여」, 건국대학교 통일인문학연구단 콜로키움 자료, 2009.1.23).

2) 지리산 산중에 화전민으로 살던 사람들에게 그 시기는 10년을 더하여 1963년 11월에 마지막 빨치산 정순덕이 생포될 때까지 15년을 공포 속에서 살았다고 보아야 한다.

3) 제주도 지역을 대상으로 시집살이담을 조사하는 과정에서 특이한 점이 조사자들이 대부분 시집살이를 한 기억이 없다고 말하면서 생애담의 중심에 4·3사건을 두고 구술에 임했다. 물론 혼인과 동시에 경제적으로 분가하는 제주지역의 생활문화의 특성에서 기인한 면도 있겠지만, 4·3사건이 전 생애에서 가장 큰 영향을 미친 일로 인식된 결과라고 볼 수 있겠다.

다. 더 나아가 그들이 남편이나 아들, 가족을 잃은 경우는 그 이후의 전 생애가 그 상처로 격랑에 휩쓸리게 된 경우도 다반사다.

이 글에서는 지리산 인근에 살았거나 살고 있는 두 여성의 생애담을 통하여, 지리산과 백운산에 숨어들었던 빨치산 치하에서의 삶의 실상을 살피고, 그 트라우마를 어떻게 극복하는지 살피고자 한다.

2. 지리산 지역의 빨치산 활동

지리산 인근에서 살아온 사람들, 그 가운데 여성들은 '빨치산'이란 용어를 거의 사용하지 않는다. '반란군'이라는 용어로 대신하고 있다. 1948년 10월에 봉기한 '여순사건'을 당시에 공식적으로 '여순반란사건'으로 명명했기 때문에 그 사건에 가담한 사람들을 반란군으로 명명하는 것이 자연스러웠다. 이승만정권은 1950년 2월에 백운산·지리산 등지로 숨어든 세력을 소탕하였다고 보고 계엄령을 해제했기 때문에 여순사건은 6·25 이전에 종결된 것으로 공식화하였지만, 이 지역 사람들의 인식에는 실질적으로 반란군과 토벌대의 전투가 연일 계속되었고, 공식적으로 1950년 3월 15일 지리산 공비가 소멸되었다는 판단에 지리산지구 전투사령부가 해체될 때까지 쌍방의 수탈을 이겨내야만 했다.

이후 3개월 정도의 소강기를 거치자 6·25가 발발하고, 한 달 후인 7월 25일에 북한군이 구례를 거쳐 화개로 입성하면서부터 전쟁은 지속이었다. 그리고 인천상륙작전을 통해 북진이 이루어진 상황에서도 이 지역은 빨치산의 치하였고, 휴전이 진행되는 가운데서도 빨치산과 토벌대의 전투는 지속되었다.

결국 이 지역 사람들이 '반란군'이라는 용어로 '빨치산'을 대신하는 것 자체가 5년 이상의 긴 시간을 전쟁 상황에 있었음을 입증하는 것이라 할 수 있다. 6·25 이후 지리산으로 숨어들어 빨치산 활동을 한 북한군도 이 지역 주민들의 눈에는 여순사건 때 숨어든 그들과 같은 존재로 인식되었다.

그러므로 국가에서 공식적으로 기록한 전쟁사보다는 이 지역 주민들의 기억과 구술에 의해 작성된 구술사가 실상을 파악하기에 훨씬 구체적이고 적합4)할 것이라 판단된다.

다음은 육군본부와 국방부에서 기록한 여순사건의 대강이다.

- 1948년 10월 19일 저녁 8시경 4·3제주항쟁 진압을 목적으로 여수에 주둔하던 국군 14연대에서 김지회 중위·지창수 상사 등 핵심 공산주의자 40여 명이 무기고와 탄약고가 점령, 경찰이 공격한다고 선동하여 부대원 2,500명이 반란군에 가담.
- 10월 20일 자정, 여수시내 경찰서 점령.
- 10월 20일 오전 9시, 여수 시내 전역 장악, 민간 좌익 인사와 다수의 학생이 가담하여 열차 6량을 타고 순천으로 진군, 순천에 주둔한 예하 2개 중대 가담.
  오후에 순천 경찰서 점령, 세 갈래 나누어 북으로 학구(鶴口), 동으로 광양, 서로 벌교 방향 진격.
- 10월 21일, 육군 총사령부 〈반군토벌전투사령부(사령관 송호성준장)〉를 광주에 설치하고 5개 연대를 투입하여 순천 봉쇄.
- 10월 22일, 이승만대통령 여순지구 계엄령 선포, 저녁에 순천시 탈환, 토벌군은 보성, 벌교, 광양으로 진격.
- 10월 24일, 광주의 전투사령부가 순천으로 이전하여 여수 공격, 해군이 여수항 봉쇄.
- 10월 27일, 여수 지역 탈환, 1,000여 명의 반군 김지회, 홍순석의 지휘로

---

4) 근래에 들어 구술사에 대한 관심이 커지고, 조사 작업도 확대되는 측면이 있다. 구술사는 식자층 중심·관 주도의 기록사와 일정한 거리를 둔 민중사로서, 역사의 진실을 간파하기에 적합하다는 데 의견이 모아진 결과일 것이다.

덕유산 등으로 피신 투쟁.

- 1949년 4월, 김지회, 홍순석 사살
- 1950년 2월, 추종자를 대부분 소탕하고 계엄령 해제

(국방부 전사편찬위원회, 『한국전쟁사1』5))

다음은 『화개면지』나 『하동군지』에 기록된 여순사건과 한국전쟁에 관련된 기사들이다.

- 1948년 10월 22일, 순천역에서 혼란에 빠진 반란군 앞에 '영원한 빨치산의 총수' 이현상(李鉉相)이 나타나 백운산을 거쳐 지리산으로 본거지를 옮기게 함.
- 10월 25일, 하동군 시국대책위원회가 결성되어, 영호남 경찰 600여 명과 한청(한국청년단원) 1,500여 명이 총동원되어 고전면 신방촌부터 화개면 탑리까지 섬진강 방호선 구축하여 지리산 입산 저지.
- 10월 25일, 27일, 섬진강을 도강하여 구례 토지 문수골과 피아골로 입성.
- 11월 15일, 반란군 소탕작전으로 천년 고찰 칠불사 소실
  이날 밤 화개면 부춘으로 도강하는 반란군을 맞아 화개에서 처음 전투
- 이후 지속적으로 보급투쟁과 토벌전투 이어짐.
- 1949년 4월 20일, 공비들이 용강마을 습격, 화개면장인 강사원의 집을 급습하고 식량과 가축 약탈, 주민 살상.
- 8월 2일, 화개면 범왕리, 대성리 주민을 쌍계사 지역으로 소개(疏開) 이주, 공비들의 은신과 생필품, 식량 탈취, 주민들이 공비들에게 이용당하거나 살육당하는 것을 막기 위함.
- 9월 1일, 지리산지구 계엄령 선포, 2개 사단 군경 추가 투입.
- 11월 17일, 악양 매계초등학교 전소, 악양면사무소 두 번째 전소.
- 11월 24일, 화개면 왕성초등학교 전소.

---

5) 한국정신문화연구원, 『한국 민족문화대백과사전』 15권, 1991.

- 1950년 1월 25일, 지리산 일대 계엄령 해제.
- 3월 15일, 지리산지구 전투사령부 해체
- 1950년 6월 25일, 전쟁발발.
- 7월 25일, 북한군 화개·하동 입성, 섬진교 폭파.
- 9월 28일, 63일 만에 화개를 수복, 구례로 진격.
  인천상륙작전으로 퇴로가 차단당한 4만 5천여 명이 지리산으로 들어
  가 빨치산이 됨.
- 1951년 5월 13일, 용강고지 전투.
- 8월 27일, 화개 불타고 3일간 공비세상.
- 10월 15일, 사상최대 악양 보급투쟁과 화개 전투.
- 1951년 12월 1일~1952년 2월 28일, 제1차 군경합동 토벌작전
- 1952년 4월 24일, 하동군청 습격, 전소.
- 1952년 7월, 신흥에서 하동군책 사살, 여 빨치산 생포.
- 1952년 12월 1일~1953년 3월 31일, 제2차 군경합동 토벌작전
- 1953년 7월, 국사암 전투.
- 1953년 9월, 남부군 사령관 이현상 사살.
- 1963년 11월, 최후의 빨치산 정순덕 생포.

(편찬위원회, 『화개면지』6))

두 기록의 차이를 보면 후자는 지역민들의 구술과 당시 기록들을 토대로 작성되어 전자에 비해 훨씬 사실적이고 입체적이라고 할 수 있다. 시간이나 지명, 인명에 대한 언급도 구체적이므로 사료적 가치는 후자가 우세하다고 할 수 있다. 그러나 이 역시 화개면 주도로 발행된 지역지(地域誌)로서 지역 민중들의 상처를 모두 다 담아내지는 못하였다. 특히 토벌대에 대한 반감에 대해서는 회피하는 측면이 있으므로 현지 조사 과정에서 드러나 구술을 토대로 그 실상을 파악

---

6) 화개면지 편찬위원회, 『화개면지』 상, 화개면, 2002, 155~196쪽.

하는 것이 온당하다고 본다.

3. 빨치산 치하의 실상과 트라우마

1) 반란군에게 사살된 남편, 유랑한 한 평생

제보자 박애순은 1917년 백운산 자락인 전남 광양군 다압면 하천리에서 출생하여, 열일곱에 섬진강변인 구례군 간전면 운천리로 출가하였다. 남편 김성구는 1915년생으로 두 살 위였고, 결혼 후 딸을 1명 낳고는 일본으로 징용을 갔다. 그 사이 시부모와 시누이 2명, 시동생 2명과 한 집에서 살았다.

부지런한 시아버지 덕에 살림은 굶지 않을 정도였지만, 시아버지가 워낙 인심이 후하여 가솔은 굶더라도 찾아오는 거지들까지 거둬 먹이는 성미였다. 옷가지는 물론이고 거지가 사랑에 들면 동상에 걸려 진물이 흐르는 발을 손수 씻기겠다고 세숫물을 떠오라는 성화를 다 견뎌내야 했다. 시어머니는 다소 깐깐한 성품으로 첫 아이로 딸을 낳은 것을 못마땅해 하면서 은근한 시집을 살렸다. 대가족이 모여 사는 가운데 남편 없는 시집살이는 고되기도 하였다.

그러나 해방 즈음에 남편이 돌아오자 그동안의 고생은 봄눈 녹 듯 하였다. 남편이 징용의 삯을 모아서 다소간의 돈을 가지고 돌아와 논도 사고, 징용에서 익힌 기술로 마을에 방앗간을 만들어 인근 30리 방아는 모두 거두어 쫗게 되니 살림은 더욱 유복해졌다.

그 사이 바로 아래 시누이와 그 아래 시동생이 혼인을 하였으나 모두 시가에서 함께 살았다. 그리고 박애순도 임신을 하였는데, 낳아 보니 딸이었다. 비록 대가족이 모여 살았지만 남편이 곁에 있어 행복한 나날이었다. 단지 한 가지 걱정이라면 딸을 둘 낳고 아직 아들을 낳지 못한 것이 시부모의 눈치가 보였다. 그리고 다시 임신을 하였는데 역시 셋째도 딸이었다.

그런 가운데 1948년 가을에 백운산 재 너머 순천 쪽에 난리가 났다고 했고, 마을을 둘러싼 백운산에 반란군들이 숨어들었다고 했다. 그들은 밤이면 마을로 내려와 마을 한가운데 기와집을 짓고 사는 시가로 들이닥쳐 쌀과 음식을 내놓으라고 협박하였다. 반란군이 마을로 내려온다고 하면 집에 키우던 소가 먼저 아는지 해질녘부터 울어댔다. 그러면 시아버지는 세 아들을 다른 곳으로 피신을 시키고 순순히 쌀과 음식을 내주었다.

그런 위기를 넘기던 가운데 1949년 1월, 설날을 이틀 앞둔 밤에 남편 김성구가 마을 사랑에 놀러간다고 나갔다. 그리고 얼마 후 온 마을에 울부짖는 소리가 진동을 해 나가보니, 반란군들이 설을 맞아 마을 사랑방에 모여 놀던 마을 젊은이 7명을 오랏줄로 묶어서 백운산 쪽으로 끌고 가고 있었다. 아마도 군경의 토벌이 심해지고 겨울을 맞아 궁지에 몰렸는데, 마을 젊은이들끼리 반란군에 대응하기 위한 한청을 조직할 것이라 정보가 있었던 모양이었다.

시아버지를 비롯한 마을 어른들이 달려들어 말려 봤지만 총을 겨누며 위협하여 놓치고 말았고, 동이 틀 무렵 마을에서 백운산 쪽으로 10리 거리에 있는 국민학교 뒤편 밭에다 일곱을 세우고는 모두 사살해 버리고 만 것이다.

이런 날벼락이 있을 수 있을까 싶은데 시신을 수습해 온 시아버지는 부모 먼저 죽은 아들이라고 괘씸하다고 상여도 쓰지 않고 관으로 운구하여 묻고 말았다. 집안 살림도 유복하고, 또 그 살림을 남편이 애써 일군 것인데 버리듯이 땅에 묻으라는 시아버지가 그렇게 야속할 수가 없었다.

그렇지만 슬퍼할 겨를도 없이 반란군은 거의 매일 밤마다 마을로 내려와 식량을 거둬갔다. 아들을 잃은 시아버지는 매일 술에 취해 반란군들을 원망하였다. 그러면서도 온 가족이 굶더라도 반란군들이 보급투쟁을 나올 날에 맞춰 항아리에 쌀을 한독씩 채워 두었다. 그리고 밤이 되면 대문을 요란하게 두드리면서 "영감, 영감, 문열어!" 소리가 들리고, 시아버지는 술에 취해 문을 열어 주면서, "야 이놈들아, 너거 놈들이 우리 아들을 쥑이고 뭔 염치로 이러느냐?" 하고 대거리를 하면, "영감, 오늘 반공일인데 막내아들 다압에서 왔어?" 하고 묻는다. 그러면 시아버지는 군소리 없이 쌀을 채워둔 독을 내주었다. 막내 시동생이 광양 다압 지서에서 전투경찰로 근무하였는데, 토요일이면 집에 다니러 오는 줄을 알고 그것을 빌미로 협박을 하는 것이었다.

남편이 죽고 난 후 박애순의 인생은 풍비박산이 났다. 딸 셋을 낳은 서른둘의 과부 큰며느리를 집에 두고 보기가 싫었던지 시아버지는 3년상을 마치고 6·25로 내려왔던 북한군도 물러가자, 인근에 상처한 홀아비에게로 재가를 시켰다. 세 딸을 두고 재가하는 걸음은 차마 뗄 수가 없었지만 시부모는 강경하게 몰아붙였다. 하는 수 없이 시키는 대로 재가하여 새로 만난 남편에게서 아들도 하나 낳았다. 그런데 불행은 이어졌다. 재가한 남편이 병들어 죽더니, 연이어 갓난 아들도 앓다가 죽고 만다.

남편도 없고 자식도 없는 집에서 살 이유가 없어 다시 딸들이 있는 본래 시집으로 돌아와 버렸다. 시가에는 그 사이 시누이와 막내 시동생까지 혼인을 시켜 모두 한집에 살고 있었다. 시아버지는 과부인 큰며느리를 따로 집을 마련하여 분가시켜 살게 하였다. 그러나 아들도 하나 낳지 못하고 과부가 된 며느리를 고운 눈으로 봐주지도 않았고, 그 사이 손아래 동서가 아들을 줄줄이 낳자 그 큰아들을 양자로 준다고 하였다.

그리고 딸들이 나이가 들어 경기도로 출가를 하였고, 큰딸을 따라 고향을 떠나오게 되었다. 어렵게 살아가는 가운데 남편의 죽음 값으로 원호대상자로 선정되어 연금을 받게 되었고, 1970년에 들어서는 비록 좁지만 서울에 원호아파트를 받게 되었다.

고향을 떠나오면서 언제나 다시 고향에 돌아갈 수 있을까 그려 보았지만 아들이 있는 것도 아니고, 시아버지가 조카를 양자로 세워주었지만 '백골양자'라고, 죽은 남편의 제사나 받들게 한 정도였다. 그러므로 다시 고향으로 돌아가는 것은 요원한 일이었다.

박애순은 서울에 거주하면서 좁은 집이지만 둘째 딸을 불러들여 함께 살아오면서 노후를 보냈다. 그리고 객지에서 위안 삼을 것이 종교에 의지하는 것이라 교회에 빠져들게 되었고, 이를 계기로 유교 풍으로 살아가는 고향과는 더욱 멀어지게 되었다.

결국 박애순은 2002년 86세의 나이로 그 한 많은 생을 마감하고 죽어서야 비로소 고향을 찾아 남편의 옆에 묻히게 되었다.

단지 복이 없어 남편을 앞세웠고, 아들을 못 낳아 고향을 등져야 했지만 죽어서라도 고향에 묻히면 좋겠다는 소망을 갖고 살다 떠났다고 딸들은 전한다. 이들에게 남편과 아버지를 앗아간 반란군은 그저 운명처럼 인식되어 버렸다. 여유 있는 살림인데도 딸들이라고 구박하여 공부도 시키지 않은 할아버지가 원망스러울 뿐, 먹고 살기에 바빠서 아버지를 앗아간 반란군을, 가정을 파괴한 전쟁을 원망할 여유도 없이 살았다고 한다.

그러나 좀 더 생각해 보면 이 집안에서는 아버지의 죽음을 입에서 내뱉는 것이 금기시되었다고 볼 수 있다. 섣달 스무 이렛날 밤에 동네서 7명의 제사를 각자 지내는데도 그 제사에는 딸들은 참여하지 않는다고 한다. '종교에 빠져서'라고 둘러대 보지만 굳이 그 기억을 되살리고 싶지 않은 깊은 상처로 남은 결과라고 볼 수 있다.

2) 밤에는 반란군에 당하고, 낮에는 토벌대에 당하고

제보자 이기례는 1935년생으로 현재 75세이다. 지리산을 끼고 있는 경남 하동군 화개면 용강리에서 태어나 현재도 이 마을에 살고 있다. 17세에 반란군 토벌로 소개(疏開)되어 쌍계사에 내려와 있던 범왕 사람인 남편(당시 23세)과 혼인하여 신혼을 사찰에서 보냈다.

용강노인정을 찾아서 시집살이담을 청하였는데, 약 50분 가량을 구연하는 가운데 초반에는 중매로 남편을 만나 마음에 들지 않았던 이야기, 가난한 집으로 속아서 시집간 사연, 먹고 살기 위해 숯을 나르고 냄비 장사한 이야기, 남편의 도박 습관 등의 남편 시집살이를 주로 풀어 놓다가 후반부에는 처녀 적부터 반란군 등살에 고생하여 지금까지 이러고 산다며, 빨치산 체험담을 구술하였다.

제보자가 기억하고 있는 빨치산 체험담을 분류해 보면 다음과 같다.

① 식량 탈취

제보자가 빨치산에 대한 기억으로 가장 많이 언급한 내용이 보급투쟁을 나와서 식량과 가축을 빼앗아간 이야기이다. 산골에 살면서 근근이 먹고 살아가는데 밤마다 마을로 내려와서 식량을 요구하는 것을 견딜 수 없었다고 한다.

그래갖고 저 저저, 거식에 삼시롱, (뒤쪽을 가리키며) 저- 저저, 절로 시집을 갔는디 반란군은 저녁마동 와, 반란군은. 저녁-마동 와서 다 떨어가지. 만-구에 뭐, 쌀 (두 손을 동그랗게 모으며) 요만-치 있는 굿도, 하리 저늑에는 치매 밑에다가, 새각시가, 치매 밑에다 (허리춤을 잡으며) 여줄을 달아갖고 (허리를 돌려 만지며) 요걸 그르구로 쫌매 갖고, 치매 밑에다 옇갖고 누었어. [조사자: 반란군들이 가져갈까 싶어서?] 아, 반란군이 싹 다 들러 털어 가.

(위쪽을 가리키며) 저녁에 싸악 돌라 가뿌리고 인자, 엊즈닉에.

'오늘 즈닉엔 안 올 꺼이다-.'

싶어서 쌀 (두 손을 동그랗게 모으며) 요만-이나 있는 걸, 치매 밑에다가 (허리춤을 잡으며) 여-리 줄 쫌매갖고, (허리를 돌려 만지며) 요-리 옇갖고 쫌매갖고 인자. 통치매라 그전에. 통치매 속에다 쫌매갖고, (허리춤을 잡으며) 요렇게 인자 누우서 자는디. 안날 즈늑에 못 자농께, 전-부

식구가 누우 잤어. (얼굴을 찌푸리며) 코가 매워 죽겄드라고 자다가. 일어
나봉께로, 반란군이 방으로 하나라. (손을 들어 휘두르며) 마악 횃불을
잡고, 그래도 모리고 잤단 말이라, 안날 즈늑에 못 자는께. [조사자: 방에
자는데 들어와?] 하-모.

목구멍이 포도청이라고 가족들이 먹을 양식을 어떻게 알고 모두
찾아 **뺏어가므로** 쌀 한 되쯤을 숨길 데가 없어 자루에 담아 통치마
속 허리에 매고 자도 들이닥쳐서 **빼앗아갔다는** 내용이다. 보급투쟁
을 나온 **빨치산들**이 가져갈 것이 없으면 사람을 해칠 수도 있다는
것을 알면서도 그만큼 먹을 것이 없었기에 목숨을 걸고 식량을 사수
하고 살았던 것이다.
  제보자는 빨치산들이 식량을 잘 찾아내는 것이 낮에 망원경으로
미리 보고 있다가 밤이 되면 들이닥쳐서 찾아가는 것이라고 하였다.
그러나 옆에서 이야기를 듣던 남성 청중은 빨치산 중에 그 마을 사람
들이 섞여 있어서 마을의 실상을 환하게 안다고 귀뜸해 주었다.

  아-, 무서운 시상 많이 살어, 어데 뭐 밥을 제대로 먹었는 줄 알아?
저녁에, 보도시 양석 두 되 구해놓고 어디, 집시랑 밑에 (위쪽을 가리키며)
저런 디 옇놓먼, 아침에 보먼 싹! 만리경으로 보는 갑서, 범왕, 저런 디는.
싹 돌라 가버리고 읎어, 아무긋두. 뭐 작은 귀경(?)을 했는가 뭘 했는가
뭐. 싹 돌라가버려. (위쪽을 가리키며) 저-게서 만리경으로 봐. 그런께 그
마 해거름- 되면 인자, (위쪽을 가리키며) 저-그서 인자, 우리가 범왕 있
을 때 인자 밭을 매면, 말하자면 시방 시간, 시방 시간으로 한 다섯 시나-
되믄, (위쪽을 가리키며) 저- 건네로 온다고. 줄-줄이 내려 와. 그마 유격
대들, 줄-줄이 내려옸다 인자 동네 근처 어데 있다가 밤에 오는 모냥이라.
못 견디. 뭐 도-저히 숭킬 수가 없어. 참-말로, 그때 안 죽고 모도 산 것만
해도 고맙지.

한번 아를 서는데 금매 하-두, 그 그전에 간갈치 꿉으갖고, 보리뱁이 묵구자봐 죽겄는 거이라. 아이, 시어머니가 그냥, 밑에 니려가드만 그두, 나 시방두 간혹 이야기 하지만은, 보리쌀 여남은 되 참 팔아 이고이-, 간갈치를 한번 사왔드라고. 그래서 낼 아칙에 저눔을 인자, 밥을 해갖고- 그 간갈칠 꿉고 밥 한 숟구락 묵고싶어, 잠이 안 와, 새북에 인자. 보리쌀을 얼렁 앉혀고 인자. 아침에 인나봉께 칼치고 뭐고, 탁! 떨어가비리고 아-무것도 없어. [조사자: 누가?] 반란군이, 범왕서. 싹 떨어가버리고, (왼쪽을 가리키며) 성님 인자 이웃제 가서 뭐 밀인가, 뭐를 한 봉지 꿰줘서 구해오드라고. 그래가 고놈을 마, 한 다라에 (손을 휘저으며) 디리 갈아갖고 인자, 풀대죽으로 끓이는 기라, 물 매이로. 그래갖고 그거 뭐, 쬐까이 묵고 나면 뭐, 아-는 띧끼지 뭐, 평상 배는 고푸지. 그런 시상, 살았어. 그즌에야 어디 뭐, 배부르게 묵고 살았가디? 싹 굶었지, 싹 굶었어.

첫 아기를 임신하여 간갈치에 보리밥이 하도 먹고 싶어 없는 살림에 준비해 두었다가 아침에 일어나 보니 모두 다 털어가 버렸다는 이야기이다. 그러면서도 보급투쟁을 나온 사람이 먹을 것만 주면 사람을 해치지 않는다는 말을 덧붙이고 있다. 결국 굶주려 본 사람의 사정은 서로들 안다고 빨치산들의 산중 생활에서 보급투쟁을 인정할 수밖에 없다는 생각을 드러내고 있다.

빨치산들이 보급투쟁을 나와서 염소도 잡아먹고 하지만 소는 거의 건드리지 않는다고 한다. 농가에서의 소가 자식만큼 중요하므로 그 사정을 빨치산들도 알고 절박한 상황이 아니면 소를 끌고 가서 잡아 먹는 경우는 드물다고 한다. 마을 사람들이 빨치산에 가담한 경우가 많았으므로 극한 상황이 아닌 상황에서는 일정 선에서 거래가 이루어졌음을 알 수 있다.

② 처녀 겁탈 위협

고금을 통해 전쟁에서 가장 큰 희생자는 여성이라고 한다. 이 지역
에서도 처녀들은 빨치산이나 토벌대의 겁탈 대상이 되었음을 알 수
있다.

클 때야 어쨌가니? 반란군 땀세 나가도 들으가도 못하고, (머리를 헝클
며) 핑-상 머리 가 못 땋고, 머리도 헤풀고. 저늑이먼 뭐, 반란군이 들온게,
(얼굴을 만지며) 막 얼굴에다 거망칠을 해갖고. 젤-로 무서워라 한 건 염
병을 무서워라 해. 염병을, 반란군이. 그래갖고 인제 아랫집이 그, 두임이
손센 집이, 혹보 영감이라고, 홀애비 영감이 있었어. 그 밑에 가 핑-상
(웅크리며) 오구리고 누웠어 인자. 반란군이, 마악 배꼍에 옥신각신허고
염생이 잡아먹느라고 꽥꽥끼리고 난리를 지겨, 우리 친정에는. 집이 큰께
그때는. 그으 아랫집이 그, 우두막집이 그 혹보 영감, 똥구녕에 가 누, 누
웄는 거라 인자.
그 가 누, 다 떨어진 요, 그 누우가 있으먼 우앤동 옛날 [조사자: 반란군
들이 처녀들을 건들이간이?] 아 처녀야 뭐, 환장을 하지. 군인이나, 전투
순경이나 군인들이나 반란군이나 마, 처녀 있는 집이야 하면 고만, 집중을
하는 거이라 거그서 고마.

빨치산들의 눈에 뜰까봐 처녀들이 바깥출입을 못할뿐더러, 밤에
보급투쟁을 나와서 눈에 뜰까봐 머리도 단정하게 빗지 못하고, 얼굴
에는 숯으로 검게 발라 열병을 앓는 것처럼 보이도록 하여 숨어 지냈
다는 증언이다. 그런데 문제는 그러한 겁탈의 위협은 빨치산만 가하
는 것이 아니라 토벌대로 마을에 상주하는 군인과 경찰들도 자행하
였음을 알 수 있다. 결국 이 지역민들은 밤에는 빨치산이게 낮에는
토벌대에게 위협을 당하는 이중의 고통을 겪고 살았음을 확인할 수
있다.

③ 부역

빨치산들이 보급투쟁을 나와서 약탈한 식량이나 생필품을 스스로 이고 지고 가지 않고 젊은 남녀에게 운반하도록 하는 부역이 많이 자행되었다고 한다. 밥 등의 음식물은 대체로 여자들을 동원하여 이고 가게 만들고, 탈취한 쌀이나 무기 등은 남자들을 동원하여 지게에 지고 운반하게 하였다고 한다. 문제는 산에까지 운반해 주었을 때 자신들의 아지트가 발각될 것을 염려하여 부역자를 해치거나 아니면 산에 억류하는 경우가 많았다. 그러므로 부역에 끌려가지 않기 위해 자해를 하기까지 했다고 한다.

그래갖고는 이 인자, 뭐 뜬 거를 인자 이고 가제-, 날 보고. 그때는, 궁께 결혼해서 얼마 안 되는 갑서. 머리가 좋아갖고 머리가 막 (머리 묶는 시늉을 하며) 낭갤 이렇게 끄댕기 억지로 해논께, (귀 뒤를 만지며) 요런 디가 부르키서 험하도 안해.
근디 반란군이 막 꺼내대, 질질질질 끄내믄서 이고 가자고.
'으이. 호랭이 물어갈 거, 우애야 되겄는디.'
배겉에 장작, 장작을 요래 비늘을 재놨어. 장작자발로 마, (오른발을 차내며) 탁! 차뿠응께, 지법 맹랑했던 모냥이라, 인 새각시. 타악 자빠지미 와그르르 어그러져, 내가 치일 거 아인가? 그라고,
"(다리를 만지며) 아이고-, 죽겄다."
고,
"다리가 뿌러졌는가. 아이고 죽겄다."
고 마, 고마 요래갖고 얼짔-어. 그런께,
"씨-발년. 저거, 거시기, 억찌 씬다."
그민서 (발로 차며) 투욱! 차비리고 가드라고.
가고 난 안 잡혔는데, 그 이튿날 아침에 봉께 시방, 기호마누래. 그전에 저-거 저, 재무댁이 미느리하고 참- 이뻤었고만. 그 사람허고 둘이는, (앞

에서 뒤쪽을 가리키며) 저-기 상불 어디꺼정 인저 밥을 이고 따라 갔다드라고. 따라 갔다 왔어. 그래 나는 못 갔지. 그라고 엄살해갖고 피했지, 몬 가고.

지리산 인근에서는 빨치산을 토벌하고 난 후 부역자를 색출하여 처벌하기도 하였다. 그러므로 짐을 지고 지리산으로 들어가서 돌아오지 않으면 빨치산에 합류했다고 보는 경우가 많았으므로, 가족들은 차라리 시신을 찾아서 죽었다고 증명해 보이는 게 나았다고 한다.

④ 여성 빨치산에 대한 동경

제보자는 빨치산에 대한 기억들을 되살리다가 문득 여성 빨치산 이야기를 꺼냈다. 보급투쟁을 나온 여자 빨치산이 시집갈 때 받은 화장품을 가져가 버렸다고 이야기하면서 무척 예뻤다고 회상했다.

귀신같애, 그르고 찾아내는 것도. 귀신이라. 그즌에는 새각시 (오른 손을 모아 내보이며) 화장품이란 거이, 똑 연지 한 개, 분 한 개, 크리분 한 통, 그래. 그래갖고 절에 그, 딱 놔둔 [조사자: 시집갈 때?] 항. 화장품이란 거이 그래. 총각 집이 사줘. 크리분 한 통, 연지 한 통, 분 한 통. 그르믄 인자 우리는 얼굴이 히서 인자 분은 안 보리고, (뺨에 연지를 찍으며) 연지만 찍고 인자, 크림만 쪼꼼 볼랐어.
그릋는디 아, 반란군 가시내들 오드만, 절에 와서 요-래 [조사자: 아 여자도 있어, 반란군이?] 아이-고, 가이나들이 얼-매나 이삐다고-. 참-, 이삐. 말도 잘하고 얼매나 이쁜디. 꽉-기통 같애. 상구, (두 팔로 둥그렇게 해보이며) 요런 것들이. 그래갖고 (고개를 살짝 빼며) 요-리 디다 보드만은,
"(얌전하게) 이 아줌마도요, 화장한다요."
이라디만 싹 훔쳐가뿌리드라고. (웃음) 싹 훔쳐가비리. 가이나들이 저,

(오른쪽을 가리키며) 범왕 와서 있을 때 보면, 뭐 이런 디는, 그런 인물 없어. 똑똑하고 막, 어-매 인물도 좋아 고마.

이 근처에는 그런 인물이 없을 정도로 미인이었다고 강조하는데, 아마도 도회지 생활을 하다가 빨치산이 된 여성들인 듯하다. 지리산 자락에서 태어나 자라고 가난한 남편을 만나 연명하는 자신의 처지에 견주었을 때, 비록 짐승처럼 산중에 산다고 하더라도 남성들과 대등한 존재로 활개를 치고 활동하는 것이 긍정적으로 보였던 것이다. 비록 두려운 존재이지만 산골 여자들과는 다른 분위기를 자아내는 딴 세상의 존재에 대한 동경을 드러낸 것이라 하겠다.

⑤ 토벌대의 폭정

전쟁을 겪으면서 민초들은 피아에게 모두 수탈당하는 것이 일반적인 현상이었다. 이 지역 역시 마찬가지였다. 밤에는 빨치산 세상이고, 낮에는 토벌대 세상이고 보니 고통 받는 것은 지역민일 수밖에 없었다고 한다. 밤에는 보급투쟁을 나온 빨치산에게 약탈당하고, 낮에는 토벌대들을 먹이기 위해 집집마다 추렴을 하여 대접을 해야 했다고 한다.

[조사자: 반란군들이 처녀들을 건들이간이?] 아 처녀야 뭐, 환장을 하지. 군인이나, 전투순경이나 군인들이나 반란군이나 마, 처녀 있는 집이야 하면 고만, 집중을 하는 거이라 거그서 고마.

근데 뭐 (위쪽을 가리키며) 저, 범왕 저런 디는 (두 손을 동그랗게 모으며) 요-만한 도구, 도가지 한 개도 없어. 싹- 군인들이 와 다 뚜딜이가 깨삐리고. 반란군 준다고, 묵는다고.

토벌대들은 처녀를 겁탈하기도 하고, 토벌을 이유로 민가의 세간을 파손하고 더 나아가 민가를 불태우기도 하였다. 토벌에 참여한 군인과 경찰들이 지리산 산중에 사는 독가 화전민들을 소개(疏開)한 것도 명분상으로 주민을 보호한다고 이유였지만 실상은 빨치산들의 식량 및 물자 보급처를 차단하겠다는 이유가 컸다는 견해도 많다.

이 지역에서는 1948년 11월에 천년고찰인 칠불사가 전소되었는데, 일부에서는 반란군의 소행이라고 하지만 지역민들은 토벌대가 반란군을 토벌하는 과정에서 일부러 불을 지른 것이라고 증언하고 있다.

제보자가 사는 마을은 화개면에서 가장 큰 마을이고, 또한 화개면장이 거주하는 곳이었다. 토벌대장은 신작로에 위치한 용강여관에 머물렀는데, 여관의 어린 딸이 마루를 닦으며 들으니 방안에서 토벌대장과 그 부하가 이야기하기를, "면장 놈이 아침 문안도 오지 않으니 괘씸하다. 퇴근하고 자전거를 타고 올라올 텐데, 마을에 들어설 때 총으로 쏴버릴까?" 하더란다. 어린 딸이 그 말을 듣고 달려가서 퇴근하고 돌아오는 면장을 다른 길로 돌아가게 하니, 면장이 그날 밤에 성대하게 음식을 차려 와서 대접하고 용서를 빌었다고 한다.

과장되었을 수도 있지만 이 지역의 주민들 사이에서 떠도는 이야기라고 할 때, 토벌대의 폭정 또한 빨치산의 약탈 수준에 준했다고 할 수 있다. 결국 지역민들은 이중의 고통을 그대로 감내해야 했던 것이다.

4. 빨치산에 대한 기억과 치유의 방안

지리산 인근 여성들은 빨치산의 치하에서 수많은 수탈을 당하고 비극을 겪었다. 더러는 남편을 잃기도 하였고, 더러는 자식을 잃기도 하였고, 더러는 자신의 몸을 상하기도 하였다. 겪지 않았으면 좋았을 것이지만 피할 수 없는 운명처럼 다가온 시련이었다.

이들이 겪은 사실은 분명히 상처임을 부정할 수 없다. 골수에 사무치는 한으로 남을 상처임을 확신한다. 그러나 이들은 그 상처가 너무 아프다고 말하지 않는다. 누구의 탓이라고도 말하지 않는다. 그냥 시절이 그럴 수밖에 없었다고 말한다.

직접 겪지 않은 사람들은 이들을 바보스럽다고 비난할 수도 있다. 이데올로기의 희생양이라고도 말할 수도 있다. 자유민주주의를 위협하는 빨치산들에 대한 강한 적개심을 가지고 분개해야 한다고 말할 수 있다.

그러나 이들은 그렇게 가슴에 칼을 품고 살지는 않는다. 왜냐하면 그들도 다 우리와 같은 사람이었고, 살기 위해 어쩔 수 없이 자행한 일일 수도 있으므로.

이 지역민들의 기억과 구술 내용을 많이 반영한 『화개면지』에 최후의 빨치산 정순덕[7]에 대해 평한 부분을 가지고 이 지역민들이 갖는 빨치산에 대한 기억의 단면을 읽어 본다.

16살의 순박한 새색시가 17살 남편을 찾아 입산하고, 다시 만난 신혼의 남편은 만난지 20일 만에 국군에 의해 죽었다. 어린 새색시는 복수심에 불타 짐승같은 빨치산 생활을 하면서 많은 양민을 죽였다. 그리고 자신도 총을 맞고 한쪽 다리를 잃었다. 친척도 아는 이도 없이 외다리로 버티며 수용시설을 전전하며 모진 삶을 이어가고 있다 한다. 총을 맞고 생포된 때가 30살이었으니, 지금은 68세가 되었다.

그러나 그녀가 입산한 것도, 남편의 죽음도, 표독한 공비로 산 13년도 그녀의 선택은 아니었으리라. 16세 신부가 결혼 6개월 만에 산으로 찾아가 남편과 지낸 20일…, 우리의 슬픈 역사의 한자리이다.[8]

---

7) 최후의 빨치산 정순덕은 1963년 11월에 생포되었는데, 지리산에 숨어 지내면서 1956년 쌍계사 위쪽 내원에서 부부와 어린 딸 등 세 가족을 살해하는 등 끔찍한 만행을 저질렀다. 이 지역 사람들은 그 사실을 대체로 알고 있는 상황이다.

8) 『화개면지』 상, 196쪽.

마치 세상의 모든 상처를 한 몸에 받은 사람이 체념으로 달통한 것 같이 내뱉는 발화로 보인다. 아프지 않아서 아프지 않다고 말하겠는가, 원망할 대상이 없어서 체념하고 지내겠는가? 우리가 가진 분단의 상처는 한 개인과 개인의 문제가 아닌 체제와 이데올로기에서 비롯되었음을 암묵적으로 알기에 상처에 대한 호소, 원한에 대한 복수심을 접고 사는 것이다. 이러한 건드리면 더욱 덧나는 상처는 결국은 우리 민족의 심중에 분단서사로 자리를 잡게 된 것이다.

　　지금까지의 통일담론은 사회 경제적인 측면에서의 체제 통일에 초점이 맞춰져 있다. 반세기가 넘는 동안 시도와 노력은 있어 왔지만 시류에 따라 온냉기류를 드러내며 여전히 평행선을 달리고 있다. 통일이란 민족적 과업이 요원해 보이기까지 하다. 그러나 시각을 돌려서 한 개개인의 생애를 더듬어 보았을 때 우리에겐 분단의 상처에서 비롯된 반통일 정서가 뿌리깊이 자리하고 있다. 이러한 상처는 치유가 뒤따라야 한다. 말하지 못하고 가슴속에 담아둔 한을 서서히 풀어내도록 유도하는 것 자체가 치유의 한 방편일 수 있다. 질곡의 삶을 이야기로 풀어내는 가운데 서로에 대한 이해와 용서의 마음도 발현될 수 있다. 곧, 응어리진 분단의 서사를 통합의 서사로 나아가게 하는 치유 장치가 될 수 있다.

　　결국 이러한 반통일 정서, 분단서사를 풀어내게 하는 시도가 선행된다면 국가 단위에서 추진되는 거대한 통일담론보다 훨씬 더 유연하게 민족 통합의 길은 찾아질 수도 있으리라.

참고문헌

한국정신문화연구원, 『한국 민족문화대백과사전』, 1991.

하동향토수호전기편탄위원회, 『하동향토수호전기』, 하동군, 1987.

화개면지편찬위원회, 『화개면지』, 화개면, 2002.

윤택림, 「분단의 경험과 기억의 정치학: 한 개성 실향민과 한 월북인 가족의
　　　구술사 분석을 통하여」, 건국대학교 통일인문학연구단 콜로키움 자료,
　　　2009.1.23.

이　태, 『남부군』, 두레출판사, 1988.

탈북 여성 B의 구비설화에 대한 이해 방식과 자기서사

박재인

1. 북한이탈주민과 '문학치료학'

북한이탈주민의 남한 입국이 증대되고 있는 상황에서 이들에 대한 인문학적 연구의 필요성이 대두되고 있다. 북한이탈의 궁극적인 목적이 더 나은 인간다운 삶을 지향하는 데에 있다고 본다면, 물질적인 지원 이외에 그들의 내면을 어루만져 줄 수 있는 지원 체제를 마련하는 일 또한 시급하며 여기에 인문학적 접근이 유용할 수 있다.

문학의 작품서사로 인간의 자기서사를 개선시키는 원리를 밝히는 문학치료학의 방법론[1]은 그들이 남한사회에서 새로운 삶을 구성하

---

1) 문학치료학은 '서사(敍事, epic)'의 개념을 중심으로 그 치료 원리를 밝히는 학문으로, 인생살이와 문학작품 등 모든 인간 활동에 서사가 내재되어 있다고 본다. 문학의 치료적 효과에 대한 발상이 담긴 문학치료학적 연구는 정운채의 「선화공주형 인물이 등장하는 고전시가의 윤리적 문제의식과 그 심리치료적 의의」(『문학과 교육』 8, 문학과교육연구회, 1999, 140~155쪽)와 「시화에 나타난 문학의 치료적 효과와 문학치료학을 위한 전망」(『고전문학과 교육』 1, 청관고전문학회, 1999, 165~187쪽)이며, '서사'에 대해 처음 언급한 문학치료학 연구로는 정운채, 「고전문학 교육과 문학치료」(『국어교육』 113, 한국국어교육연구

96

고 인간적인 행복을 구현해 나가는 일에 중요한 역할을 할 수 있다.[2] 특히 문학치료학에서는 서사[3]의 중점이 '인간관계'에 있다고 보기 때문에, 새로운 공간에서 낯선 사람들과 어울려 살아가야 하는 그들에게 중요한 영향을 미칠 수 있다.

2013년 1~2월에 진행된 탈북 여성을 대상으로 한 문학치료 활동은 구비설화로 구성된 프로그램이 활용되었다. 이 문학치료 프로그램[4]은 가장 기초적인 수준의 프로그램이며, 기초서사영역에 해당되는 16개의 설화 작품을 토대로 진행되었다. 탈북 경험을 염두에 두어 그 트라우마를 밝혀내는 프로그램을 먼저 실행하지 않고, 일반 치료 대상자들에게도 상용되는 기본적인 프로그램을 먼저 실행한 까닭은 이 프로그램의 취지로 설명된다.

인간은 특정 경험으로 인하여 내면적 특성이 형성될 수도 있으며, 반대로 내면적 특성으로 인하여 특정 경험이 오랜 시간 삶에 영향을 미칠 수도 있다. 문학치료학적으로 설명하면 충격적인 경험으로 자기서사가 형성될 수도 있고, 자기서사의 영향으로 특정 경험을 인지

학회, 2004, 103~126쪽)이고, '인간관계의 형성과 위기와 회복에 대한 서술'이라는 '서사'에 대한 정의는 정운채, 「인간관계의 발달 과정에 따른 기초서사의 네 영역과 〈구운몽〉 분석 시론」(『문학치료연구』 3, 한국문학치료학회, 2005, 7~36쪽)에서 밝힌 바 있다.

2) 이미 문학치료학 분야에서는 북한이탈주민을 대상으로 한 연구가 시도된 바 있고, 그 성과들이 축적되고 있다. 선행 문학치료학 연구로는 나지영, 「문학치료학적 관점에서 본 탈북 청소년의 자기서사 진단 사례 연구」(『통일인문학논총』 52, 건국대학교 인문학연구원, 2011, 71~112쪽)와 「설화 〈내 복에 산다〉의 재창작을 통한 탈북 청소년의 문해력 신장 사례 연구」(『고전문학과 교육』 23, 한국고전문학교육학회, 2012, 151~176쪽) 등이 있다. 구비설화로 탈북 청소년의 내면에 대한 진단의 가능성이 위의 논의들로 확인되었으며, 또한 북한이탈주민이 남한사회에 적응하는 데에 중요한 역할을 할 수 있는 문해력을 신장시키는 데에도 구비설화와 문학치료학이 활용될 수 있다는 가능성이 제시되기도 하였다.

3) 기존 서사학에서 규명한 바와 같이 어떤 사건(들)을 글이나 말로 진술하는 것(narrative)과 달리 문학치료학의 서사(epic)는 특별한 의미를 지닌다. 문학치료학의 서사는 기본적으로 "인간관계에 대한 형성·위기·회복에 대한 서술"로 정의된다. 인간 내면에 사건 전말이 인과적으로 구조화된 이야기 형태가 존재한다고 전제하며, 사람은 그러한 각각의 논리체계에 의해서 인생을 운영하고 작품을 창작한다고 보는 것이다.

4) 이 프로그램은 문학치료 입문 단계에 해당하며, 총 5회기로 구성되어 있다. 이 프로그램은 건국대학교 국어국문학과 교수 정운채(국어국문학·문학치료학 교수, 문학치료 최고전문가)와 건국대학교 통일인문학연구단 HK연구교수 강미정(국어국문학·문학치료학 박사, 문학치료 최고전문가)의 구상으로 기획되었다. 프로그램의 상세 정보는 2장에서 밝혔다.

하고 기억할 수도 있다는 것이다.5) 후자에 무게를 두면 치료대상이 본질적으로 지니고 있는 자기서사의 영향이 탈북 경험에 대한 트라우마나 이상증상들을 조장하고, 남한사회의 적응을 방해할 가능성이 높다.6) 이 프로그램은 이러한 전제를 바탕으로 구상되었기에, 어느 누구에게나 적용할 수 있는 16개 기초서사영역의 대표 설화로 문학치료를 실행하였다.7)

이 글에서는 이러한 문학치료 활동을 통하여 남한사회의 적응을 방해하는 요인을 추출하고자 탈북 여성 B의 자기서사를 탐색하는 데에 주력하였다. 특히 16개의 구비설화에 대한 이해 방식을 주된 정보로 삼고, 자기서사의 어떠한 측면으로 인하여 작품서사에 대한 이해에 영향을 미친 것인지를 살폈다.

자기서사를 탐색하기 위하여 구비설화에 대한 이해 방식에 주목한 까닭은 구비설화의 특성과 자기서사와 작품서사의 관계에 대한 이론적 전제를 염두에 두었기 때문이다. 인간의 근원적이고 보편적인 문제를 담지하고 있는 구비설화는 인간의 성장에 기여할 수 있으며,8)

---

5) 정운채, 「심리학의 지각, 기억, 사고와 문학치료학의 자기서사」, 『문학치료연구』 20, 한국문학치료학회, 2011, 9~28쪽에 상세히 논의되어 있다.

6) 이와 유사한 견해를 밝힌 선행 연구가 있다. 최빛내·김희경, 「탈북 여성의 외상 경험과 성격병리가 심리 증상에 미치는 영향」, 『상담 및 심리치료』 23(1), 한국심리학회, 2011, 195~212쪽에서는 탈북 여성이 경험할 수 있는 외상 경험 중 가장 강력한 공포를 유발하는 사건은 강제 북송이라고 할 수 있는데, 실제 외상 후 스트레스장애의 증상에 강제 북송 경험자들의 비중이 낮으며, 탈북 여성의 외상 경험 자체보다는 성격문제가 심리 증상에 미치는 영향이 크다는 것을 시사한다고 밝힌다. 심리학에서 성격적인 문제로 간주한 것과 같은 원리로 문학치료학에서는 자기서사의 문제로 이해하고 그에 대한 분석을 시도할 수 있다. 그렇게 되어야 문학작품이 치료제가 되는 문학치료적인 대안을 마련할 수 있기 때문이다.

7) 탈북자들에게 어떤 특정 부분이 결핍되어 있을 것이라는 판단은 진정한 적응을 위한 대안을 마련하는 일에 장애가 될 수 있다고 본다. 자기서사의 취약성은 의식적인 검열에 의하여 가려져 있을 가능성이 높기 때문에, 치료사의 편견으로 문제를 한정짓지 말아야 한다. 보편적인 잣대로 판단 후에 그들에게 필요한 지점을 제공하는 방식의 접근이 더 효율적이라 본다.

8) 구비설화는 군더더기 없이 사건 발생의 지점으로 직입하고, 무엇보다 주인공이 문제를 해결하는 방식에 주목하여 구현되어 있는 간명한 형식의 문학이다(강진옥, 「설화의 문제 해결 방식을 통해 본 '인식'과 그 의미」, 『구비문학연구』 3, 1996, 266~298쪽). 또한 구비설화는 오랜 시간에 걸쳐 다수의 공감대를 확보하였기 때문에(서대석, 「공동체와 구비문학

구비설화가 인간의 성장에 기여할 수 있는 경로는 인간과 작품의 '서사' 소통으로 가능하고, 서사의 소통은 작품에 대한 이해로부터 출발하기 때문이다.

인간은 텍스트 너머 작품의 작품서사에 몰입하고, 인간의 자기서사와 작품서사가 충돌하거나 통합되는 과정을 경험한다.[9] 정운채는 치료의 단계, 즉 자기서사가 작품서사와 통합되었는가의 문제는 작품서사에 대한 이해를 시작으로 공명 수준[10]에 이르러서야 가능하다고 하였다. 즉 훌륭한 작품에 대한 공명, 심도 있는 이해는 자기서사의 성숙도와 관련된다는 것이다. 그러므로 인간의 근원적이고 보편적인 문제를 제기하고 그 해결의 고민을 담고 있는 구비설화의 작

의 상관관계」, 『구비문학연구』 21, 2005, 1~34쪽), 구비설화가 제기한 인간의 문제는 근원에 다가가 있으며, 그에 대한 해결 방식은 보편성을 획득한 수준이라고 보아도 무방하다. 이러한 특성에 근거하여 다수의 연구자들이 구비설화를 인간의 내면 성숙과 발전에 기여할 수 있는 문학으로 인정하여 왔다. 서대석은 구비설화에 정서를 함양하고 비판·선악의 분별력을 기르며 인간 사회에 대한 이해를 증진시키는 힘이 있다고 보았으며(서대석, 「21세기 구비문학 연구의 새로운 관점」, 『고전문학연구』 18, 한국고전문학회, 2000, 23~40쪽), 조동일은 관습을 깨뜨리고 상식을 넘어서는 중대 발언을 하여 소중한 이치를 깨우쳐주는 구비문학을 구비철학이라 명하기도 하였다(조동일, 「구비문학과 구비철학」, 『구비문학연구』 23, 한국구비문학회, 2006, 186쪽. 183~213쪽).

구비설화를 활용하여 내면의 성장에 주력하는 활동의 중요성을 언급한 논의는 기왕의 교육학 연구들에서 진행되어 왔다. 염은열, 「아동을 위한 설화 교육의 과제」, 『문학교육학』 8, 한국문학교육학회, 2001, 35~53쪽; 염은열, 「설화의 범교과적 활용 및 변용을 위한 이론적 고찰」, 『국어교육』 111, 한국어교육학회, 2003, 367~390쪽; 황혜진, 「설화를 통한 자기 성찰 방법의 실행 연구」, 『독서연구』 17, 한국독서학회, 2007, 359~393쪽; 신선희, 「구비설화 다시쓰기와 새로운 상상력」, 『구비문학연구』 29, 2009, 1~35쪽 등을 들 수 있다. 인간의 성장을 도모하는 교육학 영역에서 중요 연구대상으로 구비설화에 주목한 까닭 역시 이러한 구비설화의 힘을 인정하였기 때문이다.

9) 정운채는 서사능력을 '주어진 텍스트를 분석하여 서사를 구성해내는 능력'이고, '서사접속능력'은 자기서사가 용납하기 힘든 서사를 구성해내는 능력이라 하였다. 서사접속능력의 향상이 곧 문학치료의 과정임을 역설하면서, 자기서사와 작품서사가 충돌을 거쳐 통합되는 과정을 거쳐야 치료 단계에 이를 수 있다고 본 것이다. 결국 작품서사와 자기서사와의 충돌 지점이 곧 진단의 중요 근거가 될 수 있을 것이다(「프랜스의 서사이론과 문학치료학의 서사이론」, 『문학치료연구』 17, 한국문학치료학회, 2010, 191~206쪽).

10) 정운채는 자기서사의 변화가 이루어지는 과정은 공감과 감동에 있으며, 자기서사의 변화를 궁극적으로 가능하게 하는 공감 및 감동의 원리를 서사의 공명 현상이라고 명하고, 서사의 공명 현상으로 작품서사에 대한 기억과 재창작이 가능하다고 한 바 있다(「자기서사의 변화 과정과 공감 및 감동의 원리로서의 서사의 공명」, 『문학치료연구』 25, 한국문학치료학회, 2012, 361~381쪽).

품서사에 대한 이해도는 인간의 성숙도를 가릴 수 있는 지표가 될 수 있을 것이다.

이에 이 글에서는 구비설화에 제시된 '인간의 문제와 해결'에 대한 이해가 인간 사회를 인지하는 능력 및 인간 문제를 풀어 가는 능력과 유관하다고 보고, 구비설화에 대한 이해 방식에 주목하여 탈북 여성 B의 자기서사 성숙도를 짐작해 보고자 한다. 2장에서는 탈북 여성 B에게 적용되었던 문학치료 활동 과정을 개관하고 각 단계에서 구비설화에 대한 그녀의 이해 방식을 어떻게 검토할 수 있는지 설명하였다. 3장에서는 "자기서사진단도구-서사분석형(16문항)" 진단 결과 100% 이해하였다고 판단된 설화 〈호랑이 눈썹〉에 대한 이해 과정을 상술하고, 4장에서는 진단 결과 0% 이해하였다고 판단된 설화 〈역적 누명과 회초리〉에 대한 이해 과정을 논하였다. 총 5차례 탐색과정을 통해 수합된 구비설화에 대한 그녀의 이해 방식을 정리하면서, 이를 기반으로 추론된 그녀의 자기서사가 지닌 특징을 제시하였다.

2. 탈북 여성 B에게 적용된 문학치료 과정

현재 서울 소재 대학교에 재학 중인 20대 초반의 탈북 여성 B에게 적용된 문학치료 활동은 약 일주일 씩 격차를 두고 5주간 진행한 총 5회기의 정규과정과 그로부터 한 달 뒤의 자기서사진단도구 재검사 실행 과정까지 포함된다. 총 5회기 활동과 재검사로 구성된 문학치료 프로그램은 기왕의 문학치료학 논의에서 규명한 16개의 기초서사 영역의 대표 작품서사를 기반으로 구성되어 있다. 16개의 기초서사 영역의 대표 설화작품은 다음과 같다.[11]

---

11) 이 작품들은 모두 『한국구비문학대계』에 2편 이상 수록되어 있는 설화이며, 이 설화들의 제목은 『문학치료 서사사전』에 제시된 바를 따르고 있다(정운채 외, 『문학치료 서사사전』 (설화편), 문학과치료, 2009).

자녀 서사	〈간 뺏길 뻔한 전처 아들〉	부부 서사	〈고부곡어황천〉
	〈해와 달이 된 오누이〉		〈호랑이 눈썹〉
	〈내 복에 산다〉		〈지네 각시〉
	〈효불효 다리〉		〈도량 넓은 남편〉
남녀 서사	〈역적 누명과 회초리〉	부모 서사	〈지붕에 소 올리기〉
	〈여우구슬〉		〈칠십생남비오자〉
	〈여색 멀리하는 신하 깨우친 임금〉		〈복 빌린 나무꾼〉
	〈여인과 목욕하고 금부처가 된 남자〉		〈장모가 된 며느리〉

위의 작품들을 기반으로 1회기에서는 간단한 방식으로 자기서사의 대략적인 경향성을 파악할 수 있는 "자기서사진단도구-서사분석형 (16문항)"[12] 검사를 실행하였다. 서사분석형 검사지는 16개의 구비설화를 동일하게 6단락으로 줄거리를 정리하고, (2), (4), (6)단락에서 다른 서사로 진행되는 문항들을 삽입한 형태이다. 이 검사로 피검자가 원래의 서사적 전개를 선호하는지, 아니면 원래의 서사적 전개를 거부하는지를 파악할 수 있다. 탈북 여성 B는 검사 결과 〈호랑이 눈썹〉에서 원래의 서사 경로 그대로 따라갔으며, 반대로 〈역적 누명과 회초리〉에서 원래의 서사 경로를 모두 비껴가는 선택을 하였다.

이어 2회기에는 진단검사 결과를 기준으로 탈북 여성 B가 비교적 원래의 서사적 전개를 선택한 작품에 대한 그녀의 느낌을 들어보는 시간을 가졌다. 3회기에는 반대로 그녀가 원래의 서사적 전개를 선택하지 않는 작품에 대해서 이야기하는 시간을 가졌다. 잘 이해하는 작품서사에서 시작하여 잘 이해하지 못한 작품서사로 이어지는 2~3회기는 자기서사와 작품서사의 소통이 수월하게 이루어질 수 있도록

---

12) 이는 정운채가 개발한 자기서사진단도구의 하나로, 이 진단도구 설계 과정은 정운채, 「자기서사진단검사도구의 문항설정을 위한 예비적 검토」, 『겨레어문학』 41, 겨레어문학회, 2008, 361~397쪽을 통해 상세하게 제시한 바 있고, 진단도구의 형식은 정운채, 「자기서사진단검사도구의 문항설정」, 『고전문학과 교육』 17, 한국고전문학교육학회, 2009, 125~160쪽을 통해 확인할 수 있다. 실제 이 진단도구를 사용할 때에 기본적으로 원래의 검사지에 충실하였으며, 단, 서사분석형으로 형식을 조정하였고, 필요에 따라 몇몇 문항들은 수정하였다.

설정되었다.

또한 2~3회기는 치료대상자의 자연스러운 반응을 유도하는 것에 주안점을 두고 진행한다. 작품의 줄거리를 다시 제공하고 그에 대하여 자유롭게 이야기하는 여건을 마련해 주는 등 문학치료사의 개입을 최소화하는 것이 특징이다. 치료대상자가 가능한 한 자유롭게 반응하도록 허용하여 평소에 의식화되지 않았던 사고나 감정이 도출될 수 있도록 하는 기법이 활용되는 과정이다.

그리고 보다 정밀하게 자기서사를 분석해내기 위하여 1회기의 분석 결과를 바탕으로 2회기의 반응 탐색 결과와 견주는 작업이 필요하다. 자기서사진단 검사 시에 모든 분기점에서 원래의 서사 경로를 선택하였다 하더라도, 그 작품서사에 대해 완전한 이해하고 있다고 판단하기 어렵기 때문이다. 그녀가 보여 준 2~3회기 때의 반응은 작품서사에 대한 이해도를 확인하는 데에 중요한 정보가 되었다.

4회기에는 2~3회기 때 탐색된 정보들을 바탕으로, 탈북 여성 B가 누락시키고 있거나, 왜곡하여 기억하고 있는 작품서사의 의미들을 문학치료사가 전달하는 시간을 가졌다. 이해 방식의 개선을 도모하는 과정으로, 교육하는 방식이 아닌 전달하는 태도로 구비설화의 서사적 의미를 상기시켜주고, 그녀가 중간 중간에 자유롭게 개입하여 감정을 토로할 수 있도록 허용하였다. 텍스트를 제공하는 수준을 넘어 서사적 의미를 전달하기 때문에, 이 회기는 치료대상자가 수용하기 어려워하는 지점이 무엇인지 극명하게 드러나기도 한다. 그녀가 가장 이해하기 어려워하는 작품서사가 무엇인지 파악된다는 것으로, 결국 그녀의 취약점을 드러나게 할 수 있다는 것이다.

마지막으로 5회기에는 문학치료 활동을 마감하면서 소감을 밝히는 시간을 가졌다. 이 회기에는 치료대상의 작품에 대한 언급에 주의하면서 반응을 살펴야 한다. 한 달에 걸쳐 16개의 구비설화를 소화한 후 그녀의 내면에 강한 자극을 남긴 작품서사가 무엇인지 파악되면, 그녀의 자기서사와 통합되거나 여전히 충돌하고 있는 지점이 무엇인지 이해하기 용이하다.

　이와 같은 정규과정을 거친 후에 탈북 여성 B는 2차 문학치료 과정에 참여하기로 자진하였다. 그래서 2차 과정을 설계하기 위하여 자기서사진단도구의 재검을 실행하였다. 앞과 동일한 16개의 구비설화를 활용하여 다른 검사 방식으로 자기서사를 진단하였다. 상세한 검토를 위하여 각 작품서사에 대한 그녀의 느낌을 드러내게 하는 태도측정형 검사를 실행하고, 이어 16개의 구비설화 줄거리를 얼마나 잘 기억하고 있는지를 드러내게 하는 기억기술형 검사를 실행하였다.[13]

　태도측정형 검사는 각 구비설화의 줄거리를 제시하고, "Q. 이 이야기에 대한 자신의 느낌을 아래의 선택항에서 골라보세요."라고 질문한다. 이에 피검자는 '① 감동적이다. ② 흥미롭다. ③ 보통이다. ④ 지루하다. ⑤ 거부감이 든다.'와 같은 5가지의 선택지 중 자신의 느낌에 가까운 지문을 선택한다. 이 검사를 통해 피검자가 작품서사를 어떻게 받아들이고 있는지 정보를 얻을 수 있다.

　기억기술형은 태도측정형 검사 뒤에 바로 실시하며, 작품의 줄거리를 제공하지 않은 채로 "Q. 〈호랑이 눈썹〉의 줄거리를 기억나는 대로 적어보세요."라고 요구하는 검사이다. 이때 문학치료사는 피검자에게 기억나는 대로 최대한 상세하게 기술하라고 요구할 수 있다. 줄거리에 대한 기억은 피검자의 내면에 자리 잡은 작품서사의 형태에 가깝다. 즉 자기서사와 충돌하거나 통합된 결과물일 가능성이 높다는 것이다.[14] 그러므로 이 검사지에 기술된 줄거리는 피검자가 작

---

13) 아직 논문으로 발표되지 않았지만, 자기서사진단검사의 태도측정형과 기억기술형은 2013년 1월에 정운채 교수가 구안한 문학치료의 검사 방법임을 밝힌다. 검사방식의 두 명칭은 당시(2013년 1월) 임시적으로 이름 붙여진 것이고, 현재(2015년 1월) 태도측정형은 정서반응형, 기억기술형은 기억진술형으로 명명되고 있다.

14) 각자의 서사접속능력 역량에 따라서 새롭게 제공된 작품서사를 이해하고 기억하는 정도가 다를 수 있다. 피검자가 기술한 작품의 줄거리는 최종적으로 기억된 작품서사의 형태이며, 서사접속능력 정도를 판가름할 수 있는 단서가 된다. 서사접속능력과 작품에 대한 기억 능력에 대한 논의는 정운채, 「프랑스의 서사이론과 문학치료학의 서사이론」, 『문학치료연구』 17, 한국문학치료학회, 2010, 191~206쪽을 통해 확인할 수 있다.

품서사를 어떠한 방식으로 기억하고 있는지 가장 극명하게 드러내는 자료이기 때문에, 하나의 어휘까지도 분석대상이 된다.

앞서 설명한 바와 같이 이 연구는 구비설화의 작품서사에 대한 이해가 인간 사회를 인지하는 능력 및 인간 문제를 풀어 가는 능력과 직결된다고 보고, 16개 작품서사에 대한 탈북 여성 B의 이해 방식을 주목하였다. 이 5회기의 정규과정 및 재검사 실행 과정은 모두 작품서사에 대한 그녀의 이해 방식을 이해하는 데에 정보를 제공해 주었다.

이 글에서 논의할 구비설화 〈호랑이 눈썹〉과 〈역적 누명과 회초리〉에만 한정하여 설명하면, 1회기를 통하여 이 설화들을 어떻게 이해하고 있는지 1차 탐색이 가능하였다. 2회기에서는 그녀가 100% 원래의 서사적 경로를 선택한 〈호랑이 눈썹〉에 대한 이해 정도가 파악되었고, 3회기에서는 원래의 서사적 경로를 모두 선택하지 않은 〈역적 누명과 회초리〉에 대한 이해 정도가 파악되었다. 이때에 획득한 정보들로 2차 탐색이 가능한 것이다.

이어 구비설화의 서사적 의미를 전달하고 그 반응을 살핀 4회기에 이르러서는 서사적 의미를 수용하는 태도에 따라 3차 탐색이 가능하였다. 5회기 역시 작품에 대한 언급에 주목하며 4차 탐색이 이루어졌다. 한 달 후 재검 실행 단계는 태도측정형 검사와 기억기술형 검사 결과로 5차 탐색이 가능하였다.

3. 탈북 여성 B의 〈호랑이 눈썹〉에 대한 이해 방식과 자기서사

이 장에서는 1회기 자기서사진단도구-서사분석형(16문항)의 검사 결과 탈북 여성 B가 원래의 서사적 전개를 100% 따라간 구비설화 〈호랑이 눈썹〉에 대한 총 5차 탐색 결과를 제시하고자 한다. 먼저 그녀의 이해 방식을 평가하기 위한 기준을 설정하기 위하여 〈호랑이 눈썹〉[15]의 서사적 의미를 제시하면 다음과 같다.

대상(배우자)에 대한 의혹은 '가난'에서 시작되었으며, 서사의 주체는 가난 극복을 위하여 목숨을 걸고 백인재고개를 넘어 형상이 아닌 실체를 볼 수 있는 '호랑이 눈썹'[16]을 얻었다. 그리고 서사의 주체는 호랑이 눈썹으로 인하여, 가난의 원인이 사람과 닭이라는 부부관계의 부조화에 의한 것임을 알게 된다. 그리하여 주체는 자신과 배우자의 진정한 행복을 위하여 이별을 하고, 이별 후에도 서로를 보살핌으로써 관계의 지속을 영위하여 행복한 결말을 맺는다.

이 작품서사는 잘 살고 못 사는 문제에서 나와 잘 맞는 사람과 함께 하는가가 중요한 요인으로 작용될 수 있다는 점과, 우리의 인생살이에서 때로는 이별이 행복을 되찾는 일에 기여할 수 있다는 데에 힘을 제공하고 있다. 그리고 이별 후에도 서로의 행복을 지지하고 배려해 주는 진정한 지속의 원리를 제시하기도 한다.

이를 기준으로 살펴보면 1차 탐색의 결과는 자기서사진단도구 검

---

15) (1) 어떤 부부가 아무리 열심히 살아도 가난을 면할 수가 없자 가난한 남자는 이렇게 사느니 차라리 죽는 것이 낫다는 생각을 하게 되었다. 그런데 항간의 소문에 백인재라는 고개를 혼자 넘으면서 죽지 않으면 팔자를 고친다는 말이 도는 것이었다. (2) 가난한 남자가 혼자 그 고개를 넘다가 바위에 앉아 있는 신선 같은 노인을 만나 호랑이인 줄 짐작하고 왜 나를 잡아먹지 않느냐고 묻자 노인은 자기는 사람은 잡아먹지 못한다면서 자기의 눈썹을 하나 뽑아 주며 그것으로 저기 올라오는 사람들을 보라고 했다. 가난한 남자가 그 눈썹을 가지고 올라오는 사람들을 보았더니 모두 짐승이었다. (3) 가난한 남자가 집으로 돌아오다가 사기그릇 등짐을 힘겹게 지고 가는 사람 내외를 만나 그 호랑이 눈썹으로 두 내외를 보았더니 남자는 장닭이고 여자는 사람이었다. 가난한 남자는 비로소 저 두 사람이 저렇게 고생을 하면서 사는 까닭을 알게 되었다. (4) 가난한 남자는 그 부부를 데리고 자기 집으로 와서 다시 호랑이 눈썹으로 자신의 아내를 살폈더니 아내가 암닭이었다. 그리하여 자기네 부부도 서로 짝이 맞지 않아서 가난하게 살 수밖에 없음을 알았다. (5) 가난한 남자는 사기장수 내외와 한 방에서 자다가 자기 아내와 사기장수 아내의 자리를 바꾸어 놓고 불을 켠 다음 그렇게 좋으면 같이 살라면서 사기장수와 아내를 쫓아 버렸다. 그리고서 가난한 남자는 사기장수 아내와 같이 살았다. (6) 가난한 남자는 사기장수 아내와 같이 산 지 몇 년 만에 부자가 되었다. 미안한 마음이 든 남자가 예전에 억지로 쫓아냈던 사기장수와 자기의 옛 아내를 찾아 나섰다가 우연히 만나게 되었는데, 그 두 사람도 함께 산 지 몇 년 만에 부자가 되어서 오히려 자신들을 쫓아낸 사람들 걱정을 하고 있었다. 정운채, 「자기서사진단검사도구의 문항설정을 위한 예비적 검토」, 『겨레어문학』 41, 겨레어문학회, 2008, 361~397쪽 참조.

16) 기존의 설화 연구에서는 호랑이 등장 설화에 대한 다양한 방식의 논의가 진행되었는데, 호랑이 눈썹과 같은 신이한 능력에 대해서 호랑이는 불쌍한 인명을 구원하는 초월적 존재로서 신성시되기도 한다고 설명하기도 하였다(임재해, 「설화에 나타난 호랑이의 다중적 상징과 민중의 권력 인식」, 『실천민속학연구』 19, 실천민속학회, 2012, 187~232쪽).

사 결과 줄거리 6단락을 모두 선택하여 100% 이해한 것으로 진단되었다. 상세한 검토를 위하여 2차 탐색을 통해 획득된 정보를 정리하면, 그녀는 〈호랑이 눈썹〉에서 가난을 극복하기 위한 모험을 감행하는 지점에 호응을 보였고 반면 부부가 이별을 선택하는 점을 잘 받아들이지 못하였다.

2회기 때 그녀는 주체가 가난을 벗어나기 위하여 백인재고개[17]를 넘는 지점에 매우 몰입하는 반응을 보였다.

> (정적) 이 이야기는 단순히 전설이기도 하지만, 생활에 있어서는 모험? 가난한 사람들은 가난을 벗어나기 위해서 일종의 모험 같은 게 필요하잖아요. 거기서 나온 이야기 같았어요.[18]

그녀는 이 설화가 가난을 벗어나기 위해 모험을 감행하는 지점에 호응하고 있었다. "되게 얘는 좋았어요", "한 번 이런 모험을 해서 삶을 변화시키는 것도 재밌지 않을까요? 구질구질하게 사는 것보다"라며, 그러한 모험에 흥취를 느끼는 바를 표현하기도 하였다. 문학치료학적으로 이러한 현상을 들어, 작품서사가 자신의 삶과 밀접하게 관련되어 있을 때 작품에 더욱 몰입할 수 있다고 설명한다.

이어 그녀는 자신이나 가족이 가난을 벗어나기 위해 어떠한 노력을 감행해 왔는지 장황하게 이야기하였다.

---

17) 설화에서 이 고개는 백 명의 사람이 모여서 함께 이 고개를 넘어야 호랑이에게 잡아먹히지 않는다는 고개인데, 이 고개를 혼자 넘어가도 살아 돌아온 사람은 팔자가 바뀐다는 소문이 있었다. 이 가난한 남자가 가난한 자신의 팔자를 바꿔보기 위해서 이 고개를 홀로 넘어 간 것이다. 백인재고개는 하나의 금기로, 설화의 주인공이 그 금기를 범한 행위는 설화를 접하는 우리들로 하여금 큰 의미를 시사해줄 수 있다. 신동흔은 설화 작품 속에 제시된 금기를 인간 삶의 원형적인 문제에 대해 나아갈 길을 열어주는 '계시'라고 논의한 바 있다(「설화의 금기 화소에 담긴 세계인식의 층위: 장자못 전설을 중심으로」, 『비교민속학』 33, 비교민속학회, 2007, 426쪽).
18) 2013년 1월 20일 2회기 녹취본.

저희 집 그래서 며칠 밤에 다 거지가 됐죠. 거지가 되다나니까. ······
그래서 모험을 해요. ······ 그게 오 년이 안 되고 이삼 년 정도 되니까,
그게 일어서드라구요. 삼촌 넷이 다 돈 벌고, 이모 둘 나가 돈 벌고, 엄마
는 막 모험적인 장사를 하고.[19]

그녀의 성공담에서 〈호랑이 눈썹〉에 대한 이해도를 판단할 수 있는
지점이 있었다. 위의 제시문을 통해서 알 수 있듯이, 그녀는 자신의
집안이 다시 일어설 수 있었던 중요한 요인으로 어머니의 모험과 가
족들의 협력을 들고 있었다.[20] 가족 구성원들의 합심이 잘 살고 못
사는 문제에 영향을 미칠 수 있다는 점을 잘 이해하고 있는 것이다.

문학치료학의 관점으로 보면, 사람은 자기서사에 따라 특정한 경
험을 자기 방식대로 지각하고 기억한다고 보고 있다.[21] 그녀가 과거
의 성공담에서 모험정신과 합심을 성공의 요인으로 꼽은 것을 보
면,[22] 잘 살고 못 사는 문제에서 나와 잘 맞는 사람과 함께 하는가가
중요한 요인으로 작용될 수 있다는 〈호랑이 눈썹〉의 서사적 의미가
어린 그녀에게 이미 내재되어 있었다고 판단될 가능성도 있다.

그리고 탈북 여성 B는 '우리의 인생살이에서 때로는 이별이 행복을
되찾는 일에 기여할 수 있다'는 지점에 대해서 잘 소화하는 편이었다.

---

19) 2013년 1월 20일 2회기 녹취본.
20) 그리고 그녀는 북한에서 외갓집이 부자였다는 사실을 이야기하면서, 할아버지와 할머니
의 '합심'을 거론한 바 있다. "머, 할아버지 할머니 합심해서 돈 벌고, 어찌되니까 쭉 잘살게
됐어요."(2013년 1월 20일 2회기 녹취본)
21) 정운채는 심리학에서 말하는 지각·기억·사고의 과정에서 미치는 요인들과 견주어서, 문학
치료학의 핵심 개념인 '자기서사'의 개념을 정리한 바 있다. 심리학에서는 지각이 '주의
(attention)'를 통하여 선택적으로 수행된다는 점, 기억의 활동은 '스키마(schema)'가 강력하게
관여한다는 점, 사고를 통한 문제해결 능력은 서브루틴(subroutine)과 청크(chunk)의 형성과
관련이 있다고 한다. 이러한 견해에 견주어서 지각·기억·사고의 그 체제화(organization)과정
에 주목하면, 자기서사는 개념주도적인 지각처리에도 관여하고, 작업기억의 체제화나 청
크형성에도 관여하며, 청크를 활용하고 체계적으로 조작하는 사고과정에도 관여하고 있다
고 밝혔다(「심리학의 지각, 기억, 사고와 문학치료학의 자기서사」, 『문학치료연구』20, 한국
문학치료학회, 2011, 9~28쪽).
22) 그녀가 말하는 시점은 그녀가 10살 미만 때 일이다. 어린 그녀의 눈에 외갓집이 부자였던
이유와 어려웠던 집안 형편이 나아지는 이유로 협력과 모험정신이 각인되었던 것이다.

이게 사람을 죽이거나 그런 것도 아닌데. (…중략…) 제가 조금 좀 감정이 메말라 있는 애라고 애들이 자꾸 그래서. 저는 그래요. 삶을 변화시키기 위해서는 현실에서는 어차피 할 수 없다. 내 삶이 중요하니까. 그 사람의 삶도 중요하니까. 다 같이 잘살자고 하는 거니까.23)

위와 같이 그녀는 자신의 삶과 그 사람의 삶이 중요하니까 삶을 변화시키기 위해서, 즉 현실의 문제를 극복하기 위해서는 대상과 헤어질 수도 있다는 작품서사의 의미를 잘 소화하고 있었다.

그런데 이별 후에도 서로의 행복을 지지하고 배려해 주는 진정한 지속의 원리에 대해서는 잘 소화하지 못하고 있었다. 연구자는 그녀에게 이 작품에서 혹시 불편했던 점이 있었는지 물어보았다.

아니요. 그게 좀 의아했던 점은 왜 남편이 마누라를 바꿨을까. 닭이 사람이 되긴 했지만 그동안 살아온 정이 있잖아요. 왜 바꿨을까. 좀. 그런 생각이 들었어요.24)

이와 같이 그녀는 서로가 잘 살기 위해 이별을 할 수도 있다는 사실은 인정하지만, 이별의 문제를 완전히 받아들이지는 못하고 있었다. 앞의 반응과는 사뭇 다른 반응이었다. 이러한 일관성이 없는 반응은 매우 중요하다. 목숨을 걸고 백인재 고개를 넘어야 하는 일이나, 부부가 헤어지는 일이나 모두 용기가 필요한 결단이며, 잘 살아보기 위해서는 그러한 결단과 용기가 필요하다는 것이 이 작품서사의 중요한 지점이며 서사의 논리적인 흐름이다. 부부의 이별에 대해서 그렇게 하는 편이 낫다고 보면서, 한편으로는 그래도 그렇게 까지 해야 되었나 하는 갈등이 그러한 일관성 없는 반응을 표출하게 하였다.

---

23) 2013년 1월 20일 2회기 녹취본.
24) 2013년 1월 20일 2회기 녹취본.

즉, 부부의 '이별에 대한 아쉬움'이 작품서사의 전체적인 맥락에 대한 이해를 방해하고 있었다는 것이다.

그리고 그녀는 자기서사진단도구 중 〈호랑이 눈썹〉의 제3분기점에서 원래의 서사 진행에 따라 이별한 부부가 다시 전 배우자를 찾으려 했다는 서사 경로[25]를 선택한 바 있다. 이러한 그녀의 선택에 대한 판단도 보류되어야 한다. 이별 후에도 서로의 행복을 지지하고 배려해 주는 진정한 지속의 원리에 대해서 잘 이해하고 있어서 그런 것이라고 판단하기 어렵다. 그러한 결말을 잘 이해하고 있다면 당장의 이별에 대한 아쉬움이 작품서사에 대한 이해를 방해할 만큼 큰 영향을 미칠 수 없기 때문이다.

이어 3차 탐색의 결과는 소략하다. 3차 탐색은 4회기 때 문학치료사가 서사적 의미를 전달하고 그에 대한 수용 태도를 관찰하는 과정이다. 문학치료사가 〈호랑이 눈썹〉에 대한 서사적 의미를 전달하자, 탈북 여성 B는 무표정으로 아무런 언급 없이 대응하였다.

다음의 4차 탐색의 결과 탈북 여성 B는 여전히 〈호랑이 눈썹〉에 반영된 모험 정신에 몰입되어 있는 특징을 드러내었다. 전 회기를 마친 소감을 밝히는 과정에서 "뭔가를 인생에 있어서 한번은 모험이 있어야 되겠구나. 그 호랑이 눈썹같이. 그리고 인생에 정말 좋아하는 사람이 나타나면 한번은 매달려야 되겠구나."[26]라고 하였다. 이 구비설화의 전체적인 서사 맥락 보다는 이야기 전반부의 백인재고개를 넘는 모험정신만이 각인된 현상이 드러난 것이다.

5차 탐색의 결과, 태도측정형 검사에서 그녀는 이 구비설화에 대한 느낌을 '흥미롭다'로 표현하였다. 총 16개의 구비설화에 대한 느낌은

---

25) (6-2) 가난한 남자는 사기장수 아내와 같이 산 지 몇 년 만에 부자가 되자 예전에 억지를 부려 쫓아낸 사기장수와 자기의 옛 아내를 찾아 나섰는데, 그 두 사람도 부자가 되어서 오히려 자신들을 쫓아냈던 사람들 걱정을 하고 있었다. (자기서사진단도구–서사분석형(16문항) 중 〈호랑이 눈썹〉문항 6번째 단락 선택지 2번이며, 본래의 서사 맥락에 따른 선택지이다.)

26) 2013년 2월 17일 5회기 녹취본.

'감동적이다'가 7개, '흥미롭다'가 7개, '보통이다'가 2개로 집결되었는데, 그녀는 16개의 구비설화에 대해서 대체로 옹호적인 반응을 보이고 있는 것으로 드러났다. 〈호랑이 눈썹〉에 대한 그녀의 느낌은 특별한 경우는 아닌 것으로 판단된다.

기억기술형에서 그녀는 다음과 같이 〈호랑이 눈썹〉의 줄거리를 기술하였다.

> 두 부부가 있었다. 근데 이들은 무지 가난했고 가난한 이유를 몰랐다. 하루는 한 부부의 남편이 간난에서 벗어나기 위해 모험을 무릅쓰고 사람들이 다 실패한 고개를 넘어가기로 한다. 거기서 호랑이 눈썹을 얻게 되는데 고개를 지나가는 사람은 인간이 아닌 요괴들이었다.
> 집에와서보니 아내 또한 인간이 아닌 닭이었던 것이다. 길을 지나가던 한 부부가 집에서 머무르기를 청하자 닭과인간부부는 허락한다.
> 남편은 자신의 아내와 손님의 아내를 바꿔치기를 한다.
> 인간은 인간과 살고 짐승은 짐승과 살므로 잘 살았다.

위와 같이 그녀는 서사의 주체가 가난의 원인을 알고자 하였던 것과 아내와 자신의 관계가 인간과 닭의 관계였다는 점을 잘 기억하고 있었다. 또한 "인간은 인간과 살고 짐승은 짐승과 살므로 잘 살았다"고 기술한 것을 보아도 "잘 살고 못 사는 문제에서 나와 잘 맞는 사람과 함께 하는가가 중요한 요인으로 작용될 수 있다"의 서사적 의미는 기억되어 있다고 판단된다. 또한 서사의 주체가 이별을 선택한 지점과 이별한 부부가 잘 살았다고 결말을 기술한 것을 보면, "우리의 인생살이에서 때로는 이별이 행복을 되찾는 일에 기여할 수 있다"의 서사적 의미 역시 기억되어 있는 상태로 볼 수 있다.

반면 '이별 후에도 서로의 행복을 지지하고 배려해 주는 진정한 지속의 원리'는 여전히 자기서사에서 밀려나 있다는 점이 확인되었다. 그녀의 기술에서 이별한 부부가 미안한 마음에 서로를 찾아가 잘 살고 있는 것을 확인하고 안심한다는 마지막 장면은 누락되어 있기 때문이다.

〈호랑이 눈썹〉에 대한 그녀의 이해 방식을 통하여 자기서사를 구체화해 보면 다음과 같다. 그녀는 삶의 문제를 극복하는 일에 대해서는 〈호랑이 눈썹〉의 초반부와 유사한 형태의 자기서사를 지니고 있다고 판단된다. 모험을 감행하는 일에 확신에 차있는 자기서사는 현실의 어려움을 극복하는 일에 강점으로 발휘될 수 있을 것이다. 실제로 그녀는 문학치료 활동 과정 중에 성공에 대한 열망을 자주 내비쳤는데, 〈호랑이 눈썹〉과 같은 자기서사의 영향으로 그녀가 남한사회에서의 성공 의지와 자신감이 강화된 것으로 이해될 수 있다. 단, 가난 극복에 대한 갈망이 집착적일 수 있다거나 권력과 돈에 대한 의존도가 심한 경우 등의 문제들에 대해서 간과해서는 안 된다.

반면, 그녀의 자기서사에서는 서로의 행복을 위해서 헤어지는 문제에 대해 취약점이 있을 수 있다고 진단되었다. 그리고 함께하지 않아도, 어떤 특정한 관계로 묶여 있지 않아도 서로의 행복을 지지해 줄 수 있는 진정한 지속에 대해서도 미숙한 측면이 발견되었다. 현상적인 '이별은 곧 관계의 단절'로 간주되는 성향의 자기서사 특성이 드러났다는 것이다.

이미 탈북 경험을 통해 가족과 이별한 경험이 있는 그녀에게 이러한 특성이 발견되었다는 것은 유의미하다. 이별하였어도 관계가 지속될 수 있다는 인생살이에 대한 긍정적 신념이 결핍되어 있는 자기서사라면 그녀는 현재 상태를 받아들이기 어려워할 가능성이 있다. 현재 가족 및 친지, 측근들과 격리되어 생활한지 4~5년이 지난 지금 그녀의 내면에 이별에 대한 상처가 깊게 자리 잡혀 있을 가능성이 높다는 것이다. 차후 치료 과정 설계에 유념해야 될 지점이다.

4. 탈북 여성 B의 <역적 누명과 회초리>에 대한 이해 방식과 자기서사

이 장에서는 그녀가 1회기 자기서사진단검사에서 단 한 단락도 원래의 서사적 전개를 선택하지 않은 구비설화 <역적 누명과 회초리>[27)에 대한 그녀의 이해 방식을 살펴보려고 한다. 먼저 그녀의 이해 방식을 평가하기 위한 기준으로 이 설화의 서사적 의미를 제시하면 다음과 같다.

야심한 밤에 자신을 찾아와 받아달라는 처녀를 회초리로 가르쳐 돌려보낸 남자가 훗날 역적이라는 누명으로 위기에 빠지자, 그 처녀가 정승이 된 아들들을 설득하여 그 남자를 구원해 주었다는 내용의 작품이다. 선비의 회초리는 밤에 남몰래 찾아온 처녀의 욕망이 두 사람 모두에게 부적절하다는 판단의 확신과 함께, 맹목적이고 강렬한 그녀의 마음을 접게 만드는 결연한 의지의 표현이다. 그의 거절로 그녀는 좋은 집에 시집가서 안정적으로 살 수 있는 길이 보장되었다. 그리고 그녀 역시 그의 회초리에 대한 뜻에 감화되어 있었기 때문에, 그에 대한 확신으로 아들들에게 그를 변호하게 함으로써 그를 구제한다는 결말을 맺는다.

이 작품서사는 주체와 대상 모두에게 불행을 안겨 줄 수 있는 성적 욕망은 조절되어야 안정된 삶의 유지할 수 있다는 점과, 애정문제에서 때로는 결연한 거부가 서로의 행복을 보장해 줄 수 있다는 데에

---

27) 이 구비설화의 줄거리는 다음과 같다.
　(1) 한 선비가 종일 글을 읽었는데 앞집 처녀가 선비의 글 읽는 소리에 반해서 남몰래 찾아왔다. (2) 선비는 처녀에게 회초리를 가져오라고 하여 처녀의 종아리를 때렸다. (3) 처녀는 종아리를 맞고 그냥 돌아갔다. (4) 그 뒤 처녀는 다른 남자에게 시집을 가서 아들 삼형제를 낳았는데 모두 큰 벼슬을 하였다. (5) 선비가 나중에 벼슬을 하다가 역적으로 몰려 죽게 되었다. (6) 그 소식을 들은 삼형제의 어머니가 아들들에게 처녀 때 종아리 맞았던 이야기를 하며 그 선비는 절대 그럴 사람이 아니라고 하자 삼형제의 적극적인 변호로 선비는 무사할 수 있었다. (정운채, 「자기서사진단검사도구의 문항설정을 위한 예비적 검토」, 『겨레어문학』 41, 겨레어문학회, 2008, 361~397쪽.)

힘을 제공하고 있다. 그리고 당장은 서운할 수 있지만, 나의 애정적 욕망을 저지시키고 진실을 말해 주는 거절이 오히려 자신에 대한 배려일 수 있다는 서사적 의미를 지니고 있기도 하다.[28]

1차 탐색 결과 그녀는 이 작품서사를 수용하지 않은 것으로 드러났다. 그녀는 원래의 서사 전개를 비껴간 지문을 선택하였는데, 그녀가 선택한 바대로 구현된 줄거리는 원래의 서사가 지닌 의미가 전혀 반영되어 있지 않은 형태였다. 그 자료를 그대로 제시하면 다음과 같다.

---

(1) 한 선비가 종일 글을 읽었는데 앞집 처녀가 선비의 글 읽는 소리에 반해서 남몰래 찾아왔다.

(2-2) 선비는 처녀와 깊은 정을 나누었다.

(3) 처녀는 다른 남자에게 시집을 갔다.

(4-3) 시집을 가고 나서도 그 선비를 잊을 수 없어 상사병으로 그만 세상을 떠나고 말았다.

(5) 선비는 나중에 벼슬을 하다가 역적으로 몰려 죽게 되었다.

(6-1) 남몰래 선비를 찾아왔던 여인은 그 소식을 듣고 마침 잘 되었다며 매우 통쾌하게 여겼다.

이처럼 그녀는 선비가 처녀의 구애를 받아들였는데, 처녀는 다른 곳에 시집을 가서도 그를 잊지 못해 상사병으로 죽게 되었고, 훗날 선비가 곤경에 빠지자 처녀가 매우 통쾌하게 여겼다는 내용의 작품을 만들어내었다. 성적 욕망의 조절을 통한 안정성 획득, 결연한 거

---

28) 이 설화에 대하여 강진옥은 남성인물의 글 읽는 소리에 반한 여성인물이 남자의 공간영역으로 잠입하는 '월장형' 설화로 보며, 남자의 깨우침으로 개심하고, 후일 남성인물의 위기를 구해 준다는 내용이라고 설명한 바 있다(「욕구형 원혼설화의 형성과정과 변모양상」, 『한국문화연구』 4, 이화여자대학교 한국문화연구원, 2003, 7~47쪽).

부가 지닌 이점, 진실을 말해 주는 행위에 반영된 배려심 등 원래의 서사적 의미를 발견할 수 없는 새로운 형태였다.

이렇게 1차 탐색 결과 그녀는 〈역적 누명과 회초리〉가 제시한 인간관계의 원리를 이해하지 못하고 있다는 점이 발견되었다. 게다가 구애의 대상이 거절하면 그 좌절감을 감당할 수 없으며 그의 불행에 기뻐할 수 있다는 인간관계 원리가 그녀에게 더욱 쉽게 수용되었다는 정보가 획득되었다. 이는 앞서 그녀가 〈호랑이 눈썹〉 속 부부의 이별 문제를 잘 이해하지 못한 점과 관련된다.

2차 탐색의 결과 그녀는 〈역적 누명과 회초리〉의 서사 맥락은 이해하였지만, 거부 반응을 보이며 자기서사와 충돌되고 있는 상태를 드러내었다. 이 구비설화의 줄거리를 전달해 주자, 그녀는 자신이 왜 다른 전개의 단락들을 선택하게 되었는지 설명하였다.

그녀가 구성한 복수형 〈역적 누명과 회초리〉는 애초부터 선비가 여인의 유혹을 받아들인다. 이에 대해서 그녀는 "이렇게 환한 지금처럼 아니고 등잔불이니까, 정을 나누지 않았을까. 정을 나누었다 했고. …… 원래 밤에는 여자가 이뻐 보이잖아요."29)라고 하였다. 주체와 대상에게 불행을 안겨 줄 수 있는 성적 욕망은 조절되어야 한다는 서사적 의미보다는 이성의 유혹을 뿌리치기는 어렵다는 인식이 더 강하게 작용된 상황으로 판단된다.

당장은 서운할 수 있지만, 나의 애정적 욕망을 저지시키고 진실을 말해 주는 거절이 오히려 자신에 대한 배려일 수 있다는 이 설화의 서사적 의미는 잘 이해하고 있지 못하였다. 이는 3회기에서 그녀가 드러낸 선비에 대한 불쾌한 감정을 보면 잘 알 수 있다. 그녀는 "왜 회초리를 들어. 똘끼 있어 보여", "현실에 적용을 한다면 남자다움이 없어요. 너무 딱딱하고. 음. 싫어요"30)라면서 부정적인 반응을 보였다.

---

29) 2013년 1월 27일 3회기 녹취본.
30) 2013년 1월 27일 3회기 녹취본.

이에 연구자가 행실이 부적절하다고 소문날 수 있는 상황을 배제하고 자신의 애정을 성취하기 위해 담을 넘어 찾아온 여인이 그만큼 간절해 보였을 수 있다. 그러면 회초리로 역정을 내면서까지 쫓아낼 수밖에 없지 않느냐고 되물었다. 그러자 그녀는 여자가 자존심이 있지 남자에게 그렇게까지 애정을 요구하는 면이 이해가 되지 않는다고 말했다.[31] 여자의 자존심을 수호하는 문제는 20대 여성으로서의 자연스러운 면모라고 인정되더라도, 이성관계의 어려움을 호소했었던 그녀에게 선비에 대한 강한 불쾌감은 이성문제에 대한 자기서사의 취약성을 드러내는 단서가 될 수 있다.

그녀는 여인을 돌려보낸 선비의 처사가 그녀의 행복에 기여한 바에 대해서 인정하기는 하였다.

내가 찍었던 거랑, 상상했던 거랑, 실제 내용이 영 다른 걸 보니까, 그때 여자의 자존심이라고 하나, 지조를 남자가 지켜줬기 때문에, 여자가 선비를 더 좋아하고, 역적으로 몰렸을 때 도와주지 않았나. 신체적인. 그게 되게 중요하지 않아요? 그때 시집을 아주 못 사는 데로 갔으면 모르는데. 아들을 낳았는데 다 벼슬을 하고, 뭐 하니까. 어찌 보면 여자가 더 잘한 선택일 수도 있잖아요. 이 남자가 거절함으로써. 그래서 더 감사의 표시를 하지 않았나.[32]

자신의 생각과 작품의 방향이 전혀 다르다는 점을 인정하고, 애정 문제에서 때로는 결연한 거부가 서로의 행복을 보장해 줄 수 있었다는 이 작품의 서사적 의미는 잘 받아들이고 있는 편이었다. 그렇지만

---

31) "저는 왜, 제 입장에서, 굳이 사람이 없어서. 아무리 좋아한다고 해서. 내가 혼자서 좋아해도, 시간이 지나면 지쳐서 안 좋아하거든요. 둘 다 같이 좋아하던가, 남자가 여자를 좋아해줘야 더 오래가기 때문에. 노 하면, 알겠다 하고, 바로 오케이 하고, 다시 나왔을 꺼 같아요. …… 저는 충분히, 남자가 노 하면은, 여자가 존심이 있는데, 그냥 나가면 되죠."(2013년 1월 27일 3회기 녹취본)

32) 2013년 1월 27일 3회기 녹취본.

여전히, "회초리는 아주 그게 마음에 안 들어요. 되게 기분이 나빠요. 지가 선비면 선비지, 왜 회초리까지 들고. 저 그런 거 안 좋아하거든요"[33]라고 덧붙이며 그에 대한 불쾌함을 감추지 못했다. 결과적으로 자신의 행복에 기여했더라도, 우선은 애정적 요구를 거절하는 대상에 대한 불쾌한 감정이 더 앞서고 모습이었다. 이를 보면 여인이 선비의 몰락을 통쾌하게 여겼다는 서사 구성은 바로 이러한 불쾌감에서 비롯된 것일 수 있다.

3차 탐색 결과 그녀의 취약점이 이성관계에 대한 불신감과 관련되어 있다는 사실이 드러났다. 그녀는 4회기 때 이 구비설화의 서사적 의미를 전달받고 난 후, "저는 단정지어버리는 스타일이에요. 남자들 다 이렇구나. 심지어 친구들도 너 이 새끼들 똑같잖아. 이래요"[34]라는 반응을 보였다. 그리고 나의 애정적 욕망을 저지시키고 진실을 말해 주는 거절이 오히려 자신에 대한 배려일 수 있다는 서사적 의미에 대해서 특별한 반응을 보이기도 하였다. "정말 나를 지켜주고 싶은 마음. 아, 뒤에서 호박씨 까고 있는 거예요. 남자들이 그런 두려움이 있잖아요. 여자가 막 다가오면 막 겁난데요"[35]라면서 서사적 의미를 수용하지 않는 방어적인 태도로 일관하였다. 이처럼 그녀는 결연한 거부가 지닌 이점, 진실을 말해 주는 행위에 반영된 배려심 등의 서사적 의미보다도 '남자들은 신뢰할 수 없다'의 자기서사가 더 강하게 작용하여 〈역적 누명과 회초리〉의 작품서사와 통합되지 못한 상태였다. 앞서 1차 탐색 결과 그녀의 내면에는 '성적 욕망은 조절되어야 안전할 수 있다'는 서사적 의미보다는 '이성의 유혹은 쉽게 뿌리칠 수 없다'의 자기서사가 더 강하게 작용하고 있었다고 보았다. 이 역시 이성에 대한 강한 불신감과 관련되는 점이다.

그리고 그녀는 4회기 때 선비에 대해서 "멋있는 건지, 샌님인건지.

---

33) 2013년 1월 27일 3회기 녹취본.
34) 2013년 2월 9일 4회기 녹취본.
35) 2013년 2월 9일 4회기 녹취본.

감동도 못 받아보고, 받고 싶지도 않네요. 부담스러워요"36)라고 하며, 거절에 반영된 배려의 서사적 의미를 거부하는 반응을 보였다. 아무리 나를 위한 의도였다 할지라도 대상의 거절은 수용하기 어려운 상태인 것이다. 게다가 "남자는 끌리지 않아요. 그냥 펫이었으면 좋겠어요"37)라고 말하여, 이성 관계 형성 시에 필연적으로 경험할 수밖에 없는 감정들을 소화하기 어려워하는 면을 드러내기도 하였다.

4차 탐색 결과 그녀는 〈역적 누명과 회초리〉의 서사적 의미를 조금은 수용한 상태를 드러내었다. 이 구비설화에 대해 특별한 언급을 하지 않았다. 하지만 앞서 제시한 5회기의 〈호랑이 눈썹〉에 대한 반응은 표면은 〈호랑이 눈썹〉에 대한 소감이지만, 그 이면에는 〈역적 누명과 회초리〉의 서사적 의미와 더 깊은 관련이 있기 때문이다.

〈역적 누명과 회초리〉에 대한 반응에서 그녀는 항상 자신을 거부하는 대상에게 맹목적으로 매달리는 여성에 대해서 불쾌한 감정을 표현해 왔다. 그리고 이성관계를 거부하며 자신의 인간 보편적인 욕망을 부인하기도 하였다. 이와는 달리 5회기에서 그녀는 "뭔가를 인생에 있어서 한번은 모험이 있어야 되겠구나. 그 호랑이 눈썹같이. 그리고 인생에 정말 좋아하는 사람이 나타나면 한번은 매달려야 되겠구나"38)라고 하였다.

〈역적 누명과 회초리〉의 서사적 의미를 깊이 있게 통찰한 상태라고 하기 어렵지만, 인식의 전환이 포착된 중요한 지점임에는 틀림없다. 대상의 거부에 대해서 민감한 반응을 보였던 예전과 달리 대상이 자신을 거부하더라도 도전해 볼 가치가 있다고 하며 변모된 자세를 보였기 때문이다.

5차 탐색 결과 그녀는 태도측정형 검사에서 이 구비설화에 대한 느낌으로 '감동적이다'를 선택하였다. 16개의 구비설화 가운데 '감동

---

36) 2013년 2월 9일 4회기 녹취본.
37) 2013년 2월 9일 4회기 녹취본.
38) 2013년 2월 17일 5회기 녹취본.

적이다'라는 느낌을 표현한 작품이 7개로 집결된 것으로 보아 특별한 감정이라고 볼 수는 없지만, 이전의 강한 불쾌감과 다르다는 점은 확실히 드러났다.

한편 기억기술형 검사에서는 특별한 사항이 발견되기도 하였다. 그녀는 이 구비설화의 줄거리를 다음과 같이 기술하였다.

> 어느 한 집에 과부가 된 며느리가 있었다. 과거를 위해 길을 떠난 선비가 과부 며느리 집에 머무르게 되는데 과부며느리는 남자의 글소리에 반해서 합방을 원했지만 선비는 횟초리로 그녀를 때려서 돌려보낸다.
> 나중에 이 선비가 과거에 급제하고 누명을 쓰고 감옥에 들어가므로 과부며느리가 선비를 도와주는 이야기다.

원래의 줄거리에 부합된 지점은 '여인의 구애-선비의 회초리 거절-선비가 누명을 쓰고 위기에 빠짐-여인의 구제'이다. 원래 줄거리의 큰 틀은 대체로 부합되었다. 탈북 여성 B가 보여 준 강한 거부감과 달리 본래의 서사 맥락을 기억하고 있는 편이었다.

문제는 반복하여 설명되었던 지점이었던 여자주인공의 상태이다. 필자는 왜 선비가 강하게 거부할 수밖에 없었는가를 설명하면서 시집도 안 간 '처녀'가 외간 남자를 방문한 사실 자체가 큰 문제를 발생시킬 수 있다고 여러 차례 언급하였다. 그런데 탈북 여성 B의 기억에는 '처녀'가 아닌 '과부며느리'로 기억되어 있었다. 그리고 글 읽던 선비가 과거시험을 보러 가는 길이라는 상황 설정 또한 원래의 줄거리와 다르다.

그녀에게 제공된 16개의 구비설화들 가운데에는 과부며느리가 등장하는 이야기도 있었다. 부부서사영역의 〈고부곡어황천〉[39]이다. 기

---

39) (1) 한 선비가 과거를 보러 서울로 올라가는데, 큰 재를 넘다가 날이 저물어서 불빛을

이한 여인과의 만남을 통하여 "故夫哭於黃泉(예전 남편이 황천에서 운다)"이라는 글귀를 알게 된 선비가 자신에게 동침을 요구하는 과부며느리를 이 글귀로 타이르고, 그에 대한 보은으로 과거에 급제하게 되었다는 구비설화이다. 현재 함께하지 못하는 남편과의 관계를 중시여기는 여인에 대한 감응으로 한 과부의 실수를 저지시킬 수 있었다는 부부관계의 지속 원리를 담고 있는 작품이다.

원래의 서사에서 달라진 지점은 바로 이 구비설화에 대한 기억과 혼합된 결과로 판단된다. 글 읽는 소리에 반해 여인이 선비에게 구애하였다는 장면과 선비로부터 여인의 구애가 거절당했다는 공통점을 지녔기 때문에 그러한 혼동은 충분히 가능하다. 그 결과 그녀는 기억기술형 검사에서 〈고부곡어황천〉 문항에서는 한 글자도 기술하지 못하기도 하였다.

위와 같은 정보들을 조합해 보면 그녀는 여자가 남자에게 반해 맹목적인 구애를 할 수 있다는 점에 강하게 매료되어 있었던 것으로 보인다. 이러한 반응은 4차 탐색 때 드러난 이성관계에서 모험해 봐야겠다는 그녀의 결심과 관련된다.[40] 이는 자신이 직면하기 어려워

따라 한 집에 들어가니, 그 집에는 아름다운 여인이 혼자 살고 있었다. 선비는 밤이 깊어지자 여인에게 동품을 하자고 했다. (2) 여인은 자기가 짓는 글에 짝을 채울 수 있으면 허락을 하겠다며 "新緣結於此夜(이 밤에 새로운 인연을 맺게 되면)"라고 했다. 선비는 날이 새도록 생각을 했으나 짝을 채울 수가 없자 여인와 동품하기를 포기하고 짝이 무엇인지나 가르쳐 달라고 하니 여인은 "故夫哭於黃泉(예전 남편이 황천에서 운다)"이라고 했다. 선비가 무릎을 치면서 참으로 좋은 대구라고 하자 여인과 집이 홀연히 사라져버렸다. (3) 선비는 서울에 올라가 과거를 보기 전날 밤 어느 기와집에 묵으며 글을 읽고 있었는데, 과부가 된 그 집 며느리가 글 읽는 소리에 이끌려 방으로 들어와서 선비에게 동품을 하자고 했다. (4) 선비는 자기가 짓는 글에 대구를 하면 허락하겠다면서 "新緣結於此夜"라고 했는데, 날이 밝도록 과부는 대구를 채우지 못했다. 선비가 "故夫哭於黃泉"이라고 하자 과부는 통곡을 하면서 눈물을 흘렸다. (5) 마침 그 집 대감이 순찰을 돌다가 선비와 며느리의 대화를 듣게 되었다. (6) 대감도 선비의 글에 감동하여 방으로 들어와서는 선비에게 며느리의 마음을 돌리게 해 주어 고맙다고 인사를 했다. 이튿날 선비는 과거를 보러 갔는데 과거 시험관이었던 대감이 "新緣結於此夜하면 故夫哭於黃泉이라"는 글제를 시험문제로 출제하여 선비는 장원급제를 하고 벼슬을 얻게 되었다. (정운채, 「자기서사진단검사도구의 문항설정을 위한 예비적 검토」, 『겨레어문학』 41, 겨레어문학회, 2008, 361~397쪽.)

40) 〈고부곡어황천〉의 서사가 지닌 의미 가운데, '지금 당장 배우자가 내 곁에 있을 수 없다 하여도, 배우자와의 신의를 저버릴 수 없는' 지속의 의미는 그녀의 기억에서 제거된 상태

했던 문제, 즉 '(나의 구애에 대한) 대상의 거절'의 문제에 조금 다가가는 시도를 취한 변화 지점으로 해석될 수 있다.

〈역적 누명과 회초리〉에 대한 그녀의 이해 방식을 통하여 자기서사를 구체화해 보면 다음과 같다. 대체적으로 탈북 여성 B는 성적 욕망을 조절하여 획득되는 안전성과 결연한 거부가 서로의 행복을 보장한다는 점, 그리고 거절의 이면에 존재하는 배려심에 대한 이해 등 〈역적 누명과 회초리〉의 서사적 의미를 잘 이해하고 있다고 보기 어렵다. 대상의 거절로 인한 분노가 누그러지고 그 이면의 배려심을 포착하여 보은한다는 작품서사는 이성에 대한 강한 불신감이 지배적인 그녀의 자기서사와 통합되지 못하고 있다는 것이다.

초반의 탐색 단계에서부터 드러난 정보에서 알 수 있듯이 복수형 〈역적 누명과 회초리〉에는 대상의 거절에 대한 강한 두려움이 반영된 것으로 보인다. 앞 절에서 〈호랑이눈썹〉에 대한 반응을 통해 확인된 결과에서도 그녀는 '(현상적인) 이별은 곧 관계의 단절'로 간주되는 성향의 자기서사 특성을 지닌 것으로 진단되었는데, 이 두 결과는 서로 밀접한 관련이 있다.

대상과의 이별과 대상의 거절에 대한 민감성이 반영된 복수형〈역적 누명과 회초리〉와 같은 그녀의 인간관계를 운영하는 방식은 실제 그녀의 삶에서 인간관계의 여러 문제들을 야기할 가능성이 있다. 일상에서 그녀가 누군가와 헤어지거나, 자신의 애정이 거부당하는 일에 민감하게 대응하고 있을 가능성이 높으며, 작은 자극에도 예민함이 발동되어 먼저 마음의 문을 닫아버린다던가, 불쾌함이나 분노를 표현하여 인간관계의 단절을 야기할 가능성이 있다.[41] 이는 선

___

이다. 아직 부부서사의 진정한 지속의 원리를 이해하는 바까지는 소화하기 어려운 상태로 해석될 수도 있다. 차후 이 작품에 대한 반응 사례 분석 연구에서 더욱 심도 있게 다룰 예정이다.

41) 애정의 대상에 거절로 인한 좌절과 그 분노가 복수로 이어지는 서사는 애정과 분노의 급변이 문제가 되는 경계선 성격장애의 인지과정과 유사한 면이 있다. 경계선 성격장애의 인간관계 특성을 서사적으로 분석하여, 그 증상의 원인이 될 수 있는 경계선서사로 〈신립장

행 연구에서 밝혀왔던 탈북 여성들이 갖고 있는 고질적인 문제이기도 하다.[42]

인간관계에서의 이별이나 거절에 대한 민감함은 20대 여성으로서의 일반적인 면모라고도 볼 수 있다. 그러나 부모나 형제 없이 홀로 생활하는 그녀에게 이와 같은 사건들이 매번 큰 자극을 줄 경우 문제가 될 수 있다는 것이다. 인간관계에서의 좌절감이나 불쾌감은 그녀의 일상 에너지를 하락시킬 수 있기 때문에, 이 문제에 관하여 잘 이해하고 받아들일 수 있는 건강한 자기서사가 더욱 필요하다.

이외에도 그녀의 자기서사 개선의 가능성 또한 발견된 것이 사실이다. 4차 탐색 결과 이성관계에서 대상의 거절에 대해 민감하였던 그녀의 취약점은 변모된 지점을 드러내었다. 여인을 거절한 선비나 맹목적으로 구애한 여인에 대한 불쾌감으로 표현된 이성에 대한 강한 불신이 조금 누그러진 상태로 해석된다.

그리고 5차 탐색 결과에서 드러난 바와 같이 〈역적 누명과 회초리〉의 줄거리가 다른 작품과의 결합체로 기억되었다는 점은 이 작품서사에 대한 이해를 시도한 흔적으로 인정될 수 있다. 완전히 이 작품서사와 통합된 상태는 아닐지라도, '대상의 거절-분노-복수'의 서사적 전개 외에도 다른 서사가 존재할 수 있다는 사실을 인지하기 시작하였다는 증거이기 때문이다. 기존의 자기서사 편폭에서 벗어나 서사의 확장 내지 다른 '서사의 길 내기'[43]가 시작되었다는 점에서

군과 원귀〉를 상정하고, 대상의 거절에도 애정이 분노로 변하지 않고 개심이나 보은으로 이어지는 여타의 설화작품들을 그 치료의 실마리로 선별한 연구가 있다(박재인, 「경계선 성격장애의 인간관계 특성과 경계선서사」, 『문학치료연구』 21, 한국문학치료학회, 2011, 201~231쪽).

42) "MMPI-2에서 II유형의 프로파일을 보이는 탈북 여성은 과도하게 예민하고, 타인을 잘 믿지 못하며, 화를 잘 내고, 걱정되고 긴장되어 있으며, 화를 잘 내고, 부적절감과 불안감, 소심함 등의 임상적 특징을 보일 수 있고, 성격적으로는 공격성이 높고, 자아도취적이고 성숙한 방어기제 및 다양한 방어기제를 동원하여 내적 갈등을 해결하려고 하지만 효과적이지 않을 가능성이 높으므로 적응적인 대처 방법들을 훈련시키는 것이 바람직할 것으로 보인다."(김희경, 「탈북 여성의 MMPI-2 프로파일 유형과 성격 특성에 따른 방어기제 차이」, 『한국심리학회지: 여성』 15(3), 한국심리학회, 2010, 311~329쪽)

긍정적인 변모로 인정할 수 있다.

5. 북한이탈주민, 그리고 자기서사의 건강성 회복

이 연구는 2013년 1~2월에 20대 초반의 탈북 여성 B를 대상으로 실행한 문학치료 활동 결과를 보고한 논의이다. 이 문학치료 프로그램은 탈북자이기 때문에 특정한 문제가 있다는 것을 밝히는 데에 몰두하지 않고, 탈북의 경험과 새터에서의 새로운 삶을 영위하는 경험이 그들에게 장점으로 작용할 수 있도록 자기서사를 건강한 방향으로 강화하는 데에 궁극적인 목표가 있었다. 자기서사의 건강성이 사람의 인생살이를 건강한 방향으로 이끈다는 전제로, 자기서사의 건강성 회복을 통해 삶의 에너지를 증진시켜서 탈북 경험과 같이 그들에게 영향을 미칠 요인들을 극복할 수 있는 힘을 마련하도록 하는 데에 주력하였다고 할 수 있다.

특히 이 연구는 인간 삶의 원형을 담고 있는 구비설화에 대한 치료 대상의 이해 방식에 초점을 두고 그 자기서사의 특징을 포착하였다. 설화작품에서 대상이 잘 이해하는 지점과 잘 이해하지 못하는 지점

---

43) '서사의 길 내기'란 이미 자신의 내면에 자리 잡혀 있거나, 기억되고 있는 서사 이외의 새로운 서사에 대한 이해와 감동 및 공명, 그리고 기억 등의 활동을 말한다. 정운채는 새로운 서사로의 길 내기가 실질적인 치료의 단계로 안내한다고 주장한다. 그 상세한 논의는 다음과 같다.
"그러므로 자기서사의 변화는 다양한 서사들을 많이 기억하고 있어야 그 가능성이 증진된다고 하겠다. / 자기서사의 변화는 서사의 길 내기로 이어져야 공고해질 수 있다. 다른 갈림길을 선택하여 새로운 서사로 나아갔다고 해도 서사의 길 내기를 통하여 매끄러운 진행을 할 수 있어야 새로운 서사에 안착할 수 있는 것이다. 서사의 길 내기는 심리학에서 말하는 청크의 형성과 비슷한 측면이 있다. 반복적인 수행을 통하여 기억을 자동화시킨다는 점에서 그렇다. 그리고 청크가 커질수록 지각, 기억, 사고 등 심리적인 기능이 보다 효율적으로 작동될 수 있는 것처럼, 길이 난 서사가 커질수록 서사적인 기능은 그 활성도가 기하급수적으로 늘어나게 된다는 점에서도 그렇다. / 이렇게 해서 얻어진 새로운 서사는 기왕의 자기서사를 보충하고 강화하고 통합하는 기능을 수행함으로써 실제적인 자기서사의 변화를 완성한다고 보아야 할 것이다."(정운채, 「자기서사의 변화 과정과 공감 및 감동의 원리로서의 서사의 공명」, 『문학치료연구』 25, 한국문학치료학회, 2012, 361~381쪽)

은 그 자기서사를 분석하는 작업에 실질적인 근거가 될 수 있다. 구비설화의 작품서사에 대한 이해 정도는 그 사람이 인간 세상을 어떻게 바라보고 일상 문제에 어떻게 대응하는가 하는 인생살이를 운영하는 방식과 관련되기 때문이다. 특히 구비설화와 같이 인간 문제의 심층을 그려내는 작품에 대한 이해 방식은 우리 인생살이의 문제들과 직결될 가능성이 높다.

이에 본 연구는 2장에서는 문학치료 활동 과정을 소개하면서, 총5차례에 걸친 탐색 과정을 개관하였다. 그리고 3장과 4장에서는 탈북 여성 B가 잘 이해한 작품 〈호랑이 눈썹〉과 잘 이해하지 못한 작품 〈역적 누명과 회초리〉를 중심으로 구비설화에 대한 그녀의 이해 방식을 근거로 하여 자기서사의 특성을 추론하였다.

성공을 위하여 모험을 감행할 수 있다는 그녀의 자기서사는 〈호랑이 눈썹〉의 가난 극복 과정을 잘 이해하게 한 것으로 이해되었으며, 사랑하는 사람과의 이별을 감당하기 어려워하는 그녀의 자기서사가 부부의 이별 과정을 잘 이해하지 못하게 한 것으로 판단되었다. 후자는 〈역적 누명과 회초리〉에 대한 이해 방식과 관련된다. 처녀가 자신의 구애를 거부한 선비를 구원해 준다는 작품서사에 대한 이해를 방해한 자기서사의 특징은 이별이나 대상의 거절에 대한 민감함, 혹은 이성에 대한 불신에서 야기된 것으로 보였다.

결국 그녀의 자기서사가 지닌 취약점은 '(현상적인) 이별은 곧 관계의 단절', '대상의 거절-분노-복수'의 서사적 전개 이외의 다른 길을 외면하고 있다는 점이었다. 이를 서사적으로 구체화하면, 그녀가 만들어낸 복수형 〈역적 누명과 회초리〉와 유사한 형태일 것이라 판단된다.

이 글에서는 문학치료의 방법으로 북한이탈주민의 행복을 증진하는 일에 기여하고자 하는 데에 궁극적인 목표를 두었고, 탈북 여성 B의 자기서사가 지닌 특성을 파악하는 데에 주력한 보고서이다. 진단적 성격이 강한 논의에 그쳐 있지만, 이와 더불어 그녀의 변화과정이 발견되는 것도 사실이다. 비록 다른 서사와의 결합상태로 기억되었다는 한계점이 있지만, 전혀 받아들일 수 없었던 서사가 기억되기 시작한 긍정적인 측면이 있기 때문이다. 섣부른 판단으로 내면의 균형을 회복한 치료 단계라고 확정짓기보다는, 대인관계의 민감성으로 견고했던 내면에 대한 자각을 유도한 점을 일정의 성과로 인정하는 정도가 합리적이라 판단된다.

한 사람의 인생에 영향을 미칠 수 있는 일이니 만큼 현재는 정밀한 진단을 기반으로 치료적 계획을 중축하는 방식으로 진행되고 있다. 이 이후에 진행된 문학치료 활동 결과는 보다 심화된 분석 방식과 논리로 보강할 예정이며, 이 연구가 지속되어 북한이탈주민에 대한 문학치료학적 성과로 자리 잡기를 기대한다.

참고문헌

<자료>

탈북 여성 B의 문학치료 활동지(2013년 1월 20일 2회기, 2013년 1월 27일 3회기,
2013년 2월 9일 4회기, 2013년 2월 17일 5회기 녹취본).

<논저>

강진옥, 「설화의 문제해결방식을 통해 본 '인식'과 그 의미」, 『구비문학연구』
3, 1996, 266~298쪽.

강진옥, 「욕구형 원혼설화의 형성과정과 변모양상」, 『한국문화연구』 4, 이화여
자대학교 한국문화연구원, 2003, 7~47쪽.

김희경, 「탈북 여성의 MMPI-2 프로파일 유형과 성격 특성에 따른 방어기제
차이」, 『한국심리학회지: 여성』 15(3), 한국심리학회, 2010, 311~329쪽.

나지영, 「문학치료학적 관점에서 본 탈북 청소년의 자기서사 진단 사례 연구」,
『통일인문학논총』 52, 건국대학교 인문학연구원, 2011, 71~112쪽.

나지영, 「설화 <내 복에 산다>의 재창작을 통한 탈북 청소년의 문해력 신장
사례 연구」, 『고전문학과교육』 23, 한국고전문학교육학회, 2012,
151~176쪽.

박재인, 「경계선 성격장애의 인간관계 특성과 경계선서사」, 『문학치료연구』
21, 한국문학치료학회, 2011, 201~231쪽.

서대석, 「21세기 구비문학 연구의 새로운 관점」, 『고전문학연구』 18, 한국고전
문학회, 2000, 23~40쪽.

서대석, 「공동체와 구비문학의 상관관계」, 『구비문학연구』 21, 2005, 1~34쪽.

신동흔, 「설화의 금기 화소에 담긴 세계인식의 층위: 장자못 전설을 중심으로」,
『비교민속학』 33, 비교민속학회, 2007, 417~446쪽.

신선희, 「구비설화 다시쓰기와 새로운 상상력」, 『구비문학연구』 29, 2009, 1~35쪽.

염은열, 「아동을 위한 설화 교육의 과제」, 『문학교육학』 8, 한국문학교육학회, 2001, 35~53쪽.

염은열, 「설화의 범교과적 활용 및 변용을 위한 이론적 고찰」, 『국어교육』 111, 한국어교육학회, 2003, 367~390쪽.

이인경, 「구비설화를 통해 본 노후의 삶과 가족」, 『구비문학연구』 17, 2003, 410~450쪽.

임재해, 「설화에 나타난 호랑이의 다중적 상징과 민중의 권력 인식」, 『실천민속학연구』 19, 실천민속학회, 2012, 187~232쪽.

장덕순 외, 『구비문학개설』, 일조각, 1995.

정운채, 「〈무왕설화〉와 〈서동요〉의 주역적 해석과 문학치료의 구조화」, 『국어교육』 106, 한국국어교육연구회, 2001, 215~233쪽.

정운채, 「인간관계의 발달 과정에 따른 기초서사의 네 영역과 〈구운몽〉 분석시론」, 『문학치료연구』 3, 한국문학치료학회, 2005, 7~36쪽.

정운채, 「문학치료학의 서사이론」, 『문학치료연구』 9, 한국문학치료학회, 2008, 247~278쪽.

정운채, 「자기서사신단검사도구의 문항설정을 위한 예비적 검토」, 『겨레어문학』 41, 겨레어문학회, 2008, 361~397쪽.

정운채, 「자기서사진단검사도구의 문항설정」, 『고전문학과 교육』 17, 한국고전문학교육학회, 2009, 125~160쪽.

정운채, 「심리학의 지각, 기억, 사고와 문학치료학의 자기서사」, 『문학치료연구』 20, 한국문학치료학회, 2011, 9~28쪽.

정운채, 「서사접속 및 서사능력과 문학연구의 새 지평」, 『문학치료연구』 24, 한국문학치료학회, 2012, 153~170쪽.

정충권, 「구비 설화에 나타난 가족 재생산과 혈연의 문제」, 『구비문학연구』 31, 한국구비문학회, 2010, 83~114쪽.

조동일, 「구비문학과 구비철학」, 『구비문학연구』 23, 한국구비문학회, 2006, 183~213쪽.

최빛내·김희경, 「탈북 여성의 외상 경험과 성격병리가 심리 증상에 미치는 영
향」, 『상담 및 심리치료』 23(1), 한국심리학회, 2011, 195~212쪽.
황혜진, 「설화를 통한 자기성찰 방법의 실행 연구」, 『독서연구』 17, 한국독서학
회, 2007, 359~393쪽.

탈북 청소년의 적응 문제와 분단서사

: 탈북 청소년 A의 전교회장 당선 사례를 중심으로

나지영

1. 탈북 청소년의 남한사회 적응 문제

탈북 청소년의 학교 중도탈락률은 남한학생의 10배가 넘는다고 한다.[1] 탈북 청소년이 겪는 다양한 학교적응의 어려움은 높은 중도탈락률이라는 현상으로 나타나고 있는 것이다.[2] 이렇게 탈북 청소년들의 남한 학교생활이 힘든 원인에는 여러 가지 요소가 작용할 것이

---

[1] "북에서 온 아이들은 어, 남한의 학생이랑 비교했을 때 0.01프로밖에 안 되요. 남한의 초중고 학생과 북한에서 온 초중고 학생을 수치상 비교하면 남한 학생의 0.01프로밖에 안 되는 학생들이 지금 공교육에서 어, 중도탈락하는 비율은 남한 학생의 10배가 넘어요. 0.01프로밖에 안 되는 아이들이 중도 탈락률은 남한 학생의 10배가 넘으니 얼마나 이 아이들이 학교에서 버티는게 힘드냐는 거죠."('새터민청소년그룹홈' 〈가족〉 대표와의 인터뷰 내용 중, 2013.1.28)

[2] "2008년 교육과학기술부 자료에 의하면 북한이탈청소년의 중학교 취학률은 51.2%이고 고등학교 취학률은 18.9%에 그치고 있다. 남한 학생들의 고등학교 취학률이 98%, 대학 진학률이 80%임을 감안한다면 북한이탈청소년의 낮은 취학률은 이후 이들의 사회·경제적 적응에 문제를 예측하게 한다."(김연희, 「북한이탈청소년의 학교중도탈락 의도에 영향을 미치는 요인」, 『한국사회복지학』 61(4), 한국사회복지학회, 2009, 191쪽)

다.3) 가장 대표적으로는 학업 문제가 있을 것이고,4) 그 외에도 인간

관계의 문제, 개인의 성향, 심리적 문제, 제도적 문제5) 등 다양한 요

소들을 생각해 볼 수 있다. 이에 맞춰서 많은 연구들에서는 교육이나

임상 프로그램6) 등을 통해 탈북 청소년들의 적응을 도울 수 있는

---

3) 북한이탈청소년의 학교 중도탈락의 위험은 부모나 또래와의 관계나, 정착기간, 가족의
경제적 지위와 같은 환경적 변인보다는 자아존중감, 학교문화적응스트레스, 학업성취 역
량인식, 성별과 같은 개인적 특성이 주로 영향을 미치는 것으로 나타났다(김연희, 위의
글, 208~209쪽).
"탈북 아동, 청소년은 성인 탈북자처럼 새로운 사회에 적응해 나가야 하는 동시에 급격한
신체적, 정서적 발달과 정체감 형성에 수행해야 하는 이중의 어려움을 겪고 있다. 대부분의
탈북아동, 청소년들이 북한에서부터 기근과 가족해체를 경험했다. 또한 탈북과 중국에서의
떠돌이 생활, 북으로의 강제송환, 재 탈북 과정에서 입은 신체적, 정신적 상처를 가지고
있는 경우가 많으며, 오랫동안 준비하고 마음의 각오를 다진 성인보다 아무 준비 없이
새로운 문화를 맞이한 아동과 청소년은 문화적 충격과 심리적 혼란을 더 많이 경험할 수
있다."(최명선·최태산·강지희, 「탈북 아동·청소년의 심리적 특성과 상담전략 모색」, 『놀이
치료연구』 제9권 3호, 한국놀이치료학회, 2006, 24쪽)
이기영은 탈북청소년의 남한사회 적응문제를 다음과 같이 유형화하였다. ① 학업부문에
서의 부진과 학교적응과의 관계, ② 교사(학원 강사 포함)와의 관계, ③ 진학 및 진로설정에
대한 비구체성, ④ 비정규교육기관에서의 인간관계형성의 문제점, ⑤ 친우관계형성에서의
어려움, ⑥ 탈북청소년의 부모와의 관계, ⑦ 적응 스트레스의 다양한 원천. (「탈북청소년의
남한사회 적응에 관한 질적 분석」, 『한국청소년연구』 제13권 제1호, 한국청소년개발원,
2002, 175~224쪽.)
4) "장기간에 걸친 학습공백이 있는 학생들은 대부분의 경우 학력에 맞추어 자기 나이보다
훨씬 아래의 학년으로 배치되는데, 한두 해 정도 낮추는 것은 별로 눈에 뜨이지 않아서
문제가 되지 않지만, 청소년기에 자기보다 서너 살, 많게는 대여섯 살씩 어린아이들과 같
은 반에서 배우게 되면 매우 자존심이 상하여 학교에 다니기 싫어지기 쉽다. 게다가 교육
내용이 판이하게 다르고, 학습의 방식도 다른데다가, 실제로 학력 자체가 모자라기 때문에
수업내용을 이해하고 따라간다는 것은 거의 불가능하다."(정진경·정병호·양계민, 「탈북
청소년의 남한학교 적응」, 『통일문제연구』 제16권 제2호 통권42호, 평화문제연구소, 2004,
219쪽)
남북문화통합교육원이 실시한 설문조사에서 중·고등학교 재학 중인 탈북 청소년의
72.7%가 학교생활의 어려운 점으로 '학업 따라가기'를 꼽았다고 한다(유가효·방은령·한유
진, 「한국사회에서 탈북 아동·청소년의 학업성취 및 사회적 적응: 초기 사회적응교육을
중심으로」, 『한국가정관리학회지』 제22권 5호, 2004, 186쪽 재인용).
5) "남한사회의 제도적 지원은 입국초기 2개월간 통일부 하나원에서의 오리엔테이션 교육,
북한에서의 수학 연한에 맞춘 남한학교편입학 보장, 그리고 정규학교를 다닐 경우 학비를
지원하는 수준의 소극적 지원에 머물고 있다. 일부 민간단체들이 법적, 제도적, 재정적
뒷받침이 없는 상황에서 긴급 구호적 성격의 교육프로그램을 시도하고 있으나 헌신적 노
력에 비해 그 지원 대상도 소수이고, 효과도 미미한 편이다."(정진경·정병호·양계민, 위의
글, 215쪽)
6) 나용선, 「북한이탈주민자녀(청소년) 사회적응 통합프로그램에 관한 연구」, 『21세기사회
복지연구』 8, 2011, 5~30쪽; 금명자 외, 『통일대비 청소년 상담 프로그램 개발 연구』 II,
한국청소년상담원, 2004; 강효림, 「탈북청소년의 심리사회적 적응에 관한 연구: 우울·불안

방안을 마련하고 있다. 탈북 청소년들이 남한사회에 적응을 잘 하기 위해서는 남한 사회 또는 남한 사람들의 지지가 중요하다는 지적도 있는데,[7] 보다 본격적인 실천 방안이라든가 변화에 대한 논의는 적극적으로 이루어지지 않았다.

한편으로, 기왕의 논의들은 탈북 청소년들의 문제를 접근하는 데 있어서 개인의 성찰과 사회화과정에서 일어난 다양한 결핍에만 치중하는데 이와 더불어 남북관계라는 큰 구조적 문제 안에서 들여다 볼 필요가 있다는 지적도 있다.[8] 이와 같은 맥락에서, 탈북 청소년뿐만 아니라 이들을 주변화하고 가해하는 다수의 일반 청소년 및 사회적 태도의 문제점을 깊이 천착해 보면서 국제이해교육이 시급하다는 것을 지적한 논의도 있다.[9] 이러한 논의들은 탈북 청소년의 문제가 근본적으로 개선이 되기 위해서는 개인적인 차원에서만 접근을 할 것이 아니라, 그 상황을 둘러싸고 있는 사회구조까지 포괄할 수 있는 시각이 필요하다는 것을 시사해 준다.

이때 문학치료학적인 관점을 적용한다면 탈북 청소년의 남한사회 적응 문제에 보다 근본적이고 입체적으로 접근할 수 있는 새로운 시각이 마련될 수 있을 것이다.[10] 문학치료학에서는 겉으로 드러나 있

을 중심으로」, 명지대학교 석사논문, 2007, 69~74쪽: 신형미·정여주, 「탈북청소년을 위한 집단미술치료 체험연구」, 『심리치료』 제6권 제2호, 서울여자대학교 특수치료전문대학원, 2006, 81~102쪽; 윤지혜·오영림, 「탈북청소년의 외상 이후 성장(PTG) 체험연구: 탈북대학생을 중심으로」, 『청소년학연구』 제17권 제12호, 한국청소년학회, 2010, 49~82쪽.

7) 박윤숙·윤인진, 「탈북 청소년의 사회적 지지 특성과 남한사회 적응과의 관계」, 『한국사회학』 제41집 1호, 한국사회학회, 2007; 김현경·엄진섭·전우택, 「북한이탈주민의 외상 경험 이후 심리적 성장」, 『사회복지연구』 39, 한국사회복지연구회, 2008.

8) 이정우, 「탈북 청소년의 사회화 과정에 대한 질적연구: 사회과 교육에의 함의」, 『사회과교육』 45, 한국사회과교육연구학회, 2006, 195~219쪽.

9) 강순원, 「국제이해교육은 탈북 청소년문제에 어떻게 대응할 수 있는가」, 『국제이해교육연구』 7, 한국국제이해교육학회, 2012, 71~98쪽.

10) 문학치료학적인 관점에서 탈북 청소년이 가지고 있는 문제에 접근한 필자의 연구는 다음과 같다.

나지영, 「문학치료학적 관점에서 본 탈북 청소년의 자기서사 진단 사례 연구」, 『통일인문학논총』 제52집, 건국대학교 인문학연구원, 2011.11; 나지영, 「설화 〈내 복에 산다〉의 재창작을 통한 탈북 청소년의 문해력 신장 사례 연구」, 『고전문학과 교육』 제23집, 한국고

는 현상 자체보다는 그 현상이 일어나게끔 만드는, 현상의 이면에 존재하는 '서사'에 주목한다. 그래서 어떠한 문제가 발생을 했을 때 그 문제의 원인을 '서사'에서 찾으려고 한다. 그렇다면 문학치료학의 서사는 일종의 '가치관'이나 '신념'같은 개념과 비슷해 보일 수도 있을 것이다. 그러나 문학치료학에서 말하는 서사의 요건을 갖추기 위해서 반드시 필요한 것이 있다. 그것은 '관계에서 발생한 문제 상황에 대처하는 경향성'이 나타나야 한다는 것이다.11) 문학치료학적인 관점으로 탈북 청소년의 남한사회 적응 문제에 접근하기 위해서는, 우선 탈북 청소년이 남한사회에서 맺고 있는 관계에 영향을 주고 있는 서사가 무엇인지를 알아야 할 것이다.

이 글에서는 탈북 청소년들의 남한사회 적응을 어렵게 만드는 서사를 '분단서사'라고 상정하고 있다. 그냥 서사라는 용어를 써도 되지만 분단서사라고 명명한 것은, 탈북 청소년의 문제를 개인의 문제만이 아닌 보다 큰 구조적 틀 속에서 보려는 의도가 들어 있기 때문이다. 남한에 와서 살고 있는 탈북 청소년에게도, 그리고 탈북 청소년과 관계를 맺고 있는 남한 사람 또는 집단에게도 '분단서사'가 영향을 주고 있어서, 서로를 대하는 방식에 영향을 주고 실제 관계 속에서 문제를 불러일으킨다고 보는 것이다.12) 지금까지는 탈북 청소

전문학교육학회, 2012.02.

11) 예를 들어, '부모님께 효도해야 한다.'는 서사가 될 수 없지만, '혼자 된 부모가 외로워할 때 다른 이성을 만날 수 있도록 돕는 것이 효도이다.'는 서사가 될 수 있는 것이다.

12) 문학치료학에서는 자기서사가 개인에게만 있는 것이 아니라 집단 내지 사회에도 있다는 것을 오래전부터 논의해 왔다. 집단 내지 사회의 자기서사에 대한 논의는 다음의 논문들에서 이루어졌다.
   정운채, 「〈시교설(詩敎說)〉의 문학치료학적 해석」, 『국어교육』 104, 한국국어교육연구회, 2001.2.28, 347~371쪽; 정운채, 「고전시가론에 대한 문학치료학적 조명」, 『韓國詩歌硏究』 제10집, 한국시가학회, 2001.8.31, 331~352쪽; 정운채, 「우리 민족의 정체성과 통일서사」, 『통일인문학논총』 제47집, 건국대학교 인문학연구원, 2009.05, 5~28쪽; 정운채, 「서사의 다기성(多岐性)과 문학연구의 새 지평」, 『문학치료연구』 제23집, 한국문학치료학회, 2012. 04, 195~226쪽; 정운채, 「정몽주의 암살과 복권에 대한 서사적 이해: 분단서사와 통일서사의 역사적 실체 규명을 위하여」, 『통일인문학논총제』 제53집, 건국대학교 통일인문학연구단, 2012.05, 371~403쪽.

년의 적응 문제에 접근할 때, 주로 탈북 청소년이 가지고 있는 문제점, 결핍에 초점을 맞추어 왔다. 하지만 이 글에서는 탈북 청소년의 문제를 바라보는 남한 사람 또는 사회가 어떠한 상태인지를 점검하는 데에 보다 초점을 맞추고자 한다. 그러니까 남한사회에 깊이 자리 잡고 있는 일종의 '분단서사'가 남한 사람들에게 작용하여, 탈북 청소년을 바라보는 시선이나 태도에 영향을 준다고 보는 것이다.

이 글에서는 얼마 전 서울 모 중학교에서 탈북 청소년 A가 전교회장으로 당선되는 과정에서 작동하고 있던 분단서사의 실체를 드러내 보고자 한다. 남한의 학교에서 탈북 청소년이 전교회장으로 당선된 일은 처음이라고 하는데, 그 과정에서 탈북 청소년 A는 학교 선생님들의 심한 반대에 부딪히게 되었다. 이러한 현상의 이면에는 우리 사회에 전반적으로 깔려 있는 분단서사의 한 유형이 작동한 것이라고 이해할 수 있을 것이다. 문학치료학적인 관점에서 본다면, 진정한 변화를 이끌어 내기 위해서는 먼저 이면에 깔려 있는 서사가 바뀌어야 한다. 따라서 분단서사의 실체를 드러내는 일은, 하나의 거대한 판을 바꾸기 위한 가장 중요한 첫걸음이 되는 작업이라고 할 수 있겠다.

2. 탈북 청소년 A의 전교회장 당선 과정 재구성

탈북 청소년 A는 2010년 11월 혼자 남한으로 들어와 2011년 3월부터 '새터민청소년그룹홈' 〈가족〉에 거주하고 있으며, 2013년에 중학교 3학년이 된다.13) A는 남한에 오기 전에 한 번도 학교에 다닌 적이 없었고, 탈북 이후 하나원에서 처음으로 한글을 배웠는데, 여전히 글

---

13) 필자는 2011년 6월에 지인으로부터 A가 남한 생활에 적응을 더 잘할 수 있도록 도와달라는 요청을 받았고, 2011년 6월부터 12월 까지 정기적으로 만나면서 문학치료 활동을 하였다. 그 후에는 한 달에 최소 한번 정도는 그룹홈에 방문하여 숙제나 시험공부를 도와주기도 하였고, A외에도 그룹홈에 거주하는 다른 아이들과 함께 어울리면서 지금까지 꾸준한 만남을 이어오고 있다.

을 읽고 쓰는 것조차 어려워서 학교 수업을 따라가는데 많은 어려움을 겪고 있다. 그렇지만 성격이 활발하여 교우관계가 원만하고 중학교 2학년 때에는 학급 회장을 하기도 하였다.

2012년 2학기 말에 A가 다니는 중학교에서 2013년도 전교회장 선거를 하게 되었고, A는 출마하고 싶다는 마음이 들어 자진하여 전교회장 후보로 나섰다. 그런데 A가 전교회장 후보로 나서자 학교 측에서는 반대를 하였고 A의 담임선생님은 A에게 회장 후보에서 물러날 것을 권했다고 한다. 그럼에도 불구하고 A는 자신의 보호자기이도 한 '새터민청소년그룹홈' 〈가족〉의 대표의 적극적인 지지를 받으면서 끝까지 선거에 나섰고, 7명의 후보 가운데 압도적인 표차이로 전교회장으로 당선되었다. 그런데 A가 당선이 된 이후에도 학교 측에서는 A의 보호자에게 연락을 하여 A가 전교회장직에서 물러나게 설득해달라는 요청을 했다고 한다. 학교 측에서는 탈북 청소년인 A가 전교회장을 맡는 것에 우려를 표하면서 A가 물러나기를 강력하게 바란 것이다. 그러나 A와 A의 보호자는 끝까지 전교회장직을 맡기로 하였고, 2013년 새학기부터 본격적인 업무에 들어가게 되었다.

필자는 A와 A의 보호자('새터민청소년그룹홈' 〈가족〉 대표), 그리고 A가 다니는 학교 선생님 두 분을 각각 인터뷰 하면서 A의 전교회장 당선 과정에 대한 이야기를 들어보았다. 인터뷰에 응해 주신 선생님 중 한 분은 A가 전교회장으로 출마한 2012년도 담임 선생님이셨고 (이하 ㉮선생님),[14] 또 다른 한분은 A가 전교회장으로 활동하게 되는 2013년도에 A의 담임선생님(이하 ㉯선생님)을 맡게 될 분이시다. 지금부터 네 사람의 이야기를 종합적으로 검토해 보면서 A가 전교 학생회장으로 당선된 과정을 탐색해 보겠다. 이때 네 사람을 인터뷰한 시간의 순서에 상관없이, 실제 일어난 일의 순서에 맞추어 인터뷰의

---

14) A의 2012년도 담임선생님은 직접 만나서 인터뷰 하는 것이 어렵다고 하셔서 이메일로 답변을 주셨다.

내용을 재배열하여 정리할 것이다.

① A의 이야기: A가 전교회장 선거에 출마하게 된 계기

A가 전교회장으로 당선되고 난 이후에 A를 만나 애초에 전교회장 선거에 출마하게 된 계기가 무엇이었는지를 물어보았다.

> 어, 해보고.. 회장 선거 이런거 해보고 싶었고, 맨처음 들어왔을 때 형, 선배들이 시위하고 그러는게, 아 나도 해봤으면 좋겠다 했고, 음. 북한에서 왔으니까, 삼촌도 이야기하다가 내가 회장에 나가면 북한에서 온 학생 중, 내가 만약 전교회장 된다면 최초래요. 일반 학교에서 최초, 그것도 되게 그랬고. 하고 싶은 마음이 들었던 것 같아요 (2013.1.14)

A는 전교회장 선거가 있다는 소식을 듣고 '나도 한 번 나가 보고 싶다'라는 생각이 들어서 출마하게 되었다고 하였다. 선배 전교회장이 활동하는 모습을 보면서 자기도 해 보고 싶다는 생각을 가졌었고, 또 북한에서 온 학생 중 최초로 남한 학교의 전교회장이 된다는 점 때문에 선거에 나가게 되었다고 하였다.

A는 처음 인터뷰를 한 이후 몇 차례의 만남을 더 가지면서 보다 상세하게 자신이 회장 선거에 출마하게 된 이유를 이야기했다.

> 원래 전교회장 선배가 있잖아요. 앞에 나가서 연설하고 이런게 아, 나도 저기 서면 멋있어 보이겠다. 해보고 싶었어요. 저거 해보고 싶다. 옆에 친구들도 니가 나가면 뽑아주겠다. 요즘 애들 그렇다 하면서 옆에 후보 애들이 좀 그렇다 하면서 옆에서 추천도 해주고. 그래서 나갔어요. (2013. 2.18)

> 무슨 회의더라. 그 학생회장들만 각 반 대표들만 모이는 회의 한 학기

동안 나갔어요. 거기서 회장이 연설하고 하는 거 보고 하고. 이건 저렇게 하고 저렇게 하고 회장이 다 지시하고 그런 거 짜는거 있잖아요. 이번달 은 이거 어떻게 하고 찬성하는 사람 손 들라고 하고 그러면 손들고 그런 게 되게 멋있어 보였어요. (2013.2.18)

A는 2학년 때 학급 회장을 하면서 각반의 회장이 모두 모여서 하는 회의에 정기적으로 참석했다고 한다. 그 회의는 전교회장이 주도적 으로 이끌어 나가야 했는데, 각반의 회장들을 대표하여 앞에서 중요 한 일들을 결정하고 회의를 진행하는 선배 전교회장의 모습을 보면 서 굉장히 멋있다는 생각을 했다고 한다. 전교회장이 앞장서서 여러 일들을 주도하는 것을 보면서 자신도 저런 자리에 서보고 싶다는 마 음을 가졌다는 것이다. 여기서 A가 애초에 전교회장 선거에 출마하 게 된 가장 중요한 동기는, 멋있어 보이고 싶다는 욕구 때문이었음을 짐작할 수 있었다.

② ㉮선생님 이야기: A에 대한 평가

필자는 방학 기간 동안에 A의 담임선생님이었던 ㉮선생님에게 인 터뷰를 요청하였고, ㉮선생님께서는 직접 만나기는 어려우니 대신 이메일로 질문에 답을 해 주시겠다고 하였다. 필자는 A의 학교 생활 에 대한 전반적인 평가와 A가 이번에 전교 학생회장으로 당선 된 것에 대한 선생님의 생각을 물어보았다.

올해 담임이 되어서 보니 열의는 많이 가지고 있으나 아직까지는 그러 한 능력이 따라 주지 못 하는 학생이라고 생각합니다. 남을 도와주고 중 재하려는 노력도 많이 하는 편이나 10여 년 간의 이질적인 문화적 체험 탓인지 부딪치는 부분도 많습니다. 개인적으로는 발전 가능성은 많지만 너무 늦어서 발전이 쉽지는 않다고 생각합니다. (2013.2.6)

㉑선생님은 A가 열의는 많이 가지고 있으나 아직 능력이 뒷받침해 주지 못하여 중요한 일을 수행하기에는 많이 부족한 학생이라는 평가를 하고 있었다. A는 2012년에 학급의 회장으로 당선되기도 했었는데, ㉑선생님은 A의 업무 수행 능력을 높이 평가하지 않았다.

처음 학급 회장에 당선되었을 때 솔직히 걱정이 앞섰고 주위에서도 우려하는 모습을 보였습니다. 하지만 일단 A는 시키는 일을 자신의 능력 안에서는 최선을 다하는 모습을 보여 다시 눈을 비비고 보게 되었죠. 그러나 제 자신도 선입견이 있던 탓에 좀 고등적인 사고가 필요한 일에는 회장 대신에 부회장이나 다른 학생을 시킨 일도 많았습니다. 좀더 일을 편하게 하려는 안일한 생각에서였죠. 그 부분을 미안하게 생각합니다. 결국 A는 의욕은 있으나 그걸 뒷받침할 능력을 기르는 것이 필요하다고 생각합니다. (2013.2.6)

㉑선생님도 자신이 어느 정도 선입견을 갖고 있어서 어려운 일을 해야 할 때에는 학급 회장인 A보다는 부회장이나 다른 학생에게 대신 일을 맡겼다고 하였다. A가 실제로 어떤 일을 제대로 수행할 것이라는 기대치가 낮았기 때문이었다.

많은 친구들이 A와 사이좋게 지내면서도 몇몇은 은근히 무시하고 있습니다. 학업의 중단이 많았다는 사정이 있지만 어찌 되었건 현재 여러 능력이 부족하니까요. 반대로 이야기하면 A가 부족한 점이 있기 때문에 아이들이 경쟁 상대가 아니라 한참 도와야 할 대상이라고 생각해서 잘 어울리는 것일 수도 있습니다. 또 문화 차이에서 오는 소통의 혼선도 있는 것 같습니다. 2학년 1학기 때 아이들의 추천으로 학급 회장이 되었는데 처음에는 의욕적으로 일을 추진하였으나 곧 여러 부분에서 부딪치니까 스스로도 포기하는 면이 보였습니다. (2013.2.6)

또한 ㉮선생님은 A가 친구들과 사이좋게 지내기는 하지만 몇몇에게는 은근히 무시를 당하기도 한다고 하였다. 그러면서 반 아이들에게는 A가 경쟁 상대가 아닌 한참 도와주어야 할 대상으로 인식되기 때문에 오히려 반 아이들과 잘 어울리는 것일 수도 있다고 하였다.

일단 성실하게는 해 나갈 것이지만 회장으로서의 능력, 카리스마를 기르기 위해서는 아주 많은 노력을 해야 할 것이라 생각합니다. 솔직히 학생회장이 잘 하지 못 한다고 해서 학교가 안 돌아간다거나 하지는 않으므로 많은 선생님들이 큰 의미를 두고 있지는 않지만 개인적으로는 크게 성장할 수 있는 좋은 기회라고 생각합니다. 리더십을 기르고 남에게 내세울 수 있는 실력을 쌓으라고 충고하고 책도 주었지만 결국 본인이 하기 나름이죠. 개인적으로는 A가 학생회장이 되었다고 본인의 능력을 100% 발휘하지는 못 할 것이라고 생각합니다. (2013.2.6)

㉮선생님은 A에게 지금 가장 시급한 일은 리더십을 기르는 일이라고 하였다. 그러면서 A가 학생회장이 되었다고 해도 본인의 능력을 다 발휘하지는 못할 것이라고 예상하였다. 한마디로, ㉮선생님은 A가 학생회장의 일을 잘 해나갈 것이라는 기대를 하지 않고 있었다.

③ A의 이야기: 담임선생님의 반대

필자는 A에게 출마 과정 중에서 부딪혔던 반대에 대해 물어보았다.

담임 선생님이 되게 그랬죠. 안나갔으면 좋겠다. 안나갔으면 좋겠다고 말하지는 않았는데요, 어쨌든 니가 나가겠다 결심했으면 나가는데, 돌려 말하는데 결국 안나갔음 좋겠다. 되면 회의, 학생, 회의도 다 이끌어 나가야 하는데 니가 말도 모르고 애들 앞에서 말하다 끊기고 그러면 이상하지 않을까. 고민좀 하고 출마하라고 그랬어요. (2013.1.14)

A의 담임선생님은 A가 전교회장으로 출마한다고 하자 A를 따로 불러 A가 마음을 돌리기를 권유했다고 한다. A가 제대로 전교회장의 업무를 수행할 수 없을 것이 걱정이 되어 A의 출마를 반대했던 것이다. A는 담임선생님이 반대를 했을 때, '내가 나가는 이유는 내가 북한에서 왔고 공부도 못하고 아무것도 못하지만 할 수 있다는 것을 보여 주고 싶기 때문이라고' 대답했다고 하였다.

A는 전교회장 후보 연설을 할 때에도 자신이 출마하게 된 이유를 그렇게 이야기했다고 하였다. 다음은 A의 회장 후보 연설문의 서문이다. A가 먼저 자신의 이야기를 쓴 뒤에 A의 보호자가 문장을 다듬고 좀 더 수정을 해 주었다고 하였다.

저는 고향이 북한입니다. 북한에서 태어나 너무도 힘든 생활에서 벗어나고자 한국으로 넘어왔습니다. 여러분들도 아시다시피 북한은 사람들이 살아가기 힘든 나라입니다. 저도 그 힘든 나라에서 살아가기 힘들어 한글도 잘 모르고 배운 것이 없어 뭐하나 할 줄 아는게 없었습니다. 제가 잘하는 것으로는 밥 짓는 일과 산에서 나무를 패는 일이 고작이었습니다. 이처럼 할 줄 아는 거라곤 비천하기 그지없던 제가 한국으로 오게 되면서 인생이 180도 변화했습니다. 든든한 가족이 생겼고, 즐겁게 다닐 수 있는 학교가 생겼고, 같이 뛰어 놀 수 있는 친구들이 생겼고, 훌륭하신 선생님들이 생겼습니다. 이 많은 분들의 격려와 관심과 사랑을 받으며 지낸 시간들이 지금도 가슴 벅차 오릅니다. 〈A의 회장 후보 연설문 일부분〉

A는 위의 연설문을 참고하여 회장 후보 연설을 하였다고 한다. 필자가 A와 같은 학교에 다니면서 A와 같이 살고 있는 또 다른 탈북 청소년에게 왜 A가 당선이 된 것 같으냐고 물었을 때, 그 탈북 청소년은 A의 회장 후보 연설이 남달랐었다고 답했다. 다른 후보들은 다 비슷하고 뻔한 이야기만 하였는데, A의 연설문은 뭔가 남다르고 특별했다는 것이었다. A가 했다는 연설의 핵심적인 내용은 자신은 북한에서 왔으

며, 부모도 없고 공부도 못하고 가진 것도 없지만 나 같은 사람도 전교회장이 될 수 있다는 것을 보여 주고 싶었다는 것이었다.

④ ㉯선생님 이야기: 학교 측의 입장

필자는 평소 A를 잘 알기도 하고, 2013년도에 A의 담임 선생님을 맡게 될 ㉯선생님을 직접 만나 인터뷰를 할 수 있었다. ㉯선생님께서는 A가 전교회장이 되는 것을 반대한 학교 측의 입장을 자세히 말씀해 주셨다.

저희 학교 입장에서만 보면 전교 학생회장이라는 것은 대표 거든요. 그래서 어디 나가서, 올해 우리반에 학생회장이 있었어요. 근데 애 같은 경우는 1년에 한 10번 이상은 외부에 나가서 어떤 행사에 참여를 하거나 예를 들면 서울시 논술 대회에 참여를 하거나 모의 재판에 참여를 해서 자기 의견 제시하고 그러면서 활동을 해야 하는데 솔직히 A가 제가 작년에 봤을 때 무슨 일이 있어서 제가 "영어 한번 써볼래?" 했더니 영어를 못써요. 야구장을 한 번 델꾸 갔는데 거기가서 kiss time을 못 읽더라구요. 얘가 다른 사람 다 웃는데 혼자 못 웃는 거에요. "영어 못읽어?" 하니 못읽는 데요. 그래서 무슨 기회가 있어서 영어 한 번 써봐 a, b, c. 근데 못쓰는 애에요. 이제 막 한글 막 띤 애래서 영어나 수학적인 능력이 없거든요. 그러니까 예를 들면 만원 주고 6,500원 물건 사면 얼마 받아야되 그러면 그것도 아직 계산을 잘 못했어요. 작년에는. 그런 아이가 학교의 대표로 어디를 가면 우리 학교에는 어떤 영향을 미칠까라는 생각을 하는 거죠 우리가. 그것뿐만이 아니라 걔는 부모님이 안계시잖아요. 어쨌든 삼촌이라는 분이 관리를 하시는 거잖아요. 저희는 학생회장의 부모님이 학생회 총 학부모 협회의 회장이 되시거든요. 할 일이 굉장히 많으세요. 어느 학교나 다 마찬가지고. 근데 그거를 할 수 있을까라는 우려도 생기는 거죠. 그래서 제가 알기로는 그 담임 선생님도 거부를 한 번 하셨거든요. 안했으면 좋겠다고. 저희는 걔가 출마했다고 해서 얘만 안됐으면 좋겠다는 생각을 다 했어요. 누구나. (2013.2.14)

㉤선생님께서는 A가 전교회장에 출마한다고 하였을 때 학교 선생님들이 얼마나 당혹스러워 했는지를 자세히 들려주었다. 전교 학생회장은 그 학교를 대표하는 학생으로서 다양한 행사를 주도적으로 이끌어 나가야 하고, 외부에 나가서 다양한 활동도 해야 하는데, A처럼 학업 수준이 많이 떨어지는 학생이 학교 대표가 되는 것이 염려스러웠다는 것이다. 뿐만 아니라 A에게 부모가 없다는 것도 걱정이 되는 일이었다고 하였다. 전교 학생회장의 부모는 자동적으로 학부모 협회의 회장이 되는데 A에게는 부모가 없기 때문에 과연 그러한 일을 감당할 수 있을지 우려가 되었다는 것이다.

선례가 그 3년전에도 성적이 50프로정도 되는 아이가 회장을 한 적이 있었어요. 학교를 말아먹었어요. 한국애. 학교가 좀 많이 안좋아졌어요. 학생회가 제대로 안돌아갔어요. 학생회가 하는 일이 꽤 많거든요. 그게 잘 안돌아갔어요. 학생회장이 하는 일이 많아요. 또래 상담부터 시작해갔고, 학생회장이 학교 대표로 아니면 뭔가를 준비하는 과정이 다 학생회장이 다 개입을 해요. 무슨 행사를 할 때도 애가 대표로 나가서 뭔가를 해야되고, 연설문을 써야 되고 이런 건데, 진범이는 그런 능력이 별로 없거든요. 그 전에 공부 못하던 애도 마찬가지이고. 그냥 "와" 하고 애들한테 인기 많은 애였지 그런 추진력이나 그런 능력은 별로 없어요. 제가 알기로는 A도 추진력은 별로 없거든요. 리더십이 조금 많지는 않은 아이인데, 과연 잘 할 수 있을까. 오히려 부회장 된 애들이 리더십이 훨씬 좋은 애들이거든요. 그러니 역전 현상이 일어날 수도 있는 거죠. 저희는 한 번 선례가 있기 때문에. 그거 보다 더 상황이 안좋은 애가 회장이 되려고 하니까 저희는 극구 반대를 했던 거죠. 저희 입장에서는. 학교 입장에서는요 (2013.2.14)

또한 ㉯선생님은 3년 전에 공부를 못하던 아이가 전교회장이 되어 여러 가지로 학교의 상황이 좋지 않았었다는 이야기를 하였다. 이 학교에서 3년 전에 공부를 못하는 아이가 전교회장이 되어 학생회가 잘 운영되지 않았던 적이 있었는데, 이번에는 3년 전보다도 더 상황이 안 좋은 학생이 전교회장이 되려고 하니 학교 입장에서는 반대를 할 수밖에 없었다는 것이다.

㉯선생님은 무엇보다 A에게는 추진력, 리더십 같은 것이 많이 부족한 것 같은데 오히려 이번에 부회장으로 당선된 아이들이 더 똑똑하여 A가 부회장에게 끌려가는 현상이 나타날 것이라고 예상하고 있었다. A보다는 A와 함께 이번에 전교 부회장이 된 두 학생들에게 거는 기대가 큰 것이었다.

솔직히 잠시 심각했어요. 출마하고 당선 됐을 때는 혼란스러웠죠. (웃음) 그리고 나서는 어쩔 수 없는 상황이기 때문에 '잘 키우지 뭐.' 저희 학교 담임선생님들이 착해요. 잘 키우지 뭐. 그렇게 되는 거죠. 그런 것들이 있어요. 저도 학급에 반장을 뽑을 때 똑똑한 애를 뽑아야 담임이 편하거든요. 똑똑한 애가 안뽑히면 담임이 불편해요. 힘들어요. 학생회장을 잘못 뽑으면 선생님들이 불편해요. 그런 이미지가 아마 다 있으니까. 한번 경험이 있었으니까 더 그렇겠죠. (2013.2.14)

학교 선생님들이 A가 전교회장이 되는 것을 우려하고 반대한 가장 중요한 이유는 A가 똑똑하지 못한 아이라는 확신 때문이었다. ㉮선생님도 그렇고 ㉯선생님도 그렇고 A는 능력이 한참 부족하고 여러 가지 환경도 좋지 않은 학생이기 때문에 A가 중요한 자리에 오르는 것을 꺼려하고 있다는 것을 짐작할 수 있었다. 한마디로 능력이 부족한 아이가 리더의 자리에 오르게 되면 선생님이 '불편'해지기 때문이다. 그래서 ㉮선생님과 ㉯선생님은 중요한 일에 있어서는 A보다는 A와 함께 임원일을 맡고 있는 다른 학생에게 더 의지하게 되는 것이다.

㉴선생님은 이러한 학교 선생님들의 우려와 반대에도 불구하고 A가 전교회장으로 당선 될 수 있었던 가장 큰 이유는 아이들의 '호기심' 때문이라고 보고 있었다.

아이들의 호기심. 1학년 쪽에서 애가 좀 으쌰으쌰를 잘했어요. 그쪽에 호응을 좀 많이 받았고. 애들하고도 사이가 나쁘진 않아요. 사이가 좋은 편이에요. 북한에서 온 애 치고도 얘가 굉장히 좋은 편에 속해요. (2013.2.14)

이 부분에서는 A 역시도 자신이 회장으로 당선된 중요한 이유가 아이들의 호기심 때문이었다고 했었다.15) 또한 A가 다른 탈북 청소년들에 비해서 학교생활에 적응을 잘하고 교우관계를 원만히 유지하였기 때문이기도 하다. 선생님들도 A가 어려운 환경 속에서도 다른 탈북 청소년들에 비해 학교생활에 적응을 잘 한다는 것을 인정하고 있었다. 그러나 그러한 A의 장점을 리더의 자질과 연결 짓지는 않고 있었다.

리더십에는 한계가 있다고 봐요. 젤 중요한 건 우선 리더십이 있으려면 똘똘해야 하거든요. 아직 그 단계가 아니에요. 아주 모자라요. 노력은 한다고 하는데 우선 공부에 초점을 맞추어야 되지 않을까 싶어요. 근데 그쪽 삼촌의 입장에서는 공부에 초점을 잘 안맞추시거든요 사실은. 잘 적응하고 많은 경험하는데 초점을 맞추시는 분이래서 근데 A처럼 뭔가 리더십이 필요한 일을 하려면 우선 많이 지식이 있어야지만 어디가서 잘하고 하는데 말하는거 대화해보셨잖아요. 똘똘한 느낌이 안들거든요. 무슨 지식이 좀더 많이 필요하지 않을까 그런 느낌이 들죠. 착해요. 착하고 열심히 하고. 근데 요즘은 조금 게을러 졌어요. 약간 게기는 것도 좀 있고.

---

15) "우리 집에 대해서 궁금해 하는 애들도 많고, 나랑 같이 놀고 싶고, 친해지고 싶어 하는 아이들이 많은 것 같아요. 제가 북한에서 왔잖아요. 제가 축구 엄청 좋아하니까 하면서 많이 친해진 것 같아요."(2013년 1월 14일 A 인터뷰 중에서)

제가 농담삼아 니들 요즘 나태해진거 아니냐? 하니까 자기도 좀 그런 것 같애요 라고 이야기를 하더라구요. 북한에서 바로 왔을 때 느낌과 몇 년 지난다음에 느낌이 좀 다르니까 자기네들도 여기 좀 젖어 드는거죠. 아주 착하기는 하고 명랑하고 밝기는 한데 아무래도. 조금씩 게을러 지고. 어떻게 바뀔지 모르죠. (2013.2.14)

㉯선생님도 ㉮선생님처럼 A에게 가장 중요한 것은 리더십을 키우는 일이라고 보았다. 그런데 리더십이 있으려면 똑똑해야 하는데, A는 똑똑하지 못하기 때문에 A에게 가장 중요한 것은 우선 학업 수준을 높여야 되는 것이라고 하였다. 일단은 기초 지식을 쌓는 것이 무엇보다 중요하다는 것이다.

⑤ A의 이야기: 전교회장 당선 과정에서 받은 상처

A에게 선거 과정 중에서 기억에 남는 일이 무엇인지 물어보았다. 그때 A는 담임선생님 외에도 자신이 전교회장에 나서는 것을 반대한 다른 선생님의 이야기를 했다.

어느 쌤은 어느 반에 들어가서 A를 왜 뽑냐, 왜 추천했냐고. 애들한테 각 반 애들한테 사인을 받아야 해요. 애들한테 사인 다 받았거든요. 그런데 그 선생님이 어느 반 애들한테 왜 진범이 추천했냐고, 왜 싸인 해줬냐고 그래서 그말을 나한테 와서 알려줬어요. 디게 기분 나빴어요., 그 선생님 이름까지 다 알려주고. (2013.1.14)

A는 전교회장 후보가 되기 위해서 각반을 돌아다니면서 일정한 수의 아이들에게 사인을 받아야 한다고 하였다. 그런데 A가 잘 알지 못하는 어떤 선생님 다른 반 수업에 들어가 A를 위해 사인을 해 준 아이들에게 뭐라고 한소리를 했다고 하였다. A는 그 이야기를 다른

반 친구를 통해 전해 들었다고 하였다.

또한 전교회장으로 당선이 되고 난 후에 담임선생님으로부터 축하한다는 말을 한마디도 듣지 못하여 많이 섭섭했었다고 하였다.

담임선생님은 되게, 선거운동 하는 기간이나 한 후에 저랑 사이가 안 좋아진 것 같아요. 담임선생님 되게 반대했는데 제가 됐으니까. 제가 된 거 알면서, 제가 맨 앞자리 앉는데— 축하한다는 말 한마디 안해줘서 되게 섭섭했어요. 나중에, 진심으로 축하한다고 그런 식으로. (2013.1.14)

A는 자신과 담임선생님의 관계가 선거를 하는 과정에서 오히려 안 좋아졌다고 생각하였다. 당선이 된 소식을 듣고 반 아이들은 모두 박수를 치며 축하해 주었는데 담임선생님은 아무런 말도 하지 않아서 섭섭했었다고 한다. 하지만 나중에는 따로 A를 불러서 축하한다고 하시며 여러 조언도 해 주었다고 한다.

⑥ A의 보호자 이야기: A가 전교회장으로 당선된 이후의 이야기

A의 보호자는 A가 전교회장으로 당선이 된 이후에 있었던 학교 측과의 갈등에 대해 자세히 들려주었다.

A가 그 회장을 출마하기 전에는 선생님들이 이뻐하는 학생이었어요. 뭐 잘 챙겨주시고 우리 아이들 이뻐해주는 선생님이었는데, A가 회장이 되고 나니까 자기 기준에 자기가 생각하는 기준을 넘어선 아이가 된 거에요. 자기들이 생각하는 북한에서 온 탈북자 아이들은 이래야 된다, 그래서 난 그애들이 이쁘다 인데, 어? 얘가 회장을 하려고 해? 얜 거기에 머무르고 정체되어 있어야 내가 도움을 주고 이뻐해 준 아이인데 그 수위를 넘은 거죠 자기가 정해놓은. 그래서 이 아이가 나가니까 그게 싫은 거죠. 그래서 전화해서 말려달라. (2013.1.28)

A의 보호자는 A가 전교회장으로 당선 된 이후에 학교 선생님으로 부터 전화가 와서 A가 회장직에서 물러나도록 설득해줄 것을 요청했다고 하였다. A의 보호자는 A가 전교 학생회장으로 출마하여 당선된 일이 기존 사회가 정해 놓은 기준을 넘어서는 것이어서 반대에 부딪힌 것이라고 보고 있었다. 학교 선생님들의 기준에서 A는 많이 부족하고 도움을 받아야만 하는 대상인데, 그런 아이가 남에게 도움을 주어야 하고 남에게 영향력을 행사해야 하는 자리에 오르려고 하니 반대에 부딪히게 된 것이라는 것이다.

그러니까 애는 당연히 이런애고 불쌍한 애고 도와주어야 하는 애고 적응해야 하는 단계에 있는 아이가 왜 회장에 나오냐는 거죠. 다시말하면은 어, 왜 전체 사회 놓고 봤을 때 학교라는 또 작은 사회가 있잖아요. 그 사회에 포진되어 있는 기득권층이라면, 학생회장, 반장, 부반장, 그런 기득권층, 기득 세력 그쪽 자리에는 당연히 이런 가정에서 이런 아이들이 되어야 한다는 정해지진 않았지만 자기들이 생각하는 루트, 그런 공식이 있잖아요. 그런데 그걸 A가 확 깨버린 거죠. 어 당연히 회장이면은 회장은 이래야 되고 저래야 되고, 회장 엄마는 이렇게 저렇게 학교에 이렇게 도와주고 서포트 해줄 수 있는 사람이어야 하는데, 그게 전혀 단 하나라도 맞아떨어지지 않는 A가 나왔으니 학교 입장에서도 좋게 말하면 걱정인거고 나쁘게 말하면 받아들일 수 없다는 거죠. 용납할 수 없다는 거죠. 그러니까 저는 거기서 화가 난 거죠. 누가 학교 학생회장을 누가 어떤 사람이 해야 한다고 정해 놓은 것은 없는데, 자기들이 그렇게 정하면서 만들어 가고 있는 거잖아요. (2013.1.28)

A의 보호자는 학교의 전교회장은 어떤 기준을 가진 학생이 되어야 된다고 정해 놓은 법이 있는 것도 아닌데, 은연중에 정해져 있는 보이지 않는 공식이 존재한다고 하였다. 당연히 학생회장이면 이러이러한 조건을 가진 아이가 되어야 하는데, 그러한 조건 중에 어느 하

나도 갖추진 못한 A가 출마를 하게 되었으니 학교 측에서 그렇게 반대를 하였다는 것이다.

A의 보호자는 A의 사퇴를 권하는 학교 측의 전화를 받고 절대로 A는 사퇴를 하지 않을 것이라는 의사를 밝혔다고 하였다. 그리고 더 보란 듯이 학교에 나가 적극적으로 활동을 했다고 하였다.

학교는 변해야 되요. 변해야 되는데, 우리들이 다니는 학교는 다른 학교에 비해서는 많이 부드러워요. 이 아이들을 받아들이려고 하고 이해하려고 하는, 접근하려는 선생님들이 많은데 그럼에도 불구하고 아직까지는 그런 선생님들이 더 많다는 것을 이번에 느꼈고. 그래서 저는 그때 좀 화났죠. 그래서 아, A한테도 이야기했고, 저도 그렇고, 강조한 것은, 학생회장은 공부 잘 하는 아이들만 할 수 있는 건 아니다. 그 학교 학생이면 누구나 할 수 있다는 것을 니가 보여줘라. 니가 떨어졌으면 결과를 다 받아들여야 된다. 그러나 니가 되었을 경우 니가 다른 아이들보다 두세배 노력하고 더 많이 열심히 뛰어야 된다. 그래서 <u>니가 되기를 꺼려하고 힘들어했던 선생님들에게 보란듯이 복수해라. 복수란게 뭐냐면 니가 잘하는게 복수다. 어, 내가 쟤가 되기를 싫어했는데 쟤가 됐는데 너무 잘하네. 그게 바로 그 선생님들한테 복수하는 거다.</u> 너가 되는 거를 찬성하고 좋아하는 선생님들이 있었을 거다. 하지만 너가 되는 것을 싫어하는 선생님도 있었을 거다. 니가 열심히 함으로써 니가 되는 것을 찬성했던 선생님들이 반대했던 선생님들에게 한마디라도 할 수 있지 않느냐. 그게 바로 거기서 학교가 변화하는 시발점인거다. <u>이미 학교는 변했다. 니가 됐으니까. 니가 어떻게 하느냐에 따라서 더 많은 변화와 더 많은 다양한 아이들이 아, 나도 할 수 있어. 하고 싶어하는 의지만 있으면은 모두가 도전할 수 있는 그런 분위기를 너가 만들어야 된다.</u> 적어도 모두에게 기회는 공평하고 평등해야 되지 않느냐. 그걸 니가 보여주어야 되는 거고 한번 해보자. 나도 회장 엄마 열심히 해볼테니까 해보자. (2013.1.28)

A의 보호자는 A에게 '복수'를 하자고 했다는데, 복수라는 것은 A가 다른 선생님의 편견과 예상을 뒤엎고 전교회장의 업무를 잘 수행해 나가는 것을 뜻했다. A의 보호자도 그 '복수'가 성공하기 위해 더 보란 듯이 학부모로서의 의무와 역할을 열심히 하고 있다고 하였다. A의 보호자는 자동적으로 학생회 학부모 모임의 회장이 되어 A 못지않게 많은 업무를 담당하게 되었다. 현재까지 김장 담그기, 시험 감독, 회의 주관 등의 업무를 수행하였다.

그러면서 A의 보호자는 전교 학생회장의 학부모 역할을 하는 것이 쉬운 일이 아니라는 것을 실감한다고 하였다.

저도 불편했고 학교도 굉장히 불편해 했어요. 이렇게 말렸던 학교잖아요. 그런데 이 아이가 됐어요. 그리고 그러면 이 아이가 됐는데 학생회장의 학부모가 해야 될 일들이 있잖아요. 과연 할 수 있을까? 라고 처음 학교를 갔는데 사실 저도 조금 뻘줌했고 어색한 거에요. 왠지 남의 옷을 입은 것 같고. 어색하긴 어색했지만 어쨌든 그걸 이기자고 A하고 약속한 거니까. 어, 한번 해보자. 그래서 A와 저는 열심히 했죠. 와가지고 막 말도, 입에서 막 말도 안 떨어지는데, 괜히 말도 한 번 건네보고 사람들한데. 뭐 그러면서 하다보니까 자연스러워지더라구요 조금씩. 그러더니 학교에서도 아, 이번에 학교 회장 삼촌이라고 소개도 해주고. 그건 어쩔 수 없는 거죠. 이젠 제가 됐으니까. 그래서 뭐 제가 이제 A가 됐으니까 그 다음은 제 차례인 거죠. 제가 어떻게 활동하느냐죠. 근데 일부로 보란 듯이 했어요. 사실 그러면 안 되는데. 뭐, 안 되는 건 아니지만 학교 간부 수련회 갈 때도 고기하고 애들 먹을거 바리바리 싸서 보내고 그러니까 이 아이에게도 이렇게 서포트 해줄 사람이 있다는 걸 보여주는 거죠. (2013.1.28)

A의 보호자는 학교 측에 A에게도 든든한 보호자가 있다는 사실을 보여 주기 위하여 애를 많이 쓰고 있었다. 처음 전교회장의 학부모로서 학교에 갔을 때에는 서로 어색해하며 불편했지만, 일부로 더 적응

을 잘하기 위해 노력을 많이 했다고 하였다.

　학부모가 할 일이 더 많대요. 아이들이 해야 될 일보다 학부모가 해야
될 일이 더 많고 그 학부모는 전 회장 어머니가 저에게 이런 얘기를 했어
요. 진범이 삼촌 그냥 진범이랑 같이 등하교 한다고 생각하세요 1년간은.
그렇게. 말을 하더라구요. 지금 이 학교는 중간고사 기말고사를 학부모
감독관도 집어 넣어요. 선생님과 학부모가 2인 1조가 되어서 감독을 하는
거에요. 그러니까 거기서도 제가 안 갈 수가 없어요. 그리고 엄마들이 다
일찍와요. 엄마들이 다 밥을 안 먹고 와요. 하다못해 떡이나 김밥이라도
해가야 되요. 학교에선 그런 걸 해가지 말라고 하지만 말이 안 되죠. 안해
갈 수 없죠. 자기 밥 못 먹고 오는 엄마들이 태반인데 그걸 안할 수는
없잖아요. 그것도 다 해야 되요. (2013.1.28)

A의 보호자는 아무리 학교에서 아무런 준비를 하지 말라고 해도,
전교회장의 학부모로서 여러 가지 행사가 있을 때마다 신경 써야 할
일들이 많다고 하였다. 하다못해 학부모 회의 모임을 한 번 해도 전
교회장의 학부모이기 때문에 간식이라도 대접을 해야 한다는 것이
다. 아무리 학교 측에서는 그런 일에 신경 쓰지 않아도 된다고 하지
만, 실제로는 그렇게 하지 않을 수가 없는 분위기라고 하였다.
　A의 보호자는 전교회장의 학부모로서 여러 가지 업무를 수행하게
되면서 새롭게 느끼게 된 점이 있다고 하였다. 그것은 애초에 학교에
서 A가 전교회장이 되는 것을 반대한 이유를 어느 정도는 이해할
수 있을 것 같다는 것이었다.

　처음에 그 선생님이 전화해서 반대하고 뭐하고 했던 것은 화가 나고
용납할 수 없는 거였지만 막상 되고 나니까 아, A는 그래도 내가 하려고
하니까는, 제가 하려고 도와주려고 마음을 먹었으니까 이게 가능한건데,
만약에 다른 저소득층 가정이라든지 이게 좀 힘든 맞벌이 부부의 가정의

아이들이 했다면 아, 이것 때문에 힘들 수도 있겠구나 그래서 학교는 이 것 때문에 걱정을 했구나라는 생각을 하는 거에요. 저는 분명히 A가 나갔 을 때 누구나 할 마음과 의지만 있다면 도전하고 할 수 있다는 걸 보여주 자라고 해서 당선이 되긴 했지만 그래서 저도 기뻤고 A도 기뻤는데 그 뒤의 후폭풍? 감당해야 될 것들은 아, 역시 여지까지 이루어졌던 관행이 라든지 분위기를 뛰어넘기는 아직은 무리수구나 힘들구나. 이건 나 혼자 서 계란으로 바위치기구나. 전체 대한민국 분위기 학교 분위기가 바뀌지 않는 이상, 이거는 힘들겠구나 (2013.1.28)

A의 보호자는 전교 학생회장의 학부모가 감당해야 할 일들의 수준 이 보통이 아닌데, 만약 부모가 제대로 지원해 주기 어려운 환경에 놓인 아이가 전교회장이 되었다면 많은 어려움에 처했을 것이라는 생각이 들었다고 하였다. 일단 A가 전교 학생회장이 된 것은 너무나 기쁜 일이었지만, 이제 그 이후의 일들은 새롭게 감당해 나가야 할 어려움과 도전의 연속일 것이라는 생각이 들었다고 한다. 전체 대한 민국의 분위기, 학교의 분위기가 바뀌지 않는 이상 이미 존재하고 있는 선입견이나 편견, 차별 등을 넘어서는 것은 정말로 어려운 일이 라는 것을 절감했다는 것이다.

사회 전체 분위기도 북한이탈주민에 대한 뭐 배려라든가 부족하구나. 그런 분위기 속에서 가 됐다는 거는 굉장히 놀랄만한 일이고 박수받을 만한 일이고 이 사회 전체가 관심을 가질 만한 일이에요. 근데 그런 관심 을 안갖고 있으니까 그게 약간 문제인거죠. 관심 안 갖는 것도 그렇고 이 아이가 이렇게 되는거조차 무서워 하니까 이 사회는. 사실 바뀔 게 내가 열심히 해서가 아니라 전체가 바뀌어야지. 내가 열심히해야지라는 마음만으로는 힘든 것 같아요. (2013.1.28)

A의 보호자는 여전히 탈북자에 대한 선입견과 편견, 차별이 강한

사회의 분위기 속에서 A가 전교 학생회장이 되었다는 것은 대단히 놀라운 일이고 관심을 가져야 할 만한 일이지만, 오히려 현실에서는 A의 당선을 반대하는 시선이 강하게 남아 있다고 하였다. 그리고 이러한 시선의 변화는 개인 혼자서만 노력을 한다고 바뀌는 것이 아니라 전체가 바뀌어야 한다는 것을 강조하였다.

⑦ A의 이야기: 전교회장으로 당선된 이후의 이야기

A에게 처음 전교회장 당선 과정에 대한 이야기를 듣고 한 달이 지난 후에 다시 A를 만났다. 한 달 뒤에 만난 A의 상태는 그 전과는 사뭇 달라져 있었다. 한 달 전의 A는 자신이 이제 막 전교회장으로 당선되었다는 사실에 굉장히 기뻐하여 흥분한 상태였다. A는 전교회장으로 당선 된 것이 확정된 순간에는 탈북 이후에 가장 가슴이 떨리며 기분이 좋았었다고 했었다.[16] 그런데 한 달이 지난 후에 다시 만난 A는 점차 새 학기가 다가오면서 고민도 많아지고 기분이 우울할 때가 많다고 하였다.

> (마음이) 되게 무거워요. 고민되고. 어떻게 해야될지 몰라서 3학년되면. … 다른 사람이 칭찬 하면 해줄수록 막 아후, 한숨만 나와요. 뭐, 대구도 내려갔을 때 대단하다 뭐 그러고 막, 어르신들이 말씀해 주는데, 칭찬 받을 때마다 힘든 거 같아요. 어려운 것 같아요. (2013.2.14)

A는 처음 전교회장으로 출마하여 선거를 준비하는 동안에는 주변 사람들이 주는 관심을 고마워하며 즐겼었다. 그런데 막상 전교회장으로 당선되어 실제 업무를 수행해야 되는 시기가 다가오자 점차 주

---

16) "뭐라하지.. 너..이케 막. 한국에 와서 처음으로 떨린 것 같아요. 진짜로 떨린 것 같아요. 가슴이 막 떨린 것 같아요. 수업시간에 막, 애들이 다 박수쳐주고, 너무 좋았어요."(2013. 1.14)

변의 관심이 부담스러워지면서 마음이 무거워 진다고 하였다. 뿐만 아니라 요즘 들어서는 감정의 기복이 예전보다 더 커졌다는 것을 느낀다고 하였다. 기분이 좋다가도 금방 우울해지고, 예전에 비해 우울해지는 기간이 더 길어진다고 하였다. 이는 A 자신이 전교회장으로서의 역할을 제대로 수행하기 위해서 필요한 기본적인 준비가 절대적으로 부족하다는 것을 느끼는데서 기인하는 것이었다.

애초에 A가 전교회장 선거에 나가게 된 강력한 동기는 멋있어 보이는 자리에 오르고 싶었기 때문이었다. 자신도 전교회장의 자리에 서면 멋있어 보이겠다는 생각이 출마를 하고 싶게 만든 중요한 원동력이 된 것이었다. 그래서 전교회장이 되기까지의 과정에서는 어떻게든 전교회장이 되겠다는 각오로 분발하였는데, 막상 전교회장의 자리에 서게 되자 현실적인 어려움들이 떠오르면서 막막해하는 것이다. 이전까지 A에게는 전교회장의 자리에 오르는 것 자체가 목표였다면, 이제는 전교회장의 역할을 잘 할 수 있는 상태가 되는 것이 목표가 되어야 하는 것이다.

3. 탈북 청소년 A의 사례와 설화 <어사가 된 막내사위>와의 비교를 통해 보는 분단서사

지금까지 A의 전교 학생회장 당선 과정을 살펴보았다. 이러한 과정에서 크게 두 가지 입장이 서로 대립하고 있다는 것을 확인할 수 있었다.

탈북 청소년 A의 입장	학교 선생님들의 입장
'부모도 없고 공부를 못하더라도 전교 학생회장이 될 수 있다'	'부모도 없고 공부를 못하면 전교 학생회장이 되기 어렵다'

가장 쟁점이 되는 문제 상황은, 상대방의 능력을 의심하면서 상대방이 나에게도 도움이 될 수 있는 존재라는 것을 인정하지 못하는 입장과, 높은 지위에 올라 자신의 능력을 의심하고 무시하는 상대방에게 인정을 받고자 하는 입장의 대립이다. 먼저 탈북 청소년 A의 입장에는 자신을 무시하거나 선입관을 갖고 바라보던 사람들에게 나도 할 수 있다는 것을 보여 주고자 하는 성향이 나타나고 있다. 남들이 보기에 멋있어 보이는 자리에 올라 인정을 받고자 하는 욕구가 강하게 나타나는 것이다. 반면, 학교 선생님들의 입장에서는 우리의 도움을 받아야 하는 부족한 아이가 오히려 우리에게 도움을 주어야하는 위치에 오르는 것은 있을 수 없는 일이라고 여기는 경향성이 나타나고 있다. 그 아이가 높은 자리에 오르면 우리에게 도움을 주기는커녕 우리에게 더 큰 부담과 짐만 될 것이라고 우려를 하는 것이다. 그래서 A가 전교회장으로 이미 당선이 되고 난 이후에도 A가 사퇴하기를 종용한 것이다.

이러한 A의 전교회장 당선 사례에서 나타나는 핵심적인 문제 상황과 비슷한 문제 상황이 나타나는 작품으로는 설화 〈어사가 된 막내사위〉가 있다.17) 〈어사가 된 막내사위〉는 고아였던 거지 소년이 대감집 막내사위가 되면서 온갖 구박을 받다가 나중에 어사가 되어 자신을 구박하던 처갓집 식구들을 혼내준다는 이야기이다. 〈어사가 된 막내사위〉의 전반에 걸쳐있는 핵심적인 문제 상황은 막내사위와 처갓집 식구 사에서 발생하고 있다. 따라서 〈어사가 된 막내사위〉의 서사를 파악하기 위해서는 막내사위와 처갓집 식구의 관계 속에서 발생한 문제와 그 문제가 어떻게 해결되어 가는지를 이해하는 것이 중요하다.

먼저 〈어사가 된 막내사위〉의 대표적인 줄거리를 요약해 보면 다

---

17) 〈어사가 된 막내사위〉에 해당하는 설화 각편들이 『한국구비문학대계』에서 13편 가량 확인된다.

음과 같다.

(1) 어느 대감에게 세 딸이 있었는데, 첫째와 둘째 딸은 시집을 보냈고 셋째 딸만 아직 시집을 보내지 못했다. 대감은 관상을 잘 보는 지인에게 부탁을 하여 관상이 좋은 사윗감을 찾아달라고 하였다. (2) 대감의 지인은 길거리에서 고아인 거지 소년을 발견하는데, 관상이 좋아서 대감의 막내 사위로 추천을 해주었다. (3) 대감은 어쩔 수 없이 거지 소년을 막내 사위로 받아들였지만 막내딸과 함께 집에서 내쫓아 따로 살게 하였다. (4) 그 뒤 막내사위는 처갓집 식구들에게 온갖 구박과 무시를 받으며 살았다. (5) 막내딸은 도저히 이렇게 살 수는 없다며 막내사위에게 집을 떠나 10년 간 공부를 하고 오라고 하였다. (6) 막내사위는 10년간 공부를 마친 후에 집으로 돌아왔다. 그런데 마침 과거 시험을 본다고 하여 두 처남이 서울에 올라가고 있었다. (7) 막내사위는 두 처남을 따라 서울에 올라갔는데, 두 처남은 막내사위를 무시하면서 못마땅해 했다. (8) 과거 시험날이 되었는데 두 처남은 낙방하고 막내사위만 합격을 하였다. (9) 막내사위는 어사가 되어 처갓집으로 돌아가 자신을 무시했던 처갓집 식구들을 혼내주었다. (10) 그 뒤에는 막내사위가 처갓집 식구들을 도와주며 잘 살았다.

〈어사가 된 막내사위〉에서 처갓집 식구들과 막내사위 간에 갈등이 생겨나게 되는 가장 큰 원인은 막내사위가 비천한 출신이라는 점에 있었다. 처갓집 식구들의 인정을 받기 위해서는 우선 그들과 비슷한 출신이어야 하는데, 막내사위는 고아에다 거지였다. 아무도 막내사위를 자신들과 비슷한 위치의 사람이라고 인정하지 않았다. 막내사위에게 어떠한 잠재력이 있는지, 어떠한 장점이 있는지는 중요한 것이 아니며, 단지 출신이 비천하기 때문에 막내사위는 온갖 무시와 구박을 받게 되었다.

막내사위가 처갓집 식구들의 무시와 구박으로부터 벗어나는 길은 과거 시험에 합격하여 벼슬을 얻는 길 밖에 없었다. 여러 각편에서 막내사위의 부인은 도저히 이렇게는 살 수 없다면서 막내사위에게 반드시 과거 시험을 보라고 한다. 그런데 각편에 따라 막내사위가 과거 시험을 보러 가기까지의 과정에서 조금씩 차이가 나타난다. 13편 중 6편의 각편에서 막내사위의 아내가 막내사위에게 10년간 집을 떠나 공부를 하고 오라고 하는 내용이 나온다.[18] 1편에서는 아내가 직접 글을 가르치기도 한다.[19] 이렇게 전체 13편중에서 7편에는 막내사위가 열심히 공부를 하였기 때문에 과거 시험에 합격한다는 방향으로 이야기가 흘러간다. 그러나 나머지 각편들에서는 막내사위가 집을 떠나 공부를 한다는 내용이 나오지 않는다. 이 경우에는 막내사위가 원래 타고난 실력으로 과거 시험에 합격한다는 방향으로 이야기가 흘러간다.[20]

우여곡절 끝에 막내사위는 두 처남들이 과거 시험을 보러 갈 때 따라가게 되는데, 여기서 또 다른 갈등이 발생하게 된다. 두 처남들은 막내사위가 자신들과 같이 시험을 보러 간다는 것을 못마땅해 하였다. 6편의 각편에서 처남들이 막내사위를 방해하거나 괴롭히는 모습이 나타난다.[21] 막내사위가 자신들과 비슷한 위치에 서려는 것을

18) 주달업(남, 71), 〈처갓집에 나팔 소리 들려 준 사위〉, 『한국구비문학대계』 3-3, 89~95쪽; 선수모(남, 81), 〈가난한 셋째 사위의 등과(登科)〉, 『한국구비문학대계』 6-4, 676~682쪽; 이천구(남, 69), 〈계묵(桂墨) 이야기〉, 『한국구비문학대계』 6-2, 490~500쪽; 양덕환(남, 65), 〈병조판서 된 막내사위〉, 『한국구비문학대계』 1-8, 125~128쪽; 황말돌(남, 74), 〈신유복 이야기〉, 『한국구비문학대계』 7-15, 173~178쪽; 박영만(남, 84), 〈둥둥 내 사랑의 유래〉, 『한국구비문학대계』 8-3, 653~666쪽.

19) 이기백(남, 71), 〈셋째 사위〉, 『한국구비문학대계』 7-6, 715~718쪽.

20) 김정균(남, 88), 〈권불십년〉, 『한국구비문학대계』 6-2, 49~56쪽; 김세원(남, 62), 〈정승된 곰보 사위〉, 『한국구비문학대계』 7-8, 515~525쪽; 김갑임(여, 64), 〈신유복 이야기〉, 『한국구비문학대계』 7-8, 426~430쪽; 장광태(남, 73), 〈훈장의 사위〉, 『한국구비문학대계』 5-4, 902~905쪽; 김경규(남, 79), 〈사위 괄시한 처가〉, 『한국구비문학대계』 3-1, 174~178쪽; 양승환(남, 70), 〈조진사의 막내 사위〉, 『한국구비문학대계』 5-1, 382~392쪽.

21) 처남들이 과거 시험을 보러 가는 길에 막내사위의 돈도 빼앗아 가고 나무에 매달아 놓거나(김세원(남, 62), 〈정승된 곰보 사위〉, 『한국구비문학대계』 7-8, 515~525쪽), 과거 보러 갈 여비 마련하려고 친정에서 쌀 훔치다 걸려서 두들겨 맞고 난 후, 처남들은 같이 과거를 보러 가면서 옆에 앉지도 못하게 하거나(김갑임(여, 64), 〈신유복 이야기〉, 『한국구비문학대계』 7-8, 426~430쪽), 처남들이 막내사위를 무시하며 툭툭 치거나(장광태(남, 73), 〈훈장의 사위〉, 『한국구비문학대계』 5-4, 902~905쪽), 과거 시험을 보러 갈 때 처남들만 말을

인정하지 못하는 것이다. 과거 시험을 보러 가서 막내사위가 대신 글을 써주어 처남들이 과거에 합격한다는 각편들이 있기도 한데,[22] 이 순간에도 처남들은 끝까지 막내사위를 무시하면서 자기들끼리만 고향으로 내려가 버린다. 막내사위가 자기들보다 뛰어난 글솜씨를 보여 주는 데도 여전히 막내사위를 무시하려 드는 것이다. 심지어 막내사위가 어사가 되어 나타났을 때에도 두 처남이 방에서 나오지 않으면서 막내사위를 끝까지 인정하지 않으려고 하는 각편도 있다.[23]

이러한 처갓집 식구들과 막내사위와의 갈등은 막내사위가 어사 출동을 하였을 때 종결된다. 막내사위가 자신을 무시했던 처갓집 식구들에게 엄한 벌을 내리자 비로소 막내사위에게 잘못했다고 빌면서 사과를 하는 것이다. 7편의 각편에서 막내사위가 처갓집 식구들에게 엄한 벌을 내려 버릇을 고친다는 내용이 나온다.[24] 대부분 막내사위

타고 가고 막내사위는 걸어서 가거나(김정규(남, 79), 〈사위 괄시한 처가〉, 『한국구비문학대계』 3-1, 174~178쪽), 과거 시험을 보러 갈 때 처남들이 거지같은 놈이 따라 온다며 호령을 하고 따돌리거나(황말돌(남, 74), 〈신유복 이야기〉, 『한국구비문학대계』 7-15, 173~178쪽), 처남들이 막내사위를 따돌리고 과거에 합격했다고 해도 비웃기만 하는(양승환(남, 70), 〈조진사의 막내 사위〉, 『한국구비문학대계』 5-1, 382~392쪽) 등의 모습으로 나타난다.

22) 김정규(남, 88), 〈권불십년〉, 『한국구비문학대계』 6-2, 49~56쪽; 주달업(남, 71), 〈처갓집에 나팔 소리 들려 준 사위〉, 『한국구비문학대계』 3-3, 89~95쪽; 선수모(남, 81), 〈가난한 셋째 사위의 등과(登科)〉, 『한국구비문학대계』 6-4, 676~682쪽; 이천구(남, 69), 〈계묵(桂墨) 이야기〉, 『한국구비문학대계』 6-2, 490~500쪽.

23) 이기백(남, 71), 〈셋째 사위〉, 『한국구비문학대계』 7-6, 715~718쪽.

24) 부인이 자기를 무시한 성님들의 머리끄댕이를 잡고 끌어내고, 막내사위는 장인장모를 묶었다가 풀어주는 경우도 있고(김정규(남, 88), 〈권불십년〉, 『한국구비문학대계』 6-2, 49~56쪽), 처갓집 식구들에게 길을 닦게 하고 고생을 시키는 경우도 있고(김세원(남, 62), 〈정승된 곰보 사위〉, 『한국구비문학대계』 7-8, 515~525쪽), 막내사위가 동서 둘을 하인으로 삼고 나중에 곤장을 치는 경우도 있고(김갑임(여, 64), 〈신유복 이야기〉, 『한국구비문학대계』 7-8, 426~430쪽), 처갓집 식구들을 전부 때려 묶어놓고는 목을 베겠다고 협박하는 경우도 있고(선수모(남, 81), 〈가난한 셋째 사위의 등과(登科)〉, 『한국구비문학대계』 6-4, 676~682쪽), 처남들이 즐기던 잔치상을 때려 부수는 경우도 있고(장광태(남, 73), 〈훈장의 사위〉, 『한국구비문학대계』 5-4, 902~905쪽), 처갓집 식구들 버릇을 고쳐주었다는 경우도 있고(이천구(남, 69), 〈계묵(桂墨) 이야기〉, 『한국구비문학대계』 6-2, 490~500쪽), 버릇을 고친 뒤에 다시는 상종도 안하고 살았다는 경우도 있다(김경규(남, 79), 〈사위 괄시한 처가〉, 『한국구비문학대계』 3-1, 174~178쪽).

가 일단 처갓집 식구들을 혼내주어 버릇을 고치고 난 뒤에는 같이 잘 살려고 했다는 결말로 이어지지만, 벌을 내린 뒤에 다시는 얼굴도 보지 않으며 살게 되었다는 각편도 있다.25) 그런데 처갓집 식구들에게 아무런 벌도 내리지 않고 처갓집 식구들을 도우며 살게 되었다는 각편도 있다. 오히려 자신을 무시했던 처남들에게 벼슬자리까지 내려준다.26)

이렇게 각편에 따라 조금씩 차이가 나타나기는 하지만, 가장 대표적인 〈어사가 된 막내사위〉에 나타나는 중요한 특징은 다음과 같다. 첫째, 막내사위는 처갓집 식구들의 무시를 받으면서 어떻게든 성공하려고 하였고, 마침내 성공을 하였을 때 일단 자신을 무시했던 처갓집 식구들을 혼내준다는 것이다. 마치 어사가 된 가장 중요한 이유가 더 큰 힘을 가져서 강제로라도 상대방을 제압하려고 했던 것 마냥, 자신을 무시했던 처갓집 식구들에 대한 처벌이 관계에서 발생한 문제를 해결하는데 필수적인 요소였다. 둘째, 처남들은 자신의 눈앞에서 막내사위가 자신들보다 뛰어난 능력을 보이는 순간조차도 그것을 인정하지 않으면서 막내사위를 무시하려고 한다는 것이다. 끝까지 막내사위의 도움은 받지 않겠다는 식의 모습을 보이면서, 막내사위가 자신의 권력을 이용해 강제로 무릎을 꿇게 만들기 전까지는 막내사위의 능력을 인정하지 않으려고 한다. 이렇게 이 설화에는 두 가지 서로 다른 경향성이 나타나고 있다. 끝까지 상대방을 나보다 못한 존재로 인식하면서 상대의 능력을 인정하지 않으려는 입장과, 자신을 무시하는 상대보다 더 큰 힘을 얻어서 상대방을 제압하려는 입장이다.

앞서 서사는 관계에서 발생한 문제에 대처하는 경향성과 관련이 된다고 하였다. 그래서 서사는 관계 속에서 발생한 문제 상황을 어떠

---

25) 김경규(남, 79), 〈사위 괄시한 처가〉, 『한국구비문학대계』 3-1, 174~178쪽.
26) 양승환(남, 70), 〈조진사의 막내 사위〉, 『한국구비문학대계』 5-1, 382~392쪽; 이기백(남, 71), 〈셋째 사위〉, 『한국구비문학대계』 7-6, 715~718쪽.

한 입장과 어떠한 태도로 대처해 나갈 것인지를 정하는데 근본적인 영향을 미치는 것이다. 만약 각각의 두 가지 현상에서 쟁점이 되고 있는 문제 상황이 유사하고, 그 문제 상황에 대처하는 관계의 대립 양상이 비슷하게 나타난다면 이는 두 현상 이면에서 작동하고 있는 서사가 동일하다는 의미로 이해할 수 있을 것이다. 앞서 살펴본 A의 전교회장 당선 과정과 설화 〈어사가 된 막내사위〉에서 드러나는 핵심적인 문제 상황과 그 문제 상황에 대처하는 양쪽 입장의 태도가 비슷한 양상을 띠고 나타난다고 할 수 있다. 이는 바꿔 말하면 A의 전교회장 당선 과정과 설화 〈어사가 된 막내사위〉의 이면에서 작동하고 있는 서사가 동일하다는 뜻으로 이해할 수 있을 것이다.

따라서 설화 〈어사가 된 막내사위〉의 서사를 구성하는 작업은, A의 전교회장 당선 과정에서 작동하고 있던 분단서사의 실체를 파악하는 작업과 맞물려 있다고 할 수 있다. 〈어사가 된 막내사위〉의 이면에서 작동하고 있는 서사는 처남의 입장과 막내사위의 입장에서 각각 구성해 볼 수 있을 것이다. 우선, 처남의 입장에서 전개되는 서사는 자신보다 못하다고 여기는 상대방으로부터 도움을 받는 것을 전혀 인정하지 못한다는 특징을 갖고 있다. 실제 막내사위가 자신들보다 뛰어난 능력을 발휘하여 자신들의 글을 대신 써주는 상황에서도, 또는 막내사위가 급제를 하여 자기들 눈앞에 나타난 상황에서도 처남들은 끝까지 막내사위의 능력을 인정해 주지 않고 무시하려는 모습을 보인다. 처남들은 막내사위가 자신에게 도움을 줄 수 있는 대상이 될 수도 있다는 것을 전혀 인정하지 못하는 것이었다.

A의 사례에서도 학교 선생님들은 겉으로 드러난 여러 가지 조건들을 보면서 A는 절대 전교회장감에 적합하지 않다고 규정하였다. 여러 가지 현실적인 문제들로 인해 A가 회장이 된다는 것을 우려하였고, 그렇게 우려를 하는 것에는 분명 타당한 측면이 있다. 그런데 문학치료학적인 관점에서 본다면, 그러한 현실적인 우려들을 이끌어내는 데에는 사실 우리 사회에 깔려 있는 분단서사의 한 유형이 작용하

고 있다는 것을 짐작할 수 있다. 약자로 인식되는 상대방이 그 위치를 넘어서서 오르려고 하는 것을 인정하기 어려워하는 서사가 작동하였다고 보는 것이다.

다음으로, 막내사위의 입장에서 전개되는 서사에는 상대방과의 관계에서 발생한 문제가 해결되기 위해서는 자신이 더 높은 위치에 올라가야 된다고 여기는 특징이 나타난다. 막내사위가 어사가 된 뒤에 가장 먼저 한 일은 자신을 무시하고 구박했던 처갓집 식구들을 벌주는 것이었다. 여기에는 상대방이 자신에게 굴복하고 어떻게든 자신을 인정하게 만들기 위해서는 상대방보다 강한 힘을 가져야 한다는 논리가 개입되어 있다. 일단 내가 상대방보다 더 강한 힘을 가져야 그 관계의 문제가 해결되고, 그 관계가 유지될 수 있다고 여기는 것이다. 이렇게 막내사위의 입장에서 전개되는 서사가 A의 사례에서는 어떻게 나타나는지는 다음 장에서 보다 자세히 논하도록 하겠다.

여기서 처남의 입장과 막내사위의 입장에서 전개되는 서사 모두에서 드러나는 공통점이 있다. 그것은 상대방과의 관계는 내가 상대방보다 더 높은 위치에 있을 때 문제없이 유지될 수 있다고 여기는 경향이 나타난다는 것이다. 이러한 서사의 영향을 받는 입장은 상대방이 자신보다 높은 지위에 오르거나 또는 자신이 생각하는 범위를 벗어나는 모습을 보일 경우 그것을 인정하지 못하게 된다. 오히려 상대방이 계속 자신에게 도움을 받는 입장에 놓여 있다면 그 관계에서는 갈등이 생기지 않을 수도 있다. 한편으로, 이러한 서사는 상대방의 인정을 받기 위해서 상대방을 누르려고 하는 모습을 보이게 만들 수도 있다. 높은 지위에 오르려고 하는 것이 일종의 과시를 하기 위해서일 가능성이 높은 것이다.

4. 우리 사회의 진정한 변화를 위한 분단서사 극복

이 글에서는 문학치료학적인 관점에서 탈북 청소년들의 남한사회 적응을 어렵게 만드는 서사를 '분단서사'라고 상정하고 있다. 굳이 분단서사라고 명명한 것은, 탈북 청소년의 문제를 개인의 문제만이 아닌 보다 큰 구조적 틀 속에서 보려는 의도가 들어 있기 때문이다. 또한 분단서사라는 용어를 사용한 것은 탈북 청소년의 문제를 바라보는 남한 사람 또는 사회가 어떠한 상태인지를 점검하는 데에 초점을 맞추었기 때문이다. 기왕의 논의들에서는 탈북 청소년의 적응 문제를 논의할 때 주로 탈북 청소년이 가지고 있는 문제점에 초점을 맞추었다면, 이 글에서는 남한사회가 가지고 있는 문제에 초점을 맞추었다. 그래서 탈북 청소년의 남한사회 적응이 어려운 근본적인 이유가 사실은 남한사회에 깊이 자리 잡고 있는 '분단서사'에서 기인한 것이라고 가정한 것이다.

이 글에서는 얼마 전 서울 모 중학교에서 탈북 청소년 A가 전교회장으로 당선된 사례에 주목하여 남한사회에 자리잡고 있는 분단서사의 실체를 드러내고자 하였다. 2장에서는 탈북 청소년 A와 담임선생님, 보호자 등 주변 인물들을 인터뷰한 내용을 토대로 탈북 청소년 A의 전교회장 당선 과정을 재구성하였다. 남한의 학교에서 탈북 청소년이 전교회장으로 당선된 일은 처음이라고 하는데, 그 과정에서 탈북 청소년 A는 학교 선생님들의 심한 반대에 부딪히게 되었다. 학교에서는 A가 회장 후보로 나갈 때부터 반대를 하였고, 나중에 회장으로 당선이 된 이후에도 사퇴할 것을 요구하였다. 3장에서는 A의 전교회장 당선 과정에서 작동하고 있던 분단서사의 실체를 〈어사가 된 막내사위〉의 서사와 비교하면서 밝혀보았다. A가 전교회장 당선 과정에서 끊임없이 반대에 부딪히던 모습은, 〈어사가 된 막내사위〉에서 막내사위가 다른 두 처남에게 아무리 뛰어난 능력을 보여 주어도 끝까지 인정을 받지 못하고 무시를 당하던 모습과 연관 지을 수 있었다. 그래서 A의 전교회장 당선 과정에서 작동한 분단서사는 서사의 주체가 상대방보다 높은 위치에 서서 상대방과의 관계를 유지하려고 하는 경향성을 갖고 있다는 것이 분석되었다. 이러한 서사의 영향을 받는 입장은 상대방이 자신보다 높은 지위에 오르거나 또는 자신이 생각하는 범위를 벗어나는 모습을 보일 경우 그것을 인정하지 못하게 된다.

문학치료학적인 관점에서 본다면, 진정한 변화를 이끌어내기 위해서는 먼저 이면에 깔려 있는 서사가 바뀌어야 한다. 따라서 분단서사의 실체를 드러내는 일은, 하나의 거대한 판을 바꾸기 위한 가장 중요한 첫걸음이 되는 작업이라고 할 수 있겠다.

참고문헌

\<자료\>

『한국구비문학대계』
정운채 외 15명, 『문학치료 서사사전 2(설화편)』, 문학과치료, 2009.

\<논문 및 단행본\>

강순원, 「국제이해교육은 탈북 청소년 문제에 어떻게 대응할 수 있는가」, 『국제이해교육연구』 7, 한국국제이해교육학회, 2012.

강효림, 「탈북 청소년의 심리사회적 적응에 관한 연구: 우울·불안을 중심으로」, 명지대학교 석사논문, 2007.

금명자 외, 『통일대비 청소년 상담 프로그램 개발 연구』 II, 한국청소년상담원, 2004.

김연희, 「북한이탈청소년의 학교중도탈락 의도에 영향을 미치는 요인」, 『한국사회복지학』 61(4), 한국사회복지학회, 2009.

김현경·엄진섭·전우택, 「북한이탈주민의 외상 경험 이후 심리적 성장」, 『사회복지연구』 39, 한국사회복지연구회, 2008.

나용선, 「북한이탈주민자녀(청소년) 사회적응 통합프로그램에 관한 연구」, 『21세기사회복지연구』 8, 2011.

나지영, 「문학치료학적 관점에서 본 탈북 청소년의 자기서사 진단 사례 연구」, 『통일인문학논총』 제52집, 건국대학교 인문학연구원, 2011.

나지영, 「설화 〈내 복에 산다〉의 재창작을 통한 탈북 청소년의 문해력 신장 사례 연구」, 『고전문학과 교육』 제23집, 한국고전문학교육학회, 2012.

박윤숙·윤인진, 「탈북 청소년의 사회적 지지 특성과 남한사회 적응과의 관계」, 『한국사회학』 제41집 1호, 한국사회학회, 2007.

신형미·정여주, 「탈북 청소년을 위한 집단미술치료 체험연구」, 『심리치료』 제6권 제2호, 서울여자대학교 특수치료전문대학원, 2006.

유가효·방은령·한유진, 「한국사회에서 탈북 아동·청소년의 학업성취 및 사회적 적응: 초기 사회적응교육을 중심으로」, 『한국가정관리학회지』 제22권 5호, 2004.

윤지혜·오영림, 「탈북 청소년의 외상 이후 성장(PTG) 체험연구: 탈북대학생을 중심으로」, 『청소년학연구』 제17권 제12호, 한국청소년학회, 2010.

이기영, 「탈북 청소년의 남한사회 적응에 관한 질적 분석」, 『한국청소년연구』 제13권 제1호, 한국청소년개발원, 2002.

이정우, 「탈북 청소년의 사회화 과정에 대한 질적연구: 사회과 교육에의 함의」, 『사회과교육』 45, 한국사회과교육연구학회, 2006.

정운채, 「〈시교설(詩敎說)〉의 문학치료학적 해석」, 『국어교육』 104, 한국국어교육연구회, 2001.

정운채, 「고전시가론에 대한 문학치료학적 조명」, 『韓國詩歌硏究』 제10집, 한국시가학회, 2001.

정운채, 「서사의 다기성(多岐性)과 문학연구의 새 지평」, 『문학치료연구』 제23집, 한국문학치료학회, 2012.

정운채, 「우리 민족의 정체성과 통일서사」, 『통일인문학논총』 제47집, 건국대학교 인문학연구원, 2009.

정운채, 「정몽주의 암살과 복권에 대한 서사적 이해: 분단서사와 통일서사의 역사적 실체 규명을 위하여」, 『통일인문학논총제』 제53집, 건국대학교 통일인문학연구단, 2012.

정진경·정병호·양계민, 「탈북 청소년의 남한학교 적응」, 『통일문제연구』 제16권 제2호 통권 42호, 평화문제연구소, 2004.

최명선·최태산·강지희, 「탈북 아동·청소년의 심리적 특성과 상담전략 모색」, 『놀이치료연구』 제9권 3호, 한국놀이치료학회, 2006.

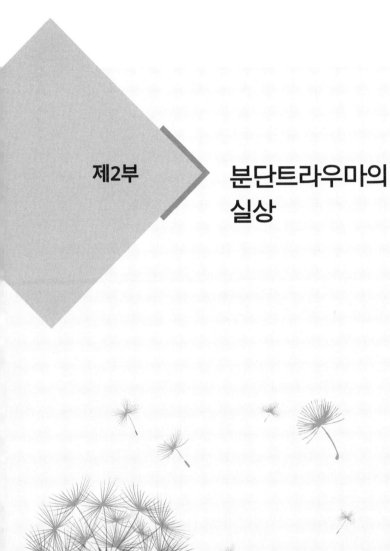

제2부

분단트라우마의
실상

구술을 통해 본 분단트라우마의 실체

김종군

1. 구술 현장에서 찾은 분단트라우마

한국의 현대사에서 개인의 삶은 첨예한 선택을 강요받은 상황의 연속이었다. 일제강점기를 살아내면서 친일의 선택, 해방 후 분단 상황에서 이데올로기의 선택, 한국전쟁 상황에서 남으로 북으로의 선택, 휴전 후 현재까지 좌우의 노선 선택 등의 상황이 있었고, 이러한 상황은 현재도 진행 중에 있다. 물론 개인의 주관에 따라 노선을 명확히 하고 앞서가는 이들도 있었지만 대다수의 사람들은 목숨을 걸어야 하는 선택을 강요받았다. 이 가운데 야기된 갈등과 적대감, 결정적으로 서로를 죽여야 하는 전쟁의 상황까지 겪으면서 평범한 대중은 너무도 큰 상처를 입었다.

이러한 상처에 대해 '만지면 만질수록 덧나는 상처'[1]라고 공공연

---

[1] 한국 현대문학계에서 김현, 백철, 김윤식 선생 등이 춘원 이광수의 친일행적을 언급하는

히 치부하는 입장이 많다. 문학계에서는 친일문학가에 대한 변론으로 사용 가능한 말일지 모르지만, 분단과 한국전쟁을 비롯한 현대사의 비극을 이와 같은 상투구로 덮고 넘어가기에는 상처를 입은 사람들이 지나치게 광범위하고, 묵은 상처 옆에 새로운 상처들이 거듭 생겨나고 있어서 덮고 넘어갈 수는 없는 실정이다. 한국전쟁 후 휴전의 상태로 분단은 지속되고 있으며, 이 분단의 체제를 유지하기 위한 다양한 통제와 억압이 국가 폭력으로 가해졌고, 정권에 따라 부침을 거듭하면서 일반 국민들에게 상처를 더해 주고 있다.

이런 상황에서 상처에 대한 치유의 방안을 찾는 노력들은 절실하다. 분단체제가 해소되지 않으면 불가능할 것으로 치부하고 방치하기에는 그 아픔이 너무 크고 영원히 회복 불가의 상태가 될 수도 있다. 마치 현대인의 병으로 급부상하는 당뇨가 당장 사람의 생명을 위협하는 것은 아니지만 치유의 노력 없이 방치할 경우 다양한 합병증을 유발하여 결국 환자를 죽음으로 몰아가는 것과 흡사하다고 볼 수 있다.

이 글에서는 한반도의 분단과 한국전쟁, 이후의 분단체제가 지속되는 가운데 자행된 살상과 폭력, 국가의 통제가 개인에게 가한 상처를 분단트라우마로 명명하고자 한다. 통상 '외상 후 스트레스 장애(post-traumatic stress disorder: PTSD)'를 의미하는 트라우마라는 정신의학적 용어를 분단이라는 역사적인 사건과 결부시킨 것이다. 이는 분단의 사건으로 발생한 상처를 '분단 상처'나 '분단 상흔' 등의 용어로 사용하면 그 심각성이 희석될 가능성이 크고, 또한 그 상처를 마땅히 치유 받아야 할 상처로 인식할 수 있도록 하기 위해서는 의학 용어를 차용하는 것이 합당하다는 문제의식에서 비롯된 것이다.

이에 트라우마에 대한 진단과 치료가 정신과 상담 프로그램을 통

가운데 사용된 말로서, 한국문단의 벽두를 장식한 춘원을 친일파로 몰아가고 그의 문학을 폐기하기에는 잃는 것이 너무 많다는 입장에서 비롯되었다. 이에 춘원에 대한 평가를 개인으로서의 춘원, 문인으로서의 춘원으로 구분하여야 한다는 논리를 내세웠다.

해 진행되는 것과 같이 분단의 트라우마에 대한 진단과 치유의 방향
도 이와 유사해야 한다. 그래서 분단트라우마에 대한 접근 방식으로
구술조사 방식2)이 널리 활용3)되고 있으며, 적절할 방법이라고 판단
된다.

지금까지 구술조사는 역사학이나 사회학·인류학 전공자들에 의해
이루어졌다. 역사학에서는 관(官) 주도의 전사(戰史)에서 누락되거나
의도적으로 왜곡된 역사적 사실을 파헤쳐 새롭게 기술하는 구술사를
표방하고 있으며, 사회학이나 인류학에서는 분단과 전쟁이라는 사건
속에서 놓치고 지나친 민중들의 삶이나 생활문화를 파고들어 민중생
활사를 기술하고자 하는 의도가 강하다. 이 가운데 필연적으로 녹아
있는 분단의 트라우마에도 관심을 두고 인류학적 연구 자료로 삼고
있다. 이들이 관심을 둔 조사 대상자는 분단과 한국전쟁 시기 특별한
경험을 한 지역민과 기구한 행적으로 살아 왔다고 판단되는 부류의
사람들이었다. 월남자, 실향민, 월북자 가족, 양민학살지역민들, 비전
향장기수, 마을에서 이념 갈등을 겪은 사람들, 탈북자 등에게 관심이
집중되었다.

그리고 구술조사의 방식은 다양한 경우가 있지만 대체로 인터뷰

2) 김귀옥, 「정착촌 월남인의 생활경험과 정체성: 속초 '아바이마을'과 김제 '용지농원'을
중심으로」, 서울대 박사논문, 1999; 김귀옥, 『이산가족, '반공전사'도 '빨갱이'도 아닌…』,
역사비평사, 2004; 김귀옥 외, 『전쟁의 기억 냉전의 구술』, 선인, 2008; 엄경선·장재환, 『동해
안 납북어부의 삶과 진실』, 설악신문사, 2008; 김종군, 「지리산 인근 여성 생애담에 나타난
빨치산에 대한 기억」, 『인문학논총』 47집, 건국대학교 인문학연구원, 2009; 박경열, 「제주
여성 생애담에 나타난 4·3의 상대적 진실」, 『인문학논총』 47집, 건국대학교 인문학연구원,
2009; 박찬승, 『마을로 간 한국전쟁』, 돌베개, 2010; 이임화, 『전쟁미망인, 한국현대사의
침묵을 깨다』, 책과함께, 2010.
3) 분단과 한국전쟁에 대한 구술조사가 분단트라우마의 진단의 의미만을 가지는 것은 아니
다. 구술사로서 국가주도의 전사(戰史)를 뛰어 넘을 수도 있으며, 전후의 민중생활사로서
의 의미도 크다. 이에 대해 이임하는 다음과 같이 의미를 부여한다.
"전쟁의 원인, 과정, 결과보다 전쟁을 한 사람들, 그리고 전쟁터 안에 살았던 사람들의
이야기를 듣는다는 것은 어떤 것인가? 이는 전쟁의 승패에 관심을 두는 것이 아니라 전쟁
을 겪은 사람들의 상처와 고통에 귀를 기울이는 것이다. 전쟁미망인, 전쟁고아, 상이군인,
참전 군인, 피학살자 유가족의 이야기는 전사에는 기록되지 않은 전쟁 이야기와 전후 사회
를 파악할 수 있게 해 준다."(이임하, 『전쟁미망인, 한국현대사의 침묵을 깨다』, 책과함께,
2010, 378쪽)

방식을 선호하고, 이를 적극 활용하고 있다. 그런데 분단의 트라우마 진단을 주목적으로 하는 구술조사에서 인터뷰 방식은 다소 문제가 있어 보인다. 분단트라우마를 진단하기 위해 구술조사를 수행할 때 피상적인 접근에는 큰 어려움이 없다. 제보자들에게 분단과 전쟁에 관련된 '남들의 이야기'나 '사건의 이야기'는 가장 쉽게 풀어 놓는 경험담4)으로 자리를 잡고 있기 때문이다. 그런데 이에서 깊이를 더하여 자신의 트라우마에 대한 이야기나 마을 사람들과 갈등을 겪은 이야기는 기피하는 경향이 크다. 여전히 건드릴 수 없는 외상으로 남아 있다는 증거이다. 분단트라우마를 진단하기 위한 인터뷰 방식의 구술조사는 이처럼 어려움이 있을 수 있다. 오히려 포괄적인 생애담 조사 방식으로 접근하는 것이 효과적일 수 있다. 살아온 이야기를 자연스럽게 풀어 놓는 가운데 트라우마를 진단할 수 있고, 치유의 단초도 찾을 수 있다고 판단된다.

이 글에서는 여러 지역을 대상으로 구술조사를 수행하면서 수집한 자료에서 분단의 트라우마로 진단할 수 있는 이야기를 추출하여 그 실례를 보이고자 한다. 문답식의 인터뷰가 아니라 생애담을 구연하는 가운데 이야기 형식으로 조사를 수집하고자 하였다. 트라우마의 증상 발현이 감정적으로 자신의 속내를 발화하는 가운데 가장 잘 드러날 수 있을 것이라는 판단에서이다. 그리고 조사대상은 기존 조사자들의 조사 대상자를 주요 대상으로 삼았으나 우리 주변에서 쉽게 만날 수 있는 전쟁을 체험한 노인들도 배제하지 않았다.

이 글에서 다루는 사례들은 아직 유형화되지 못하였다. 분단트라우마의 양상은 매우 다양하고 복잡할 것으로 판단된다. 그리고 개인적인 편차도 클 것으로 판단되기 때문에 현 단계의 단편적인 조사

---

4) 고담 수집을 위해 구술조사를 수행할 때, 생존하는 70·80대 노인들이 가장 쉽게 풀어 놓는 이야기가 한국전쟁과 피난살이 이야기, 인공시절 이야기들이다. 결국 이들은 일생을 살면서 드라마나 소설 같은 극적인 상황을 몸소 체험하였기 때문에 자신의 경험담이 허구화된 이야기와 비견하다는 입장을 보이는 것으로 판단된다.

자료를 가지고 유형화를 시도하는 것은 무리라고 본다. 분단트라우마의 실체를 파악하는 구술조사 작업은 앞으로도 다년간 지속적으로 이루어질 것이고 일정 정도 자료가 축적된 이후 유형화를 시도해 보고자 한다.

2. 구술조사 현황

분단트라우마의 양상을 살피기 위한 구술조사는 특정지역을 대상으로 기획적으로 이루어지는 경우가 대부분이지만 그 성과가 반드시 보장되는 것은 아니다. 사선(死線)을 넘나든 트라우마를 분단체제가 지속되는 가운데 속 편하게 풀어놓을 사람은 그리 많지 않기 때문이다. 인터뷰 형식으로 진행되는 조사는 조사자에 대한 제보자의 경계가 풀릴 때까지 반복적으로 이루어져야 한다. 경계가 풀렸다고 하여 정보를 손쉽게 얻을 수 있는 것도 아니다. 제보자의 트라우마에 대한 기억과 정연한 언변이 뒷받침되어야 한다. 결국 분단트라우마의 자료는 무궁무진할 듯하나 이러한 제약으로 수집은 쉽지 않다는 말이다.

그 가운데 현재 70~80대 노인들은 한국전쟁의 상황을 경험담으로 풀어 놓는 경우가 많다. 이들 경험담이 역사적 사실에서 다소 벗어나기도 하고 과장과 축소, 허구화 등의 왜곡을 거쳤다고 해서 분단트라우마를 진단할 자료로서 가치가 떨어진다고 볼 수는 없다. 일반적으로 트라우마의 증상이 과도한 각성 상태, 충격적인 외상 기억의 반복적인 재경험, 회피와 둔감화로 나타난다[5]고 하는데, 이들 노인들의 생사를 넘나든 경험담은 50년 이상 기억에서 사라지지 않고 분단체제 속에서 발생하는 유사한 상황에서 체험하는 재경험의 트라우마

---

5) 김준기, 『영화로 만나는 치유의 심리학』, 시그마북스, 2009, 30~34쪽 참조.

증상이라고 볼 수 있다. 해마다 돌아오는 6·25 기념식을 바라보면서 되뇌던 상처를 경험담이라는 담화 형식으로 풀어놓는6) 것으로 볼 수 있다. 한편으로 인공치하에서 부역을 한 경험은 축소하거나 소거해 버리는 허구화 과정은 회피의 장치로 진단할 수 있다. 곧 반복과정에서의 과장적 허구화와 의도적으로 회피하는 과정에서 일어나는 축소·삭제의 허구화라는 문학적 장치를 트라우마의 증상으로 판단할 수 있다. 그러므로 분단트라우마를 진단하는 방식으로 경험담 조사 방식이 보다 효율적이라고 판단할 수 있다.

이 글에서 논의 대상으로 삼을 자료를 접한 구술조사 현황을 정리하면 다음 표와 같다.

구분	조사일시	조사장소	제보자/나이	분단트라우마 양상	비고
기획조사	2010.03.26	속초문화원	노**/69	월북자 가족으로 낙인된 속초토박이	재북가족
	2010.03.26	속초문화원	엄**/47	남북어부의 고통	남북어부 조사자
	2010.03.26	속초아바이마을	박**/78	생사를 넘나든 월남행보	월남인
	2010.03.26	속초아바이마을	신**/78	월남 생활의 고단함	월남인
	2010.03.26	속초아바이마을	여**/84	기구한 이산의 고통	월남인
	2010.04.09	건국대학교	한**/60	죽음을 각오한 탈북	탈북자
	2010.04.14	건국대학교	한**/60	북한에서의 비참한 삶	탈북자
	2010.04.21	건국대학교	한**/60	중국에서 탈북자의 삶	탈북자
	2010.04.28	건국대학교	한**/60	북한의 식량난	탈북자
	2010.05.19	건국대학교	이**/63	북한의 생활	탈북자
	2010.05.26	건국대학교	이**/63	탈북과 중국에서의 삶	탈북자
	2010.07.07	건국대학교	이**/63	북한의 문화생활	탈북자
	2010.09.06	건국대학교	이**/27	기구한 탈북 과정	탈북자
	2010.10.16	건국대학교	이**/27	꽃제비 생활	탈북자

---

6) 서울노인 복지센터의 경우, 노인들을 위한 프로그램으로 '자유발언대'를 주기적으로 개최하는데 다양한 주제로 접근한다. 그 가운데 매년 6월이 되면 '내가 겪은 한국전쟁'을 주제로 6·25 경험담을 발표하게 하는데, 자청하여 화자로 나서는 이들도 줄을 잇고, 청중 역시 강당을 가득 채우는 규모로 진행된다.

	2010.10.24	강화 교동도	전**/89	실향민으로 산 고달픈 삶	실향민
	2010.11.03	중국 길림성 하마탕촌	정**/82	항미원조전쟁 참전기	조선족
	2010.11.15	건국대학교	최**/39	탈북자의 삶	탈북자
경험담 조사	2006.01.26	서울노인복지센터	조**/89	인공시절의 삶	전북
	2006.06.22	서울노인복지센터	탁**/85	목숨을 건 피난살이	강원
	2008.12.29	경남 하동 화개	이**/74	빨치산 치하의 삶	경남
	2009.01.17	제주 서귀포 남원	현**/89	제주 4·3의 아픈 기억	제주

　분단트라우마를 진단하기 위한 구술조사 지역을 선정함에 기존의 조사 성과를 충분히 수용하였다. 그리하여 분단과 전쟁에 관련한 특수한 경험이 있는 지역으로 널리 알려진 곳을 선정하였다. 그 결과 우선 속초지역을 선정하였는데, 월남인들의 집단 거주지인 '아바이마을(청호동)'에서 월남인들이 가진 이산의 상처를 읽어낼 수 있을 것이라는 기대감 때문이었다. 조사를 수행하면서 기대한 만큼의 성과를 얻어 낼 수 있었다. 이 지역을 대상으로 깊이 있는 구술조사를 수행한 김귀옥교수의 도움으로 제보자를 섭외해 줄 현지인을 만났고, 이들의 적극적인 주선으로 기획 의도에 맞는 내용들을 들을 수 있었다.

　그런데 속초의 지역적 특수성으로 더 큰 수확을 얻을 수 있었다. 이 지역은 한국전쟁 이전까지는 38선 이북지역이었다가 휴전으로 이남으로 편입된 지역이라는 특수성을 지닌다. 그 과정에 속초토박이들이 겪은 또 다른 양상의 분단트라우마를 진단해 낼 수 있었다. 월북자 가족이라는 용어보다는 재북자 가족이라는 명칭이 합당한 이들에게 분단체제의 연좌제는 가혹하게 적용되었다.

　아울러 속초 지역이 북과 가까운 해안이므로 납북어부들의 처절한 실상에 대해서도 들을 수 있었다. 이들은 반벙어리로 살아야 한다는 멍에를 짊어졌으므로 외지인이 직접 만나서 그들의 트라우마를 진단할 수 없었다. 이런 안타까움을 알고 지역의 뜻있는 인사가 그들의 억울한 입장을 조사하여 전해 주어 간접적 조사가 이루어졌다고 볼 수 있다.

분단트라우마가 현재 진행형임을 극명하게 보여 주는 부류가 근래 급격히 증가하는 탈북자들이다. 애초의 의도는 이들을 통해 북한의 생활문화와 구술문예 자료를 수집하고자 하는 의도였다. 그런데 이들을 처음 접한 순간 지상에서 가장 폐쇄적인 사회에 사는 이들에게 '탈북'이라는 용어 자체가 생명을 직접적으로 위협하는 외상임을 알게 되었다. 탈북과 국내 입국의 과정에 정보기관이나 국내 적응 교육기관에서 수많은 조사와 진술이 있었지만 그들의 지난한 삶과 극도의 공포감에 대한 허물없는 경청은 여태 없었음을 확인할 수 있었다. 이들이 쏟아내는 북한에서의 비참한 생활과 탈북 과정, 공안에 쫓기는 중국에서의 불안한 생활은 그들의 여생에서 가장 큰 트라우마로 자리하고 있었다. 자칫 분단의 트라우마를 남한에서 살아 온 우리만의 피해 양상으로 인식하는 시각을 바로잡게 하는 지점으로, 큰 의미를 가진다.

한국전쟁의 휴전으로 동부전선에서 양양이북 속초·고성을 남한이 얻었다면 그와는 반대로 서부전선에서는 황해도 연백·연안, 경기 개성 땅을 북에 잃었다. 이러한 상황에서 월남인들이 모여 사는 속초 아바이마을과 대비되는 지역이 강화 교동도라고 알려졌다. 이에 교동도 실향민을 상대로 구술조사를 기획하였다. 1980년대 한 시점으로 시간이 멈춘 듯하다는 정보를 실제로 확인할 수 있었다. 황해도 연백 지구와는 불과 5km 남짓 거리이므로 휴전 후 많은 사람들이 교동도로 들어 왔다고 한다. 그런데 현재 실향민 1세대들 중 생존자는 손가락으로 헤아릴 정도였다. 소개를 받은 구순의 노인은 인터뷰를 극구 사양하였고, 70대의 실향민도 만남 자체를 거부하였다. 여러 차례 인터뷰에 응해서 자기가 하고 싶은 말은 다 했다는 이유였다. 백방으로 수소문한 끝에 실향민 노부부의 집으로 무작정 방문하였고 인터뷰를 청했다. 순박하고 인자한 노부부는 거부감 없이 인터뷰에 응해 주었지만 기억도 흐리고 트라우마라고 이를 만한 증상을 찾기가 쉽지 않았다. 부모와 막내 동생을 두고 왔다고 하면서, 남한에서 큰형이 경찰이었으므로 아마도 반동으로 몰려 죽었을 것이라 단정했다. 사이사이 가쁜 숨을 멈추는 가운데 이 역시 트라우마의 한 증상이라는 판단이 들었다. 회피와 둔감화, 이제 더 이상 속을 끓인다하여도 여든 아홉의 노구에 막내 동생을 만나기는 요원함을 알았다는 의미로 와 닿았다. 극단의 흥분 상태로 쏟아내는 말보다 극단의 마비 상태의 한숨과 휴지(休止)가 더 큰 트라우마 증상으로 파악되었다.

분단의 트라우마가 재외 한국인에게는 존재하는지, 존재한다면 어떤 양상인지가 궁금하여 중국의 조선족을 상대로 구술조사를 기획하였다. 간도 지역의 조선족 이주사와 생활문화, 전통문화 보존 실태 등을 살펴보고자 하는 포괄적인 목적으로 기획된 것이다. 농민으로 살아가는 조선족의 삶은 아직까지도 척박하였다. 1,300명이 넘는 마을 인구 중 절반가량이 한국으로 돈벌이를 가고 마을에는 거의 노인들만 거주한다고 하였다. 개구리가 많아서 하마탕촌(蛤蟆塘村)이라고 불리는 마을에서 만난 여든이 넘은 촌로는 본디 고향이 함경도라고 하였고 스스로의 정체성을 조선에 두고 있었다. 이에 한국에 대한 반감도 드러냈다. 특히 한국전쟁 참전 이야기를 꺼내자 반감은 적대감으로 표출되었다. 그러나 이러한 적대감은 '전쟁에 참전한 나는 당신네의 적이기 때문에 남한에 가면 밥 한 때도 못 얻어먹을 것'이라는 낭패감과 함께 저자세로 금세 누그러뜨렸다. 아들 셋, 딸 셋 모두가 한국에 돈벌이를 가 있는 상황에서 한국에 대한 적대감이 오히려 해가 될 수 있다는 판단인 듯했다. 항미원조(抗美援朝)의 명분을 내세워 어쩔 수 없는 참전이었다는 말 가운데서 중국인으로 살아가면서도 고국의 분단에서 기인한 트라우마를 읽어 낼 수 있었다.

분단트라우마의 진단은 특수한 지역과 부류를 대상으로 기획하여 찾을 수 있는 것만이 아니다. 분단 과정과 한국전쟁을 체험한 우리 주변의 노인들에게서도 너무나 손쉽게 접할 수 있는 자료이다. 70~80대 노인들에게 분단과 한국전쟁에 관련된 체험담은 이미 고담보다

익숙한 이야기 레퍼토리가 되었다. 구비설화 현지 조사 중 전쟁 체험 담은 빈번하게 등장하는데, 대체로 무용담 식으로 포장되는 경향을 띤다. 입담이 좋은 구순의 노인은 인공 시절엔 어쩔 수 없이 빨갱이 노릇을 했지만 마을의 우익 인사를 숨겨 주었고, 세상이 바뀐 후에는 그 공로를 인정받아 자치대를 맡게 되었다는 '이국충신(二國忠臣)'의 논리로 자신을 변론하는 입장을 보인다. 부역자라는 꼬리표에 대한 공포감이 이와 같은 이야기를 만들어 냈다고 판단된다. 혐의를 벗기 위한 부단한 노력으로 극적인 허구가 가마된 경험담을 생산해 내는 의식의 기저에도 역시 분단트라우마가 강하게 작용한 것이라 하겠다.

한편 시집살이 여성 생애담 조사를 전국적으로 실시하는 가운데 시집살이보다 더 큰 상처로 다가온 사건으로 분단의 트라우마를 든 지역이 제주도와 지리산 인근 지역이었다. 이 두 지역은 한국전쟁 이전에 4·3사건과 여순사건이라는 이데올로기 갈등을 겪으며 양민학 살이 일어난 지역으로, 이들 여성들에게는 지옥 같은 일상의 시집살 이나 가난보다 성폭력의 위기와 생명의 위협이 더욱 무서운 기억으로 남아 있었다. 그 기억은 60년이 넘었지만 어제의 일처럼 구체적으로 묘사되는 것으로 보아 강렬한 트라우마로 작용하였음을 알 수 있다.

3. 분단트라우마의 포괄성과 현재성

해방 이후 분단과 한국전쟁, 분단체제가 지속되는 가운데 분단트 라우마를 야기한 남북의 갈등 상황은 헤아리기 힘들 정도로 많다. 역사적 사건으로 인식되고 그 파장이 지대한 사건들을 한국전쟁 이 전부터 헤아려 보면, 제주의 4·3사건, 여순사건에서 시작하여 현재까 지 크고 작은 사건들이 연속되고 있다. 세부적이고 정밀한 통계로 접근하지 못했지만 대강을 살피면 다음의 표와 같다.

일시	사건	지역분포	분단트라우마의 양상과 규모[7]
1948.04.03~ 1954.09.21	제주 4·3 사건	제주도 전역	– 국가 차원의 양민학살 – 최소 2만 5천~최대 8만명 – 30만 제주도민 연관
1948.10.11	여순사건	호남 남해안과 지리산 백운산 인근	– 반란군의 양민학살 – 반란군 보급투쟁 중 피해 – 반란군 토벌과정의 약탈
1950.06·25	한국전쟁 발발	한반도 전역	– 남한 살상자 100만명 – 북한 살상자 113만명 – 미군에 의한 양민학살[8] – 국군에 의한 양민학살 – 인민재판의 민간인 학살 – 피난민 650만명(1951.3기준)
1950.10.25	중공군 참전	조선족 사회	– 한국전쟁 전 5만 5천~6만 투입[9] – 항미원조전쟁 2만여 명 참전[10]
1950.12.14	흥남철수	북한 지역	– 1천만 이산가족
1953.07.27	휴전협정	한반도 전역	– 상이군인 45만명 – 전쟁미망인 20만명 – 전쟁 고아 10만명
휴전~현재	어선납북	해안 지역	– 납북자 3,796명, 3,316명 귀환 – 납북어부 427명(2008.11 기준)[11]
1999년 이후	탈북자 급증		– 탈북자 2만명

    한국전쟁 중 당한 참담한 살상은 당대의 사건으로 끝난 것이 아니다. 남과 북이 공히 전쟁 후 공과를 따져 연좌제의 굴레를 그 가족들에게 씌워 트라우마를 야기했다는 점을 간과해서는 안 된다. 연좌제 적용의 범위를 직계에만 한정하더라도 위의 피해에서 4~5배는 많은 숫자가 상처를 안고 살아간다고 볼 수 있겠다.

    그리고 또 주목할 부분은 휴전 이후 납북된 사람들(대다수가 납북어부)이 당한 고통이다. 표에서 보면 납북 후 90% 가까이 귀환한 것으로 보여 그 트라우마의 규모가 제한적일 것으로 판단된다. 그렇지만 그

---

7) 피해 규모에 대한 통계는 인터넷 백과사전을 주로 참조하여 종합하였다.
8) 미군양민학살 사이트 http://www.koreanmassacres.com 참조.
9) 김중생, 『조선의용군의 밀입북과 6·25전쟁』, 명지출판사, 2000, 159쪽 재인용.
10) 중국 조선민족 발자취 총서 편찬위원회, 『창업』, 북경: 민족출판사, 1994, 77쪽 재인용.
11) 엄경선·장재환, 『동해안 납북어부의 삶과 진실』, 설악신문사, 2008, 56쪽 참조.

들에게는 북을 한번 경험했다는 이유로 평생 꼬리표가 붙어 감시와 통제를 받았으며, 이 전적이 대를 물려 연좌제 적용을 받기까지 했다.

사건의 규모가 크든 작든 여기서 주목해야 하는 것은 그 사건의 현장에서 외상을 당한 사람이 반드시 존재했다는 점이다. 위의 표에서는 드러내지 못했지만 수많은 국지전적 성격의 전투 피해자들, 용공과 간첩단 사건에 연루된 피해자들 등을 포함하면 분단 이후 현재까지 우리가 겪은 분단의 트라우마는 전 국민적이라고 할 수 있겠다.

우리는 분단의 트라우마를 논의하면서 남한 사람들의 피해만을 염두에 두는 경향이 크다. 그렇지만 한국전쟁은 남과 북이 싸운 전쟁으로 북쪽 사람들이 당한 트라우마 또한 고려해야 할 것이다. 남에서 월북자 가족들이 당하는 고통과 연좌를 북에서는 월남자 가족들이 유사하게 적용받아 성분이 검어지게 되었다는 점을 간과해서는 안 된다.

아울러 분단의 트라우마는 재외 거주 동포에게서도 찾을 수 있는데, 한국전쟁 발발 당시 인민군으로 참전한 조선족, 중공군이 개입한 항미원조전쟁에 참전한 조선족들의 트라우마 역시 분단트라우마로 고려의 대상이 되어야 할 것이다. 이렇게 본다면 한국 분단을 통한 분단트라우마는 지리적으로도 그 범위가 우리 영토의 범위를 넘어선 포괄적 폐해임을 확인할 수 있다.

최근 통계에 의하면 1999년까지 누적된 탈북자가 1,000명이던 것이 2010년 11월 2만 명을 넘었다고 한다. 이들은 북한의 경제 상황이 어려워 식량을 찾아 중국으로 탈북한 경우가 대부분인데, 남한으로 귀국하기 전 짧으면 3~4년 길면 7~8년을 중국에서 유리하는 삶을 살면서 형언할 수 없는 고통을 당하고 있다. 요행히 남한 입국에 성공하게 되면 사회 적응 문제가 다시 고통으로 다가온다. 이들이 겪는 고통 역시 분단으로 야기된 트라우마라고 진단할 수 있다. 그렇다면 분단의 트라우마는 전 국민적이고, 전 민족적이며, 현재 진행형이라고 할 수 있겠다.

4. 분단트라우마의 사례들: 속초지역을 중심으로

2장에서 구술조사 현황을 설명하면서 분석 대상으로 삼을 사례로 21건을 들었다. 이들의 사례들을 면밀히 검토하는 가운데 분단트라우마의 실체와 유형의 기초를 마련할 수 있다고 판단하였다. 그러나 이 글에서는 지면의 한계로 전체에 대한 논의로는 나아가지 못했다. 그 가운데 분단트라우마의 양상이 복합적으로 얽혀 있는 속초지역의 사례를 우선 분석하고 다른 사례는 후속 연구를 기약한다.

1) 잔재 공산주의자로 낙인: 속초 토박이의 사례

속초 지역의 조사는 '아바이마을(청호동)'을 염두에 두고 기획되었다. 소개로 만난 지역 활동가 엄**씨는 구술조사의 취지를 듣고 적극적으로 도움을 주었다. 사전에 연락을 취해 둔 노**씨(69세)에게로 우리를 인도하였고, 그 역시 지역 역사에 밝은 제보자에게서 분단과 한국전쟁 당시의 정세를 듣고 싶어 하였다.

제보자는 속초 토박이라고 자신을 소개하고 속초의 지리적 특징을 먼저 언급하였다. 한국전쟁 전 이북 땅이던 곳이 휴전 후 이남이 되었다는 사실을 주지하면서 속초 지역 사람들의 '사상과 이념'에 대해서 이야기하겠다고 하였다. 제보자가 비교적 담담하면서도 깊이를 두고 이야기한 내용은 월북자 가족이라는 명칭에 대한 항변이었다. 속초가 원래 이북 땅이었으므로 월북이라는 말은 성립되지 않는다는 것이다.

여기 사람들은, 여기 사람들을 갖다가 월북이라는 얘기는 거 잘못된 얘기요! (청중: 월북이 아니라 피난을 간 거죠) 그니까! 여기서 살다가 피난을 간 거지. 그니까 원산 갔고 평양 갔고, 뭐 함흥 갔고 뭐 이케 갔으니까 (손짓하며) 여기 사람들이 이북에서 이북으로 간 건대 근데 왜 월북이라고 얘기하냐 그거지. (청중: 같은 지역에서 지역으로 간건대.. 응~) 그렇지 같은 지역에서 지역으로 간 건대. 피란을 간건대. 남한에서 저 짝으루 저 전라도나 경상도 짝에서(손짓을 하며) 경기도 짝에서 저 짝으로 간 사람은 월북인이라 그래야지, 여기 사람들 갖다가 월북인이라 그러믄, 그니까. (청중: 그니까 북쪽 지역에서 지역으로 옮겼다는건데.) (다른 청중이 응수하며: 그니까 월북이라는 그 말이 사실 상처죠.)

그담에 한 가지는 여기 38지역이니까 여기 마주대고 싸우던 지역이였는데, 그때는 뭐 전부 이북 쪽이니까 여기 젊은이들이 취업 관계라든가 여기 학교 관계 그런 것들이 있어서 원산이나 평양 쪽으루 엘리트들이 엘리트들이 해방되구, 엘리트들이 전부 해방되구 전부 저기 원산이나 평양 쪽으루 가서 공부한 겁니다.

제보자는 한국전쟁에서 북한이 밀렸을 때 이 지역 사람들이 북으로 올라간 것은 엄연히 피난이라는 사실을 강하게 주장하고자 하였다. 그리고 전쟁 전 이 지역의 모든 생활권은 원산이었고, 더 큰 도회지는 평양이었음을 강조하였다. 산맥이 가로 막혀 영서지역으로는 교통편이 거의 없었지만 원산까지는 철도가 있어 동일 생활권이었다고 한다. 그래서 학교 진학이나 취업도 일제강점기부터 모두 원산이나 평양에서 이루어졌다고 한다.

구체적인 당시 정황을 들어 월북자라는 용어에 대해 반감을 표하면서 자신도 월북자 가족으로 산 세월에 대한 울분을 토로하기도 하였다. 구체적으로 누가 북에 있는지는 언급하지 않았지만 뒤에 누이가 전쟁 전에 평양으로 시집을 간 것으로 파악되었다.

제보자는 분단트라우마의 복병이라고 할 만한 연좌제에 대한 억울함으로 화제를 옮겼다. 특히 군사 정권 때 월북자 가족이라는 연좌제에 걸려 군대에 가서도 고초를 겪었고, 직장생활이나 공무원 시험도 응시하지 못한 구체적인 사실들을 열거하였다.

그래서 저기 아, 그 직장 생활한다던가 군대갈 때만 해도 그 불이익을 당했단 말이야. 나 같은 건 이제 가족들이 이제 이북에 시집 장가, 저 누나두 시집가구 그랬거든. 나두 이제 그, 그러해 가지고 군대에 갔을 때는 십팔 번이라구서 뻰치카를 돌려놓는 그와 같은 일도 있었고, 그, 그담에 직장 생활할 때 직장 생활할 때 공무언시험 쳐도 불이익을 당했고..

　　이러한 연좌제의 폐해가 자신의 당대에 끝나지 않고 자식대로 대물림되는 현실에 대해 이야기할 때는 처연한 모습을 보였다. 아들이 지역에서 공부도 잘하고, 인물이나 체격이 모두 좋았지만 사관학교 진학은 아예 꿈도 꾸지 말라고 체념시켰다는 것이다. 아들의 장래를 부모 세대의 사건으로 막을 수밖에 없었던 눈물겨움과 자식에 대한 미안함을 함께 표출하였다.

　　그리고 자신과 같은 속초 토박이에게 붙은 '잔재 공산주의자'라는 용어를 언급하였다. 함께 조사에 임한 엄**씨도 지역활동가로서 다양한 사람을 만나고 사연을 접했지만 처음 듣는다는 반응을 보였는데, 제보자는 서울의 대학에서 온 조사자들에게 그동안 감춰왔던 치부를 드러내듯 자신의 '닉네임'을 언급한 것이었다.

　　여기 인제, 어 그루이까 잔재공산주의자라 그른단 말이야. 아, 거 있자나 거 뭐야. 군사 정권 때 신혼조회하면 여기 이북사람 가족덜이, 이북에 지금 얘기한대루 가 있다 그래 가지구, 간 사람덜, 그담에 가족이 이북에 갔고, 이북에 있고, 여기 사람들은 가족들 가운데 일부가 갔고 형제가 갔고 부모도 있고 동생도 있단 말이야. 잔재 공산주의자란 말이야. 잔재 공산주의. 그렇게 닉네임을 갖다가 붙였단 말야.

　　이 '잔재 공산주의자'라는 용어가 월북자 가족을 지칭하는 일반적인 용어는 아닌 듯하므로, 군사 정권 시절 북에 가족이 있는 자신과 같은 속초 토박이들을 감시 통제하는 정보기관 사람들에게서 들은 용어로 판단된다. 이 말이 너무나 큰 상처로 와 닿았으므로 그동안 통 언급도 하지 않았음을 확인할 수 있다. 반공주의가 국시처럼 횡횡하던 시기에 공산주의자로의 낙인은 천형과 같은 것이었다. '잔재'라는 의미 역시 찌꺼기, 폐기해야 대상을 의미하는 말이므로 이 말을 듣는 당사자의 열패감은 가히 짐작하고도 남음이 있다.

제보자는 사회주의 사상을 가지고 전쟁 중 월북한 인사들의 가족과 토박이로 그 자리에 눌러 앉았던 자신들을 동일하게 취급하는 국가 기관에 대한 불신이 가득했다. 흔히 월북자 가족들이 세상에 대해 처신하는 방식은 침묵하기[12]라고 한다. 아버지나 오빠의 월북 사실을 알게 되는 순간부터 최대한 숨기고 침묵하다가 부득이 타인에 의해 알려질 상황에 처하면 커밍아웃을 하게 된다는 방식과는 달리 속초 토박이는 자신의 억울함을 털어 놓고 국가 기관에 대한 불만도 털어 놓고 있었다. 이는 아마도 최근에야 가능한 운신의 폭으로 짐작되었다.

제보자는 속초 토박이이고 지역에서 명망이 있는 인사로서, 지역 역사 편찬 작업에도 관여하고 '속초 아바이마을 정착사', 월남인 구술조사에도 관여하고 있었다. 월북 가족으로 낙인찍힌 자신의 처지와는 대비되는 속초의 월남인들에 대해 다소의 반감을 가지고도 있었다. 월남자들 역시 북에 가족이 있는 경우가 있지만 김일성이 싫다고 내려왔다는 이유로 연좌제를 적용시키지 않는 정부의 불공정한 정책에 대한 불만과 자신이 참여한 월남인 대상 구술조사 과정에서 그들이 북에 남은 가족 사항이나 고향에 대한 정보를 쉽게 드러내지 않음에 대해 불만을 표시하기도 하였다. 그러면서도 그들의 처지도 이해가 된다면서 '그럴 리는 없겠지만, 만약 적화통일이 될 경우 그 사람들에게도 내가 당한 불이익이 갈 것'이기 때문에 구술에 응하지

---

12) 조은, 「전쟁과 분단의 일상화와 기억의 장치: 월남 가족과 월북 가족 자녀들의 구술을 중심으로」, 『전쟁의 기억 냉전의 구술』, 선인, 2008, 70~76쪽 참조.

않음을 이해한다고도 하였다.

분단체제 속에 월북자 가족은 자신을 최대한 낮추고, 가족의 월북 사실에 침묵하는 방식으로 세상을 살아가고 있다. 국가의 감시나 통제가 따로 있는 것이 아니지만 활개를 치고 자신의 처지를 드러낼 수는 없는 안타까운 상황이다. 그러나 속초 토박이들의 경우는 자신의 억울함을 드러내고자 하는 의지가 충만해 있다고 볼 수 있다. 그렇다면 그들에게 월북 가족이라는 용어보다는 '재북 가족'의 용어로 바로 잡아 주어야 하는 것이 합당하지 않을까.

2) 남은 생은 북에 두고 온 처자식에게: 아바이마을 월남가장의 사례

속초 아바이마을의 터주대감과 같은 여**(84세)씨는 함경도 신포 출신으로, 속초 아바이마을을 처음 개척한 사람이라고 자신을 소개하였다. 그는 담담하게 자신의 월남 과정과 북에 두고 온 부인과 딸에 대해 구술하였다. 제보자의 월남과정과 이산의 상황은 드라마에나 나올 법하게 기구하였다.

에! 그루구 부락에서 나와두 좋구 안나와두 좋은 사람들이 우리가 나오믄 부락에서 저 그, 치안대원 나오이까 이 사람들이, 이 사람들을 따라나오이까 우리 딸이 따라 나오게 됐지.

그때 목선이 세 척이 출발하게 됐어. 세 척이 출발해 나오다가 함흥, 거 함흥에 와서 그루다 시방 그 밤을 새우는데, 내가 일호선 탔는데, 일호선 타구 내러와 보이까 여게가, 여게가 내 가족을 보이까, 그루이까 가보이까 내 가족두 굶구 오다가 (몸을 쪼그리며) 영 요러구 있어요. 그른데 이 삼호선에 가 보이까, 그 삼호선에 가 보이까, 이 배에는 여유가 있더라구. 그래서 내딴엔 또 가족을 펜안이 데리가구퍼서 여기 있는 거 삼호선에루 옮게 났거든. 그루구서 그때는 출발, 세 대가 출발했는데 우리랑 이호선에 탄 사람덜이랑, 만약에 다 여게서 다 우리가 잽페서 피해루 보는 사람들이니까 죽으나 사나 나가야지. 근데 이 사람들은 안 나가두 좋으이까 이짝 나가던 사람들루 나더뻐리구 도루 들어가 뻐렸단 말이야.

제보자의 집안은 북에서 어선 몇 척을 운용할 정도의 여유가 있었고, 고등교육을 받아서 전쟁 전 고향에서 교사로 활동하였다고 하였다. 전쟁 후 연합군이 밀고 올라왔고, 남한에서와 같이 자체 치안대를 조직하여 치안을 담당하라고 권하여 제보자가 주도하게 되었다. 그때 24세로 막 결혼을 하여 딸을 하나 둔 상태였다. 그런데 중공군의 개입으로 연합군이 후퇴를 결정하고 미리 치안대에 관여한 청년들은 남으로 피하라고 통보하였다. 목선 세 척을 준비하여 맨 앞의 배에는 치안대 청년들이 타고, 두 번째에는 그 부인들과 자식들이 탔으며, 세 번째 배는 북에 남아도 생명의 위협을 당하지 않을 마을 사람들이 타고 남으로 떠나는 사람들을 따라 나섰다. 내려오던 중 배가 풍랑을 만나 힘든 상황에서 잠시 정박했는데, 두 번째 배에 탄 가족이 궁금하여 가보니 부인이 어린 딸을 안고 비좁은 배 바닥에 굶주려서 웅크리고 있었다. 세 번째 배는 여유가 있어 보여 그곳으로 옮겨 주고 출발했는데, 풍랑이 심하니 생명의 위협이 없는 3호선의 사람들은 다시 고향으로 배를 돌려 들어가 버렸다는 것이다. 그나마 위안을 삼은 것은 고향에는 부모님과 동생들이 있으니 얼마간만 기다리면 만날 수 있으리라 생각한다. 그런데 고향의 부모는 큰 아들이 피난을 가니 다음날 가산을 정리하여 마을의 일가친척을 모두 싣고 남으로 피난길에 올랐다. 이렇게 기구하게 이산이 되어 평생을 보지 못하게 되었다는 사연을 담담하게 풀어 놓았다. 이 사연을 듣는 조사자들은 모두 무릎을 치며 안타까움을 표하였지만 제보자는 감정의 기복을 보이지 않았다.

제보자는 자신의 이 기구한 사연을 일본의 NHK방송과 독일의 방송 등에서 여러 차례 취재해 갔다고 하면서 사진이나 영상 자료를 방송에 내보내는 것을 원치 않는다고 하였다. 그 이유가 북에 있는 부인과 딸에게 피해가 갈까봐서 그런다는 것을 나중에야 알게 되었다.

　제보자는 이 같은 이산이 평생 한으로 자리를 잡은 듯하였다. 속초로 들어와 모래 벌판 청호동에 자리를 잡은 것도 북한과 왕래가 뚫리면 가장 먼저 달려가기 위함이라고 하였다. 휴전이 되고 북과의 왕래가 쉽게 이루어지지 않을 것으로 판단하고 27세에 지금의 부인과 재혼을 하게 되었다. 슬하에 5남 1녀를 두었는데, 모두 공부를 시켜서 공무원, 개인 사업, 병원 수간호사를 한다고 하였다. 제보자는 자신의 삶에 대해 '무척이나 열심히 살았고, 비교적 성공적인 삶이었다'고 자평하였다. 가정에도 충실하였고 부인에게도 자상13)하다는 인상을 받았다. 그리고 자식들에 대한 애정도 각별함을 드러냈다.

　그런데 이렇게 행복한 생활 중에도 북에 두고 온 가족에 대한 그리움은 매우 절실했다고 판단되었다. 1992년 중국과 수교가 되자 제보자는 자신의 모든 인맥을 동원하여 연변으로 달려갔다고 했다. 수교 초창기라서 한국 사람들이 거의 왕래를 하지 않을 시기지만 아내와 딸의 생사를 확인하기 위해 백방으로 노력을 기울였다고 하였다. 장기간 머물 생각에 조선족 집에 하숙을 정하고, 하숙집 여주인을 북에 보내 가족을 찾아 줄 사람을 구했다고 한다. 각고의 노력 끝에 부인과 딸의 생사를 확인할 수 있었지만, 만날 수도 없었고 편지를 전하지도 못했다고 한다. 거금을 주고 산 심부름꾼이 가져온 사진 한 장을 얻고 정황을 들은 것이 전부라고 하였다. 딸에게 의탁하여 비교적 안정되게 사는 부인이 만남을 거부했다는 것이다. 사위가 당 간부로 요직에 있는데, 장인의 존재를 전쟁 중 사망한 것으로 알고 있어서 자칫 딸에게 피해가 갈까봐 연락 자체를 거부한 것이라 하였다.

　제보자의 이산가족에 대한 그리움은 절절하다고 판단되었다. 중국을 여러 차례 드나들었는데 '남한의 부인이나 자식들이 서운해 하지

---

13) 제보자의 집으로 방문하였을 때 부인이 수술을 받고 요양 중이므로 외부에서 조사에 임하겠다고 하였다. 인근 식당에서 조사가 이루어지는 동안 식사를 대접하고자 하였으나 집에 가서 부인과 함께 하겠다고 극구 사양하였다.

않았냐'는 조사자의 질문에, 가족들을 모두 모아두고 '지금까지 너희를 위해 열심히 살았다. 이제 남은 생은 북의 가족을 위해 살겠다'고 말했으며, 가족들 모두 수긍했다고 한다. 처음 생존 사실을 알았고, 주소를 알았을 때 국경을 넘어서라도 만나러 가겠다는 마음을 냈다고 한다. 그러나 60대 중반의 체력으로는 도저히 엄두가 나지 않아 마음을 접었다고 하였다.

불같이 일었던 이산가족에 대한 그리움은 아내와 딸이 북에서 비교적 안정적으로 생존한다는 사실을 접하는 순간 어느 정도 가라앉았다고 한다. 그리고는 다시는 소식을 접할 수도, 접하려고 마음을 내지도 않았다고 한다. 조사자는 어떻게 그렇게 되더냐고 물었다. 대답 없이 빙긋이 웃었다. 그 웃음의 의미를 체념쯤으로 생각하였다. 그러나 제보자는 자신이 그렇게 백방으로 수소문하는 가운데 40년 넘어 가슴속에 쌓였던 미안함이 어느 정도 해소되더라고 하였다. 자신의 실수로 북으로 돌아가서 평생을 만나지 못한 것에 대한 미안함과 속죄의 마음이 강한 트라우마로 작용한 것이라 판단되었다. 그러나 조사의 마지막 순간에 던진 말에서 남편으로서, 아버지로서 역할을 못한 것에 대한 죄책감을 넘어선 무한한 그리움을 읽을 수 있었다.

사람 인생이, 나두 이젠 팔십너이요. 갈데가 다 온 것 같은데. 죽기 전에 돈이나 안구 들어가서 고향땅을 밟았으믄 좋겠는데... 그게 지금 제일 소원이여. 그 거기 있는 할머이두 그렇구.

월남인들이 남한사회에서 가지는 정치적 입장은 다분히 보수지향적이고, 이북5도민회와 같은 조직의 구심점이 '반공'이라[14]는 진단

14) 조은, 「전쟁과 분단의 일상화와 기억의 장치: 월남 가족과 월북 가족 자녀들의 구술을 중심으로」, 『전쟁의 기억 냉전의 구술』, 선인, 2008, 66~70쪽 참조.

은 대체로 틀리지 않다고 본다. 그리고 이북5도민회 멤버들이 남북 이산가족 상봉에 소극적이라는 것도 사실일 수 있다. 그렇지만 그와 같은 진단은 다분히 정치적 잣대를 적용한 결과이고, 집단적 차원의 입장이라고 할 수 있겠다. 이주한 삶이 타향에서 정착하기 위해서는 현실에 안주하고, 정권에 동조하는 것이 최선의 처세일 수 있기 때문이다.

그러나 개인의 삶 속에서 이산의 고통은 지극히 순수하고 처절함으로 자리할 수 있음을 느낀다. 부모를 비롯한 지근의 사람이 죽으면 왜 그렇게 슬피 우는 것일까? 여러 대답이 있겠지만 보고플 때 볼 수 없어서, 그리움에 사무칠까봐 눈물이 솟구치는 게 아닐지. 하물며 살아서 저만치 있는데도 만날 수 없음에서 오는 애절함이야.

3) 반병신·반벙어리로 살아 온 삶: 동해안 납북어부 조사자의 사례

속초지역의 또 다른 분단트라우마의 극한 양상은 납북어부와 그 가족에게서 찾을 수 있다. 휴전 이후 현재까지 4,000명 가까운 숫자가 납북되었고, 안타깝게 귀환하지 못한 경우도 있지만 대부분은 남으로 돌아 왔다. 그런데 이들의 귀환 후 삶은 죽음보다 더 고통의 나날이라고 한다. 북의 체제를 경험했다는 이유로 간첩의 혐의를 뒤집어씌우기도 하고, 정보기관의 감시는 10년이 지나도 그치지 않는다고 했다.

조사과정에서 납북어부를 직접 접할 수는 없었다. 귀환과 동시에 정보기관에 끌려가서 모진 고문을 당하면서 북에서 당한 세뇌보다 더 무서운 함구의 세뇌를 받게 되므로 누구에게도 자신들의 처지를 내비추지 않는다는 것이다. 가까운 친구에게도 북에서의 경험은 절대 발설해서는 안 되는 금기의 기억이라고 한다. 잠자리에 들면 오직 아내에게나 한번 쯤 되뇔 수 있는 겪지 말아야 할 기억인 것이다. 그래서 납북어부를 속초에서는 반병신, 반벙어리라고 지칭한다.

이 어부들이, 그 가족들은 이제 다 남북과 관련된 상처와 아픔을 안고 산다구요. 그, 그 사람덜두 역시 반벙어리에요. 지금까지두 반벙어리에요. 쪼꼼 세월이 좋아지니까 쪼꼼 말문이 열렸지, 다 반벙어리, 반병신이지. 육체적으루두 반병신이였구, 정신적으루두 반병신이였구. 얘길 안합니다. 그 사람덜이 거길 가서두 거 고촐 당하구, 거 했던 거 얘길 안합니다. 저기 저 뭐야, 이북에 들어갔던 미군아 하나가 요즘에 거기 가서, 거 신문에 나구, 거 그러잖아. 가 거 정신이상 거, 그 친구가 말 못하는 얘기 지금 신문에 나잖아. 마찬가지야. 거 가서 세뇌에 세뇌공작을 받았기 때문에, 그거 얘길 안하는 겁니다.

납북 당사자들이 귀환 후 육체적으로 심한 고문을 당해 몸을 상하고, 정신적으로 황폐화되는 것과 마찬가지로 그 가족들도 그에 상응하는 고통을 당한다고 한다. 현재 납북어부 피해자는 가족을 포함하면 대략 1만 8천명 규모라고 한다. 이들은 철저하게 연좌제에 통제를 받았고, 현재도 유효한 규정이라고 한다. 결국 분단의 트라우마는 현재 진행형임을 깨닫게 하는 또 다른 사례라고 하겠다.

구술조사 과정에서 접한 속초지역은 분단트라우마가 복잡한 양상으로 혼재하는 곳이었다. 아바이마을을 중심으로 사는 월남인들, 영랑호 일대에 산재한 속초 토박이들, 생업의 현장인 바다를 버리고 시내로 스며든 납북어부들이 주거 구획을 특징적으로 나누어 살아가는 모습이 외형적으로는 평온해 보였다. 그러나 구술을 통해 트라우마의 실상을 접했을 때 그들이 주거 구획을 정해서 살아가는 이유를 알 수 있었다. 분단으로 야기된 트라우마를 모두들 안고 살아간다는 외형적 동일성은 있지만, 그 트라우마의 실상을 매우 이질적인 것이었다. 이질적인 트라우마 경험자들이므로 서로에 대한 시각도 때로는 반감으로 표출되고, 더 나아가 적대감으로 나타나기도 한다. 분단이라는 원인으로 야기된 병증을 함께 앓고 있으니 서로에 대한 이해의 폭이 넓을 것이라는 동병상련에 대한 기대는 쉽지 않아 보였다. 그 이유는 분단트라우마의 양상이 상반되었고 거기에 더하여 국가의 정책이 불공평한 데서 비롯된 것이다. 분단을 바라보는 시각의 차이는 지속적으로 또 다른 갈등을 낳을 것이고, 이것이 새로운 분단트라우마로 자리매김할 것이다.

납북어부의 억울함을 대신 토로한 엄**씨는 속초 지역 사람들의 분단트라우마를 다음과 같이 진단한다.

지금 현재도 사실 지역적, 아까 말씀드렸던 특수성으로 그분들에 대한 상처도 뭐 충분히 치유가 안 되긴 했지만 거거는 그 이후에 이쪽이 이제 접경지역이다 보니까, 특히 또 바다에서 어부들 같은 거로만, 납북 사건으로 인해 갖고, 최근도 지금 과거사 진실화해위도 활동도 종료되는데, 규명되여야 할 문제라든지 억울하게 간첩사건으루 연루된 사람들이라든지, 또 이제 실제 국가보안법 위반이나 반공법 위반이나 그런 거 딱지가 찍혀 가지고 그냥 돌아가신 분들. 아직도 그걸 안고 있는 분들, 이런 문제들이 지금 전혀 해결이 지금 못 되고 있는거구요.

그리구 또 과거만 얘기를 할 뿐만 아니라, 또 지역 같은 경우는, 또 지역적 정체성의 문제, 인제 치유의 과정이라면은 사실은 이 이북 출신의 실향민들이 뭐 자기 정체성들이 점차 퇴색되고 치료가 아니라 망각이 되는 거죠. 에, 망각이 되가는 것도 있고, 이 남북간에 화해와 협력에 그들이 사실 어떤 존재로 사실 남아야 될지 그 위치 설정이라든지 또 지역이, 또 문화적으라든가 자기 정체성을 어떻게 가지고 나가야 되는지가, 또 답을 좀 못 내고 있는 건 아닌가...

분단트라우마에 대한 치유 방안을 찾기 전에 현실에 안주하고 아픔을 망각하면서 아무 일도 없었다는 듯이 일상에 동화되는 현상을 안타까워하고 있다. 분단트라우마를 겪은 사람들이 트라우마 실체에 대해 자각하고, 자기 정체성을 확립하는 것이 치유의 길을 찾는 첫

걸음이라는 말이다. 고통이 가해지면 아파할 줄 알고, 그 아픔의 원인을 파고드는 가운데 치유의 길은 찾아질 것이다.

5. 분단트라우마 치유를 위한 노력

분단트라우마는 다양한 양상들이 상호 길항관계에 놓인 경우가 많다. 외세에 의해 가해진 트라우마가 아니라 우리끼리의 갈등이었고, 전쟁이었으므로 쌍방이 모두 심각한 상처를 입었다. 그럼에도 우리는 모두 나의 상처에 대해서만 아프다고 한다. 그리하여 서로에 대해 책임을 전가하고 비방하는 가운데 또 다른 양상의 분단트라우마를 양산하고 있다.

내가 입은 상처에 비해 상대가 입은 상처가 작아 보일 때는 앙앙불락하며 복수를 기도하고, 자신의 대에 이룰 수 없으면 대를 물려서라도 복수를 해야 한다는 의식도 강하다. 적대감, 복수심, 불구대천(不俱戴天)의 분단서사 키워드는 사회화의 과정에서 마치 행동 강령처럼 우리에게 주입되고 있다.

서로 전쟁을 한 원수지간이니 상대가 어떤 피해를 입었는지, 그 트라우마가 얼마나 큰지에 대해 고려해야 한다고 말하면 지나치게 오지랖이 넓다고 비난받기 십상이다. 원수이니 다시는 상대를 할 필요가 없다고 결별을 선언하고, 이것이 현실화된다면 분단의 트라우마에 대해 이렇게 고민을 하지 않아도 될 것이다. 그러나 우리 사회에는 월남자와 월북자 가족이, 탈북자와 귀환 납북자가 함께 살아가고 있으며, 인공시절 아버지를 죽인 원수의 아들이 이웃 마을에 살아 있기도 하다. 이들은 각자가 살아가는 처세의 방법을 각고의 노력으로 개발하면서 자신의 트라우마를 덮어버리고자 한다. 가장 손쉬운 방법이 망각일 수 있다. 그러나 분단이 지속되는 한 특정한 계기만 부여되면 망각한 상처는 서물서물 되살아나게 된다.

결국 망각의 처방은 분단의 트라우마를 치유하는 방안으로 효과적이지 않은 것이다. 오히려 트라우마의 실체를 파악하고, '너도 아프냐, 나도 아프다'고 커밍아웃하면서 상호 이해를 전제로 소통을 꾀하는 가운데 치유가 가능할 것이다. 그리고 그 소통을 위해 노력하는 가운데 분단의 해소가 불현듯 도래한다면 더 이상의 분단트라우마는 생겨나지 않을 것이다.

김귀옥 외, 『전쟁의 기억 냉전의 구술』, 선인, 2008.

김귀옥, 「정착촌 월남인의 생활경험과 정체성: 속초 '아바이마을'과 김제 '용지
　　　농원'을 중심으로」, 서울대 박사논문, 1999.

김귀옥, 『이산가족, '반공전사'도 '빨갱이'도 아닌…』, 역사비평사, 2004.

김종군, 「지리산 인근 여성 생애담에 나타난 빨치산에 대한 기억」, 『인문학논총』
　　　47집, 건국대학교 인문학연구원, 2009.

김준기, 『영화로 만나는 치유의 심리학』, 시그마북스, 2009.

박경열, 「제주 여성 생애담에 나타난 4·3의 상대적 진실」, 『인문학논총』 47집,
　　　건국대학교 인문학연구원, 2009.

박찬승, 『마을로 간 한국전쟁』, 돌베개, 2010.

박태균, 『한국전쟁』, 책과함께, 2005.

엄경선·장재환, 『동해안 납북어부의 삶과 진실』, 설악신문사, 2008.

염인호, 『또하나의 한국전쟁: 만주조선인의 '조국'과 전쟁』, 역사비평사, 2010.

이임화, 『전쟁미망인, 한국현대사의 침묵을 깨다』, 책과함께, 2010.

조 은, 「전쟁과 분단의 일상화와 기억의 장치: 월남 가족과 월북 가족 자녀들의
　　　구술을 중심으로」, 『전쟁의 기억 냉전의 구술』, 선인, 2008.

주디스 허먼, 최현정 옮김, 『트라우마』, 플래닛, 2009.

중국 조선민족 발자취 총서 편찬위원회, 『창업』, 북경: 민족출판사, 1994.

http://www.koreanmassacres.com

북한이탈주민의 탈북경험담에 나타난 트라우마 분석

: 『고난의 행군시기 탈북자 이야기』 이승준 사례를 중심으로

강미정

1. 북한이탈주민의 트라우마에 대한 선행연구

북한이탈주민들이 경험한 사건의 심각성에 대해서는 대부분 인지하고 있다. 심각한 사건의 외상이 정신적인 건강에 위해를 끼칠 것이라는 점도 충분히 예상 가능한 것이다. 그와 함께 북한이탈주민이 힘겨워하는 정신적 문제에 대한 연구에서는 고통스러운 경험과 외상후 스트레스 장애는 깊은 관련이 있음도 자주 언급된다.

최근 남한 내에 거주하고 있는 북한이탈주민 200명을 분석한 논의에 따르면 연구대상자 200명 중에서 59명(29.5%)이 PTSD, 즉 외상후 스트레스장애로 진단되었으며, 이 중에서도 남성은 전체 117명 중에서 28명(23.9%)이, 여성은 전체 83명 중 31명(37.4%)이 PTSD로 진단되어 여성이 남성보다 PTSD 유병률이 높다고 한다. 그리고 이러한 경우에 유병률은 학력과는 큰 관련성이 없다고 한다.[1]

그런가하면 장기적으로 반복적으로 외상에 노출되어 있는 북한이

탈주민들은 전형적인 PTSD의 기준보다는 C-PTSD[2]의 진단이 더 적절하리라는 주장과 함께 남한에 거주하는 북한이탈주민들이 경험했던 심각하고 인권유린적인 장기적 고통의 시간들은 PTSD진단도구만으로는 한계가 있다는 논의도 제기되고 있다.[3] 그 외에도 북한이탈주민들이 심각한 외상에 노출은 되었었지만, 외상 후 스트레스 장애에 노출될 것이라고 단정하기는 어렵다는 의견도 있다.[4]

또 한편으로 북한이탈주민을 대상으로 면담을 진행하여 수집된 탈북경험담을 분석하면서 면접 대상자의 삶을 총체적으로 담아내려는 연구도 활발히 진행되고 있다.[5] 이처럼 여러 영역에서 진행되어 왔던 기왕의 연구들은 궁극적으로 북한이탈주민이 우리 남한사회에서 정착하면서 보다 안정적인 삶을 지속하는 데 도움이 될 것임은 분명하다.

나아가 북한이탈주민의 탈북경험담에 내재한 트라우마의[6] 특성

---

1) 홍창형·전우택·이창호·김동기·한무영·민성길, 「북한이탈주민들의 외상경험과 외상 후 스트레스 장애와의 관계」, 『신경정신의학』 44-6, 2005, 716쪽.

2) 허성호·최영진·정태연, 「북한이탈주민의 외상 후 스트레스 장애에 대한 진단」, 『스트레스연구』 16-4, 대한스트레스학회, 2008, 380쪽.
　"Herman(1997)이 제안한 C-PTSD는 아동기 학대, 가정 폭력, 장기화된 전투 상황과 같이 반복적이거나 지속적인 외상 경험으로부터 발생하는 증상들과 관련되고 있다. 특히 성격적인 변화에 초점을 두고 있으며, 또한 Pelcovitz et al(1997)은 C-PTSD를 "달리 구체화할 수 없는 극단적인 스트레스로 인한 장애"로 표현할 것을 제안하며 진단기준을 (1) 정서적 각성 조절 기능의 변화, (2) 주의력과 의식 기능의 변화(해리), (3) 신체화증상, (4) 만성적 성격 특성의 변화, (5) 의미체계의 변화 등을 제시했다. 이처럼 C-PTSD를 가지고 있는 사람은 학습된 무기력에 빠지게 되어 마치 새로운 환경에 잘 적응하는 것처럼 행동하지만 인간관계의 측면이나 성격적 측면에서 이상행동을 보인다. 가령 도피할 수 없는 상황에서 타인의 강압적인 힘에 의해 외상에 반복해서 노출되어 경험하게 되면 경계선 성격장애나 반사회적 성격장애가 나타날 수가 있다."

3) 위의 글, 380쪽.

4) 위의 글, 384쪽. "따라서 기존의 탈북자용 PTSD진단도구를 이용하여 진단했을 시에 북한이탈주민들이 자신의 삶을 지키기 위해 발달시켜온 적응의 전략을 이해하지 못하고 단지 병적인 증상으로 왜곡되게 인지하여 이들을 폄하할 수도 있다."

5) 김종군, 「구술을 통해 본 분단트라우마의 실체」, 『통일인문학논총』 51, 건국대학교 인문학연구원, 2011; 김석향, 「1990년 이후 북한주민의 소비생활에 나타나는 추세 현상 연구: 북한이탈주민의 경험담을 중심으로」, 『북한연구학회보』 16-1, 북한연구학회, 2012; 김종군, 「구술생애담 담론화를 통한 구술 치유 방안」, 『문학치료연구』 26, 한국문학치료학회, 2013.

을 살펴보고 그 특성이 향후 어떤 방향으로 전개될 것일지를 전망하는 것도 필요한 과제다. 북한이탈주민의 탈북과정과 관련된 경험담은 그들의 트라우마의 심각성이나 향후 대비해야 할 문제 상황에 대한 예방차원에서 다시 관찰할 수 있는 중요한 자료이기도 하다.[7]

이에 이 글에서는 북한이탈주민의 다사다난한 경험담을 곡진하게 담아낸 『고난의 행군시기 탈북자 이야기』에[8] 실려 있는 이승준(가명) 사례를 중심으로 트라우마의 탐색과 극복 방안을 논의하려 한다.

흔히 과거를 회상하면서 고통과 좌절, 그리고 분노를 표출하는 현상으로부터 아직도 과거의 외상으로부터 잔재되어 있는 트라우마가 있다고들 생각할 수 있다. 물론 그러한 상황에서도 트라우마를 관찰될 수 있을 것이다. 그러나 그러한 표출은 오히려 솔직한 것이고, 트라우마는 솔직한 자기감정과 분노의 드러냄을 통하여 소산의 단계를 맞이할 수도 있다. 그렇기에 드러나는 트라우마보다 더 위태로운 것은 감추어진 트라우마가 될 것이다. 그리고 감추어진 트라우마는 외

---

6) 이 글에서 말하는 '트라우마' 개념은 다음 견해를 고려한 것이기도 하다. 이병수, 「분단트라우마의 유형과 치유방향」, 『통일인문학논총』 52, 건국대학교 인문학연구원, 2011, 50쪽. "따라서 '트라우마' 개념은 단순히 임상학적 차원의 심리적 개념에만 머무는 것이 아니라, 고통을 경험한 수많은 이들의 아픔을 이해하려는 오랜 노력 속에서 지켜낸 투쟁의 결과물이자 망각과 은폐를 강요하는 기존 이데올로기의 허구성을 보여주는 생생한 증거이기도 하다."

7) 김종군, 「구술생애담 담론화를 통한 구술 치유 방안」, 『문학치료연구』 26, 한국문학치료학회, 2013, 109쪽. "이 글에서 다루는 구술 치유는 트라우마를 간직한 사람이 문제를 해결하고자 하는 의지를 가지고 조사자를 찾는 방식이 아니다. 오히려 조사자가 트라우마를 간직한 구술자를 방문하거나 청하여 경험한 이야기를 듣고 구술 자료를 수집하는데, 구술 조사 과정이나 구술한 이야기 속에서 트라우마의 실체를 파악하고 치유의 단초를 찾고자 하는 것이다. (⋯중략⋯) 구술조사에서 찾고자 하는 치유는 개인의 트라우마를 진단하고 이에 대한 치유 효과를 얻고자 하는 것이 1차적인 목적이지만, 더 나아가서는 집단적인 트라우마−전쟁이나 대학살·국가 폭력 등을 겪은 사람들의 체험담을 조사하여 집단적인 트라우마를 진단하고 집단의 치유를 모색하는 방안으로서의 구상이다."

8) 김종군·정진아 등이 정리한 『고난의 행군시기 탈북자 이야기』의 출간과 관련하여 이루어진 구술조사 및 출간과정에 대한 내용은 김종군의 「구술생애담 담론화를 통한 구술 치유 방안」(『문학치료연구』 26, 한국문학치료학회, 2013)에 상세하게 기술되어 있으며, 다음은 해당 논문 110쪽에 언급된 출간취지이다. "그렇지만 결코 적지 않은 탈북자들의 트라우마를 그대로 방치할 수는 없는 상황이다. 이에 이들이 탈북과정에서 얻게 된 트라우마의 실체를 진단하고 국내 정착의 어려움을 파악하기 위해 구술조사를 기획하였고, 그 결과로 얻은 구술 자료를 녹취하여 출판하였다."

상을 입은 내담자의 글을 이차적으로 분석하는 과정에서 탐색이 가능하리라 본다.

이 글에서 관심을 두는『고난의 행군시기 탈북자 이야기』에 실려 있는 이승준의 이야기 속에는 고통의 시간들이 매우 담담하고 때로는 즐거운 추억의 단편인 듯 구술되어 있는 특이함이 있다. 그래서 이승준의 사례는 고통과 좌절을 적극적으로 드러내지 않은 탈북경험담에 해당된다. 그러면서도 잠재된 트라우마를 담고 있는 탈북경험담으로 보인다.

그렇기에 이 글에서는 이승준 사례를 중심으로 반복되는 내용을 살펴보고 그 안에 자리한 기질을 밝혀 보려는 것이다. 그 과정에서 정상적인 사고로는 지탱하기 어려웠던 최악의 상황에서 버팀목이 되었던 심리적 특성을 발견하게 되기를 기대한다. 그 탐색의 결과는 앞으로 어떤 서사를 가까이 하는 것이 긍정적인 효과를 발휘하고 어떤 서사를 경계하는 것이 필요한지를 고민할 때 도움이 될 것이다.

2.『고난의 행군시기 탈북자 이야기』속 이승준 사례의 특징

『고난의 행군시기 탈북자 이야기』는 비록 사례 수가 많지 않으나, 각 사례자별로 그들의 살아온 여정에 대한 생생한 이야기들을 풍부하게 담아냈다는 점에서 그 자료적 의의는 높다. 그리고 이 글에서는 『고난의 행군시기 탈북자 이야기』에 실려 있는 체험담 중에서도 이승준[9]의 사례를 중심으로 논의를 전개하고자 한다. 다음은 이승준의 개인 이력에 대하여 소개된 부분이다.

---

9) 이승준은 구술조사 당시에 27세였다. 그는 2010년 9월과 2010년 10월 기간 중 2회에 거쳐 건국대학교 통일인문학연구단의 구술조사에 응하였다.

이승준은 탈북자 대안학교에서 대입을 앞두고 있었으므로 방학 중에는 입시 준비를 하였고, 서울의 대학에 합격을 한 후 시간을 내서 구술에 응하였다. 고생을 많이 하여 체구는 작았으나 웃음이 많고 이야기를 흥미롭게 잘 이끌어 나갔다. 그리고 긍정적인 모습으로 세상을 살아간다는 인상을 받을 수 있었다. 두 시간 동안 진행된 구술조사에서 이승준은 북한에서 궁핍하게 산 이야기부터 시작하여 불우했던 자신의 가족사를 담담하게 구술하였다. 특히 중국에서 탈북한 후 어머니와 이별을 하였고 얼마 후 기차사고로 어머니가 돌아가셨다는 이야기를 할 때는 듣는 조사자들의 마음도 아팠다. 자신의 꽃제비 경험담도 거리낌 없이 풀어 놓았고, 탈북을 시도하다가 잡혀서 고생한 상황들도 담담하게 구술하였다.[10]

위 내용으로 본다면 이승준은 매우 안정적으로 우리 사회에 적응하고 있는 것으로 보이며, 기질적으로 낙천적인 성향이 있다고 생각할 수 있다. 그럼에도 불구하고 이승준의 체험담을 이 글에서 주요하게 분석하고자 한 이유는 이처럼 잘 적응하고 있는 인물의 탈북경험담 속에서도 반복적으로 나타나는 내용이 관찰되기 때문이다. 고통을 주는 가해자에 대한 과도한 분노나 울분, 좌절 등도 트라우마의 중요한 현상이지만 그러한 것을 드러내지 않은 채 반복되고 있는 내용도 잠재한 트라우마와 관련될 수 있다. 이제 다음에서는 이승준이 자신의 체험담을 구술할 때 반복되는 내용들을 보기로 한다.

왜냐면 그냥 머 좀, "참어!" 하면 굉장히 그분은 천사 같은 분이고, 그냥 쌍욕으로 그냥 좀 듣기 싫은 쌍욕으로 막 하면 '아, 그래도 괜찮은 분이다' 그냥 패지 않으면 돼요. 패면, '저 악마 같은 놈' 사실은 악마가 아니고 정상이에요. 패는 게 정상이구요. 패지 않고 말로 하는 분은 진짜 괜찮은

10) 김종군·정진아 엮음, 『고난의 행군시기 탈북자 이야기』(통일인문학구술총서 001), 박이정, 2012, 480쪽.

분이고, 그냥 욕 안하고 그냥 이렇게 적당히 "좀 참어, 새끼야" 그냥 뭐 이렇게 그러면 천사고, 그거는. 그리고서 뭐 거기 가서 또 그냥 바로 방에 들여보내지 않아요. 또 짐 검사 다해요. 저는 짐이 아무것도 없거든요.[11]

위 내용은 탈북을 시도하다가 이송되어 잡혀가는 상황 속에서 이 야기된 것이다. 이야기에 나타나듯이 이제 잡혀가서 심문을 당하게 될 것에 대한 두려움 보다는 지금 자신의 주변에 둘러 있는 사람들 중에서도 누가 더 친근하게 대하고 있는지에 대한 관심이 더 많다. 실상은 자신을 잡아가는 가해자들임에도 불구하고 말을 곱게 하는 경우에는 쉽사리 천사로, 구타를 하는 사람의 경우에는 곧장 악마로 분류된다. 위기의 순간에서도 천사와 악마 등으로 주변 인물들을 구 분하는 특이함이 관찰되는 것이다. 이와 같이 이승준의 이야기 속에 서는 상황이 어려울 때마다 주변 인물들의 층위를 나누어 평가하면 서 누가 나의 편으로 자리할 수 있겠는지를 고민한 흔적들이 다음에 서도 나타난다.

그런데 괜히 막 패고 또 이렇게, 근데 그니까 그게 패는 이유가 그냥 우리한테 뭐 뺏을려는 이유도 있고, 자기가 반장이니까 딱 들어온 죄수를 바로 이렇게 기합을 줘서, 딱 좀 기선제압을 해야 자기가 반장 역할을 제대로 할 수 있거든요(웃음). 어디 가나 그게 다 있드라고요, 보니까. 그 래서 그런 것도 있고 그니까, 첨에만 좀 그렇고, 좀 그냥 이렇게 말 잘들으 면 뭐 어린애들한테는 너무 뭐 심하게는 안 하는데, 좀 이렇게 행동이 건방지고 그냥 기를, 반장 앞에서 살짝 좀 기를 죽어줘야 되는데 안 죽으 면, '아 이 건방진 놈이라' 자꾸 패죠 뭐(웃음). 그리고 옷이랑 막 뺏어요. 마음에 들면, "야, 나랑 바까(바꿔)입자."고 하면 그것도 괜찮은 반장이고, "야, 벗어." 하면 그거는 그냥 보통 사람이고 무작정 뺏으면 그것도 보통

11) 위의 책, 495~496쪽.

놈이죠, 뭐(웃음). 그냥 "나하고, 내 꺼하고 바까 입지 않을래?" 하면 좀 괜찮은 놈이에요, 그거는(웃음)12)

위 내용은 이송된 뒤에 도 집결소에서 억류되어 있던 상황 속에서 일어난 이야기이다. 이송되면서 자신을 잡아가는 가해자임에도 불구하고 다소 부드러운 태도나 억압적 태도에 따라 천사와 악마로 분류하면서 인물들을 바라보는 특성은 위 내용에서도 역시 동일하게 관찰된다. 옷을 빼앗는다는 결과는 같음에도 불구하고 옷을 어떤 말투로 빼앗는지에 따라 보다 괜찮은 사람과 괜찮지 않은 사람으로 분류를 하고 있다. 조금이라도 우호적인 태도를 보이면, 그 진상은 일단 논외로 하고 심정적으로 호감을 일으키는 기질을 보이는 것이다. 그래서 같은 의미라도 부드럽게 접근하면 친근감을 갖고 좋은 사람으로 판단하게 되는 것이다. 이처럼 감정적으로 주변 상황을 이해하는 것은 힘든 상황에서 버틸 수 있는 방어기제가 되었지만, 안정적인 상황에서는 혼란을 야기할 수도 있는 것이다.

그래서 마을 어른들이 이제 국가에서 만든, 아~노숙자를 밥 먹여 주는 곳인데 그게 그냥 인도차원, 인도적 차원에서 만든 게 아니고요, 목적이 있어요. 이렇게 사회주의에는 거지가 없어야 되는데, 보니까 너무 걱정인 거예요. 뭐 어린애로부터 시작해서 노인까지 막 바글바글하니까, "중국 사람들 많이 오고 외국 사람들 많이 오는데, 약간 창피하다" 우리 북한식 교육이 그거거든요. "자본주의 국가는 맨날 거지다, 깡통 들고 다닌다" 뭐 옛날엔 솔직히 그러긴 했겠죠, 옛날에는 6·25 이후에 실제로 그랬다 해요. 근데 그게 이제 반대로 됐잖아요. 그니까 이게 약간 창피하니까, 다 미국이 잘못이요, 이게 미국이 경계봉쇄를 해서 그렇다는 거죠. 그래서 그런 시설을 만들었는데, 가니까 저는 굉장히 정일이 형한테 감사했어

12) 위의 책, 499~500쪽.

요, 그 때 진심으로, 왜냐면 김정일 형이 "와, 우리 장군님이 이렇게 우리를 위해서 이렇게 밥 먹여주는 걸 만들었구나" 하면서(웃음). 집에서 쫄쫄 굶다가, 풀 먹다가, 그걸 하루 세끼 이렇게 죽을 주던 밥을 주던 뭔가 이렇게 따끈한 걸 준다는 게 굉장히 이렇게 행복했어요. 근데 그것도 보니까 한 일주일 지나니까 못 견디겠더라구요. 왜냐면 규칙이 좀 있어요, 나름대로. 울타리 안에 벗어나면 안 되고, 그 정해진 양을 쪼금씩 주잖아요. 그니까 아-처음에 들어갔을 때는 굉장히 행복했는데, 일주일 지나니까 배고픈 건 여전하죠, 뭐. 그 쪼금씩밖에 못 먹으니까.13)

위 내용은 이승준이 북한 내에서 꽃제비 수용소에서 생활했던 시절에 대한 것이다. 그런데 위 글에서 결말 부분을 보면 '이승준은 행복했다'라는 말을 하고 있다. 이처럼 고통스러운 상황에서도 행복해질 수 있는 단서를 찾는 것은 힘겨운 노력의 결과로 보인다.14) 그런 점에서 이승준의 이야기 속에 나타나는 여러 모습들, 이를테면 힘들 때에는 누군가에게 기대는 것이 좋을지를 쉽게 파악하고, 합리적이지 못한 상황에서도 장점을 찾고자 하는 것들은 불행 속에서 행복의 씨앗을 찾으려는 것 같다. 이런 모습을 불행에 매몰되지 않고 일어서려는 낙관적 기질이라 할 수도 있을 것이다.

그렇기에 그 낙천성을 트라우마와 관련된 단서로 본다고 하면 쉽게 수긍하기 어려울 것이다. 하지만 위 내용 속에는 체제의 모순을 비판하고 싶은 마음과 그런 모순을 회피하려는 마음이 충돌하고 있

---

13) 위의 책, 512쪽.

14) 북한에서의 처절한 삶에 대하여 행복이라는 단어를 떠올릴 수조차 없는 경우가 더 많을 것이다. "허..감사하다는 말을 모른다 하잖아요. 우리가. 이게 행복이라는 거 몰라요. 뭐이 행복해요? 솔직히 행복이라는 거 모른다. 그러니까 우리는 이 항상 수심을 콱 우울하고 거게 거 몇 가지 지금 우린데(한테)가 씌여야 해요. 성분이 나빠서 그렇지, 배고프지. 만사 하나도 엉? 아무것도 없으이까이 눈만 고저잉. 맥이 없어서 자고 있으면 눈만 째지믄. '어떻게 살아야 돼, 어떻게 살아야 돼'이러믄서 이게 신경이, 이 허파가 잘못되면 신경이 돌지 않아요. 그렇게 된단 말이에요. 그 카믄 그 다음에 미친단 말이에요." 이 내용은 김종군·정진아 엮음, 위의 책, 327~328쪽에 있는 이성숙 사례에서 인용한 것이다.

다. 한편으로 꽃제비 수용소의 어두운 이면을 알고 있으면서도 그것을 비판하고 성토하기보다는 회피하면서 그 속에서도 나은 것이 무엇인가를 힘겹게 찾으려 하기 때문이다.

그 결과 그래도 집에서보다는 끼니를 덜 거른다는 장점을 찾기는 한다. 그러나 그 끼니를 거르지 않는다는 것도 피상적인 것일 뿐 실제의 배고픔은 나아진 것이 없다. 이승준이 말했듯이 전혀 달라지지 않은 현실임에도 불구하고 그는 애써 행복했더라는 것으로 마무리한다. 이제는 수용소에서 지내지 않음에도 불구하고 고통의 시간과 행복의 순간을 묶어 놓으려고 하기에 더 힘겨워 보인다. 이와 같이 궁핍한 현실을 애써 포장하고 그 결과 현실회피적인 반응으로 기울게 되는 것은 연극성 성향을 지닌 경우에 관찰되는 것이기도 하다.

또한 실상은 아무것도 해 주는 것이 없음에도 불구하고 피상적으로나마 행복의 순간을 준다고 생각되었던 존재에 대하여 감사의 마음을 표하는 것도 피암시적으로 보인다. 이러한 피암시적 태도는 앞서 이송하여 잡혀가는 중에, 도집결소에 억류되어 있던 중에, 꽃제비 수용소에 있던 중에 모두 나타난다. 실제로는 억압과 가해자 역할을 수행하는 인물들 임에도 불구하고 조금이라도 다정한 듯이 느껴지면 천사로, 불친절하고 폭력적인 모습이 드러나면 악마로 분류하면서 나와 가까운 사람은 누구인지에 관심이 많은 경우들과도 겹치는 것이다.

그런 점에서 이승준이 탈북을 경험하면서 당하였던 외상으로 인한 트라우마에는 연극성향적 기질이 잠재되어 있다고 판단된다. 그리고 이 글에서 소개하고 있는 이승준의 탈북경험담은 "나는 굉장히 힘든 시간을 보냈어요. 그렇지만 매번 나를 조금이라도 생각해주는 사람이 있었어요. 그래서 나는 견딜 수 있었고, 고통 속에서도 행복이라는 것을 느낄 수 있었어요."라는 내용의 반복으로도 읽을 수 있다. 다음에서는 이러한 이승준의 탈북경험담 속에서 포착되는 연극성향적인 특징을 트라우마와의 관련 속에서 보기로 한다.

3. 탈북경험담의 분석에 따른 트라우마의 극복방안

북한 내에서의 궁핍하고 고통으로 점철된 삶의 체험과 탈북과정에서 겪어야 했던 생명 위협의 반복적인 사건 등은 역사적 사건으로서 개인의 삶에 아로새겨지면서 평범한 사람의 입장으로서는 쉽사리 용인하기 어려운 트라우마로 자리 잡을 수 있다. 그 누구도 원치 않았던 인생살이의 실제 경험과 그 경험을 거부하고 싶은 내면의 서사 사이의 부조화는 트라우마를 더욱 공고하게 만들 수도 있다.[15]

그렇기에 기왕의 연구에서도 글 또는 구두로 보고된 자료를 바탕으로 북한이탈주민의 트라우마를 해소할 수 있는 방안 탐색에 노력을 기울인 것이다. 예를 들면 구술조사를 바탕으로 망각으로만 밀어두었던 옛 기억의 반추가 오히려 상처를 드러내는 것뿐 아니라 소산에도 기여할 수 있음을 강조하거나,[16] 북한이탈주민이 남한사회에서는 또 하나의 디아스포라로 살아가면서 어려움을 극복하기 위해서는 타자와의 차이를 인정하고 존중하는 태도가 시급함을 강조한 논의가[17] 그러하다.

그리고 이제 이 글에서는 탈북경험담에서 트라우마의 특징을 탐색

---

15) 이와 관련하여 인생살이에 끼어든 트라우마가 자기서사와 어떤 맥락에서 부조화를 이루면서 용종처럼 남게 되는가에 따른 다음 논의를 참고할 수 있다. 정운채, 「문학치료학과 역사적 트라우마」, 『통일인문학논총』 55, 건국대학교 인문학연구원, 2013, 16쪽. "'역사적 사건'에 의한 충격은 충격대로 남아 있고, 그것을 '자기서사'가 충분히 해석해 내지 못한 채로 있다는 것이다. 다시 말해서 '역사적 사건'에 의한 '인생살이'와 '자기서사'의 부조화 때문에 트라우마가 형성되는 것이다. 이 '트라우마'는 말하자면 기왕의 '자기서사'가 납득할 수 없는 '인생살이'의 용종에 해당 된다."

16) 김종군, 「구술을 통해 본 분단트라우마의 실체」, 『통일인문학논총』 51, 건국대학교 인문학연구원, 2011.

17) 이병수, 「분단트라우마의 유형과 치유방향」, 『통일인문학논총』 52, 건국대학교 인문학연구원, 2011, 66쪽. "탈북자를 포함하여 국내 체류하고 있는 디아스포라는 이산 혹은 탈북과정에서 저마다 충격적이고 아픈 사연을 가슴 속 깊이 간직한 채, 체제와 가치관 그리고 생활습관이 다른 남한사회에서 정착하는 데 어려움을 겪고 있다. (…중략…) 더욱이 이들의 트라우마는 남한사회에 동화되어야 할 문화적, 사회적 소수자로서 타자화되는 경험을 통해 더욱 악화되고 있다. 따라서 트라우마 치유방향은 남한 다수자의 눈으로 일방적으로 재단된 이러한 타자화 방식이 아니라, 타자와의 차이를 인정하고 존중하는 태도에서 찾을 수 있다."

하고 그 극복의 방안을 찾아보려는 것이다. 이것은 기억의 형태로 현재의 삶으로 돌아오는 과거의 시간을 미래를 위한 기반으로 삼기 위한 과제이기도 하다.[18]

앞서 2장에서 살펴보았던 이승준의 탈북경험담은 적개심과 분노를 드러내는 다른 북한이탈주민들의 경험담과는 상당히 다른 측면이 있다고 볼 수 있다. 이승준의 탈북경험담에서는 사람들을 분류하면서[19] 믿고 따를 만한 인물을 탐색하는 경향과 괴로운 상황들 속에서도 어떻게든 즐거운 일이 있을 것이라는 기대감이 자주 관찰되기 때문이다.

그러나 자세히 보면 이승준의 경험담은 절절히 슬픈 이야기이며, 그 상황이 재현될 경우에는 더 없는 고통이 될 수 있는 내용들이다. 그렇기에 이승준은 고통과 슬픔의 이야기를 행복했던 과거의 시절로 모습을 바꾸어 전달하고 있는 듯하다. 그런 점에서 현실의 심각성을 애써 회피하려는 경향을 엿볼 수 있다. 또한 주변 사람들이 실상은 모두 가해자임에도 불구하고 그 가해자들 중에서도 보다 친절한 사람을 탐색하고 그 사람에 대하여 친근감을 가지려는 경향도 나타나는데 그 경향은 누가 힘이 있고, 누가 나에게 더욱 친절한 사람인지에 관심을 기울이는 피암시성과 관련될 수 있다.

이와 같이 힘겨운 현실 속에서도 조금이라도 즐거울 수 있는 일들을 찾거나 상상하면서 현실을 회피하려고 하는 것과 피상적인 관계임에도 불구하고 자신에게 친절한 누군가에게 쉽게 의지하게 되는

---

18) 이에 참고가 될 수 있는 것은 다음 견해이다. 안현의·주혜선, 「외상 후 스트레스 장애와 관련된 자서전적 외상 기억의 조직화 특성」, 『한국심리학회지』 31-1, 한국심리학회, 2012, 197~221쪽. "경험은 기억이라는 형태로 의식적 또는 무의식적인 수준에서 현재에 영향을 미친다. 생명에 위험을 주는 외상사건에 대한 기억 또한 의식적인 수준과 무의식적인 수준에서 회상되며 현재의 경험에 영향을 미치게 되는데 의식적인 수준에서 회상되는 외상 경험을 자서전적 외상 기억이라고 부른다. 자서전적 외상기억은 현재 심리적 적응 수준과 긴밀한 관련성을 지니고 있기 때문에 외상 생존자를 다루는 임상가와 외상 연구자들은 외상 후 심리적 증상을 유지하거나 또는 외상 후 심리적 증상으로부터 회복되는 것과 관련된 자서전적 외상 기억의 특성을 규명하고자 지속적인 관심을 기울여 오고 있다."
19) 이승준은 자기 주변의 인물들을 천사와 악마, 좋은 사람과 나쁜 사람 등으로 자주 구분한다.

피암시성 등은 여러 이상심리 중에서도 연극성 성격장애와 가까운 거리에서 이해할 수 있는 것이다.[20) 이렇게 연극성 기질을 언급하는 것이 평범하고 건강한, 아니 육체적으로 정신적으로 파쇄의 위기에 처했다가 겨우겨우 그 위기를 벗어난 인물에 대한 폄하적 발언이 결코 아니다.

오히려 그 힘겨운 시기를 어떤 기질로 버텨왔는지를 탐구하기 위한 것이다. 그렇지만 이렇게 말하여도 북한이탈주민인 이승준이 그 누구보다도 고통의 시간을 잘 견디어 왔음에도 불구하고 그의 탈북 경험담을 살피면서 이상심리적인 경향성을 찾는 것에 반발심이나 의구심을 일으키는 경우도 없지 않을 것이다.

그에 대하여 다음과 같이 이 글의 취지를 강조하고자 한다. 이 글은 평범한 마음으로는 견딜 수 없는 극한의 고통 속에서 어떤 기질이 버팀목이 되어 왔는지를 밝혀보고자 하는 것이다. 나아가 버팀목이 되었던 기질이 안정된 상황 속에서는 도리어 과거의 외상을 기반으로 한 트라우마로 응어리질 수 있음을 경계하려는 것이다. 그리고 당부하고 싶은 것은 트라우마로 응어리졌다고 하여 단순히 또 하나의 문제로 한정지으면 안 된다는 점이다. 트라우마로 남아 있어도 어떻게 다루는가에 따라 과거의 불편한 재현이 아니라 현실의 새로운 안착이 될 수 있음을 고민해 보자는 것이다. 이와 같은 생각은 그동안 북한이탈주민의 특수한 경험담에 통감하면서 위안을 모색하는 것과는 또 다른 방향의 치유를 바라는 것이기도 하다.

---

20) 이러한 연극성 기질에 대한 것은 연극성 성격장애에 관한 다음 논의를 참고해 볼 수 있다. 김정욱·한수정, 『연극성 성격장애』, 이상심리학시리즈 20, 학지사, 2009(1판 5쇄), 39쪽. "연극성 성격장애자들은 모 아니면 도, 혹 아니면 백이라는 이분법적인 사고를 하는 경향이 있다. 예를 들어 상대방은 나를 좋아하는 사람이거나 나를 싫어하는 사람 둘 중의 하나일 뿐, 나의 어떤 점은 좋아할 수도 있고 어떤 점은 마음에 들어 하지 않을 수도 있는 사람이거나, 별로 좋아하지도 싫어하지도 않고 그냥 보통 정도인 사람이라고는 잘 생각하지 못한다. 또한 인정과 사랑에 있어서도 '전적으로 인정받고 사랑 받는다'와 '인정과 사랑을 전혀 받지 못한다'라는 두 가지의 극단적인 상태만 있는 것처럼 판단을 내린다. '인정받을 때도 있고 못 받을 때도 있지'라거나, '70% 정도는 인정을 받은 것 같다'와 같이 중간 단계로 생각할 수도 있다는 것을 잘 모르기 때문이기도 하다."

힘겨운 사람들에게 어떤 도움을 줄 수 있는지는 여러 층위에서 이루어질 수 있는 데, 함께 슬퍼하고 공감하는 것도 분명 치유를 위한 노력의 일환이다. 동시에 극한 고통을 어떻게 버텨왔는지를 색다른 시각으로 살펴보고 고통의 시간에서 버팀목이 되었던 기질이 무엇인지를 파악하는 것은 앞으로 적극 수용해야 할 서사가 무엇이며 경계해야 할 서사가 무엇인지를 구체화할 수 있다는 점에서 더 필요한 것이기도 하다.

그런 점에서 이승준의 탈북경험담을 관찰하여 찾은 작은 단서로 연극성향적 기질을 파악하고 그 연극성향적 기질이 과거에는 버팀목이 되었지만 현재에는 과거와 연결된 트라우마와 가까운 것이라고 말하는 데에는 큰 무리가 없을 것이다. 이승준의 탈북경험담으로부터 관찰되는 현실회피와 피암시적 경향성을 실마리로 그에게 자리한 심리적 특성이 연극성 성격장애와 가깝다고 보게 되면, 그의 트라우마의 특성은 연극성 성격장애로부터 찾을 수 있게 된다.21) 나아가 이승준의 자기서사로 들 수 있는 것은 연극성 서사라고 말할 수 있다. 이에 관하여 다음 논의를 들어 이해를 돕기로 한다.

연극성서사란 이것을 자기서사로 간직하고 살아갈 경우 연극성 성격장애를 일으킬 수 있는 서사라고 정의하면 될 것이다. 이때 특히 강조해야 할 것은 '자기서사'라는 것이다. 그러니까 그 작품을 읽었을 때 연극성 성격장애를 일으킬 수 있는 작품을 가리키는 것이 아닌 것이다. 비록 어떤 작품이 연극성서사로 이루어졌다고 해도 그 작품을 읽었을 때 반드시 연극성 성격장애가 일어나는 것은 아니다. 대부분의 경우 연극성 성격에 대한

---

21) 또한 트라우마를 이야기하면서 연극성 기질, 이상심리의 기준으로 다시 설명하자면 연극성 성격장애적인 기질을 언급하는 것은 다소 거리감이 있다고 여겨질 수도 있다. 물론 북한이탈주민의 외상 후 스트레스에 대한 선행연구에서 우울, 불안, 사회 부적응 등에 대한 논의는 다양하지만 연극성 성격장애와의 관련은 거의 없다. 하지만 연극성 성격장애와 관련된 트라우마의 경우 가시적으로는 비관적이지 않지만 오랜 시간 진지한 인간관계를 이어가고 삶을 평안하게 하는 데에는 걸림돌이 될 수 있음도 덧붙이고 싶다.

성찰과 통찰이 일어나면서 장점은 살리고 단점은 보완하는 과정을 거치기 때문에 오히려 연극성 성격장애를 예방하는 효과가 일어날 것이다. 다만 성찰과 통찰이 제대로 이루어지지 않은 채 내면에 모호하게 자리 잡고 있던 자기서사로서의 연극성 서사를 자극하고 강화하는 일이 일어나게 되면 연극성 성격장애를 일으키거나 고착시킬 위험은 있는 것이다.[22]

위 글을 보면 이상심리적 서사가 모두 문제적 서사가 아니라는 점과 어떤 자기서사를 갖고 있는가에 따라 가까이 두어야 할 것과 멀리 두어야 할 것이 보다 구체화됨을 알 수 있다. 우리들은 내면의 서사가 모두 건강하다고 자신할 수도 없고 그렇다고 모두 병리적이라고 단정할 수도 없다. 그냥 평범하게 살아가는 모든 사람이 상황에 따라서 이상심리적 경향을 보여 준다는 것은 이미 알려진 상식이다. 그리고 자신이 갖고 있는 서사의 특징을 조금이라도 알면 나의 자기서사를 건강하게 만들기가 더 쉬워질 것이다.

그런 점에서 이 글에서 이승준의 경험담을 통하여 현실회피와 피암시성을 관찰하고 그를 바탕으로 연극성 성격장애적인 특질로 이해하려는 시도는 이승준에게 필요한 과정이 될 수 있다. 이와 같이 이승준의 연극성 기질이 그의 트라우마와 관련됨을 인정하고 본다면, 그가 트라우마를 극복하기 위해서 경계해야 할 것은 연극성 서사이고, 그가 적극 수용해야 할 것은 연극성이 아닌 다른 서사들이라고 제안하는 것이 가능해지기 때문이다.

여기에서 2장의 말미에서 이승준의 탈북경험담에 반복적으로 나타난다고 정리했던 내용을 다시 생각해 보자. 이승준의 탈북경험담으로 인용하였던 텍스트들이 제각각이었음에도 불구하고 같이 놓고 보면 "나는 굉장히 힘든 시간을 보냈어요. 그렇지만 매번 나를 조금

---

22) 정운채, 「연극성 성격장애의 심층적 원인으로서의 연극성 서사」, 『고전문학과 교육』 21, 한국고전문학교육학회, 2011, 209쪽.

204

이라도 생각해 주는 사람이 있었어요. 그래서 나는 견딜 수 있었고, 고통 속에서도 행복이라는 것을 느낄 수 있었어요"라는 내용이 반복됨을 알 수 있었다. 이와 같이 반복되는 내용은 진술자가 지닌 자기서사의 일부라 할 수 있다. 그리고 이 내용이 이승준의 자기서사의 일부라면, 그러한 내용과 겹치는 작품서사는 이승준이 쉽게 호감을 가질 수 있지만 오랫동안 가까이하기에는 적절하지 않은 작품서사가 된다. 왜냐하면 자기서사와 비슷한 작품서사는 자기서사의 합리적 신념을 강화시킬 수도 있지만 특정 이상심리와 가까운 거리에 있는 자기서사와 비슷할 경우에는 도리어 이상심리의 비합리적 신념을 강화시키는 쪽으로 기울 수 있기 때문이다.[23]

이제 작품을 예로 들어 설명한다면 이승준이 다른 작품들보다 관심을 줄 만한 경우로는 현재 연극성 서사로 논의된 자료 중에서 설화 〈이성계에게 음식 대접하고 목숨 구한 왕씨〉를 들 수 있을 것이다. 왜냐하면 이 설화는 "권력을 가지고 있는 사람에게 잘 보여서 위기를 모면 한다"라는 작품서사로 분석될 수 있기 때문이다.[24] 작품서사만으로 볼 경우에 이승준의 탈북경험담에서 반복적으로 관찰되었던 내용과 유사한 측면이 있다.

그리고 이승준의 과거 외상으로 인하여 자리한 트라우마와 과거

---

23) 작품서사와 자기서사가 일치되는 경우에 조심해야 할 사안에 대하여는 다음 논의를 참고해야 할 것이다. 정운채, 「고전문학 교육과 문학치료」, 『국어교육』 113, 한국국어교육연구학회, 2004. "일곱째, 문학 작품의 서사가 환자의 서사와 일치도가 높으면 환자는 그 작품에 크게 공감(共感)할 것이다. 그러나 환자의 서사를 개선(改善)할 여지는 상대적으로 줄어들 것이다. 반면에 환자의 서사와 일치도가 낮은 문학 작품은 환자의 공감을 이끌어 내는 데는 어려움이 있겠으나 환자의 서사에 대항하여 개선할 수 있는 여지는 오히려 더 많아질 것이다. 그러니까 문학치료의 성패는 공감과 개선을 얼마나 적절히 구사하는가에 달려 있다."

24) 이를 위하여 설화 〈이성계에게 음식 대접하고 목숨 구한 왕씨〉를 연극성 서사 중의 하나로 분류하고 작품서사를 분석한 논의를 소개한다. 정운채, 「연극성 성격장애의 심층적 원인으로서의 연극성 서사」, 『고전문학과 교육』 21, 한국고전문학교육학회, 2011, 209쪽. "설화 〈이성계에게 음식 대접하고 목숨 구한 왕씨〉는 왕씨는 새로운 권력으로 부상하고 있는 이성계에게 음식을 대접하며 잘 보임으로써 고려가 망하고 조선이 세워졌을 때 목숨을 구할 수 있었다. 이 설화의 서사는 "권력을 가진 자에게 잘 보이면 목숨도 보전할 수가 있다"는 역기능적 신념을 강화시키게 될 것이다."

고통의 순간을 이겨내는 데 버팀목이 되었던 그 내용은 연극성향적 기질과 관련되는 것이다. 그러므로 이승준이 앞으로 경계해야 함직한 작품서사는 연극성서사 중에서도 특히 자신을 위험에서 도와줄만한 존재나 인물이 등장하는 내용이 해당될 것이다.

이와 같이 경계해야 할 작품이 좀 더 구체화된다면, 그에 따라 가까이해야 할 작품도 예상해 볼 수 있다. 이 글에서는 연극성향적 기질이 있는 사람의 경우 자신의 독립된 주장보다는 타인의 인정과 판단을 우선시하고 자신의 선택에 주저하는 기질이 있음을 고려하면서 작품을 골라 보고자 한다. 그리고 이승준의 경우 가족들을 지키고 싶어 하는 소망이 진하게 나타난다는 것도 고려하고자 한다.

가족에 대한 강한 애착은 북한이탈주민들에게서 자주 볼 수 있는 모습이고, 사실 그러한 애정과 애착은 인지상정이기도 하다. 그런데 가족에 대한 애착이 북한이탈주민과 결부되어 언급될 경우에는 그 애착이 트라우마의 심각성을 가중하는 요인으로 분석되기도 한다.25) 또한 가족을 지키지 못하였다는 자괴감이나 상실감은 결과적으로는 나의 무능력함을 심화시키게 된다. 이는 특히 연극성 성격장애적인 기질과 결부되면 더욱 강한 자괴감으로 자리할 수도 있는 것이다.26)

---

25) 이와 관련하여 다음 논의를 참고할 필요가 있다. 홍창형·전우택·이창호·김동기·한무영·민성길, 「북한이탈주민들의 외상경험과 외상 후 스트레스 장애와의 관계」, 『신경정신의학』 44-6, 2005, 719쪽. "북한 주민을 효율적으로 통제하기 위한 수단으로 사용되었던 연대책임의 강조는 북한사회에서 가족 간의 유대감을 강화시키는 데 중요한 역할을 했을 것으로 생각된다. 따라서 북한이탈주민들에게는 '가족이나 친지, 가까운 이웃 중에 굶어 죽은 사람을 목격하거나 소식을 들은 적이 있다', '가족이나 친지 중 질병으로 큰 고통을 받거나 죽었으나 병 치료에 도움을 주지 못하여 괴로웠던 적이 있다', '가족이나 친지, 가까운 이웃 중 자살을 한 사람이 있어 큰 충격을 받은 적이 있다', '가족이나 가까운 친지 중 식량을 구하기 위하여 떠난 후 소식을 몰라 몹시 불안했던 적이 있다', '가족과 예상치 않게 강제로 이별 당한 적이 있다', '가족을 위하여 식량이나 연료 등을 구하기 위하여 국가재산이나 타인의 물건을 훔친 적이 있다'와 같은 가족과 관련된 외상이 육체적 외상, 정치적, 사상적 외상, 체포 및 발각과 관련된 외상, 배신과 관련된 외상보다 더욱 PTSD와 관련이 있는 것으로 생각된다."

26) 연극성 성격장애의 비합리적인 신념에 대하여 인지행동이론에서 설명하고 있는 내용을 참고할 수 있는데, 다음에서는 연극성 서사를 논의하면서 인지행동이론의 인지도식을 정리한 내용을 소개해본다. 정운채, 「연극성 성격장애의 심층적 원인으로서의 연극성 서사」, 『고전문학과 교육』 21, 한국고전문학교육학회, 2011, 206쪽. "인지행동 이론에 의거해볼

그렇다면 가족을 잘 지켜내고, 가족들과 의견이 충돌하여도 결코 좌절하지 않으면서 자신의 의지를 관철시키는 인물의 서사를 생각하여 볼 수 있을 것이다. 동시에 연극성 서사로 분류되지 않은 작품이 적절할 것이다. 이러한 여러 사안을 고려할 경우에 얼른 제안해 볼 수 있는 것은 부당한 아버지의 목소리에도 굴하지 않고 자신에게 복이 있다고 하면서 세상을 개척하는 여인이 등장하는 〈내 복에 산다〉이다.

〈내 복에 산다〉의 내용에서는 누군가에게 의존하여 자기 삶을 유지하려는 것과는 전혀 다른 내용이 전개된다. 궁극적으로 타인의 인정과 배려가 없어도 씩씩하게 삶을 개척해나가는 인물이 상황을 주도하기 때문이다. 게다가 그 인물은 부당하다고 생각되는 문제는 거침없이 타개하고 나선다. 〈내 복에 산다〉를 이승준의 연극성향과 결부된 트라우마를 극복하기 위한 작품으로 제안하는 과정에서 덧붙여서 고려해야 할 것은 이승준의 가족에 대한 깊은 애정이 될 것이다.[27]

자녀의 입장에 있으면서 때로는 어머니에게 서운함을 느꼈다가 다시 어머니의 애정을 깨닫고, 무능하다고 여겼던 아버지를 잘 이해하면서 현실에서는 이루어지기 어려운 단란한 가정을 소망하는 그는 부모되찾기서사를 간직하고 있는 듯하다. 그런 점에서 부모되찾기서사에 해당되면서도 당당한 자기 목소리를 갖고 있는 〈내 복에 산다〉가 누구를 의지해야 내가 이 힘겨운 상황을 벗어날 수 있는지를 매 순간 고민했어야 했던 이승준에게 힘이 되는 작품이 될 수 있으리라 기대해 볼 수 있는 것이다.[28] 그리고 반드시 북한이탈주민 이승준이

때 연극성 성격장애는 어린 시절 부모와의 관계에서 학습된 잘못된 인지도식에 의해서 생기는 것인데, 그 인지도식의 기저에는 '나는 뭔가 부족하고 못난 가치 없는 사람이다'라는 핵심 신념이 있다는 것이다."

27) 이와 관련하여 2차 구술조사의 조사상황을 약술한 내용을 들어 보기로 한다. 김종군·정진아 엮음, 앞의 책, 539쪽. "이승준은 1차 구술조사 후 1개월이 지난 후 두 번째 조사를 실시하였다. 1차 조사과정에서 못 다한 이야기가 있으면 하라고 권하자 불쑥 아버지 이야기를 먼저 시작하였다. 구술자는 아버지에 대해 애틋한 정을 가진 듯하였다. 인텔리젠트로 많이 배운 아버지가 삶을 포기하고 결국은 병들어 죽는 과정을 담담하게 이야기하면서도 안타깝다는 표현을 연발하였다."

28) 설화 〈내 복에 산다〉는 이미 탈북 청소년을 위한 임상현장에서 유효함이 입증된 바 있다.

아니라 할지라도 현실회피와 피암시적인 특징으로 나타나는 연극성
향을 트라우마로 지닌 경우에 〈내 복에 산다〉는 그와 같은 트라우마
극복을 위하여 제안해 볼 수 있는 작품이라 할 수 있다.

지금까지 북한이탈주민 이승준의 탈북경험담을 중심으로 그의 경
험담에서 관찰되는 연극성향적 기질과 그 기질과 결부된 트라우마를
고민하고, 그 트라우마의 극복을 위하여 경계해야 할 작품과 선호해
야 할 작품들에 대하여 구상하여 보았다. 그리고 이처럼 과거에 어떤
특성이 지금의 나로 이어져왔는지에 관심을 두고 출발한 논의는 앞
으로 그 특성을 어떻게 활용하여야 미래의 디딤돌이 될 수 있는가를
고민할 때에도 도움을 줄 수 있을 것이다.

4. 트라우마 극복을 위해 돌아보아야 할 탈북경험담

이 글은 현재 우리 사회에 정착하여 살고 있는 북한이탈주민의 탈
북경험담을 관찰하여 트라우마의 특성을 밝히고 그러한 트라우마를
극복할 수 있는 방안을 전망하려는 것에 목적을 두었다. 동시에 이
글은 다음과 같은 취지로 출발하였다. 즉, 이 글은 평범한 마음으로
는 견딜 수 없는 극한의 고통 속에서 어떤 기질이 버팀목이 되어 왔
는지를 살펴보길 기대하였다. 나아가 버팀목이 되었던 기질이 안정
된 상황 속에서는 도리어 과거의 외상을 기반으로 한 트라우마로 응
어리질 수 있음을 경계하고자 하였다. 또한 트라우마로 남아 있어도
어떻게 다루는가에 따라 과거의 불편한 재현이 아니라 현실의 새로

나지영, 「설화 〈내 복에 산다〉의 재창작을 통한 탈북 청소년의 문해력 신장 사례 연구」,
『고전문학과교육』 23, 한국고전문학교육학회, 2012, "「설화 〈내 복에 산다〉의 재창작을
통한 탈북 청소년의 문해력 신장 사례 연구」에서는 남한에 오기 전에 한 번도 학교에 다닌
적이 없었던 탈북 청소년 A가 문학작품의 감상 및 재창작을 통하여 심리적 문제가 개선되
고 문해력도 신장되었음을 보고하고 있다." 이와 같은 논문의 전반적 해설은 정운채 외,
『문학치료학의 분야별 연구 성과』, 문학과치료, 2013, 224쪽에서 인용한 것이다.

운 안착이 될 수 있음을 강조하고자 하였다.

이러한 취지를 바탕으로 북한이탈주민 이승준의 탈북경험담을 관찰하여 그의 탈북경험담 속에서 "나는 굉장히 힘든 시간을 보냈어요. 그렇지만 매번 나를 조금이라도 생각해주는 사람이 있었어요. 그래서 나는 견딜 수 있었고, 고통 속에서도 행복이라는 것을 느낄 수 있었어요"라는 내용이 반복되고 있음을 알 수 있었다. 이와 함께 그의 탈북경험담으로부터 현실회피와 피암시적 경향을 관찰할 수 있었다.

이승준의 탈북경험담에서 관찰된 현실회피와 피암시성이 연극성향적임을 파악하게 되면서 이승준의 트라우마가 연극성향과 관련성이 있음을 파악할 수 있었다. 그 결과 이승준의 트라우마를 위하여 경계해야 할 작품과 선호되어야 할 작품의 성향을 제안하여 볼 수 있었다. 그리하여 우선 부모되찾기서사에 해당되면서도 당당한 자기 목소리를 갖고 있는 〈내 복에 산다〉가 누구를 의지해야 내가 이 힘겨운 상황을 벗어날 수 있는지를 매 순간 고민했어야 했던 이승준에게 힘이 되는 작품이 될 수 있으리라 전망하였다. 그리고 반드시 북한이탈주민 이승준이 아니라 할지라도 현실회피와 피암시적인 특징으로 나타나는 연극성향을 트라우마로 지닌 경우에 〈내 복에 산다〉는 그와 같은 트라우마 극복에 도움이 되리라 보았다.

참고문헌

<기본 자료>

김종군·정진아 엮음, 『고난의 행군시기 탈북자이야기』(통일인문학구술총서 001), 박이정, 2012.

<논문 및 단행본>

강미정, 「연극성 성격장애에 대한 문학치료학적 접근과 서사지도」, 『문학치료 연구』 14, 한국문학치료학회, 2010.

강미정, 「영화 〈웰컴 투 동막골〉을 통해 본 외상 후 스트레스장애와 분단서사 극복 전망」, 『통일인문학논총』 52, 건국대학교 인문학연구원, 2011.

김석향, 「1990년 이후 북한주민의 소비생활에 나타나는 추세 현상 연구: 북한 이탈주민의 경험담을 중심으로」, 『북한연구학회보』 16-1, 북한연구학 회, 2012.

김종군, 「구술을 통해 본 분단트라우마의 실체」, 『통일인문학논총』 51, 건국대 학교 인문학연구원, 2011.

김종군·정진아, 「탈북자의 역사적 트라우마와 탈북 트라우마의 현재적 양상」, 『코리언의 역사적 트라우마』, 선인, 2012.

김종군, 「구술생애담 담론화를 통한 구술 치유 방안」, 『문학치료연구』 26, 한국 문학치료학회, 2013.

김태국·정은의, 「북한이탈주민의 외상경험과 의도적 반추에 따른 외상 후 성장 과 문화적응」, 『북한학보』 37-2, 2012.

나지영, 「설화 〈내 복에 산다〉의 재창작을 통한 탈북 청소년의 문해력 신장 사례 연구」, 『고전문학과 교육』 23, 한국고전문학교육학회, 2012.

노진희, 「연극성 성격장애에 대한 〈전우치전〉과 〈춘향가〉의 문학치료적 효용」,

건국대학교 석사논문, 2010.

안현의·주혜선, 「외상 후 스트레스 장애와 관련된 자서전적 외상 기억의 조직화 특성」, 『한국심리학회지』 31-1, 한국심리학회, 2012.

이병수, 「분단트라우마의 유형과 치유방향」, 『통일인문학논총』 52, 건국대학교 인문학연구원, 2011.

정운채, 「고전문학교육과 문학치료」, 『국어교육』 113, 한국국어교육연구학회, 2004.

정운채, 「자기서사진단검사도구의 문항설정을 위한 예비적 검토」, 『겨레어문학』 41, 겨레어문학회, 2008.

정운채, 「분노에 대한 문학치료학적 접근과 서사지도」, 『문학치료연구』 14, 한국문학치료학회, 2010.

정운채, 「연극성 성격장애의 심층적 원인으로서의 연극성 서사」, 『고전문학과 교육』 21, 한국고전문학교육학회, 2011.

정운채, 「문학치료학과 역사적 트라우마」, 『통일인문학논총』 55, 건국대학교 인문학연구원, 2013.

정운채 외, 『문학치료학의 분야별 연구 성과』, 문학과치료, 2013.

허성호·최영진·정태연, 「북한이탈주민의 외상 후 스트레스 장애에 대한 진단」, 『스트레스연구』 16-4, 대한스트레스학회, 2008.

홍창형·전우택·이창호·김동기·한무영·민성길, 「북한이탈주민들의 외상경험과 외상 후 스트레스장애와의 관계」, 『신경정신의학』 44-6, 통권 189, 대한신경정신의학회, 2005.

Judith L. Herman, 최현정 옮김, 『트라우마』(원제: *Trauma and Recovery*), 플래닛, 2009.

문학치료학적 관점에서 본
탈북 청소년의 자기서사 진단 사례 연구

나지영

1. 탈북 청소년 적응 문제와 문학치료학적 관점의 필요성

　남한 청소년들과는 전혀 다른 성장 과정을 거쳐 온 탈북 청소년들은 자신의 정체성이나 적성, 장래 희망 등에 대해 충분히 성찰해 볼 수 있는 기회를 가져보지 못했다. 따라서 남한사회에 적응하면서 느끼게 될 부담감은 성인 탈북자보다 탈북 청소년에게 더 클 수밖에 없다.[1] 그리하여 탈북 청소년에 대한 국내의 연구들은 주로 '적응'의 문제에 초점을 맞추어 탈북 청소년들이 새로운 문화에 적응하게 되면서 겪게 되는 문제들[2]과 이를 도와줄 수 있는 방안에 대해 논의해

---

1) 최명선·최태산·강지희의 글에서는 탈북 아동, 청소년은 성인 탈북자처럼 새로운 사회에 적응해 나가야 하는 동시에 급격한 신체적, 정서적 발달과 정체감 형성에 수행해야 하는 이중의 어려움을 겪고 있다고 지적한다. 오랫동안 준비하고 마음의 각오를 다진 성인보다 아무 준비 없이 새로운 문화를 맞이한 아동과 청소년은 문화적 충격과 심리적 혼란을 더 많이 경험할 수 있다고 하였다(「탈북 아동·청소년의 심리적 특성과 상담전략 모색」, 『놀이치료연구』 제9권 3호, 한국놀이치료학회, 2006, 23~34쪽).

왔다. '사회적 지지'³⁾나 '자기효능감 향상'⁴⁾의 중요성이 강조되었으며, 상담 전략⁵⁾과 미술치료의 사례⁶⁾도 보고되고 있다. 한편, 탈북 청소년들의 '외상 후 스트레스(Post Traumatic Stress Disorder: PTSD)'⁷⁾와 '외상 이후 성장(Post Traumatic Growth: PTG)'⁸⁾의 요인에 대한 연구⁹⁾

---

2) 이기영은 탈북 청소년의 남한사회 적응문제를 다음과 같이 유형화하였다. ① 학업부문에서의 부진과 학교적응과의 관계, ② 교사(학원 강사 포함)와의 관계, ③ 진학 및 진로설정에 대한 비구체성, ④ 비정규교육기관에서의 인간관계형성의 문제점, ⑤ 친우관계형성에서의 어려움, ⑥ 탈북 청소년의 부모와의 관계, ⑦ 적응 스트레스의 다양한 원천. (「탈북 청소년의 남한사회 적응에 관한 질적 분석」, 『한국청소년연구』 제13권 제1호, 한국청소년개발원, 2002, 175~224쪽.) 정진경·정병호·양계민은 탈북 아동, 청소년들은 ① 기근과 영양결핍으로 인한 성장 발육상의 문제, ② 탈출과 유랑과정에서 입은 심리·정서적 상처, ③ 남북 간의 교육 내용차이로 인한 학력문제, ④ 북한에서 이수한 제도교육 연한과 나이와의 차이로 인한 학력 문제 등의 개인적인 노력만으로는 극복하기 어려운 복합적인 문제를 안고 있음을 지적하고 있다. (「탈북 청소년의 남한학교 적응」, 『통일문제연구』 제16권 제2호 통권 42호, 평화문제연구소, 2004, 209~239쪽.)

3) 박윤숙, 윤인진은 그들의 연구 결과 공식적 관계에 의해서 맺어진 사람들보다 혈연, 우정, 애정으로 맺어진 사람 등 비공식적 관계에서 받는 지지가 탈북 청소년의 심리, 사회, 문화적 적응과 안정에 긍정적인 효과를 미친다고 논의하였다(「탈북 청소년의 사회적 지지 특성과 남한사회 적응과의 관계」, 『한국사회학』 제41집 1호, 한국사회학회, 2007, 124~155쪽). 김현경·엄진섭·전우택은 탈북자들에게는 북한사람들이 아닌 남한사람들로부터의 정서적 지지가 중요하다는 것을 강조하였다(「북한이탈주민의 외상 경험 이후 심리적 성장」, 『사회복지연구』 39, 한국사회복지연구회, 2008, 29~56쪽).

4) 김태동은 그의 글에서 '자기효능감'은 행동에 투여되는 노력의 양과 장애나 혐오경험을 무릅쓰고 행동을 지속하려는 것으로, 자기효능감이 강하면 강할수록 더 많은 노력을 투자하고 선택한 행동은 오랫동안 지속되며, 다른 행동에도 전이되어 어려운 과제에 더 많은 노력을 하게 된다고 하였다(「문화적응스트레스와 학교적응 관계에서 탈북 후기청소년의 자기효능감 매개효과 연구」, 『청소년학연구』 제17권 제9호, 한국청소년학회, 2010.9, 277~296쪽).

5) 금명자 외, 『통일대비 청소년 상담 프로그램 개발 연구』 III, 한국청소년상담원, 2005; 최명선·최태산·강지희, 앞의 글, 23~34쪽.

6) 최성숙, 「탈북 청소년을 위한 미술치료」, 가톨릭대학교 석사논문, 2003; 신형미·정여주, 「탈북 청소년을 위한 집단미술치료 체험연구」, 『심리치료』 제6권 제2호, 서울여자대학교 특수치료전문대학원, 2006, 81~102쪽.

7) 금명자 외 연구자들은 하나원에 입원 중인 네 개의 기에 속한 9세 이상 24세의 청소년 70명을 대상으로 외상경험과 외상증상 척도를 사용하여 그들의 경험과 증상을 확인하였다(『통일대비 청소년 상담 프로그램 개발 연구』 II, 한국청소년상담원, 2004).

8) "심리적 고통과 정신적 외상 경험 이후의 긍정적 변화들은 '역경과 싸우는 공통된 요인들'을 공유하고 있다. 집단적으로 '역경을 거친 성장'이라 언급되며, 역경과 싸워나가는 과정을 통해서 개인은 외상 사건이 일어나기 전에 비해 더욱 높은 기능 수준을 추진시켜 긍정적 변화를 일으키게 된다."(김현경, 「난민으로서의 새터민의 외상 회복 경험에 대한 현상학 연구」, 이화여자대학교 박사논문, 2007, 188쪽)

9) 윤지혜·오영림, 「탈북 청소년의 외상 이후 성장(PTG) 체험연구: 탈북대학생을 중심으로」,

도 진행되고 있다.

　그간의 연구들은 대부분 탈북 청소년들의 '경험담'과 탈북 청소년들이 자신의 상태나 느낌, 생각 등을 스스로 체크할 수 있도록 구성된 '설문지'10)를 기본 자료로 삼아 왔다. 이는 탈북 청소년들의 적응 문제에 초점을 맞춘 연구11)나 심리치료,12) '외상 후 성장'13)에 초점을 맞춘 연구 모두에 해당된다. 특히 설문지는 현 상태의 파악뿐 아니라 변화를 확인하기 위한 자료로도 사용되고 있다. 예를 들어 상담이나 프로그램을 체험한 이후에 자신에게 일어난 변화를 스스로 진술하도록 하는 것이다.14) 이러한 방법들은 탈북 청소년들의 문제를

『청소년학연구』 제17권 제12호, 한국청소년학회, 2010, 49~82쪽.

10) 자기효능감 척도의 내용을 예로 들면 다음과 같다. 〈1. 나는 위험한 상황에서 잘 대처할 수 없을 것 같아서 불안하다. 2. 나는 어려운 일이 생기면 당황스러워서 어찌할 바를 모른다. 3. 나는 큰 문제가 생기면 불안해져서 아무것도 할 수 없다. 4. 나는 위협적인 상황에서는 스트레스를 필요 이상으로 받는다. 5. 어떤 일이 시작할 때 실패할 것 같은 느낌이 들곤 한다. 6. 나는 부담스러운 상황에서는 우울함을 느낀다. …〉 (금명자 외, 『통일대비 청소년 상담 프로그램 개발 연구』 Ⅲ, 한국청소년상담원, 2005, 67~68쪽.)

11) 강효림은 탈북 청소년의 문화적응스트레스와 사회적 지지, 심리사회적 적응의 정도에 대해 파악한 후 문화적응스트레스와 사회적 지지가 심리사회적 적응에 미치는 영향을 알아보기 위해 직접 제작한 설문지 조사를 실시하였다. 설문지의 내용을 예로 들면 다음과 같다. 〈1. 다른 사람들이 북한 문화를 갖고 농담을 할 때 스트레스 받는다. 2. 내가 북한사람이라서 좋은 학교에 갈 수 없다. 3. 남한에서 사는 것이 스트레스 받는다. 4. 언어를 잘 못해서 스트레스를 받는다. …/ 1. 나는 내 스스로가 만족스럽다. 2. 나 자신이 싫을 때가 가끔 있다. 3. 나난 좋은 점이 많은 아이다. 4. 나는 무엇이든 친구들만큼 잘 할 수 있다.…/ 1. 친구들은 내 생각이나 말을 잘 들어준다. 2. 내가 힘들 때 도와 줄 친구가 없다. 3. 친구들은 날 좋아한다. 4. 우리 가족은 내가 힘들 때 도와준다. …〉 (「탈북 청소년의 심리사회적 적응에 관한 연구: 우울·불안을 중심으로」, 명지대학교 석사논문, 2007, 69~74쪽.)

12) 심리적인 치료를 꾀하는 경우에도 탈북 청소년들의 자기성찰을 유도하면서 다양한 활동을 경험한 후의 감상을 진술하게 함으로써 심리적인 변화를 확인한다. 신형미, 정여주는 탈북 청소년을 대상으로 총 10회기의 집단미술치료를 실시하였는데, 미술치료 활동과 과정관찰의 기록, 그리고 중간면담을 통해 그들이 느끼는 경험을 자료로 수집하였다. (「탈북 청소년을 위한 집단미술치료 체험연구」, 『심리치료』 제6권 제2호, 서울여자대학교 특수치료전문대학원, 2006, 81~102쪽.)

13) 윤지혜, 오영림은 탈북 청소년들의 외상 이후 성장 체험을 연구하기 위해 일대일 심층면접을 통해 자료를 수집하였다. 그리하여 외상 후 성장에 대한 본질적 주제를 다음과 같이 정리하였다. ① 새로운 터전 속에 어린아이(미지의 세계, 어둠의 그림자, 희망에 찬 어린아이, 현실과 맞닥뜨림), ② 낯선 터전에서 고군분투(낯선 터전에 다리 만들기, 두 자아의 갈등), ③ 익숙해진 터전에서의 성장통(성장통, 어쩔 수 없는 수용, 인식의 전환, 과거의 그림자를 보듬어 안음), ④ 터를 다지며 겪는 제2의 성장통(제2의 성장통, 도약). (앞의 글, 49~82쪽.)

확인하고 해결의 실마리를 찾는 데 많은 기여를 해 왔다.

하지만 탈북 청소년들의 문제에 보다 근본적으로 다가가기 위해서는 '경험담'과 '설문지'만으로는 충분하지 않다. '경험담'은 기억에 의존하여 '실제 있었던 일'을 말하는 것인데, 그 기억이 얼마나 정확하고 사실에 가까운지는 판단하기가 어렵다. 또한 설문지를 작성할 때에는 주변 환경의 영향을 많이 받게 된다. 설문지 작성 당시 맺고 있는 다른 사람들과의 관계나 사회적 지원 등 여러 가지 요인들이 작용하여 탈북 청소년들의 사고나 느낌 등에 영향을 미칠 수 있는 것이다. 설문지는 조사 시기에 따라 그 결과가 달라질 수도 있기 때문에, 설문지를 통해 확인된 변화가 얼마나 근본적이며 지속 가능한지는 장담하기가 어렵다.

이때 문학치료학적인 관점은 탈북 청소년들이 지니는 문제의 실체와 해결의 실마리에 보다 근본적으로 다가갈 수 있는 통로를 마련해 줄 수 있다. 문학치료학의 가장 중요한 특징은 사람을 문학적으로 이해한다는 것이다.[15] 보통 시, 소설, 영화 등 구체적인 텍스트를 갖고 있는 작품을 문학이라고 일컫는다. 그런데 사람을 문학적으로 본다는 것은 사람의 인생을 작품으로 이해한다는 것이다. 문학치료학에서는 하나의 문학 작품이 실현되기 위해서는 그 작품을 존재케 해주는 원동력인 '서사'가 존재한다고 본다.[16] 마찬가지로 사람의 인생

---

14) 프로그램 참여 이후 사용되는 개인보고서 양식의 예는 다음과 같다. 〈1. 프로그램을 통해 내가 무엇을 중요하게 여기는지 알게 되었다. 2. 프로그램을 통해 다른 사람이 무엇을 중요하게 여기는지 알게 되었다. … 14. 프로그램을 통해서 마음이 편안해지고 위안을 얻게 되었다.〉 또는 서술형 양식도 있다. 〈1. 이번 회의 프로그램이 자신에게 실질적으로 도움이 되었습니까? 도움이 된다면 어떤 면에서 도움이 되었습니까? 2. 이번 회의 프로그램에 참가하기 전과 후에 가장 크게 변화된 점이 무엇입니까? 어떤 경험을 통해 변화하였는지를 적어주십시오.〉 (금명자 외, 『통일대비 청소년 상담 프로그램 개발 연구』 III, 한국청소년상담원, 2005, 69~70쪽.)

15) "문학치료학의 가장 큰 성과는 '인간이 바로 문학이며 문학이 곧 인간'이라는 관점을 확립한 것이다."(정운채, 「문학치료학의 서사이론」, 『문학치료연구』 제9집, 한국문학치료학회, 2008, 247쪽)

16) 문학치료학의 '서사'는 기존의 문학 장르에서 사용되어 왔던 '서사'라는 용어와는 다른 특별한 개념으로 사용되고 있다. 기왕의 서사이론이 연구의 대상으로 삼는 '서사'는 이미

에도 그 저변에 '서사'가 존재한다고 보고 있다.

문학치료학에서 '서사'를 '인간관계의 형성과 위기와 회복에 대한 서술'[17]로 정의한 것은 서사가 인간관계에서 발생한 우리 삶의 문제를 다루고 있다는 것을 뜻한다. 따라서 서사는 특정 인간관계 안에서 발생한 문제에 대처하는 태도와 경향성을 갖고 있다. 이러한 서사가 먼저 구성되어야 그것을 바탕으로 구체적인 작품이 실현될 수 있다. 텍스트로 구현된 작품은 그 밑바탕에 깔려 있는 서사에 의해 작품 속에서 발생한 문제를 다루어 나가게 되는 것이다. 마찬가지로 겉으로 드러나 있는 한 사람의 살아가는 방식이나 행동은 그 밑바탕에 깔려 있는 서사의 영향을 받는 것이다.

정리하자면, 문학치료학의 '서사'는 겉으로 드러나 있는 것이 아니라 '문학 작품이나 인생의 저변에서 끊임없이 작용하고 있는 것'에 이름을 붙인 것이다. 여기서 우리들 각자의 삶을 구조화하여 운영하는 서사를 우리들 각자의 '자기서사'라고 한다면, 작품의 서사는 '작품서사'라고 한다.[18] 문학치료학적인 관점으로 탈북 청소년의 내면에서 작동하고 있는 자기서사를 구성할 수 있다면, 탈북 청소년이 겪고 있는 문제의 근본적인 원인을 밝히고 구체적인 극복 방안을 모색하는데 도움을 받을 수 있을 것이다.

이에 이 글에서는 연구자가 지난 2011년 6월부터 정기적으로 만남을 가져온 한진성(가명)이라는 탈북 청소년의 자기서사 진단 사례를

겉으로 드러나 있는 구체적인 작품이다. 로버트 숄즈와 같은 서사이론 연구가는 서사 또는 서사체를 '이야기'와 '화자'가 존재하는 모든 문학작품으로 정의한다(로버트 숄즈, 로버트 켈로그, 임병권 옮김, 『서사의 본질(nature of narrative)』, 예림기획, 2001, 12쪽). 문학치료학의 '서사'는 겉으로 드러나 있는 작품 그 자체가 아니라 작품을 분석하여 구성해 내야 하는 것이다(나지영, 「문학치료 이론 연구의 현황과 전망」, 『문학치료연구』 10, 한국문학치료학회, 2009, 131~167쪽; 나지영, 「문학치료학의 자기서사 개념 검토」, 『문학치료연구』 13, 한국문학치료학회, 2009, 35~58쪽 참조).

17) 정운채, 「인간관계의 발달 과정에 따른 기초서사의 네 영역과 〈구운몽〉 분석 시론」, 『문학치료연구』 제3집, 한국문학치료학회, 2005, 9쪽.

18) 정운채, 「서사의 힘과 문학치료방법론의 밑그림」, 『고전문학과 교육』 제8집, 한국고전문학교육학회, 2004, 172쪽.

소개하려고 한다. 한진성(16세)은 2010년 11월 혼자 남한으로 들어와 2011년 3월부터 '새터민청소년그룹홈'〈가족〉에 거주하고 있으며, 현재 중학교 1학년에 재학 중이다. 2절에서는 한진성의 설화에 대한 반응을 분석하여 '자기서사'의 특징을 알아보고, 3절에서는 2절의 내용을 토대로 한진성의 자기서사를 구성하여 그 의미를 밝혀보고자 한다.

2. 탈북 청소년의 설화에 대한 반응과 자기서사의 특징

자기서사를 구성하기 위해서는 그 사람의 실제 삶에 대해서도 어느 정도 파악할 필요가 있다. 그 사람이 어떻게 살아 왔는지, 어떠한 경험을 했는지를 통해 내면에서 작동하고 있는 서사의 특징을 발견할 수 있기 때문이다. 하지만 여기서 중요한 것은 '경험' 그 자체가 '자기서사'는 아니라는 것이다. 있었던 사실을 그대로 드러내는 것이 자기서사가 아니라 오히려 지어낸 이야기나 좋아하는 이야기가 자기서사의 모습에 더 가까울 수도 있다. 어떤 사람이 선호하는 이야기나 만드는 이야기를 분석해 보면 그 사람이 어떠한 문제에 대처하는 태도나 경향성 등을 파악하는 데 도움을 받을 수 있기 때문이다.

문학치료학에서는 어떤 사람이 좋아하는 문학 작품이나 싫어하는 문학 작품은 그 사람의 자기서사와 밀접한 관련이 있다고 본다.[19] 예를 들어 〈양산백과 추양대〉[20]라는 작품을 좋아하는 사람이 있다

---

19) 정운채, 「고전문학 교육과 문학치료」, 『국어교육』 113, 한국구어교육연구학회, 2004, 103 ~126쪽. 자기서사가 작품서사와 일치도가 높으면 그 작품에 대한 호응도 높아질 것이고, 자기서사와 작품서사의 일치도가 낮으면 작품에 대해 거부반응을 보일 것이며, 자기서사가 작품서사에 관심이 없으면 무덤덤한 반응이 나올 수 있다고 보는 것이다.

20) 〈양산백과 추양대〉의 기본 줄거리는 다음과 같다. "두 아이가 같이 서당에 다녔는데, 한 아이는 남장을 한 여자 아이였다. 두 아이가 늘 같이 공부하며 목욕도 같이 하였지만 남자 아이는 여자 아이의 정체를 알지 못했다. 하루는 두 아이가 냇가에서 목욕을 하는데 위쪽에서 목욕을 하던 여자 아이가 한 방에서 자며 공부를 하고도 자기가 여자인 것을

고 가정해 보자. 작품의 여자 주인공은 다른 남자에게 시집을 가는 상황에서도 여전히 죽은 옛 정인에 대한 마음을 정리하지 못한다. 그래서 시집가는 날 죽은 정인의 무덤 앞에 서 있다가 무덤이 반으로 갈라지자 그 속으로 들어간다. 〈양산백과 추양대〉의 서사를 여자 주인공의 입장에서 구성해 보면, '한번 관계를 맺은 이성과는 절대 헤어질 수 없기 때문에 죽는 한이 있더라도 그 관계를 지속시켜야만 한다'라고 정리할 수 있을 것이다.

이러한 〈양산백과 추양대〉라는 작품에 쉽게 몰입하고 공감할 수 있는 사람의 자기서사는 '사랑하는 이성과의 관계는 절대 깨질 수 없는 것이어서 무조건 지속시켜야 한다'라는 특징을 갖고 있을 것이라 예상할 수 있다. 그러한 사람은 사랑하는 이성과의 이별 후 새로운 이성을 만날 수 있다는 가능성은 열어두지 않고, 오로지 처음 인연을 맺은 이성과의 관계만을 지속시키려고 할 가능성이 높다. 반대로 〈양산백과 추양대〉라는 작품에 몰입하지 못하거나 공감하지 못하는 사람이 있다면 그 사람의 자기서사는 '이별이 있으면 또 다른 만남이 있는 것이다. 사랑하는 사람과 헤어졌지만, 새로운 사람을 언제든지 만날 수 있다'라는 특징을 가졌을 것이라 예상할 수 있다.

문학치료학에서는 작품서사를 통해 자기서사를 진단한다. 작품에 대한 반응을 통해 자기서사를 작품서사의 형태로 구성해 내는 것이다. 연구자는 2011년 6월부터 한진성과 매주 설화를 같이 읽고 작품에 대해 이야기하는 시간을 가졌다. 설화는 짧으면서도 그 서사 구조

몰라보냐며 자신은 이제 다른 곳으로 시집을 간다고 글을 써서 물에 띄워 보냈다. 남자 아이가 그 글을 받아 읽어보고 얼른 여자 아이가 있는 곳으로 가보았지만 여자 아이는 이미 집으로 돌아가고 없었다. 얼마 후에 여자는 다른 남자에게 시집을 가게 되었다. 그 사실을 알게 된 남자는 자신이 죽으면 여자가 시집을 가는 길목에 묻어달라는 유언을 남기고 죽어버렸다. 여자는 가마를 타고 시집을 가다가 남자의 묘가 있는 길에서 잠시 쉬어 가자며 남자의 묘 앞에 섰다. 여자가 남자의 무덤 앞에서 자신은 이제 시집을 간다면서 너는 아무것도 모르고 이렇게 드러누워 잠을 자느냐고 했다. 그러자 남자의 묘가 반으로 갈라졌는데, 여자가 그 안으로 들어가게 되었다."(정리: 나지영/ 출처: 정운채 외, 『문학치료 서사사전』 2, 문학과치료, 2009, 2116~2120쪽.)

가 탄탄하다. 특히 한진성처럼 아직 글을 읽고 쓰는데 능숙하지 못한 경우에는 간단명료하면서도 서사의 의미가 핵심적으로 전달될 수 있는 설화가 감상 자료로써 적절하다고 판단되었다. 설화를 감상하고 난 뒤에 한진성의 반응을 살피고, 연상되는 '살아온 이야기'들을 자유롭게 이야기하였다. 2절에서는 한진성이 설화를 감상하고 난 후에 보였던 반응을 분석하여 한진성의 자기서사 갖고 있는 특징들을 살펴보겠다.

1) 설화에 대한 반응 분석

① <간 뺏길 뻔한 전처 아들>에 대한 반응

〈간 뺏길 뻔한 전처 아들〉의 간단한 줄거리는 다음과 같다.[21] 어느 후처가 전처 아들을 죽이기 위해 꾀병을 부려 전처 아들의 간을 먹어야만 자신의 병이 낫는다고 했다. 남편은 후처의 말을 믿고 백정을 불러 전처 아들의 간을 빼라고 하였다. 그러나 백정은 차마 전처 아들을 죽이지 못하고 개의 간을 빼다가 후처에게 갖다 주었다. 그 후 전처 아들은 백정의 보살핌을 받고 훌륭하게 자라나 과거 시험에 합격하게 되었다. 전처 아들은 친아버지는 용서해 주고 자신을 죽이려 했던 후처에게는 벌을 내렸다.

한진성은 〈간 뺏길 뻔한 전처 아들〉을 읽고 난 후에 아버지가 후처의 말을 듣고 아들의 간을 빼려고 하는 장면을 가장 인상 깊은 장면으로 꼽았다.

연구자: 여기서 제일 인상적인 장면이 뭐야?
한진성: 계모가 아버지한테 아들의 간을 빼라 하라 거기가 완전.

---

21) 정운채 외, 『문학치료 서사사전』 1, 문학과치료, 2009, 40~45쪽 참조.

연구자: 누구의 입장에서?

한진성: <u>아버지 입장에서. 친아버지로서 자식을 그 한다는 게 완전, 아버</u>
　　　　<u>지도 쉽지 않은 사람이에요.</u>

연구자: 아버지는 왜 그랬을까?

한진성: 젊었을 때니까 색시 말을 믿었겠죠.

연구자: 아들은 어떤 사람인 것 같아?

한진성: 아들에 대해서는 잘 모르겠어요.

연구자: 마지막에 아들이 성공한 다음에 아버지는 용서해주고 계모는 벌
　　　　주잖아.

한진성: <u>그것도 괜찮지만, 아버지 용서해주는 거... 아버지가 더 나쁘다면</u>
　　　　<u>더 나빠요.</u>

연구자: 아버지에게 어떻게 했었으면 좋을 것 같아?

한진성: <u>그냥 보내야죠. 아버지 취급 안하면 되죠.</u>

한진성은 계모보다도 친아들을 돌보지 않은 아버지를 더 나쁜 사람이라고 여겼다. 〈간 뺏길 뻔한 전처 아들〉은 아들의 입장에서 전개되는 이야기임에도 아들의 이야기에는 관심이 없고, 아버지에 더 주목하고 있었다. 그러면서 한진성은 북한에 있었을 때 〈간 뺏길 뻔한 전처 아들〉에서 일어난 일만큼이나 충격적인 경험을 하였다고 하였다.

엄마가, 엄마부터 할아버지부터 할머니 엄마 이모 삼촌부터 <u>암튼 다</u>
<u>끔찍해요. 하루가 멀다하게 끔찍해요.</u> 다음날 눈 감았다 일어나면 오늘은
<u>또 무슨 일이 있을까.</u> 7살 때가 철들었을 때니까 그때부터 <u>5살 때부터</u>
<u>엄마랑 같이 못 있구요 무섭게 보냈어요. 엄마가 의붓아버지 만나서, 시집</u>
<u>가가지고 나를 델꾸 가지 않았어요.</u> 혼자 가가지고 동생들 둘 놓고 잘
살다가 자기네가 엄마가, 장사하다 밑돈 모아가지고 골탕먹어서 다시 우
리 집 할머니있는데 와서 <u>면목이... 얼굴을 들고 할머니 집에 왔어요.</u> 자식

을 버리고 혼자 살다가 자기가 이렇게 망하니까 또 할머니한테 오는 거예요, 완전. 할머니도 힘들었겠지만 무서웠어요. 친엄마도 다 무서워하는 편이었어요.

한진성은 태어나서 친아버지는 본적이 없으며, 5살 때 어머니가 다른 남자와 재혼을 하면서부터 어머니와 떨어져 할머니와 살았었다고 한다. 한진성은 재혼을 하면서 자신을 데려가지 않은 어머니가 무섭다고 하였다. 또한 어머니와 함께 하지 못하는 상황도 '무섭다'라고 표현하였다. 여기서 한진성이 느끼는 '무서움'은 자신을 돌봐주고 지켜줄 수 있는 인간관계의 부재로부터 오는 것이다. 그런데 나중에 한진성의 어머니는 장사를 하다 망하자 재혼한 남자와 두 아이를 데리고 한진성의 할머니에게 찾아 왔다고 한다. 한진성은 자신을 버리고 떠났던 어머니가 돈이 없어 다시 할머니를 찾아온 것은 '면목이 없는', 차마 얼굴을 들지 못할 일이라고 하였다.

내가 너무 힘들어가지고 밥을, 동생들 밥하다가 그냥 까무라쳤어요 엄마가 그때 숨어 다니다가 집에 들어왔는데 까무라쳤어요 근데 하루 밥도 안해주고 그냥 자기 돈 벌러 간다고 그냥 간 그런 엄마에요. (…중략…) 남동생 때문에 운적 많아요 내 형도 아닌게 무슨 상관이냐고 이렇게 말하면. 밥을 주다가도 이렇게 거기서 진짜 갑자기 눈물 나는거에요 이건 이걸 엄마도 알지 못하는 사실이고. 엄마가 또 엄마도 어느땐가 나하고 싸우면서 엄마가 그 소리를 들었는데 엄마가 그냥 스치는 거에요. 거기서 진짜 날 이렇게 믿어주는 날 이렇게 해주는 사람이 하나도 없구나. 정말 무서워요. (…중략…) 엄마를 다 알지 못하고 그냥 난 엄마가 착한 엄마인줄 알았어요 어느 날인가 엄마가 와서 이렇게 나를 밥도, 우리를 내 생일이었어요 내 생일이어서 엄마가 왔는데 나오자마자 진짜 정신 못 차리고 3일을 앓았어요 그런데 엄마가 생일도 안세주고 엄마가 노는 태도가 너무 달랐어요 거기서 진짜 할아버지 할머니 다 죽고 할머니는 지옥 가서 죽고 할아버지는 사망되고 이모는 시집가고 남은 건 나 혼잔데 거기서 까지 엄마까지 외면하니까 막막했어요.

한진성을 돌봐주던 할머니가 돌아가시고 난 후에 한진성은 앞을 보지 못하는 의붓아버지와 두 동생과 함께 살게 되었다. 어머니는 장사를 하기 위해 멀리 떨어져 살았으며, 한진성이 장님인 의붓아버지와 어린 두 동생(의붓아버지와 친어머니 사이에서 태어난 남매)을 돌봐야 했다. 그런데 가끔씩 집에 찾아오는 어머니는 한진성의 생일도 챙겨주지 않았고, 아팠을 때에는 밥 한 끼 차려주지 않았다고 한다. 또한 한진성의 남동생(의붓아버지의 아들)은 한진성과 사이가 좋지 못했는데, 어머니가 남동생이 자신에게 대드는 소리를 듣고도 아무 소리 없이 그냥 가버렸을 때 '이렇게 날 믿어주는 사람이 하나도 없구나'라는 생각이 들었다면서 '정말 무서웠다'라고 표현한다.

　무엇보다 여기 오기 전에 1년 전에 집이 다 파산 될 때 의붓아버지랑 동생 둘을 델꾸, 아 동생 세명, 둘에다가 의붓아버지까자 셋해서, 나까지 네명이었어요. 그래서 내가 다 먹여 살리면서 있었는데 의붓아버지가 집이 다 깨져가니까 미련 남는 게 없으니까 동생들 델꾸 다 가는 거에요 거기서 진짜 무섭고 막 독집에 내가 혼자 앉아 있으니까 진짜 앞이가 캄캄했어요 자자고 누우면 울고 싶고 집에서 누가 보는것 같고 무서워요. 집이 무서워서 나왔어요. 사무소에서도 뺏아가지구요 집을. 집을 내주고. 그 다음 또 혼자 생활했어요.

한진성은 산에서 약초와 버섯을 캐다 팔거나 개구리를 잡아 중국 밀수꾼에게 팔면서 7년 정도 의붓아버지와 두 동생을 먹여 살렸다고 한다. 빨래와 밥짓기 같은 집안 살림까지 하면서 한진성은 실제적인 집안의 가장 역할을 했었다. 그런데 남한으로 오기 1년 전에 의붓아버지가 두 동생만 데리고 다른 곳으로 떠났다고 했다. 어머니가 하던 장사가 망하여 집이 파산되자 다른 곳으로 떠나버린 것이다. 한진성은 지금도 그 당시의 일을 떠올리면 몸이 떨릴 정도로 무서움을 느낀다고 하였다.

> 엄마 찾으러, 엄마 물어 볼라고 갔어요. 나 이렇게 혼자 있는데 어떻게 하라고. 물어보러 갔어요. 진짜 앞이 없잖아요. 나 어떻게 살라고 이렇게 남두고 있냐고 물어보러 갔어요. 아침 8시에 떠나면 저녁 6시에 도착. 한 다섯 번인가 왔다갔다했어요. 이모도 엄마를 안 만나게 해줘요. 엄마도 안 만나주고. 거기서 큰아버지, 아버지 양아버지 만날라고 한번 가봤어요 근데 양아버지도 외면해요.

한진성은 의붓아버지가 떠난 이후에 완전히 혼자 남겨지자 멀리 떨어져 살고 있던 어머니를 찾아갔다고 하였다. 아침 8시부터 걸어가면 저녁 6시나 되어야 도착하는 곳에 어머니가 살고 있었는데, 어머니는 한진성을 만나주지 않았다고 했다. 한진성은 의붓아버지도 찾아가 보았지만 의붓아버지 역시 한진성을 외면하였다고 했다. 한진성은 철저하게 혼자 남겨진 상황에서 탈북을 결심하고 중국으로 건너가게 된 것이다.

② <젊어지는 샘물>에 대한 반응

<젊어지는 샘물>의 줄거리는 다음과 같다.[22] 예전에 어떤 할아버지가 나무를 하러 산에 갔다가 새를 발견했다. 할아버지가 새를 잡으려고 쫓아가다가 깊은 산골까지 들어가게 되었는데 그곳에서 샘물을 발견하고는 목이 말라 세 모금 정도 마셨다. 그랬더니 할아버지의 모습이 젊어진 것이었다. 할아버지는 할머니에게도 샘물을 자신이

---

22) 정운채 외, 『문학치료 서사사전』 3, 문학과치료, 2009, 2725~2726쪽 참조.

마신 만큼 마시게 하여 젊어진 모습으로 재밌게 살고 있었다. 하루는 욕심쟁이 이웃집 노인이 젊어진 할아버지에게 샘물의 위치를 물어보았다. 그런데 욕심쟁이 노인은 물을 너무 많이 마셔버려 아기가 되고 말았다. 젊어진 할아버지 내외가 샘물에 가서 아기를 발견하고 데려다 키웠다.

한진성은 〈젊어지는 샘물〉 이야기가 '완전 실감'이 난다고 하였다.

> 한진성: <u>완전 실감 있어요. 이 다시 젊어진다는 기분이 완전 하늘을 날 것 같아요. 저는 너무 좋아서리 그런 적이 있거든요.</u>
>
> 연구자: 언제?
>
> 한진성: 혼자서 일케 지내다가 갑자기 엄마 왔다던가 한 일년정도 있다가 엄마 왔다 하면 그 기분은 표현할 수가 없어요. 표현할 수 없어요. 저절로 막 이렇게 뛰어다녀요 <u>날아다니는 것처럼 아무리 배고파도 배고픈 감이 없구요. 기분이 잠 안 올 거에요. 엄마가 갑자기 오면 그 기분이 그때 당시 힘들었던게 싹 없어져요. 날아가는 것 같아요.</u>

한진성은 〈젊어지는 샘물〉의 할아버지가 다시 젊어지게 되면서 하늘을 날아갈 것 같은 심정을 느꼈을 것이라고 하였다. 그러면서 자신도 그렇게 너무 좋아 날아갈 것 같은 심정을 느껴보았다고 하였다. 한진성은 북한에 있을 때 어쩌다 가끔씩이라도 어머니를 보게 되면 기분이 날아갈 것 같아서 힘들었던 것도 다 사라진다고 하였다.

> 연구자: 최근에 그 정도로 기분 좋은 적 있었어??
>
> 한진성: <u>한번도 없었어요. 앞으로도 없을 것 같아요. 좋은 일 생길 일이 없잖아요.</u>
>
> 연구자: 왜?
>
> 한진성: <u>가질 것 다 갖고 살아서. 이 상태가 좋잖아요.</u>

한진성에게 최근에도 그렇게 기분이 좋았던 적이 있느냐고 묻자 한 번도 없었다고 대답하였다. 남한에 와서 가질 것을 다 갖고 살기 때문에 좋은 일이 더 생길 것 같지 않다는 것이었다. '좋은 일이 앞으로 없을 것 같다. 이 상태가 좋다' 등의 표현으로 보아 한진성이 현재의 상태에 만족하고 있는 것처럼 보이기도 하지만, 지금 당장은 현실에서 더 이상 기대할 것이 없다는 것으로 이해되기도 한다. 아직은 한진성이 앞으로 해 보고 싶은 일이나 소망에 대해 구체적으로 생각해 본 적이 없다는 것을 짐작할 수 있었다.

한진성은 북한에서의 경험을 소중히 여기며 항상 긍정적인 태도를 잃지 않으려고 노력하지만, 현재 남한에서의 새로운 삶에 적응하는 데 많은 어려움을 느끼고 있었다.

애들이랑 놀 때는 재밌어요. 생각해보면 재밌는데 <u>공부시간 되면 왜 다니나. 공부 못하니까 그냥 앉아 있잖아요, 그럼 짜증나죠 완전.</u>, 꿈은 <u>많은데 현실이... 공부는 따라가고 싶은데 아이들하고 벌써 박 차이나요.</u> 공부.. <u>거기서 그냥 완전 이렇게 맥 놓죠. 이렇게. 차이가 벌써 심한 거예요.</u> 학교 다니면, 안다닐땐 몰랐는데 일반 학교 다니면서 애들이 벌써 이렇게, 자기 스스로 생각해서 쓰는거 들으면, 자기 이렇게 생각 쓰는거. 들어보면 벌써 차이가 심해요.

한진성뿐 아니라 많은 탈북 청소년들이 공통적으로 겪고 있는 어려움은 바로 '공부'이다. '꿈'은 많은데 '현실'은 그러한 꿈을 전혀 지지해 주지 못하고 있는 것이다. 한진성은 어려서부터 체계적인 교육을 받고 자란 남한의 아이들에 비해 실력의 차이가 너무 크다는 데에서 커다란 상실감을 느끼고 있었다. 그래서 자주 사용하는 표현이 '맥을 놓는다'이다. 한진성뿐 아니라 많은 탈북 청소년들이 새로운 삶에 대한 희망과 기대로 가득 차 있다가 막상 남한에 오면 공부로 인해 엄청난 압박감을 느끼게 된다.

여기 와서 좀 별.. 일 생기면 <u>맥없고 결국 하고 싶지 않아요.</u> 나를 이기지 못해요 내가. 나를 이기지 못해요. (…중략…) <u>엄마라고 부르지 못하구요, 일 생기면 이렇게 딴데가서 말할 수도 없고.</u> (…중략…) <u>이따금씩 가면서 아무 일도 없는데 맥없고 힘든 날이 있어요. 완전 힘든 날이 있어요.</u>

한진성처럼 긍정적인 태도를 갖고 있다 하더라도 남한에서의 새로운 삶에 적응하는 과정에서 많은 스트레스를 겪을 수밖에 없다. 적응 과정에서 겪게 되는 여러 가지 어려움들을 맘 편히 터놓고 이야기할 수 있는 대상이 없다는 것도 한진성을 더욱 힘들게 하는 원인이 된다.

<u>전 지금 앞길이 보이지 않아요.</u> 보이지 않아요. 지금 뭐가 어떻게 어떻게 가는지 몰라요. 보이지 않아요. 지금. <u>북한에서는 이게 내 팔자구나하고 그냥 가는데,</u> 내일은 어디 갈까. 내일은 저 산에 가서 파야지. 내일은 저쪽 가서 버섯따야지 이런 생각에 하루하루 보내고, <u>또 일하면서 즐거울 때도 있고. 힘들고 배고파도요 즐거웠어요.</u> 난 내 체질에 맞았는데 여기 오니까 진짜. (…중략…) <u>북한에 있을 때는 이런 생활이 그리웠구요.</u> 진짜 먹고 놀고 하면 어떨까 생각해봤는데 여기오니까 그거 아니에요. 아휴. (…중략…) <u>보이지가 않아요.</u> 막막한데 와가지구. 정신없어서. 기억도 못해요. 이름을 잘 기억했는데 어떻게 이름을 다 까먹을까.

한진성은 지금 앞길이 전혀 보이지 않는 막막한 상태라고 하였다. 북한에서는 "이게 내 팔자구나" 하면서 내일 할 일에 대해서만 신경 쓰며 살았는데, 남한에 오니 정신이 하나도 없다는 것이다. 차라리 한 가지 일에만 집중하며 살 수 있었던 북한에서의 삶이 '배고파도 즐거운' 경험이었다고 회상하고 있다. 여기서 지금 한진성에게 가장 중요한 문제가 '막연한 미래에 대한 불안'이라는 것을 짐작할 수 있다.

정신없어 가지구요. 오늘 무슨 일인지도 모르고 그냥 가요. 고민스러워
요. 아무것도 하는 것이 없이 가니까요. 하루 지나가면 하루 헛되게 보냈
구나 고민스러워요. (…중략…) 잘 놀고 싶어요. 잘 나가고 싶어요. 근데
모든 게 다 내 맘대로 안 되요.

한진성은 지금 남한에서 자신의 삶이 '정신없다'라고 표현한다. 예
전에는 잘 외우던 사람 이름도 못 외우고, 하루가 어떻게 지나가는지
도 모른 채 산다는 것이다. 한진성은 남한에서 '잘 나가고 싶은' 마음
은 있지만, 모든 것이 자기 마음처럼 되지 않는다고 여기고 있다. 북
한에서 한진성은 어린 나이에 이미 한 가정을 책임지고 이끌었던 가
장의 역할도 했었고, 주변 사람들로부터 돈을 버는 능력이 뛰어나다
는 평가도 많이 받았었다. 자신의 위치에서 최선을 다하며 만족감을
갖고 살다가 자신의 능력이 전혀 발휘되지 않는 상황에 놓이게 되자
힘이 빠지고 불안해 지는 것이다.

③ <지귀설화>에 대한 반응

<지귀설화>의 간단한 줄거리23)는 다음과 같다. 옛날에 지귀가 여

---

23) 김호준(남, 88), 「선덕여왕과 지기」, 『한국구비문학대계』 7-15, 선산읍 설화 20, 385~387
쪽 참조.
　(1) 신라 27대 선덕여왕 시절에 신라에서 제일 인물이 잘난 청년이 있었다. (2) 그 젊은
청년은 인물이 잘나서 오입도 잘했다. 청년의 성은 지이고 이름은 기였다. (3) 선덕여왕도
인물이 빼어났는데, 지기가 선덕여왕을 보고 혼자 사모하여 바짝 마르기 시작했다. (4)
친구들은 지기가 자꾸 마르자 무슨 일이냐고 물었다. 지기는 친구들에게 선덕여왕이 잘나
지 않았냐고 했다. 친구들은 지기의 행세가 본래 나쁜 놈이라 선덕여왕을 혼자 사모하다가
마르게 되었구나 생각하고 지기의 뺨을 때려주고 싶었지만 워낙 말라서 때릴 곳도 없었다.
(5) 그때 선덕여왕이 환우가 있어서 불국사에서 삼천 명의 중이 모여 선덕여왕의 병을 낫
게 해달라고 불공을 하고 축원을 했다. 그래서인지 선덕여왕의 병이 나았다. (6) 선덕여왕
은 자신을 위해 공을 들인 삼천 명의 스님들에게 인사를 하러 갔다. (7) 선덕여왕이 배를
타고 가는데 그 모습을 본 지기가 좋아서 곡괭이 춤을 췄다. 지기를 본 선덕여왕이 신하에
게 저것이 귀신이냐 사람이냐 물었다. 신하는 지기라는 사람이라고 했다. 선덕여왕이 지기
가 왜 저러느냐고 묻자 신하는 상감마마를 보고 혼자 사모하다 병이 들어 그렇다고 했다.
선덕여왕은 사람이니까 사람을 보고 저렇지 짐승 같으면 자신을 보고 저렇게 되겠느냐며

왕의 모습을 보고 반했다. 그날 이후 지귀는 여왕의 모습을 잊을 수가 없어 상사병에 걸렸다. 지귀가 불공을 드리러 가는 여왕의 행차를 따라다니며 춤을 추자 여왕이 신하에게 그 이유를 물어보았다. 신하가 지귀의 사연을 말해 주자 여왕은 지귀가 불쌍한 생각이 들어 절밖에서 기다리면 만나 주겠다고 하였다. 그런데 지귀는 절 밖에서 여왕을 기다리다가 잠이 들고 말았다. 지귀가 자는 동안 여왕은 자신이 끼고 있던 반지를 빼서 지귀의 배 위에 올려놓고 궁으로 돌아갔다. 나중에 잠에서 깬 지귀는 자신이 잠들지 않았으면 여왕을 만날 수 있었을 텐데 그러지 못했다며 애간장을 태웠다. 지귀는 속에서 불이 일어 재가 되고 말았다.

한진성은 〈지귀설화〉를 감상하고 난 후에 지귀의 안타까워하는 심정이 이해된다고 하였다. 〈지귀설화〉의 전반적인 내용보다는 지귀가 애간장을 태우다 몸에 불이 붙게 되는 장면에 관심을 두고, 그 정도로 안타까워했던 경험에 대해 이야기하였다.

개구리 이렇게 있음 비싸요. 암캐구리, 중국놈들이 비싸게 사가요. 그거 잡다가 딱 놓치면 아 열받아서 막. (웃음) 진짜 막 열, 진짜 손 발을 물이 얼음이 다 얼었는데 <u>손이 얼어서 새빨간데 그럴 때 놓치면 진짜.</u>

불쌍하니 지기를 데려 오라고 했다. (8) 지기는 선덕여왕 앞에 가면 분명 사형선고를 받을 것이라고 생각했지만 선덕여왕이 무슨 말을 했는지 좋아서 고개를 간들간들하며 더 춤을 잘 추었다. (9) 불국사에 도착하자 지기는 걸음도 잘 걷지 못하면서 죽을힘을 다해 선덕여왕의 뒤를 따라 갔다. 선덕여왕이 불국사 안으로 들어가자 지기도 뒤따라가려고 하는데, 문지기는 지기를 내치면서 못 들어오게 했다. 쫓겨난 지기는 불국사 근처에 있는 다보탑에 가서 선덕여왕이 나갈 때 자신을 데리고 가겠지라고 속으로 생각하고는 일이 고되어 그만 잠들어 버렸다. (10) 선덕여왕이 환궁하러 나가는데 지기가 누워 자는 것을 보고 불쌍하단 생각이 들었다. 그래서 너의 원한이라도 풀고 가라며 금가락지 한 쌍을 꺼내서 지기의 배 위에다 가만히 놓고 갔다. (11) 잠에서 깬 지기가 절에서 경시 소리가 나는 것을 듣고 선덕여왕이 환궁하러 들어간 것을 깨닫고는 자신이 잠만 자지 않았어도 함께 갈 텐데, 자신이 자는 바람에 안 데리고 갔다고 후회했다. (12) 날이 새야지만 들어갈 수가 있기에 지기는 애가 터져서 점점 입에서 연기가 술술 나기 시작했다. 점점 몸이 뜨거워지자 지기는 다보탑을 끌어안았다. 그러자 전신이 불에 확 타더니 불귀신이 되어서 재가 되었다. 그래서 그 다보탑이 새카맣게 되었다. (13) 전하기를 "내로다, 내로다, 간장을 태우는 내로구나, 간장만 탈 뿐 아니라 이 몸 전신이 다 타노라."라는 노래가 있다.

거의 뭐 얼음바닥 앉아서 울어요. 돌멩이 들면 밑에 개구리들이 이렇게 하고 있어요. 들자마자 빨리 잡아야지 막 도망가요. 힘들어요. 누나는 지금 상상 못 할 거에요 어느 정도인지요. 앞에 강 있잖아요 거기보다 더 커요 봄이면 얼음 깨지잖아요 개구리가 잠에서 깨나서 물에 나오려고 기다리는 중이에요, 그럼 나오지 못해요 얼음 높아서 얼음 녹으면 그때 잡아요. 물이 진짜 고문스러워요. 발 다 얼었어요. 많이 다쳤어요. 손에 상처도 아직. 얼음한테 베여서. 발이 너무 강에 넣으면 감각이 없어요. 돌멩이에 맞아도 감각이 없어요.

한진성은 암캐구리를 잡아 중국 사람들에게 팔아서 돈을 벌었었는데, 맨손으로 개구리를 잡으러 다니는 일은 굉장히 힘든 일이었다고 한다. 개구리를 잡다 보면 손발이 새빨갛게 얼게 되고 그때에는 돌멩이에 맞아도 감각이 없을 정도라고 한다. 얼음에 손발을 베이면서 힘들게 개구리를 잡으러 다니는데 행여 개구리를 놓치기라도 하면 얼음바닥에 앉아 울었다고 한다. 그만큼 개구리를 놓쳤을 때 절박하면서도 안타까운 심정이 들었다는 것이다.

별명이 돈덩이였어요. 돈을 너무 잘 벌어서. 돈을 잘 버니까 네 식구를 먹여 살렸겠죠. 힘들다가도요 그런 소리 들으면 흐뭇해요. 이까지 한 게 있긴 있구나.

그런데 한진성은 남들보다 개구리를 훨씬 잘 잡아 돈을 많이 벌어서 주변 사람들로부터 '돈덩이'라는 별명을 얻었다고 했다. 그 덕분에 자신이 네 식구를 먹여 살릴 수 있었다면서 남들에게 '돈덩이'라는 소리를 들으면 '내가 이제껏 한 일이 있었구나'라는 생각이 들면서 흐뭇했다고 한다.

마지막에 남은 건 나 혼자 버림 받았어요. 그것보다 더 고생하면서 머리가 조금 남보다 조금 좀, 남처럼 이렇게 좀 머리가 돌아가는 말 할줄 알고, 그 정도는 고생 많이 했기 때문에 이 정도면, 고생했는데도 보람있구요. 어쨌든 좋은, 지난 일이니까 다 배운거니까 좋아요. 남들이 경험하지 못한거 다 경험했으니까.

한진성은 열심히 개구리를 잡아가며 가장 역할을 하였지만 결국에는 자신 혼자만이 남았다고 하였다. 그럼에도 불구하고 한진성은 자신의 경험이 갖고 있는 긍정적인 의미를 스스로 찾고 있었다. 한진성은 남들이 하지 못한 경험을 통해 배운 것이 있어 좋다고 하였다. 지금 '남들보다 더 머리가 돌아가는 말'을 할 줄 아는 것은 고생을 많이 했기 때문이라면서, 결국에는 자신이 배운 것이 있으니 좋다는 것이다.

어려운 일이 생기면, 그냥 나한테 맡겨요. 부딪혀요. 해결하고 싶기도 하고 그냥 부딪혀요. 뭐 그런 부딪히는 일 많아 가지구요 괜찮아요. 그냥.

한진성은 어려운 일이 생기면 일단 부딪힌다고 하였다. 자기 자신을 믿고 일단 그 문제에 부딪히고 보는 것이다. 이는 한진성의 삶을 이끌어 가는 중요한 태도라고 할 수 있겠다.

④ <소가 된 게으름뱅이>에 대한 반응

<소가 된 게으름뱅이>[24]는 어느 게으름뱅이가 소로 변하여 죽도

---

24) <소가 된 게으름뱅이>의 기본 줄거리는 다음과 같다.
　"어떤 게으른 남자가 장가를 갔는데 전혀 일도 하지 않고 빈둥거리자 아내가 혼자서 살림을 했다. 하루는 너무 힘들어서 남편에게 일을 해보라고 하자 남편은 집에 있는 명주를 몽땅 챙겨서 길을 나섰다. 멀리서 남자를 지켜 보던 노인이 한눈에 그 남자가 게으름뱅이라는 것을 간파하고 길목에 앉아서 소의 머리에 씌우는 굴레를 만들기 시작했다. 잠시 후 게으른 남편이 노인에게 와서 가지고 있는 것이 무엇이냐고 묻자 노인은 머리에 쓰면 세상에 부러울 것이 없는 물건이라고 했다. 노인의 말에 혹한 게으른 남편은 물건을 달라

록 고생을 하다가 나중에 다시 사람이 되어 성실하게 살았다는 이야기이다.

> 연구자: 이 이야기의 어느 부분이 마음에 들어?
> 한진성: 한번 이렇게 소가 되가지고 혼나다가 다시 사람 되가지고. 사람이 소가 되가지고 이게 일이다 하고 정신차리게 된 거가. '이게 바로 일이다.'라고 정신차리게 해줬기 때문에.
> 연구자: 누가 이렇게 소처럼 일해봤음 좋겠어?
> 한진성: 여기 애들 다요. 한국애들.
> 연구자: 남한애들이 왜?
> 한진성: 정신차릴 것 같아요. 그냥 멋모르고 있는 거 같아요. (남한 애들이) 공부에만 집중하고. 남들을 생각 못하고.

한진성은 〈소가 된 게으름뱅이〉의 게으름뱅이가 소가 되고 난 후에 '이게 바로 일이다'라는 것을 경험하고 정신을 차렸다는 점이 마음에 든다고 하였다. 일이 뭔지도 모르고 게으름만 피우는 남자를 혼내주어 정신을 차리게 한 것을 긍정적으로 평가하고 있었다. 그러면서 남한의 아이들이 이렇게 정신을 차릴 필요가 있다고 하였다. 남한 아이들은 '공부에만 집중하고, 남들은 생각 못하는' 아이들이라서 정신을 차릴 필요가 있다는 것이다. 한진성은 다른 사람의 마음을 헤아릴 줄 아는 것을 중요한 가치로 여기고 있었다. 그래서 남들에

고 하여 머리에 썼는데 쓰자마자 바로 소가 되고 말았다. 노인은 소를 끌고 시장에 나가 팔고는 소 주인에게 절대 소에게 무청을 먹이면 안 된다고 했다. 소 주인은 소를 끌고 집으로 가서 무밭과 가장 멀리 떨어진 곳에 소를 매어 놓았다. 어느 날 힘들게 일을 한 소가 하도 목이 말라서 고삐를 당겨서 무밭에 가서 무청을 먹었는데 소가 사람이 되었다. 사람이 된 게으른 남편은 그동안 크게 깨달은 바가 있어서 집으로 갔다. 가는 길에서 노인을 만났던 곳을 지나는데 그곳에 처음에 자신이 짊어지고 나왔던 명주가 그대로 있었다. 게으른 남편은 명주를 이고 집으로 가서 아주 건실하게 살았다. 알고 보니 노인은 산신령이었는데 남자의 게으름을 고치려고 했던 것이다."(정리: 성정희/ 출처: 정운채 외, 『문학치료 서사사전』 2, 문학과치료, 2009, 1735~1737쪽)

대해 잘 생각하지 않는 사람들은 철이 없고 멋모르는 사람들이라고 하였다.

한진성의 이러한 사고 방식에 큰 영향을 미친 사람은 바로 의붓아버지였다. 실제로 한진성은 친어머니보다 의붓아버지와 같이 살았던 기간이 훨씬 길었다.

양아버지 만나본 사람 다 감탄해요 머리가 비상해가지구. 어쨌든 배운 거 많아요. 나쁜 사람이긴 하지만요 제가 이렇게, 많은 거 여기까지 오게 된 거 그 사람이 날 배워줬기 때문이에요. 아버지보다 선생님 같은. 어쨌 튼 날 이용해서 이렇게 해야 하니까, 아무 배운 거 없으니까요, 세간 맡겼 는데 내한테 맡겼는데 내가 아무것도 모르면 안 되니까.

한진성이 7년 정도 함께 살았던 의붓아버지는 한진성에게 무엇보다 큰 영향을 미친 사람이었다. 한진성은 의붓아버지가 '양아치', '건달' 같은 나쁜 사람이긴 하지만 머리는 아주 비상한 사람이라고 하였다. 장님이 된 이유는 패싸움을 하다 맞아서 그렇게 된 것이라고 하였다. 한진성은 의붓아버지가 자신을 좋아하지는 않았지만 어찌되었든 한진성에게 의지를 하며 살아야 했기 때문에 한진성에게 많은 것을 가르쳐 주었다고 하였다. 한진성은 지금의 자신이 있을 수 있는 이유도 '선생님' 같았던 의붓아버지의 가르침 때문이었다고 하였다.

사람 대할 때, 사람 볼 줄 아는 거. 사람 이렇게 보구서 보자마자 감이 오자나요. 저사람 어떻게 대하면 된다. 그런 걸 이렇게. 북한은 사람이 오기 전에 벌써 어떤 사람이 어떨까 많이 보라구 그래요. 내 본 느낌 그대 로 말하면 그거 맞다고. 그냥 이렇게. 또 어떤 경우에는 어떤 식으로 행동 해라.

한진성에게 구체적으로 의붓아버지에게 무엇을 배웠는지 물어보자 '사람 대하는 법'이라고 하였다. 의붓아버지는 처음 만나는 사람을 알아보는 법과 사람에 따라 어떻게 행동해야 하는지를 알려주었다고 하였다. 이러한 의붓아버지의 가르침 덕분에 한진성은 남한에서도 사람을 처음 만나면 그 사람이 어떤 사람인지를 금방 헤아려서 그에 맞게 행동을 한다고 하였다. 살아가면서 무엇보다 중요한 일이 상대방의 마음을 헤아리는 일이라는 것을 일찍 깨달은 것이다.

실제로 한진성은 남한에서 적응을 잘 하기 위해 다른 사람들 앞에서 어떻게 행동을 해야 하는지를 나름대로 터득하고 있었다.

> 놀 땐 놀고. 말싸움을 안 해요. 저 사실 말싸움 많이 걸거든요. 계속 웃고 그러죠. <u>웃어주면 이렇게 나쁜 말해도 웃어주면 더 나쁜 말 못하잖아요.</u> 지금 그냥 웃어줘요. (…중략…) 말을 잘 하지 말아야 되겠다. <u>말조심해야 되겠어요, 말 함부로 하면 싸움하기가 한참이에요 오해하기가 한참이에요 그래서 말을 잘 못하겠어요 홀케 오해 받을 수 있어서 말을.</u>

한진성은 남한에 온 뒤로 계속 웃으면서, 다른 사람과의 갈등 상황을 되도록 피하려고 한다고 하였다. 원래는 말싸움을 많이 하는 편인데, 지금은 말조심을 하고 있다는 것이었다. 함부로 말을 하다가는 괜히 오해만 생겨 싸움이 일어나기 때문에 상대방이 나쁜 말을 해도 웃는다고 하였다. 다른 사람과의 갈등 상황을 피하기 위해서 어떻게 대처해야 하는지를 나름대로 터득하여 실제 삶에 적용시키고 있는 것이다.

⑤ <내 복에 산다>에 대한 반응

〈내 복에 산다〉는 누구 복으로 사느냐는 아버지의 질문에 '내 복에 산다'라고 대답하여 집에서 쫓겨난 셋째 딸이 성공하게 되는 이야기 이다.25) 집에서 쫓겨난 셋째 딸은 가난한 숯구이 총각과 결혼을 하게 되는데, 숯구이 총각이 늘 일하던 곳에 있었던 '돌덩이'가 '금덩이'라 는 것을 알아보고 큰 부자가 된다. 부자가 된 셋째 딸은 거지가 되었 을 부모를 찾기 위해 잔치를 열고, 잔치에 찾아온 부모를 반갑게 맞 아주며 부모를 모시고 살게 된다. 〈내 복에 산다〉는 '부녀대립-남녀 결연'의 서사구조26)를 통해 한 사람이 진정으로 독립해 나가는 과정 을 보여 주는 이야기라고 할 수 있다.

셋째 딸의 입장에서 〈내 복에 산다〉의 서사는 크게 두 가지 인간관 계와 관련되어 구성될 수 있다. 하나는 셋째 딸이 아버지와 맺는 관

---

25) 〈내 복에 산다〉의 기본 줄거리는 다음과 같다.
"어느 부잣집에 딸 셋이 있었다. 하루는 아버지가 세 딸을 불러 누구 덕으로 잘 먹고 사는지 물었다. 첫째 딸과 둘째 딸은 아버지 덕으로 잘 산다고 했다. 그러나 셋째 딸은 자신의 덕으로 잘 산다고 대답했다. 이에 화가 난 아버지는 셋째 딸을 지나가는 숯장수에 게 줘버렸다. 셋째 딸은 자기 복은 자신이 가지고 간다면서 곳간에서 쌀을 서 되 서 홉을 퍼서 집을 나섰다. 그리고 셋째 딸은 숯장수를 따라 산골로 들어가서 살림을 차렸다. 셋째 딸은 가지고 온 쌀로 밥을 지어 시어머니에게 밥을 차려 드리고 밥을 이고서 숯 굽는 곳으 로 갔다. 그런데 숯을 굽는 곳에 있는 돌이 금덩이였다. 셋째 딸은 숯장수에게 내일부터는 숯을 굽지 말고 거기에 있는 돌을 팔아오라고 했다. 그리고 돌을 팔 때 사람들이 아무리 놀려도 꾹 참고 있다가 어떤 노인이 사러 오면 제값을 받고 팔라고 당부했다. 다음 날 숯장수는 셋째 딸이 시킨 대로 돌을 가지고 장에 갔다. 사람들이 놀리며 돌을 발로 툭툭 찼지만 숯장수는 꾹 참고 견뎠다. 그러다가 저녁이 되자 어떤 노인이 나타나더니 숯장수의 돌을 전부 샀다. 그래서 숯장수는 큰 부자가 되어 살았다. 그런데 시간이 흐르자 셋째 딸은 거지가 된 부모 생각에 그만 병이 들고 말았다. 숯장수가 어떻게 하면 되겠느냐고 물으니, 셋째 딸은 거지 잔치를 열흘만 하자고 하였다. 그리고 셋째 딸은 하인을 시켜 대문 을 여닫을 때마다 자신의 이름인 "옥점아" 하는 소리가 나도록 만들어 달라고 했다. 거지 잔치를 한 지 열흘째가 되는 날이 되자 어떤 거지 내외가 문을 여닫는 소리를 들으면서 울고 있었다. 하인이 그것을 셋째 딸에게 고하자, 셋째 딸은 부모임을 알아차리고 달려 나가 맞이하였다. 그리고 그 후로 부모를 모시고 잘 살았다."(정리: 노진희/ 출처: 정운채 외, 『문학치료 서사사전』 1, 문학과치료, 2009, 613~627쪽)
26) 정운채는 '부녀대립-남녀결연'의 구조로 되어 있는 설화는 이른바 '쫓겨난 막내딸 설화' 로서, 〈삼공본풀이(내 복에 산다)〉, 〈온달설화〉, 〈무왕설화〉 등이 이에 해당된다고 논의하 였다(「〈하생기우전〉의 구조적 특성과 〈서동요〉의 흔적들」, 『한국시가연구』 2, 한국시가학 회, 1997, 171~198쪽).

계이며, 다른 하나는 셋째 딸이 숯구이 총각과 맺게 되는 관계이다. 우선 셋째 딸은 아버지와의 관계에서 무조건 아버지가 원하는 대로 하지 않는다. 셋째 딸은 '아버지의 복'만으로는 자신이 진정으로 독립할 수도 없고 성공할 수도 없다는 것을 알고 있던 것이다. 아버지가 원하는 대답을 하여 집에 남아 있던 두 언니와는 달리 집에서 쫓겨난 셋째 딸만이 잘 살게 된다. 오히려 아버지의 뜻을 거스르고 집에서 쫓겨났던 딸이 아버지가 어려움에 처했을 때 구해줄 수 있는 힘을 발휘하게 되는 것이다.

셋째 딸이 집에서 나와 제일 먼저 한 일은 숯구이 총각과 새로운 관계를 맺는 것이었다. 그런데 셋째 딸은 숯구이 총각이 평소 늘 일하던 곳에 있던 돌덩이가 사실은 금덩이라는 것을 알아본다. 숯구이 총각은 늘 보던 것이었지만 그것이 가치 있는 물건이라는 것을 알아볼 수 있는 안목이 없었다. 그러나 셋째 딸은 그것이 귀한 것이라는 것을 알아보고 '돌덩이'를 '금덩이'의 가치로 바꾸어 놓는다. 여기서 셋째 딸이 말했던 '복'이 상대방의 가치를 알아보고 그 관계를 성공적으로 맺을 수 있었던 것과 관련된다는 것을 알 수 있다. 그리고 셋째 딸은 자신의 복으로 거지가 된 부모를 구할 수 있게 되었다.

한진성은 〈내 복에 산다〉를 감상하고 난 후 감탄사를 내뱉을 정도로 이 이야기를 마음에 들어 했다. 한진성은 결말이 행복하게 끝나는 이야기를 굉장히 좋아한다고 하였는데, 특히 〈내 복에 산다〉에서 셋째 딸이 집을 나온다는 점이 마음에 들며, 금덩이를 발견하는 대목이 인상적이었다고 했다.

그런데 한진성은 나중에 셋째 딸이 부모를 용서해 주는 대목이 마음에 들지 않는다고 하였다.

엄마를 용서해 주는 데서 조금 그래요. (…중략…) 딸의 입장에서는 완전 마음에 들어요. 부모니까 용서해 줘야줘 뭐. (웃음) 근데 부모님 입장에서는... 어떻게 딸인데 얼굴 두고 말하기 좀 별... 딸인데 그렇게 해놓고요 또 딸하고 같이 산다는게...

한진성은 작품 속 셋째 딸은 자식이기 때문에 어쩔 수 없이 부모를
용서해 주어야 한다고 하였다. 그러나 부모의 입장에서는 딸을 내쫓
고 어떻게 다시 딸의 도움을 받을 수 있는지 이해할 수 없다는 반응
을 보였다. 여기서 한진성의 자기서사가 갖는 중요한 특징을 발견할
수 있다. 한진성의 자기서사는 자식의 입장에서 부모가 어떤 행동을
하더라도 받아들여야 한다는 태도를 보이기는 하지만, 그것은 진정
으로 부모의 행동을 이해하기 때문은 아니라는 것이다.

연구자는 한진성에게 여러 장의 사진을 보여 주면서 〈내 복에 산
다〉를 재구성해 볼 것을 제안하였다. 한진성이 이해하고 있는 〈내
복에 산다〉의 서사를 '사진'을 통해 구성해 보려고 한 것이다.

한진성은 크게 세 장면으로 〈내 복에 산다〉를 재구성하였다. 마지막 장면은 마음에 드는 사진이 없어서 직접 그림으로 그렸다. 첫 번째 사진은 한 소녀가 뛰어 가는 장면이다. 두 번째 사진은 남녀가 손을 꼭 잡고 있는 장면이다. 마지막 그림은 한진성이 생각하는 행복한 집의 이미지이다. 첫 번째 사진은 〈내 복에 산다〉에서 셋째 딸이 집에서 나가는 장면을 표현한 것이고, 두 번째 사진은 셋째 딸이 숯구이 총각을 만나 금덩이를 발견하여 행복하게 사는 장면을 표현한 것이다. 세 번째 사진은 셋째 딸이 부자가 되어 행복하게 사는 장면을 표현한 것이다.

한진성은 〈내 복에 산다〉에서 행복한 장면에 특히 집중을 하여 이야기를 재구성하였다. 한진성이 재구성한 서사는 '집에서 나간 셋째 딸이 금덩이를 발견하여 행복하게 잘 살게 된다'로 정리할 수 있다. '내 복에 산다'라고 말하고 집에서 나가는 것, 금덩이를 발견하는 것, 부모를 용서하고 같이 잘 살게 되는 것 등의 의미에 대해서는 아직 깊이 있게 이해하고 있지는 않았다. 현재까지는 '잘 살게 되는 것'에만 초점을 맞추어 그 과정에 대한 성찰은 충분히 이루어지고 있지 않은 것이다. 이를 통해 한진성이 '성공' 또는 '행복'에 대한 강한 열망을 보여 주고 있기는 하지만, 그러한 결과에 도달하기 위한 과정에 대해서는 충분히 이해하고 있지 못하다는 것을 짐작할 수 있다.

다음으로 한진성에게 자신이 생각하는 '복'이 무엇인지 물어보자 지금 현재 자신이 누리는 모든 것이 복이라고 하였다.

지금 제가 사는게 다 복이에요. 북한에서 고생한 것도 다 복이구요. 고생하면서 많은 것 배우고 지금 와서 많이 쓸 수 있고 남하고도 다르고. 북한에서 많이 고생하고 그러기 때문에 고생 안했으면 여기 올 생각도 못하고.. 이 이야기 듣고 나서 생각해보니 이것도 다 복이구나.

한진성은 북한에서 많이 고생을 하면서 배웠기 때문에 지금의 삶이 가능할 수 있었다고 하였다. 그래서 결국 북한에서 고생을 한 것도 다 복이라고 생각한다는 것이다. 한진성은 〈내 복에 산다〉를 감상하고 난 후에 지금 자신의 '복'에 대해 생각할 수 있는 기회가 되었다고 했다. 한진성은 부정적인 일에 대해서도 긍정적인 방향으로 이해하려는 강한 경향성을 갖고 있음을 알 수 있다.

⑥ 〈오뉘 힘내기와 아들 편든 어머니〉에 대한 반응

〈오뉘 힘내기와 아들 편든 어머니〉[27]에는 세상을 뒤집을 꿈을 갖고 있는 힘센 남동생과 그러한 남동생을 걱정하는 힘센 누나가 등장한다. 남동생은 누나가 자신의 계획에 걸림돌이 될까 봐 내기를 하여 누나를 죽이려고 한다. 누나는 남동생보다 실력이 뛰어나 내기에서 이길 수 있었는데, 남동생을 더 걱정한 오누이의 어머니가 누나를 방해하였다. 누나는 어머니의 속셈을 알고 있었지만 모른 척 하며 일부러 내기에서 지게 되었다. 덕분에 내기에서 이기게 된 남동생은 누나를 죽이고 후에 난을 일으켰지만 실패를 하고 말았다.

〈오뉘 힘내기와 아들 편든 어머니〉은 누구의 입장이냐에 따라 전혀 다른 서사가 구성될 수 있다. 누나는 남동생보다 더 뛰어난 능력을 가지고 있었지만, 어머니의 뜻을 거스르고 싶지 않아 자신의 능력을 감춘다. 자신이 원하는 것을 내세우기보다는 부모의 뜻을 먼저

---

27) 〈오뉘 힘내기와 아들 편든 어머니〉의 기본 줄거리는 다음과 같다.
"힘센 오누이가 있었는데 누이는 나중에 남동생이 반란을 일으킬 것 같아 항상 그것을 염려하였다. 하루는 남동생이 누이가 있으면 자신의 목적을 달성하지 못할 것 같아 누이에게 내기를 하자고 했다. 남동생이 나막신을 신고 서울에 갔다 올 동안 누이는 성을 쌓기로 했는데 먼저 끝내는 사람이 진 사람을 죽이기로 했다. 누이는 남동생이 돌아오기 전에 성을 거의 다 쌓아서 이제 문만 달면 되었다. 남매의 어머니가 보니 아들이 내기에서 질 것 같아 팥죽을 쑤어 딸에게 먹고 하라고 하였다. 누이는 어머니의 심중을 알고 있었으나 어머니의 말씀이라 어쩔 수 없이 팥죽을 먹었다. 그 사이에 남동생이 돌아와 누이가 내기에서 지고 죽게 되었다. 남동생은 누이를 죽이고 난을 일으켰지만 난이 실패하여 역적으로 몰리게 되었다."(정리: 나지영/ 출처: 정운채 외, 『문학치료 서사사전』 2, 문학과치료, 2009, 2324~2327쪽)

내세우는 것이다. 반대로 남동생은 자신이 원하는 것을 무엇보다 내세운다. 자신의 뜻을 이루는데 방해가 되는 사람이라면 친누나라도 제거해야만 하는 것이다.

여기서 한진성은 '남동생'과 '누나'를 모두 긍정적인 인물로 평가하고 있는데, 특히 '남동생'에게 큰 관심을 두고 있다.

첫 번째는 이렇게 자기 힘 뒤집으려는 꿈 꾸는게 마음에 들어요. (…중략…) 동생도 마음에 들고, 꿈을 크게 꾸잖아요. (누나를 죽이지만) 그건 옳은 거 같아요. 생각 크게 하면 옳은 것 같아요.

한진성은 남동생이 '세상을 뒤집을 꿈'을 꾸었기 때문에 마음에 든다고 하였다. 꿈을 크게 꾼다는 것을 굉장히 긍정적으로 평가하고 있는 것이다. 그래서 비록 누나를 죽이기는 하였지만, 그것은 큰 뜻을 위한 것이었기에 옳은 행동이었다고 판단한다. 〈오뉘 힘내기와 아들 편든 어머니〉는 남동생의 행동을 긍정하는 이야기가 아니다. 마지막에 결국 누나를 죽인 남동생은 자신의 뜻을 이루는데 실패하였기 때문이다. 그럼에도 불구하고 한진성은 남동생이 큰 뜻을 품었다는 데에 큰 의미를 부여하고 있다.

여기서 한진성의 자기서사가 갖는 중요한 특징이 발견된다. 한진성은 〈오뉘 힘내기와 아들 편든 어머니〉의 서사를 균형적으로 따라가고 있지 않았다. '큰 뜻'을 품는다는 것의 긍정적인 측면에만 주목한 나머지, 정작 '큰 뜻'을 이루어나가는 과정에 대해서는 충분히 고려하고 있지 않은 것이다. 〈내 복에 산다〉에 대한 반응을 함께 고려해 보았을 때, 한진성이 구성하고 있는 서사는 '성공'과 '꿈'을 이루고자 하는 강한 열망을 담고 있다고 보인다. 그것은 긍정적인 힘을 발휘하도록 만드는 원천이 되기도 하지만, 실제 긍정적인 결과를 위해 거쳐나가야 할 과정에 대해서는 충분히 성찰하기 어렵게 만든다.

2) 한진성의 자기서사에 나타나는 특징

한진성의 설화에 대한 반응을 정리해 보면 다음과 같다.

첫째, 한진성은 〈간 뺏길 뻔한 전처 아들〉을 감상하고 난 후에 친 아버지가 후처의 말만 듣고 전처의 아들을 죽이려고 하는 장면을 가장 인상적이라고 하였다. 그 장면을 아버지가 아들을 '버린 것'으로 이해하면서 그와 관련된 자신의 '살아온 이야기'를 이야기하였다. 한진성은 자신을 지켜줄 수 있는 존재가 없는 상태, 혼자 버려진 상태에 대한 큰 두려움을 갖고 있었다.

둘째, 한진성은 〈젊어지는 샘물〉을 감상하고 난 후에 노인이 샘물을 마시고 다시 젊어지는 장면에서 노인이 느꼈을 심정에 몰입하였다. 그 순간 노인은 하늘을 날아갈듯이 기뻐했을 것이라면서, 자신도 북한에 있을 때 가끔씩 어머니를 만나면 그러한 심정이 들었었다고 하였다. 그러면서 앞으로는 그만큼 기뻐할 만한 일이 생길 것 같지 않다고 하였는데, 이는 한진성이 앞으로의 계획이나 소망에 대해 구체적으로 생각해 보지 않았다는 것을 짐작하게 해 준다. 한진성은 현재의 삶이 '막막'하며, 때로는 자기도 모르게 '맥을 놓는다'라고 하였다. 한진성이 지금 '막연한 미래에 대한 불안'을 갖고 있음을 알 수 있었다.

셋째, 한진성은 〈지귀설화〉를 감상하고 난 후에 지귀가 하도 애가 타서 온 몸에 불이 붙는 장면을 가장 인상적이라고 하였다. 지귀가 느꼈을 안타까운 심정에 몰입하여 북한에서 힘들게 잡은 개구리를 놓쳤을 때 너무 안타까워 울었다는 이야기를 하였다. 그러면서 한진성은 자신이 개구리를 잘 잡아 '돈덩이'라는 별명을 얻자 그래도 뭔가 해놓은 일이 있는 것 같아 흐뭇했다고 하였다. 한진성은 자신이 겪었던 여러 가지 고생들 덕분에 지금의 자신이 있을 수 있었다면서 북한에서의 경험을 소중하게 여기고 있었다.

넷째, 한진성은 〈소가 된 게으름뱅이〉를 감상하고 난 후에 게으름뱅이가 소로 변해서 '이게 바로 일이다'라는 것을 깨닫고 정신을 차리게 된다는 것을 긍정적으로 평가하였다. 그러면서 공부만 알고 다른 사람을 위할 줄 모르는 남한의 아이들이 그런 것을 깨달을 필요가 있다고 하였다. 한진성은 특히 남의 마음을 헤아릴 줄 아는 것을 중요한 가치로 여기고 있었는데, 이는 의붓아버지의 영향을 받은 것이었다.

다섯째, 한진성은 〈내 복에 산다〉를 감상하고 난 후에 가장 좋다는 반응을 보였었다. 한진성은 〈내 복에 산다〉를 '셋째 딸이 집을 나가 금덩이를 발견한 후에 부자가 되는 이야기'로 받아들이고 있었다. 〈내 복에 산다〉의 서사는 '부녀대립-남녀결연'의 과정을 거쳐 한 사람이 진정으로 독립을 해 가는 과정을 보여 주고 있는데, 한진성은 '성공'과 '긍정적 결말'에만 초점을 맞추어 〈내 복에 산다〉의 서사를 이해하고 있었다. 〈내 복에 산다〉를 좋아하기는 하지만 아직 그 서사를 충분히 따라가고 있지는 않은 것이었다.

여섯째, 한진성은 〈오뉘 힘내기와 아들 편든 어머니〉를 감상하고 난 후에 특히 '큰 뜻'을 품었던 남동생을 가장 긍정적인 인물이라고 평가하였다. '큰 뜻'을 품은 것은 굉장히 훌륭한 일이기 때문에 비록 남동생이 누나를 죽이기는 하였지만 그것은 어쩔 수 없는 일이었다는 반응이었다. 여기서 한진성이 '큰 뜻'이라는 데에만 긍정적인 가치를 부여하고 그 뜻을 이루어 나가는 과정에 대해서는 크게 관심을 두고 있지 않는다는 것을 확인할 수 있었다. 〈오뉘 힘내기와 아들 편든 어머니〉는 큰 뜻은 품었지만 누나를 죽인 남동생이 결국 실패하게 되는 방향으로 전개되고 있는데, 한진성은 남동생이 품은 '큰 뜻'의 부정적인 측면은 생각하지 못하고 자신이 긍정적으로 생각하는 부분에만 집중하고 있는 것이다.

이러한 논의를 바탕으로 한진성의 자기서사에 나타나는 특징들을 정리해 보면 다음과 같다.

첫째, 한진성의 자기서사는 어려운 상황에서도 성공에 대한 믿음과 자신감, 미래에 대한 긍정적인 태도를 잃지 않으려는 경향성을 갖고 있다.

둘째, 한진성의 자기서사는 자신의 계획이 갖고 있는 부정적인 측면은 보지 못하고 긍정적인 측면만 보려고 하는 경향성을 갖고 있다.

셋째, 한진성의 자기서사는 '긍정적인 결말' 또는 '성공'에 이르는 구체적인 과정에 대해서는 충분히 서사화하지 못하였다. 그래서 〈내복에 산다〉와 같은 작품을 감상하면서도 작품의 서사를 그대로 따라가지 못하고, '성공'하게 되는 부분에만 집중하는 것이다. 이러한 자기서사는 긍정적인 결과를 위해 거쳐야 할 과정에 대해서는 비구체적이고 비현실적인 태도를 갖게 만들 수 있다.

3. 탈북 청소년의 경조증과 경조서사

2절에서 논의한 한진성의 자기서사에 나타나는 가장 중요한 특징은 '긍정적인 결말'에 대한 비현실적인 기대를 서사화하였다는 것이다. 이러한 자기서사는 성공에 대한 믿음과 자신감을 갖게 해 주기도 하지만, '긍정적인 결말'에 이르는 과정을 하나의 맥락 속에서 파악하지 못하게 하기도 한다. 실제로 한진성은 '큰 뜻'을 갖고 '성공'하고 싶어 하지만, 앞으로의 꿈이나 그 꿈을 이루기 위한 계획에 대해서는 구체적으로 생각하지 못하고 있었다. '긍정적인 결말'에 이르기 위해서는 어떠한 과정이 필요하며, 또 무엇을 준비해야 하는지 깊이 있게 성찰하지 못한 것이다.

그런데 한진성 외에도 많은 탈북 청소년들이 이와 비슷한 성향을 가지고 있을 가능성이 높다. 정진경 외 여러 연구자들은 탈북 청소년들이 보이는 중요한 특징 가운데 하나가 바로 '대학 진학에 대한 환상'이라고 하면서, 탈북 청소년들에게는 낯선 곳에서 성공해내겠다는 꿈이 강하게 자리 잡고 있다고 논의하였다.[28] 이기영은 탈북 청소년들이 진학 및 진로설정에 대해 비구체성을 보이고 있다는 것을 지적하였다. 특례적 대학 입학에 대한 막연한 기대는 진학과 진로 설정에 대한 비구체적인 준비로 이어지거나 맹목적으로 대학교육을 선택하게 하여 특별한 노력이 없는 한 수업을 결국 따라가지 못하고 실패하게 만드는데 원인이 되고 있다는 것이다.29)

한편, 박윤숙·윤인진은 탈북 청소년이 이전 북한사회에서 한 구성원으로 살아오면서 물질적으로 빈곤한 환경에서 가정경제를 어른들과 나누어 부담하기도 하였으며, 가족이 해체되는 가슴 아픈 상황을 겪으면서도 좌절하지 않고 살고자 하는 희망을 가지고 살아온 강한 기질이 잠재되어 있다고 하였다. 그러므로 남한의 또래들보다 공부를 많이 하지는 못했으나 삶의 역경 속에서 소중한 인생 경험을 했기 때문에 충분한 역량을 갖고 있다고 하였다.30) 윤지혜·오영림도 탈북 청소년의 외상 이후 성장(PTG) 체험에 대해 연구하면서 '삶에 닥친 중대한 위협에 대해 적극적으로 극복하려는 경험을 통해 얻어지는 심리학적인 긍정적 변화'에 주목하였다.31)

한진성을 비롯한 많은 탈북 청소년들은 '미래에 대한 막연한 기대'를 갖게 될 가능성이 높으며, 비현실적으로 긍정적인 결과를 기대하는 성향을 갖기가 쉬울 것이다. 이러한 성향은 실제로는 힘겨운 현실의 문제를 극복하지 못하여 우울한 상태에 빠지게 할 수도 있지만, 한편으로는 끊임없이 회복과 성장을 지향하는 태도를 잃지 않도록

---

28) 정진경·정병호·양계민은 북한이탈청소년들이 남한사회에서 대학입학이 중요하다는 것을 매우 빨리 인식하고, 자신들의 경우 남한 아이들에 비하여 비교적 수월하게 대학입학을 할 수 있는 특례입학제도가 적용된다는 사실을 하나의 생존전략으로 파악한다고 논의하였다. 그렇게 힘들게 남한생활을 1~2년 버텨낸 청소년들이 명문대학에 입학하게 되면 본인들은 물론 그들을 도와주던 주변 사람들까지도 이들에게 새롭게 펼쳐질 희망적인 미래를 꿈꾸지만, 명문대 입학은 또 다른 문제의 시작이라는 것을 지적하고 있다(앞의 글, 209~239쪽).
29) 이기영, 앞의 글, 175~224쪽.
30) 박윤숙·윤인진, 앞의 글, 124~155쪽.
31) 윤지혜·오영림, 앞의 글, 49~82쪽.

도와주기도 한다. 한진성은 밝고 긍정적인 태도를 잃지 않으려고 노력한다. 무슨 일이든 일단 부딪혀 보려고 하며, 행복하게 잘 살고 싶다는 강한 소망을 갖고 있다. 하지만 때로는 현실과의 괴리에 부딪혀 우울해지기도 하고 아무것도 할 수 없는 맥없는 상태가 되기도 한다.

한진성이 가지고 있는 자기서사는 실제 삶에서 '양극성장애'의 모습으로 나타난다고 보인다. 양극성장애는 DSM-IV[32]에 따른 다양한 정신장애 중에서도 특히 기분장애(mood disorder)에 속한다. 그중 한진성이 갖고 있는 성향은 조증의 증세가 약하게 나타나는 '경조증', 제2형 양극성장애(bipolar II disorder)와 비슷하다고 할 수 있다. 제2형 양극성장애는 과거에 주요 우울장애를 경험한 적이 있으며 동시에 기분이 고양되는 비정상적인 기분상태를 나타내지만 조증 상태[33]보다 그 심각도가 미약한 경조증 상태를 나타내는 경우를 말한다.[34] 제2형 양극성장애인 경조증을 진단하기 위해 개발된 K-MDQ(Korean Version of MDQ[Mood Disorder Questionnire]) 검사를 한진성에게 실시해 보았다. 이 검사에서 7점 이상을 받으면[35] 경조증이 나타난다고 판단하는데, 한진성은 9점을 받았다.

정신분석학적 입장에서는 조증(경조증)의 원인을 ① 무의식적 상실이나 자존감 손상에 대한 방어나 보상 반응, ② 개인이 직면하기에 너무 고통스러운 현실을 부정한 결과 나타나는 현상(현실은 주요 우울증을 유발할 수 있을 정도로 매우 고통스러운 상태), ③ 아동기에 선한 내

---

32) DSM-IV(Diagnostic and Statistical Manual of Mental Disorders-4th edition)는 세계적으로 가장 많은 임상가와 연구자들이 사용하는 정신장애 분류체계이다.
33) DSM-IV에서 제기된 조증 상태의 주요한 증상들 (1) 팽창된 자존심 또는 심하게 과장된 자신감, (2) 수면에 대한 욕구 감소, (3) 평소보다 말이 많아지거나 계속 말을 하게 됨, (4) 사고의 비약 또는 사고가 연달아 일어나는 주관적인 경험, (5) 주의 산만, (6) 목적 지향적 활동이나 흥분된 운동성 활동의 증가, (7) 고통스런 결과를 초래할 쾌락적 활동에 지나치게 몰두함.
34) 권석만, 『현대 이상심리학』, 학지사, 2003, 231쪽.
35) 전덕인 외, 「한국형 기분장애 질문지의 타당화 연구」, 『신경정신의학』 44권 5호, 대한신경정신의학회, 583~590쪽. MDQ는 자가보고(self-report)형이며 '예-아니오'로 대답하는 13개의 문항들로 구성되어 있다.

적 대상을 자기 마음속에 표상하는 데 실패했음을 반영하는 상태 등
으로 설명한다. 조증 환자들이 보이는 조증적 방어들, 즉 자신이 전
능하다는 생각, 타인에 대한 어떤 공격성이나 파괴성도 부정하는 것,
실제 생활 상황과는 반대되는 지나친 행복감, 다른 사람을 이상화하
는 태도, 상대방을 경멸하고 깔봄으로써 관계 형성의 욕구를 거부하
게 만드는 행위 등은 상실된 대상을 연모함으로써 생겨나는 고통스
러운 감정들에 대한 반응으로 간주하고 있다.[36]

대부분의 탈북 청소년들에게는 그들을 보호해 준 부모의 세계가
부재하였다. 탈북 청소년들은 믿고 의지할 만한 대상을 상실한 상태
에서 자기만의 세상을 살아가는 전략을 필요로 했을 것이다. 모든
탈북 청소년들에게 해당되는 것은 아니겠지만, 특히 남한이라는 낯
선 곳에 오게 되면서 많은 경우에 정신분석학적 입장에서 설명하고
있는 조증적 방어기제들이 탈북 청소년들에게 영향을 미쳤을 것이라
짐작할 수 있다. 감당하기 어려운 현실의 문제에 대응하기 위하여
과장된 태도를 보이거나 비약적인 사고를 하게 될 가능성이 높은 것
이다.

인지적 입장에서는 조증을 갖고 있는 사람들이 갖고 있는 인지적
왜곡으로 ① 사소한 한 두 번의 성공을 근거로 앞으로 자신이 벌이는
무슨 일이든 확실히 성공할 것이라고 생각하는 '과잉일반화의 오류',
② 자신이 내놓은 계획이 안고 있는 단점은 보지 못하고 장점만 보려
고 하는 '선택적 추상화의 오류', ③ 일상생활 가운데 벌어지는 일들
을 자신의 특별한 능력 때문이라고 해석하는 '개인화의 오류' 등이
있다고 설명한다. 이러한 인지적 오류에 의해 조증 환자는 생활 경험
속에서 획득과 성공을 지각하고 자신의 경험에 무차별적으로 긍정적
인 가치를 부여하며 자신의 노력에 대해 비현실적으로 긍정적 결과
를 기대하고 자신의 능력을 과대 추정한다는 것이다.[37]

---

36) 권석만, 앞의 책, 233쪽.

문학치료학에서 어떤 증상의 발생 원인으로 그 사람이 갖고 있는 내면의 서사에 주목하는 것과 견주어보면, 인지적 입장에서 설명하고 있는 조증(경조증) 환자들의 사고 체계는 조증을 유발시키는 서사와도 깊은 관련이 될 것이라 예상할 수 있다. 문학치료학에서는 심리학에서 말하는 '심리기제'와 호환될 수 있는 '자기서사'를 밝히는 데 관심을 두고 있는데, 최근에는 연극성 성격장애의 심층적 원인이 되는 '연극성서사'를 밝혀보려고 한 연구도 있었다.38) 이와 관련지어 경조증을 유발할 수 있는 서사는 '경조서사'라고 상정할 수 있을 것이다. '경조서사'는 그러한 서사를 내면에 가지고 있을 경우 경조증을 갖게 될 가능성이 높은 서사를 가리키는 것이다.

2절에서의 논의를 바탕으로 한진성의 자기서사를 재구해내면 경조서사가 될 것이라고 예상할 수 있다. 우선은 한진성이 〈내 복에 산다〉에 적극적으로 반응을 하였기 때문에 〈내 복에 산다〉의 서사를 출발점으로 놓고 경조서사의 모습을 찾아볼 수 있을 것이다. 한진성이 좋아하는 작품의 작품서사는 한진성의 자기서사와도 깊은 관련이 있기 때문이다. 그런데 〈내 복에 산다〉의 서사는 경조서사는 아니다. 셋째 딸이 '부녀대립-남녀결연'의 과정을 거쳐 진정으로 독립을 해나간 과정을 '비현실적인 성공에 대한 기대'를 서사화한 것이라고 볼 수는 없다. 또한 설화 반응에서도 알 수 있듯이, 한진성은 〈내 복에 산다〉의 서사를 지향하고 있기는 하지만 아직 그 서사를 충분히 내면화하지는 못했다.

오히려 한진성의 자기서사, 즉 경조서사의 모습은 '비현실적인 성

---

37) 위의 책, 235쪽.

38) 정운채, 「연극성 성격장애의 심층적 원인으로서의 연극성서사」, 『고전문학과 교육』 21, 한국고전문학교육학회, 2011, 199~233쪽. 정운채는 자기서사가 인생이라는 현상을 가능하게 하는 원천이면서 원동력이라고 할 때, 연극성 성격장애라는 현상의 내면에는 이러한 현상을 일으키는 원천과 원동력으로 연극성서사가 있다고 상정하였다. 연극성서사란 이것을 자기서사로 간직하고 살아갈 경우 연극성 성격장애를 일으킬 수 있는 서사라고 정의하고 있다.

공에 대한 기대' 또는 '막연히 긍정적인 미래를 기대'하는 것이 실현
되는 방향으로 전개될 가능성이 높다. 논리적으로는 비약이 있고 현
실성이 없는 계획임에도 불구하고 성공을 할 수 있다는 신념을 지지
해 줄 수 있는 서사가 '경조서사'의 모습에 가까운 것이다. 이때 경조
서사의 실체에 보다 가까이 접근하기 위해서는 경조서사와 관련이
될 수 있는 작품을 찾아야 한다.

'비현실적인 성공에 대한 기대'가 실현되는 작품으로 〈새끼 서 발〉
을 들 수 있겠다.

> 옛날에 방에서 뒹굴뒹굴 놀기만 하는 게으른 아들이 있었다. 어머니는
> 아들에게 짚 한 뭉치를 주며 방에서 새끼라도 꼬아 놓으라고 했다. 아들
> 이 하루 종일 앉아 겨우 새끼 서 발을 꼬았다. 그것을 본 어머니가 화를
> 내며 차라리 밖에 나가 빌어먹고 살라면서 쫓아냈다. 아들은 새끼 서 발
> 을 갖고 길을 가다가 옹기 짐을 묶지 못해 고생하는 옹기장수를 만났다.
> 아들은 옹기장수에게 자신의 새끼줄을 주고 동이 하나를 얻었다. 아들이
> 길을 가다가 한 새댁이 동이를 깨고 시어머니에게 혼날 것이 두려워 우는
> 것을 보았다. 아들은 새댁에게 자기 동이를 주고 대신 쌀 한 말을 얻었다.
> 아들은 쌀 한 말을 지고 가다가 처녀 송장을 싣고 가는 사람을 만났다.
> 아들은 그 처녀 송장과 쌀 한 말을 바꾸었다. 아들은 처녀 송장을 우물가
> 에 세워 두었는데, 마침 동네 사람들이 왔다가 처녀 송장을 건드려 우물
> 에 빠지고 말았다. 아들이 자기 색시를 죽였다고 난동을 부리자 동네 사
> 람들은 참한 색시를 구해 주었다. 아들은 색시를 데리고 집으로 돌아가
> 잘 살았다.39)

〈새끼 서 발〉은 집에서 게으르다고 홀대 받던 아들이 '새끼 서 발'
만 들고 무작정 집을 나갔다가 운수가 좋아 성공하여 집으로 돌아오

---

39) 정운채 외, 『문학치료 서사사전』 2, 문학과치료, 2009, 1612~1629쪽 참조.

는 이야기이다. 집을 나선 아들은 우연히 새끼 서 발이 필요한 사람을 만나 더 좋은 물건과 새끼 서 발을 교환하게 된다. 그 이후에도 계속 자신이 갖고 있던 물건을 더 값진 것과 교환하게 되면서 결국에는 부자도 되고 각시도 얻게 된다. 특별한 노력 없이도 큰 행운을 얻어 성공하게 되는 이야기인 것이다. 〈새끼 서 발〉의 서사는 어려운 상황에서도 성공에 대한 믿음과 자신감, 미래에 대한 긍정적인 태도를 갖게 만들어 줄 수 있다. 하지만 이러한 서사는 긍정적인 결과를 위해 거쳐야 할 과정에 대해서는 비구체적이고 비현실적인 태도를 갖게 만든다. 따라서 〈새끼 서 발〉의 서사를 경조서사로 볼 수 있을 것이다.

〈새끼 서 발〉의 서사가 정말로 경조증을 유발하게 하는 경조서사인지, 그리고 경조서사의 또 다른 범주와 층위에는 어떠한 것이 있는지는 지속적인 연구를 통해 밝혀내야 할 것이다. 우선 이 글에서는 가장 특징적으로 나타났던 한진성의 자기서사를 경조서사로 진단하고, 〈새끼 서 발〉의 서사를 통해 경조서사의 모습을 재구해 보려고 했다는 데에 의의를 둘 수 있을 것이다.

4. 탈북 청소년을 위한 문학치료프로그램 구상

지금까지 문학치료학적인 관점에서 탈북 청소년 한진성의 자기서사 진단 사례를 살펴보았다. 한진성의 인생을 문학 작품으로 이해하면서, 작품의 저변에 깔려 있는 서사가 무엇인지를 알아보려고 한 것이다. 2절에서는 한진성의 설화에 대한 반응을 분석하여 자기서사의 특징을 살펴보았고, 3절에서는 한진성의 자기서사를 경조서사로 진단하였다. 또한 경조서사의 구체적인 양상을 밝히기 위한 시도로써 〈새끼 서 발〉의 작품서사를 제시하였다. 〈새끼 서 발〉의 서사가 한진성이 갖고 있는 경조서사의 모습에 가까울 것이라고 예상한 것이다.

만약 한진성의 자기서사가 〈새끼 서 발〉의 서사에만 치중되어 있다면, 〈내 복에 산다〉의 서사가 있어야 풀 수 있는 문제가 발생했을 때, 그 문제를 감당하기가 어려울 것이다. 〈내 복에 산다〉의 서사를 내면화하기 위해서는 셋째 딸이 말하는 '내 복'이 무엇인지, 그리고 그 복을 실현시키려면 어떠한 과정을 거쳐나가야 하는지, 또한 마지막에 셋째 딸은 어떻게 하여 자신을 내쫓은 부모를 다시 감싸 안을 수 있었는지를 골고루 이해할 수 있어야 할 것이다. 그러면 〈내 복에 산다〉의 서사가 필요한 순간에 그 서사를 불러일으켜 당면한 문제를 해결해 나갈 수 있는 힘을 발휘하게 될 것이다.

앞으로 한진성을 위한 문학치료프로그램은 〈내 복에 산다〉의 서사를 보다 깊이 이해할 수 있는 방향으로 기획할 수 있을 것이다. 문학치료학에서는 자기서사를 진단하여 문제가 드러나면 작품서사를 통해 자기서사를 치료하게 된다. 자기서사에 비해 보다 온전한 형태를 갖추고 있는 작품서사를 통해 자기서사에 영향을 주어 자기서사를 보완하거나 수정하는 것이다. 1차적으로는 작품의 '감상'을 통해서도 자기서사의 변화를 이끌어 낼 수 있다. 그러나 보다 적극적인 치료를 위해서는 '창작'이 중요하다. '창작'이야 말로 작품의 '작품서사'와 창작자의 '자기서사'가 가장 적극적으로 소통하며 서로 영향을 줄 수 있는 방법이기 때문이다.

누군가가 문제 있는 태도를 보일 때 직접적으로 지적하면서 고치라고 한다면 대게는 자신의 잘못을 인정하지 않거나 설령 문제점을 안다 하더라도 자신이 오랫동안 지녀왔던 태도를 쉽게 바꾸려고 하지 않을 것이다. 하지만 더 많은 사람의 이해와 공감을 얻어 낼 수 있는 좋은 작품을 만들기 위해서는 자신이 고집해 오던 생각이나 태도 등을 수정하는 일이 보다 수월하게 일어날 수 있다. 또한 창작과정 중에 내면에 마련되어 있지 않았던 서사를 적극적으로 이해하려는 시도를 할 수 있게 된다. 문학치료학에서는 좋은 작품을 창작할 수 있게 되는 것은 결국 건강한 정신으로 거듭나는 것과 다르지 않다고 본다. 따라서 한진성을 대상으로 한 문학치료프로그램은 〈내 복에 산다〉의 서사를 활용한 '작품 창작'에 중점을 두게 될 것이다.

참고문헌

<단행본>

권석만, 『현대 이상심리학』, 학지사, 2003
금명자 외, 『통일대비 청소년 상담 프로그램 개발 연구』 I·II·III, 한국청소년상
    담원, 2005.
정운채 외, 『문학치료 서사사전』 1·2·3, 문학과치료, 2009.
정운채 외, 『이상심리와 이상심리서사』, 문학과치료, 2011.
정운채 외, 『자기서사검사와 심리검사의 호환성』, 문학과치료, 2011.

<논문>

금명자·권해수·이희우, 「탈북 청소년의 문화 적응 과정 이해」, 『상담 및 심리치
    료』 16권 2호, 한국심리학회, 2004, 295~308쪽.
김태동, 「문화적응스트레스와 학교적응 관계에서 탈북 후기청소년의 자기효능
    감 매개효과 연구」, 『청소년학연구』 제17권 제9호, 한국청소년학회,
    2010.9, 277~296쪽.
김현경, 「난민으로서의 새터민의 외상 회복 경험에 대한 현상학 연구」, 이화여
    자대학교 박사논문, 2007.
김현경·엄진섭·전우택, 「북한이탈주민의 외상 경험 이후 심리적 성장」, 『사회
    복지연구』 39, 한국사회복지연구회, 2008, 29~56쪽.
나지영, 「문학치료 이론 연구의 현황과 전망」, 『문학치료연구』 10, 한국문학치
    료학회, 2009.01, 131~167쪽.
나지영, 「문학치료학의 자기서사 개념 검토」, 『문학치료연구』 13, 한국문학치
    료학회, 2009.10, 35~58쪽
박윤숙·윤인진, 「탈북 청소년의 사회적 지지 특성과 남한사회 적응과의 관계」,
    『한국사회학』 제41집 1호, 한국사회학회, 2007, 124~155쪽.

신형미·정여주, 「탈북 청소년을 위한 집단미술치료 체험연구」, 『심리치료』 제6권 제2호, 서울여자대학교, 2006, 81~102쪽.

윤지혜·오영림, 「탈북 청소년의 외상 이후 성장(PTG) 체험연구: 탈북대학생을 중심으로」, 『청소년학연구』 제17권 제12호, 한국청소년학회, 2010, 49~82쪽.

이기영, 「탈북 청소년의 남한사회 적응에 관한 질적 분석」, 『한국청소년연구』 제13권 제1호, 한국청소년개발원, 2002, 175~224쪽.

전덕인 외, 「한국형 기분장애 질문지의 타당화 연구」, 『신경정신의학』 44권 5호, 대한신경정신의학회, 583~590쪽.

전우택, 「남한에 있는 탈북자들의 심리적 갈등구조 및 그에 대한 해결방안」, 『통일연구원 학술회의 총서』, 통일연구원, 1999, 40~64쪽.

정운채, 「〈하생기우전〉의 구조적 특성과 〈서동요〉의 흔적들」, 『한국시가연구』 2, 한국시가학회, 1997, 171~198쪽.

정운채, 「고전문학 교육과 문학치료」, 『국어교육』 113, 한국구어교육연구학회, 2004, 103~126쪽.

정운채, 「문학치료학의 서사이론」, 『문학치료연구』 제9집, 한국문학치료학회, 2008, 247~278쪽.

정운채, 「서사의 힘과 문학치료방법론의 밑그림」, 『고전문학과 교육』 제8집, 한국고전문학교육학회, 2004, 159~176쪽.

정운채, 「연극성 성격장애의 심층적 원인으로서의 연극성서사」, 『고전문학과 교육』 21, 한국고전문학교육학회, 2011, 199~233쪽.

정운채, 「인간관계의 발달 과정에 따른 기초서사의 네 영역과 〈구운몽〉 분석 시론」, 『문학치료연구』 3, 한국문학치료학회, 2005, 7~36쪽.

정진경·정병호·양계민, 「탈북 청소년의 남한학교 적응」, 『통일문제연구』 제16권 제2호 통권 42호, 평화문제연구소, 2004년 하반기, 209~239쪽.

최명선·최태산·강지희, 「탈북 아동·청소년의 심리적 특성과 상담전략 모색」, 『놀이치료연구』 제9권 3호, 한국놀이치료학회, 2006, 23~34쪽.

강효림, 「탈북 청소년의 심리사회적 적응에 관한 연구: 우울·불안을 중심으로」, 명지대학교 석사논문, 2007.

여성 전쟁 체험담의 역사적 트라우마 양상과 대응 방식

박현숙

1. 여성들이 겪은 전쟁

여성들이 겪은 전쟁은 전방에서 목숨을 걸고 참전을 하거나 후방
에서 숨어 지내는 남성들에 비해 그 경험이 매우 다양하다. 여성들이
후방에서 겪은 무수한 고초는 이념도 없고, 사상도 없는 무고한 수난
이다. 그렇기 때문에 전쟁은 여성들의 가슴 한 켠에 지울 수 없는
트라우마를 남긴다.

여성 전쟁 체험담은 전쟁이라는 역사의 소용돌이 속에서 여성 개
개인이 체험한 개인의 역사이다. 그러나 이 개개인의 역사를 펼쳐
모으면 잔혹한 전쟁의 역사를 살아온 여성들의 보편적 트라우마를
발견해 낼 수 있다. 이 글에서 여성 전쟁 체험담에 주목하는 이유가
여기에 있다.

'여성'에게 초점을 맞춘 전쟁 체험 구술 연구는 '사실'을 기반으로
하는 사회·역사 분야나 구술사 분야에서1) 점차 문학 분야로2) 확대

되고 있다. 전쟁 체험담은 일상적 삶을 배경으로 전쟁의 참상을 깨알 같이 열거하기 때문에 사회·역사적 접근이나 구술사적 접근에서 간혹 놓칠 수 있는 구술담화의 문학적 부분까지 담아낸다.3) 따라서 여성의 전쟁 체험담은 전쟁이라는 역사를 온전히 살아낸 여성들의 삶을 문학적으로 재조명할 수 있다.

이 글은 전쟁 체험을 내면화하고 기억으로 재구성해내는 과정에서 드러나는 남성과 여성의 서사적 특성을 대비적으로 밝힌 기존의 연구를4) 보다 세분화하여 '여성'의 내면화된 서사적 특성에 집중하고자 한다.

이 글의 목적은 여성 전쟁 체험담에서 드러나는 서사적 특성을 면밀히 분석하여 여성 전쟁 체험담에서 역사적 트라우마로 작용하는 서사 양상을 살펴보고, 참혹한 전쟁이라는 역사적 삶을 여성들이 어떠한 태도로 대응하고 극복해 나가는지 서사를 통해 살펴봄으로써

---

1) 이임하,『여성, 전쟁을 넘어 일어서다』, 서해문집, 2004; 이성숙,「한국전쟁에 대한 젠더별 기억과 망상」,『여성과 역사』, 한국여성사학회, 제7집, 2007; 안태윤,「딸들의 한국전쟁」,『여성과 역사』제7집, 한국여성사학회, 2007; 윤정란,「한국전쟁과 장사에 나선 여성들의 삶」,『여성과 역사』제7집, 한국여성사학회, 2007; 김귀옥 외,『전쟁의 기억 냉전의 구술』, 선인, 2008; 함한희,「한국전쟁과 여성」,『역사비평』여름호(통권 91호), 역사비평사, 2010; 안태윤,「후방의 '생계전사'가 된 여성들」,『중앙사론』제33집, 중앙대 중앙사학연구소, 2011; 김귀옥,「한국전쟁기 남성 부재와 시집살이 여성」,『역사비평』겨울호(통권 101호), 역사비평사, 2012.
2) 김종군,「지리산 인근 여성 생애담에 나타난 빨치산에 대한 기억」,『인문학논총』제47집, 건국대학교 인문학연구원, 2009; 김종군,「구술을 통해 본 분단트라우마의 실체」,『통일인문학논총』제51집, 건국대학교 통일인문학연구단, 2011; 신동흔,「역사경험담의 존재양상과 문학적 특성」,『국문학연구』제23호, 국문학회, 2011; 한정훈,「한 여성 빨치산의 구술생애담을 통해 본 정체성의 서사」,『한국문학이론과 비평』제50집, 한국문학이론과 비평학회, 2011; 신동흔,「한국전쟁 체험담을 통해 본 역사 속의 남성과 여성」,『국문학연구』제26호, 국문학회, 2012; 김종군,「한국전쟁 체험담 구술에서 찾는 분단트라우마 극복 방안」,『문학치료연구』제27집, 한국문학치료학회, 2013.
3) 역사경험담의 문학적 가치를 가늠하는 세 가지 지표는 다음과 같다(신동흔, 위의 논문, 2011, 21쪽).

(1) 체험의 질	체험의 역사적 전형성과 절실성. 체험에 깃든 삶의 깊이와 진정성.
(2) 기억과 재현	경험내용 및 관련 상황의 정확한 기억을 통한 폭넓고 생생한 재현.
(3) 표현 능력	사연의 서사적 구조화. 구연의 흡인력과 형상적 표현의 재미.

4) 신동흔, 앞의 논문(2012).

우리시대의 아물지 않은 전쟁의 상처를 치유할 수 있는 통합의 서사를 찾는 데 있다.

이 글의 논의 대상은 현지 조사를 통해 채록한 여성들의 전쟁 구술 담화 자료를 대상으로 삼는다. 필자가 2012년 2월부터 2013년 1월까지 서울·호남지역을 중심으로 조사한 자료를 주 대상으로 삼는다.

2. 여성 전쟁 체험담의 트라우마 양상

1) 여성 가장으로서의 고난

남성의 전쟁은 전방에서는 총을 들고, 후방에서는 깊은 곳에 은둔하면서 겪은 체험이라면, 여성의 전쟁은 남편, 아버지가 부재한 상황에서 생계를 책임져야 하는 무게감으로 일상생활에서 보이지 않는 총알을 온몸으로 맞으며 하루하루를 견뎌 나가야 했던 체험이다.

전쟁 상황에서 여성은 삶 자체가 고난의 서사이다. 여성의 성장과정에서 빠질 수 없는 통과의례가 결혼, 잉태, 출산이다. 오늘날의 시각에서 보면 여성에게는 성스러운 시간이며, 축복의 시간이다. 그러나 전쟁 상황에서 여성의 결혼은 살기 위해 아무런 준비도 없이 급작스럽게 치러진다. 서경림 제보자의 경우에는 매일 마을을 습격하여 약탈을 일삼는 빨치산으로부터 딸을 보호하기 위해 부모가 서두른 결혼이다.5) 여성들은 가족의 생계를 책임지기 위해서나 젊은 나이에 결혼도 하지 못하고 죽게 될까봐 그것이 두려워서 결혼을 급히 서두

---

5) [결혼] 우리 친정부모가 저기 산 밑에 저그 산 밑에. 산 밑엥게 그때는 인공들이 그러코 산 밑에가 있다가 산 밑에 동네로 와가꼬 전부 다 가지가 묵을 것을. [청중: 인공들이?] 하모. 다 가지가. 소도 가지가고 닭도 가지가고 돼지도 가지가고. 갖고 가서 산에 가서 잡아 묵을라고 가지가. 그래 가지가고 처녀도 있으믄 가지가부러. [청중: 처녀를 뭣허러?] 집이 갔다가 인민군 맨들어가꼬 뗄꼬 댕길라고 가지가분당게. 인민군이 잡아간다고 나를 열여덟에 얼렁 여워부렀어 요리. (서경림, 여, 80세, 전남 담양군 수북면 수북리, 2012.7.27.)

르기도 한다.[6] 이렇게 시작된 전쟁 상황에서의 결혼 생활은 여성에게 고난의 시작이다. 결혼을 해도 의지하며 함께 살아갈 남편이 없다. 서경림 제보자의 남편처럼 남성은 군입대하여 전쟁에 참전하지 않으면, 끌려가지 않기 위해서 동굴에든 땅굴에든 숨어 지내야 했기 때문이다. 남편 없는 집안의 여성은 가장이었고, 가족 부양은 온전히 여성의 몫이었다.

살아도 산목숨이 아닌 세상에서의 임신은 감당하기 힘든 또 하나의 고난이다. 여성의 임신은 빈곤에 허덕이는 가족들에게는 짐이다. 또 남편이 있는 여성이라는 증거가 된다. 그래서 남편이 누군지? 어디에 있는지? 남편의 사상은 어떠한지? 끊임없이 의심을 받게 하는 위협의 수단이 된다.[7] 이희순 제보자의 경우에는 군인 남편이 광주에 왔다는 소식을 당숙에게 전해 듣고 계란과 김밥을 싸서 무거운 만삭의 몸으로 오십 리 길을 걸어서 광주까지 남편을 만나러 간다. 시집와서 줄곧 떨어져 지내야 했던 남편과의 짧은 만남의 행복도 잠시, 돌아오는 길에 인민군의 검문을 받는다. 만삭인 여인을 보고 인민군은 단번에 의심을 품고 배에 총부리를 겨누며 어디를 다녀오는지, 왜 다녀오는지 쉴 없이 질문을 쏟아낸다. 자신과 태아의 목숨은 물론 남편의 목숨까지 제보자 입에 달려 있다. 그 공포의 순간에도 정신을 바짝 차리고 끝까지 혼자 사는 당숙모 밥해 주고 오는 길이라고 둘러대어 겨우 위기를 모면한다.

전쟁 상황에서 출산 역시 가족과 주변인의 목숨을 위험하게 만드는 요인이 되기도 한다. 밤이면 빨치산의 습격이나 국군 폭격기의

---

6) 안태윤은 구술조사를 통해 한국전쟁 당시 결혼한 여성들의 결혼 동기를 외로움과 공포, 장녀로서의 책임감, 마지막 선택 혹은 타협으로서의 결혼으로 분류하고 있다(앞의 논문, 2007, 65~70쪽).

7) [임신] 딱 총을 내 배때기 있는 데다 딱 대고. 배는 인제 요로코 불렀응게. 신랑있응게 뱄을 거 아녀. 궁게 인자, 인자 확 대고는 삼메타 거리로, 말은 인자 삼메타 거리로 총을 쏜다고 허드만 말 듣기에. 근디 삼메타 거리로 서서 대고, "너 옳은 대로 말허라"고 그러드라고. 배때기 봉게 옳은 대로 말허라고 그려. (이희순, 여, 83세, 전남 담양군 수북면 수북리, 2012.7.27.)

공습을 피하기 위해 불빛을 숨겨야 한다. 그런데 아기가 울기라도 하면 숨어 있는 모든 사람들의 목숨이 위험해진다.[8] 이희순 제보자는 소리가 바깥으로 새 나가지 않게 하기 위해서 담요로 아기를 씌운 채 젖을 먹인다. 답답한 아기는 울음을 터트린다. 당황한 제보자는 젖먹이의 뺨을 때린다. 가족들이 위험해질 수 있는 상황에서 본능적으로 나온 행동이다. 담요를 가리고서라도 젖을 먹일 수 있으면 그나마 다행이다. 안창순 제보자의 경우에는 방공호에서 출산을 할 경우, 아기 울음소리로 인해 가족들이 위험해질 수 있기에 홀로 밖으로 나와 땅바닥에서 출산을 한다.[9] 이는 모정의 비정함이 아니다. 여성들은 자신들이 부양하고 있는 가족들의 삶과 죽음의 경계에서 갓 태어난 신생아 한 명의 목숨보다는 다른 가족 구성원들의 목숨을 지켜내기 위한 더 큰 모성적 선택을 한 것이다.

여성들은 새신부가 되어도, 만삭의 무거운 몸이 되어도, 갓 출산한 산모의 몸이 되어도 전쟁 중에는 보호받을 수 없다. 여성들은 보호를 받아야 할 상황에서도 가족 부양의 책임을 우선적으로 짊어지고 살아냈다. 여성들은 가족을 지키기 위해 피난을 떠나고, 피난처에서 겪

---

8) [출산] 애기를 낳어도 불도 못 쬤어, 방에다가. 그냥 문에다가 우리가 또 집이 가양집이 되여가꼬 인공새끼들이 들어와서 말썽부릴까 무선게 문에다가 불 안 나가게 애기 젖줄라믄 담요를 이렇게 딱 쳐가꼬 가만히 젖 줘서 눕히고 인자 불 안 나가게. (청중: 그때는 호롱불인디) 호롱불이라도 비치믄 온당게 그놈들이. 아주 귀신같이 와. 담요로 개리고 젖도 주고 그랬당게. 궁게 내가 철이 없이 있었소 이놈으 애기가, 담요를 개리고 애기 젖을 준디 이놈으 애새끼가 막 울어. 운게 그냥 막 이 뺨 때리고 저 뺨 때링게 그냥 더 운디. 귀가 애링게 그놈을 그냥 내가 그놈을 그 지랄허고 쳤어. 그 애린 놈을 갖다가. (이희순, 여, 83세, 전남 담양군 수북면 수북리, 2012.7.27.)

9) 애가 그때가 낳을 때가 되서. 방공호를 들어가 서 낳으믄, 저기 저 우리 식구들은 못 들어가잖아. 나 때문에. 그래서 인제 나와 가지고 싸리문에 들어가는데다 흠이다 데고 그 전에는 짚에다 애를 낳았어요. 그런데 그때는 짚도 없고 그래서 그냥 땅바닥에다 흠에다 그냥 막 낳고서 이거 죽을려나 죽을테믄 죽어라. 어떡하나. '나도 시방 죽게 생겼는데. 너는 죽는 게 어떻고 나는 살아야 겠다.' 생각이 들더라고요. 그러더니 그러더니 낳고서 한참 있으니, "이이잉" 울어요. 그래서 '아 애가 안 죽었구나.' 그래서 그냥 일으켜 세워서 한 주먹하다가 밤구덩이에다 넣고 그냥 갖다 놨죠. 비행기는 저기 댕기지. 잉 불켜 놓으믄 거기다 쏜다는데 어떡해 불을 켜요. 못 키지. 그래서 땅바닥에다 놔나왔더니, 낮에 보니게 본색을 보니까 그래도 그냥 이렇게 하고 있어. 안 죽대. 그러더니 갸가 잘 커서 잘 살아요. (안창순, 여, 84세, 충남 공주시 하대3구 마을회관, 2012.6.21.)

은 갖은 고난은 온전히 여성 가장의 몫이었다.[10]

눈 올적에 어드럴 때 바람이나 불고 추우믄 이놈이 얼어가지고 장작개비야. 집이 들어가믄 내 살이 살인지 아닌지 얼어서 몰라. 그러믄 이거 다 훌훌 벗어놓고. 우리 아버지가 그래요. 따슨 물에다 씻지 말아. 따슨 물에 씨믄 안 돼 얼음 배긴다 얼음 배겨. 따슨 물에다 씻지 말래. 새암에 가서 찬물 가운데서 새암 솟아오르는 물은 뜨뜻허잖아. 퍼다가 다라에다가 놓고 들어서서 활활 시쳐 몸뎅이를 다. (…중략…) 아 그렇게 해서는 내키곤 이불속에 들어가서 이불이나 있어? 이불도 없지. 다 태우고 나왔는데. 모다 누구라 저 껍데기는 아파서 눕지. 솜 저 명주낳고 저 명주 허드래기 알아요? 그걸 이렇게 솜 맨들은 거 그거를 한 채 주더라고. 아이 그놈이 갖다가 덮고 그 놈 덮고 살았어. 겨울에 그 놈 덮고. 그럭허고 살았지. 그래서 죽지 않고 그래도 벌어먹고 살았어요. (…중략…) 어떤 날 그냥 아척에 나오면 눈은 이렇게 셋는데 어드럭해. 먹을 건 없으믄 날이 한참 궂어서 나오니. 밥 얻으라 밥. (…중략…) 찍찍찍찍 미끄러지믄 그냥 나무새로 미끌어지면 산인데 그냥 얼음지치기해 내려가. 내려가 동네가 개바닥에가 똑 떨어지면 동네야. 산 밑에 동네. 집집마다 일르고 밥을 풀 적에 댕기면요. 이런 말바가지로 하나야.[11]

신씨할머니는 전쟁 때 악이 올라서 아무리 굶어도 배가 고프지 않았다고 증언한다. 마을에 들어온 인민군들에게 밥을 해 먹이느라 농사도 지을 수 없어서 죽음을 무릅쓰고 가족들을 데리고 친정집 근처로 피난을 나와 움막을 짓고 살았다. 친정집에서 밥해먹으라고 닷 되 쌀을 주면 염치를 생각하기보다는 그것을 넙죽 받아 가족에게 먹

10) 이성숙은 피난은 생존의 몸부림이었지만, 또다시 전쟁이 터지면 피난 가지 않겠으며 죽더라도 고향에서 죽을 것이라는 제보자들의 말을 빌어 피난길에 여성들이 겪은 삶의 무게와 고통의 혹독함을 읽어내고 있다(앞의 논문, 140쪽).
11) 신동흔 외, 『시집살이이야기집성 2』, 박이정, 2013, 395~396쪽.

이는 것을 먼저 생각해야 했다. 두 되는 밥해 먹고, 서 되는 떡을 만들어 팔러 다녔다.12) 겨울에는 언 발이 동상 걸리지 않기 위해서 찬 샘물을 받아 몸이며 발을 씻어야 했고, 주변에서 얻은 이불 한 장으로 가족들이 겨울을 나야 했다. 또한 떡마저 만들지 못하는 날에는 얼음 언 산을 미끄러져 가면서 억척같이 산을 넘어 밥을 빌어 와서라도 가족들을 먹이고 부양해야만 했다.

이처럼 여성들은 죽고 싶어도 마음대로 죽을 수도 없는 가장으로서의 책임감을 고스란히 짊어진 채, 전쟁의 일상에서 겪게 되는 온갖 고통과 고난을 감내한 삶을 살아 왔다. 전쟁 속에서 나를 버리고 가족, 타인을 아우르는 삶을 살아온 여성들이 겪은 전쟁 고생담은 62년의 세월이 흐른 지금도 어제의 일처럼 생생하게 되살아나 진저리를 치는 여성들의 가장 보편적 경험의 서사이다.

2) 상실의 아픔

여성제보자들은 전쟁 체험을 구술할 때, 상실의 기억과 아픔으로 분노하고, 서러워하며 눈시울을 붉히는 경우가 많다. 그 상실의 대상이 가족, 이웃을 비롯한 사람일 경우가 있고, 삶의 터전일 경우가 있다. 구술과정에서 제보자들은 '가족'의 문제에서 눈시울이 더욱 붉어진다. 좌익, 우익 이념갈등으로 일어난 전쟁에서 자신의 사상과 이념과는 무관하게 가족이 희생되었을 때, 그녀들의 가슴깊이 내재된 한이 구술과정에서 그대로 전해져 온다. 전쟁 상황에서 부친, 모친, 형제, 자녀 등 다양한 상실의 경험이 있겠지만, 여기에서는 부친을 잃은 상흔을 지니고 있는 두 제보자의 사연을 보기로 한다.

---

12) 윤정란의 한국전쟁 당시 전쟁에 나선 여성의 삶에 관한 논의(앞의 논문, 103쪽)에서 여성의 장사는 대부분 자발적이라기보다는 남성의 부재, 무능력, 가족의 무능에 의한 것으로 남성 가족의 부재로 생활전선 투사로 나서야 했다는 설명을 통해서도 당시 여성들이 가족 부양 책임을 지며 온갖 고난을 감수해 왔음을 알 수 있다.

고영 제보자는 전남 담양군 남면 만월리에서 태어났다. 제보자의 전쟁에 대한 첫 기억은 밤에는 반란군이 와서 밥해 달라고 하고 소 끌고 가면, 낮에는 토벌대가 반란군에게 밥해줬다고 괴롭혔다는 '밤에는 인민공화국, 낮에는 대한민국'에 대한 것이다.[13] 아홉 살 어린 제보자에게 그 시절은 명주옷만 입고 살았고, 철없이 마냥 어리광을 부리던 때였다. 그랬던 제보자가 철이 들기 시작한 것은 바로 아버지 억울한 죽음을 목격한 뒤부터다.

큰오빠의 결혼잔치가 제보자 마을에 열리던 날, 느닷없이 반란군 30여 명이 마을이장인 부친을 찾아와 옷을 30여 벌을 구해달라고 한다. 그들은 그 옷을 갈아입고 마을주민으로 위장하여 마을에 상주하게 된다. 어느 날 곶감을 사러온 이웃주민이 낯선 사람들을 발견하고 지서에 신고하여 반란군과 토벌대 사이에서 총격전이 벌어진다. 그 과정에서 토벌대원 한 명이 사망한 사건으로 부친은 누명을 쓰게 된다. 반란군을 먹이고 마을에 주둔시킬 목적으로 아들 결혼잔치를 위장했다는 거다. 그래서 제보자의 부친은 부모, 자식, 동네 사람들 보는 앞에서 작대기가 부러지고, 새로 맞춘 고운 명주옷이 다 찢겨질 정도로 매를 맞고, 개 끌려가듯 지서로 끌려간다. 그렇게 끌려간 제보자의 부친은 심한 고초를 당하고, 얼마 후 사람형상이 아닌 뻣뻣한 나무토막이 되어 돌아 왔고, 그 후유증으로 세상을 떠나고 만다.

어린 나이 때 경험이지만, 제보자는 그때의 상황을 생생하게 기억하여 구술했다. 그만큼 제보자에게는 큰 충격이고 아픔이었으리라. "그때는 만월동이란 데는 그냥 그 반란군들이 와서 그렇게로 인공이 와서 그른다고만 했제. 세상물정 모른 사람들이여" 하는 말에서는

---

13) 1948년 2월 유엔이 삼팔선 이남 단독 선거를 결정하면서 2.7구국투쟁, 제주4·3사건, 여수 순천사건 등 단독선거·단독정부 수립반대 투쟁이 격화됐다. 이 과정에서 수많은 청년들이 지리산, 태백산을 중심으로 본격적인 무장투쟁에 나섰다. 이때 대대적인 군경 토벌대에 의한 빨치산 토벌작전이 대대적으로 이루어진다. 그래서 낮에 군경 토벌대가 들어오면 태극기를 게양하고, 밤에는 인공기를 달아 빨치산의 약탈을 모면하려는 어쩔 수 없는 처세가 빚은 말로 이때부터 쓰여진 것이라고 한다(김진환, 「빨치산, 또하나의 전쟁」, 한국구술 사학회 편, 『구술사로 읽는 한국전쟁』, 휴머니스트, 2011, 149~150쪽).

이념과는 무관한 부친의 누명에 대한 억울함과 원망이 녹아난다. "반란군들이 그때는 주도를 밤에만 한 시상이라. 그릏게 우리 아부지가 들어서 보고를 갔으므는 그릏게 죄가 적은디. 남이 와서 봉게 아 만월리는 반란군들이 겁나 들어와서 한복을 입고 이릏게 살림을 하고 살드라 그르니" 하는 말에서는 "부친이 직접 고발을 했더라면 목숨만은 살릴 수 있었을 텐데" 하는 부친을 잃은 딸의 아쉬움과 한탄이 묻어난다.

제보자는 그때의 충격과 상처를 자신의 경험만으로 기억하지 않는다. "연로허신 할아버지 할머니가 (목소리가 떨리며) 아들을 때릴 때 마음이 얼마나 아프며, 자식들이 얼매나 마음이 아팠겠소"라며 구술하는 목소리의 떨림에서 제보자는 자녀인 자신의 서사보다는 자식의 고초를 눈앞에서 목격해야 했던 조부모의 부모서사에서 더 가슴 아파하고 있음을 알 수 있다.[14] 이처럼 제보자의 상처는 아비를 잃은 어린 자녀서사는 물론이고, 전쟁으로 인해 억울하게 비극적 운명을 맞이한 부친의 자기서사, 남편을 잃은 모친의 부부서사, 아들을 잃은 조부모의 부모서사까지 아울러 내재화되어 크나큰 전쟁 트라우마로 남아 있다.

그전에 우리 아부지는 우리 여기 저기 우리 작은 아부지가 빨갱이였어. 약간. 그래가지고 우리 아부지를 동네사람들이 다 땅을 파구 시골에 서 인제 사는데 고그다 인제 감춰놨는데, 우리 작은 아부지가 그냥, 빨갱이들

---

14) 궁게 아주 연로허신 할머니 할아버지, 새로 시집온 각시, 우리 아부지께서는 인자 명주로 며느리가 해 온 한복을, 이쁜 한복 입고 계신디. 이장 반장 나오라고 항게로 나가야제. 좋아 마치. 대사 침선 반란군들 잘 믹여가꼬 형사 죽였다고. 그른 소리만 할라믄 마음 아퍼요 (당시의 기억에 목에 메임) 형사 죽였다고 죄 없이, 아무 죄도 없고 참 아주 선량하신 양반을. 왼 동네 사람 다 모아놓고 요런 작대기가 다 뿌려지도록, 명주옷이 착착 갈라지도록 뚜드러 그 앞에서. [조사자: 사람들 보라고?] 인자 이 우리 대한민국 형사 죽였다고. 잘 믹여서. 대사치고 잘 믹여가꼬 이장이 요롷게 반란군을 옷 걷어다 줘서 키와가꼬 죽였다고. 그러니 그 연로허신 할아버지 할머니가 (목소리가 떨리며) 아들을 때릴 때 마음이 얼마나 아프며 자식들이 얼매나 마음이 아팠겠소. 그래가꼬 딱 묶어서 개 끄집어가듯이 끄집어 가부렀어 인자. (고영, 여, 74세, 전남 담양군 창평면, 2012.7.24.)

데리고 와가지고 [청중: 빨갱이 집이가 있으면 못 살어] 그래가지고 구뎅이까지 알켜주면서 형 자수시킨다고 그래가지고서네 그래가지고 일주일만 있으면 우리 아군이 오는데 그냥 그눔들이 잡어간 거야. 우리 작은 아부지가 빨갱인데 데려가 가지고. (…중략…) 어디를 이렇게 해 가지고 끌고 가가지고 뭘 저거해 가지고 일주일만 있으면 인제 우리 아군이 오는데 그래가지고서네 인제 다 그 사람들이 다 빨갱이 들어가구는 인제 빨갱이 우리 작은 아부지를 잡어도 놓구 우리 어머이더러 와서 보라고 하드래. 그래가지고, "어떻게 했으면 좋겠냐"그러드래. 그래서, "죽일래면 죽이고, 맘대로 해라." 그랬대. 그래가지고 을매나 두들겨 팼는지, 다 죽었더래. 그래가지고 인천바다에 가서 쏴 죽였다고 그래. [조사자: 아, 그때 돌아가셨어요?] (조금 격앙된 어조로) 그래, 우리 아부지는 인제 붙잡아 가가지고 그눔들이 어떻게 죽였겠지. 그래, 우리 작은 아부지도 인제 우리 아부지 친구들이 인제 다 들어와 가지고 인제 다 아니까는 죽였다 그러더라고. [조사자: 아이고.] 그래가지고 우리 집안이 망했어.15)

조사자가 허○○ 제보자에게 전쟁 체험담을 들려달라고 했을 때, 제보자의 첫 마디가 "아휴, 나는 6·25래면 지긋지긋해"이다. '6·25'라는 말만 들어도 그녀를 몸서리치게 하는 사연은 이렇다.

제보자의 부친은 우익 활동을 하고, 숙부는 좌익 활동을 했다. 숙부는 형을 자수시키겠다는 생각으로 마을 사람들이 땅굴을 파서 숨겨주었던 형을 밀고한다. 동네 빨갱이들도 형이 은거해 있는 사실을 알면서도 묵인해 줬는데, 혈육인 동생이 형을 밀고를 해 버린 것이다. 그 결과 제보자의 부친은 끌려가 죽임을 당하고 만다. 다시 전세가 역전되었을 때, 우익 활동을 하던 부친의 친구들이 좌익 활동을 한 숙부를 죽인다. 한 가정 내 형제간의 이념대립으로 빚어진 비극담이다.

부친과 숙부의 이념갈등으로 빚어진 이 비극적 사연은 제보자의

---

15) 허○○(여, 72세); 전남 나주시 궁원리(2012.2.13)

직접 경험담이 아니다. 모친에게 들은 간접 경험담이다. 그런데 제보자는 자신의 전쟁 체험담 중 유독 이 사건에 대해서만 반복적으로 구술한다. 조사자가 부친을 잃고 난 뒤 모친이 고생이 많았겠다면서 전쟁 중의 모친의 고생담 구연을 유도해 보았지만, 제보자는 그때 친정어머니의 고생이 말도 못했다면서도 정작 모친의 실제 고생담이나 자신의 경험담은 단 한 마디도 구술하지 않고, 부친과 숙부의 비극적 사연만 되풀이 한다. 이는 제보자가 직접 경험한 전쟁 고생담보다 전해들은 부친의 비극적 서사가 제보자에게 강렬하게 각인된 것이다. 이는 조모, 모친의 역사적 트라우마가 된 비극적 서사를 제보자가 내재화함으로써 제보자에게 고스란히 역사적 트라우마로 전이된 것이라 할 수 있다.16) 그래서 전쟁하면 마치 직접경험처럼 "아휴, 나는 6·25래면 지긋지긋해", "그래 나는 6·25래면 징글해" 하면서 몸서리치게 하는 트라우마가 된 것이다.

제보자가 구술과정에서 가장 많이 했던 말이 "일주일만 있으면 인제 우리 아군이 오는데"이다. 숙부가 일주일만 기다려줬더라면 부친은 죽음을 모면했을 거라는 거다. 부친을 잃은 상실감과 안타까움의 한이 짙게 배어 있다. 이러한 안타까움은 부친의 죽음에 직접적인 원인이 된 숙부에 대한 원망으로 나타난다. 제보자는 부친이 숙부를 숨겨줬는데 "그눔은 그렇게 못됐게 즈그 형을 그렇게 자수시킨다고 구뎅이까지 와서 그 사람들을 그렇게 알르켜 줘 가지고 끌고 가가지고. 형을 그렇게 죽여"17)라며 격분한다. 그렇다고 숙부의 죽음에 대

---

16) 김종곤은 「역사적 트라우마 개념의 재구성」(『시대와 철학』 제24집, 한국철학사상연구회, 2013, 41~42쪽)에서 역사적 트라우마는 과거 사건을 직접 경험한 자들에게서만 나타나는 것이 아니라 그것과 체험적 관련성이 없는 자들에게서도 나타나며, 이들 비경험자가 세대를 넘어 후세대까지 연장되어 회상 후 스트레스 장애가 세대를 걸쳐 유전된다는 점을 강조하며 역사적 트라우마에 대한 개념의 범위를 자아 심리학에서 보다 확장시켜 나가야 됨을 강조하고 있다.

17) 그래도 우리 아부지는 동생이래면 어떻게든지 자수시키고 저거 할래고 그래가지고 지붕 꼭대기에다가 판자를 해가지고 그전에 우리가 제재소 했었거든 크게 인제 이천에서. 그래 인제 꼭대기에다 인제 거기다 숨겨놓고 그랬었대, 우리 아부지는 인제. 아주 활동을 안했기 땜에 사상만 인제 우리 작은 아부지가 빨갱이였지 활동은 안했지, 그런데 이냥 빨갱이

해서도 마음이 편할 리 없다. 그러다 보니 "우리 할머니도 인제 같은 아들이지만, 그눔은 죽여야된다고. 형갖다 그렇게 핸 놈은 죽이라고, 열 번도 죽여야 된다고. 그래가지고 막 우리 할머니도 같은 자식이잖아. 근데도 막 죽이라 그랬더래. 우리 아부지 친구들이 죽였나봐"라면서 모친에게 전해 들었을 조모의 언행을 빌어 숙부 죽음에 대한 정당성을 찾으려 한다. 또한 직접 목격한 것이 아니기에 사망했다는 증거도 없으니 부친의 생존에 대한 한 가닥 희망을 보이기도 한다.[18]

제보자는 짧은 시간 구술하는 동안 전쟁 중의 자신의 고생담보다는 부친의 비극적 희생에 대한 분노, 울분, 원망, 희망 다양한 감정을 드러낸다. 얼굴에 주름이 패이고, 머리카락이 희끗희끗해질 정도로 오랜 세월이 흘렀어도 제보자의 감정이 아직 정리되지 않은 날감정으로 표출되는 것은 부친의 사연이 자신의 그 어떤 경험보다 강렬하게 내재화된 역사적 트라우마로 작용하고 있음을 의미한다.

여성제보자들은 온전히 자기서사로서 상처를 들여다보기보다는 가족, 주변인들의 서사까지 아울러 내재화하여 깊은 상처로 간직하는 경향을 보이고 있다.

3) 사선(死線)의 공포

남성들은 전투 격전지라는 특수한 장소에서 하루에서도 수십 번씩 사선(死線)을 경험한다면 여성은 일상의 다양한 상황에서 사선을 경험한다. 사선에서 경험한 공포는 여성 전쟁 체험담 중 가장 극복하기 힘든 역사적 트라우마가 된다.

가 쳐들어오니까 활동을 해기 시작핸 거지 작은 아부지가. 그렇게 해 가지고 자기 형은 그렇게 하물며 자기를 숨겨줬는데, 그눔은 그렇게 못됐게 즈그 형을 그렇게 자수시킨다고 구뎅이까지 와서 그 사람들을 그렇게 알르켜 줘 가지고 끌고 가가지고, 형을 그렇게 죽여. 그래가지고 우리는 그때 다 망했어.

18) "그래도 우리 아부지는 빨갱이가 붙잡아 갔기 때매 지금 돌아가셨는지 살았는지 아직은 몰르는 거지. 그게 죽었대는 저거를. 증거가 없었으니깐. 그냥 그렇게 있어요."

264

참전 경험이 있는 남성제보자들은 전시를 경험할수록 날아오는 총알의 소리만 듣고도 그 총알이 날아온 거리를 짐작할 수 있다고 한다. 그만큼 시간이 지날수록 남성들의 사선(死線)에서의 경험은 자신의 영웅성을 과시하는 유쾌한 수단이 된다.[19] 하지만 여성들이 생활 속에서 경험하는 전쟁의 총알은 그 실체가 드러나지 않기 때문에 공포감은 극대화된다. 이렇게 경험한 공포는 다른 사람들과의 관계 중심으로 기억이 확장되어 나감으로써 트라우마의 상흔은 더욱 깊어진다.

우리는 3번 타자야. 근데 2번 타자까지 다 죽였을 때 우리는 3번으로, 우리 아군이 또 들어와서 배타고 나왔지. 근데 우리 친구들이 그때 내가 일학년, 이학년 때 1.4후퇴 때 나왔으니까. 근데 다 이렇게 포승을 쳐가지고 우리집 앞으로 가면서 우리집을 요렇게 쳐다보는데, 친구네 집이니까. 그런데 내가 마음이 너무 아프잖아요. 저거다 죽으러 가는데. 포승을 지구서는 꼬챙이를 이렇게 나무로, 어렸으니까 생각이 다 나지. 나무로 된 거 빨리 안 가면, 그걸로 이렇게 등어리를 찔러요, 빨리 가라고. 그래 그 사람들도 자기네 가족을 아프게 죽였으니까 눈이 뒤집혀가지고 내려와가지고는 우리 민주당들도 다 그렇게 잡어다가 많이 죽었어요. 엄청 많이 죽고 ─, 내 친구들 많이 죽었어요. 그래가지고 그 생각하면 아주 눈물 나요. 우리도 며칠 있으면 죽을 건데.[20]

전쟁 당시 아홉 살이었던 박춘자 제보자는 인공시절 부친의 우익 활동으로 인해 포승줄에 묶여 총살장으로 끌려가던 친구가 자신의 집 앞에서 발걸음을 멈추고 쳐다보던 모습을 지금도 생생하게 기억한다. 제보자가 총살장으로 끌려가던 친구를 지켜본 것은 다음 총살

─────────────

19) 신동흔은 한국전쟁 체험담을 통해 살핀 여성과 남성의 특성에서 남성의 전쟁기억 속 깃들어 있는 것은 이념과 욕망으로 전쟁경험을 일종의 '훈장'으로 여기는 과시성을 보인다고 했다. 그래서 남성들은 자기와 타자를 구분짓는 '분리의 서사'를 강력하게 작동한다는 것이다(앞의 논문, 2012, 293~303쪽).

20) 박춘자(여, 74세); 서울시 강북구 수유동(2013.1.18)

대상이 자신의 가족이라는 사실을 알고 있는 상태에서였다. 전쟁은 제보자에게 총살당하기 전 눈물짓던 친구의 모습, 총알도 아깝다고 곡갱이에 찔려 죽임을 당했다는 다른 친구의 소식, 참혹한 총살현장의 목격 등 어른들의 이념전쟁으로 무고하게 죽어 간 어린 동료들에 대한 가슴 시린 아픔과 끔찍한 기억을 남겨주었다. 또한 다음 총살대상자로서 예정된 죽음에 대한 보이지 않는 추상적 공포에 휩싸이게 만들었다. 제보자는 구술하는 과정에서 자주 전쟁이야기는 하기 싫다고 말하며 눈시울을 붉혔다. 그 당시의 고통이 그대로 되살아나기 때문이다.

이 제보자의 죽음에 대한 공포는 예고된 추상적 공포라면 고영 제보자의 경험은 죽음과 직면한 순간에 느끼는 사실적 공포이다.

> 아 거그서 군인들이 주둔을 허고 봉아리 한나를 잡고 있는디. 요쪽에서는 반란군들이 쏘고 요쪽에서는 반란군한테 쏜다고 군인한테서 쏘고. 요요, 온천 앞에가 이렇게 큰 또랑이 있었어요. 지금은 복구해가꼬 담도 좋게 싸고 벽도 해놓고 그랬드만. 그떡에는 그냥 이렇게 그냥 한마디로 하천이었어. 근데 그 많은 사람들이 하천에 엉덕에가 엎뎄어. 수대로. 긍게 막 내려 쏘는 거여 그냥. 탄이 그냥 막 휘휘휘−험서 그냥 막 쏟아져. 긍게 내가 우아래 꺼머니 입어놔서 저때 사람들이 뭐라고 허냐믄, "너 땀시 우리가 다 죽게 생겼다, 니가 꺼머니 입고 이러고 있응게로 군인은 반란군인중 알고 쏘고 반란군은 군인인중 알고 쏘고 이렇게 꺼머니 입은 사람이, 너땀시 우리가 이렇게 큰 피해를 보겠다."[21]

고영 제보자는 군인들이 반란군의 동정의 살피기 위해서 이동하는 것을 모르고 모친과 함께 생계를 위해 담배를 주우려고 평소처럼 사람들을 따라나선다. 그때 반란군과 군인들 사이에 총격전이 일어난

---

21) 고영(여, 74세); 전남 담양군 창평면(2012.7.24)

다. 제보자 모녀는 사람들이 숨어 있는 하천에 함께 숨으려 했지만 사람들이 제보자 때문에 피해를 보게 생겼다면서 밀어낸다. 제보자의 모친은 어린 딸의 손을 잡고 총탄이 쏟아지는 산으로 위험을 무릅쓰고 올라가 군인을 만난다. 그런데 하천에 숨어 제보자 모녀를 밀어냈던 사람들은 총격으로 모두 몰살을 당하고 만다. 제보자는 "나 가라고 하던 사람들이, 나 땜시 피해를 본다고 나를 가라고 했던 사람들이 다 죽었어"라는 구술을 통해 그때 느낀 죽음의 공포와 천운으로 살아남은 안도감을 동시에 표출한다. 하지만 제보자는 살아남았다는 안도감에 가슴을 쓸어내리는 것도 잠시, 많은 죽음 앞에 살아남은 자의 죄책감 또한 크다. 제보자는 "니가 꺼머니 입고 이러고 있응게로 군인은 반란군인 중 알고 쏘고, 반란군은 군인인 중 알고 쏘고 이렇게 꺼머니 입은 사람이, 너땜시 우리가 이렇게 큰 피해를 보겄다"는 숨어 있다가 죽은 사람들의 말과 "저렇게 사람을 많이 죽었으니 어쩔 것이냐고 (…중략…) 요롷게 다 나서가꼬 사람을 이렇게 피해를 많이 시켰으니 어쩔것이냐고" 하는 군인의 말을 생생하게 기억하고 있음은 살아남은 자의 죄책감이 죽음의 공포만큼이나 큰 상흔이 된다는 것을 알 수 있게 해 준다. 사선(死線)에서 경험한 공포의 상흔은 제보자 모녀가 죽은 시체들을 목격하고 난 뒤 한참을 악몽에 시달렸다는 대목을 통해 충분히 인지할 수 있다.

여성들의 전쟁 후방에서의 사선 경험은 다양하다. 반란군에게 밥 해줬다는 이유로 죽음 진전까지 갔다가 업고 있던 아기가 울어준 덕에 가까스로 살아나는가하면,[22] 친정으로 피난 가다가 산에 있다는 이유로 반란군이라는 누명을 쓰고 죽임을 당하려던 찰라에 아이가

---

22) 응 몰살을 시켜버리고 근데 나는 애기를 여그 젖이 난다고 보듬고 간 것이, 몇 번을 죽일라고 끌고 나가더라고. [조사자: 그 큰앱니까?] 야. 그놈이 예순두 살 먹었어 시방, 딸인디. [조사자: 큰딸?] 어. 근디 이러고 데리고 나가갖고 죽일라고 하다도이, 애기가 막- 울은 차마 못 죽이더만. 차마 어쩌고 막 여기만 착- 끄시다 그냥, 거기다 팍- 갖다 꼴아 박아부러 그냥. 질질- 개만이로 끄지다 그냥. (박현자, 여, 76세, 전남 나주 다도면 방산리, 2012.2.20.)

아들인지 딸인지 궁금한 경찰의 질문 한 마디에 살아남은 사례도 있다.[23] 아들이니까 살려놓자는 경찰의 말 한 마디에 눈물이 한도 없이 흘렀다는 제보자의 말에서 사선(死線)에서의 공포감은 짐작하고도 남는다. 한 제보자는 군인에게 소년단에 가입했던 오빠가 있는 곳을 말하라며 협박을 당하는데, "이따가 총을 들이대고 찰카닥찰카닥-하고, 칼도 갖다 내한테다 가슴에다 들이대고"[24] 하는 표현처럼 머리에 겨눠진 총의 '찰카닥찰카닥'소리는 평생 제보자에게 공포소리로 내면화되어 역사적 트라우마로 남게 된다.

여성들의 전쟁 후방에서의 사선 경험은 "군인들 또 저그 뒤에 쫓아올까 무섭고 그런 세상을 다 살았어, 우들도. 그러고, 아이고, 말도 못해. 그런 세상을 살았당게, 참말로"라고 되뇌는 황동임 제보자의 말처럼 가슴 깊숙이 트라우마로 아로새겨져 있다.

3. 여성의 전쟁 체험 대응 방식: 치유서사로의 가능성

1) 여성 영웅적 면모: 희생을 통한 구원

여성들이 피폐하고 참혹한 전쟁 상황 속에서 어떠한 삶의 태도로 대응하며 살아 왔는지, 전쟁 체험의 역사적 트라우마를 어떤 치유의 서사로 극복해 나갈 수 있는지 살펴보기로 한다.

임판례 제보자의 전쟁 상황 속에서의 삶의 태도부터 살펴보자. 임판례 제보자는 경찰가족으로 온갖 수난을 겪으며 살았다. 부친

---

23) 그러더만 어떤 아저씨가, 경찰 하나가 애기를 딸이냐고 물어봐, 아들이냐고. 그래서 아들이다고 그러니께, 그면 아들인께 여그서 살려놓자고 하데, 그 경찰이. 그 소리를 듣고 내가 얼-마나 가슴 떨고 눈물도 그양 한없이 흐르고, 그래놓고는 인자 가라고 그러네, 인자. 어머니 집으로 가라고. 그래서 그 식구를 다 데꼬 친정에를 갔어. 가가 (말을 못 잇고) 맘이 떨려 죽겄다. (황동임, 여, 85세, 전남 나주 다도면 방산리, 2012.2.20.)
24) 국정자(여, 79세); 전남 장성군 진원면 율곡리(2012.2.21)

은 총소리가 들리면 어린 딸을 숨기는 것이 아니라 오히려 어린 딸에게 숨겨달라고 재촉하고 어린 딸은 부친을 검불로 덮어 숨겨준다. 열다섯 나이에 오라비를 보호하기 위해 망태기와 호미를 들고 사람들 쫓아다니면서 가족을 대표하는 노역도 마다하지 않는다. 큰오빠가 경찰로 순직했다는 것이 알려지면 경찰 가족이라는 이유로 가족들이 위험해질까봐 오빠의 죽음마저도 쉬쉬하며 반란군이 시키는 대로 순종하며 지냈다. 하지만 가족이 위험에 빠질 땐, 어린 나이지만 자신의 안위는 안중에도 없다.

> 반란군들이 너인가 와서 조사를 하드만. "아들이랑 다 어디 갔냐"고. 그렇게 인자 아들네들 둘은 순경들이 잡아가부렀다고 허고. 순경들보다도 좋게 순경이라고 허믄 우들도 죽여부링게 개새끼들이라고 하라고 허드라. 개새끼들이 잡아가부렀다고 했어. 그러고는 인자 우리 성님도 따라가부렀는데 메누리는 없냐고. 메누리도 그때 딱 애기업고 따라가버렸다고. 그러고 인제 이러고 우리 네 식구만 있다고 그랬어. 그래놓게 나보다가 델꼬 어디로 갑디다. 따라가자고. 그래가꼬 강게는 아이 샘, 우리 동네 노강 샘이 이러고 높은디 고놈에다 빠쳐 죽일란다고 말 안 불으믄. 아이 말 불을 것이 뭣 있어. 아싸리 우리 어매가 다 했는디. 뭔 말을 또 허라고 뭔 말을 불으라고 허냐. "죽일라믄 죽이고 말라믄 마쇼. 샘에서 죽이믄 당신들도 죽어. 먹는 물에다 사람 빠쳐 죽이믄"[조사자: 그렇게 진짜 말씀하셨어요?] 예. 째깐해도 그랬당게. 그렁게 나보고 똑똑하다고, 가시내 째깐한 게 똑똑하게 말헌다고 죽인다고 허드랑게. 죽여부리자고[25]

반란군이 찾아와 모친에게 아들의 행방을 묻자, 모친이나 올케 대신 어린 제보자가 나서서 개새끼들(순경)이 잡아갔다고 겁도 없이 둘러댄다. 거짓말임을 의심하는 반란군이 어린 제보자를 샘에 빠뜨려

---

25) 임판례(여, 77세); 전남 함평군 함평읍 석성2리(2012.2.7)

익사시키겠다고 위협하는 상황에서도 "죽일라믄 죽이고 말라믄 마쇼. 샘에서 죽이믄 당신들도 죽어. 먹는 물에다 사람 빠쳐 죽이믄"이라며 거침없이 당찬 모습을 보인다. 어린 나이에도 가족을 지키려는 제보자의 거침없는 행동에서 영웅적 면모가 드러난다. 그 영웅성은 남성들이 전장에서 무용담을 구술하는 과시욕과는 다르다. 가족을 지키기 위한 최소한의 저항이 영웅적인 면모로 드러난 것이다.

대다수의 여성들은 자신을 위한 삶이기보다는 어떤 상황에서도 가족 부양에 책임을 지는 삶의 태도로 때로는 순종적으로, 때로는 억세고 거칠게 대응하며 참혹한 전쟁을 온몸으로 감당해 왔다. 비록 그러한 대응 방식으로 인해 자신의 생명이 위협을 받게 될지라도 말이다.

임판례 제보자의 전쟁에 대한 모든 기억은 많은 여성제보자들이 보이는 특성처럼 '나'에게만 향해 있지 않다.26) 그녀의 전쟁 기억은 주로 경찰로 순직한 큰오빠를 비롯한 가족과 얽힌 자신의 고생담과 가족의 수난담 외에도 순경 밥해줬다가 죽임 당한 당숙, 반란군을 피해서 바다 건너 도망 온 마을사람, 아기 거꾸로 업고 달아난 이웃사람, 결혼 날 받아 놓고 죽은 사람, 억울하게 연락병 누명을 쓰고 죽임을 당한 마을의 지체장애인까지 주변의 억울함, 웃음, 애환을 두루 포함하고 있다.27)

대부분의 여성들은 일상 속 전쟁의 현실이 흘러가는 대로 묵묵히 따르는 것이 순리라 생각하고 맞춰가며 살아 왔다. 밤에 빨치산이 내려와 밥을 해 내라고 하면, 밥을 해줬고, 옷을 내놓으라고 하면 옷을 내주었다. 남편이나 아들 숨겨줬다고 끌려가 당하는 고초를 그대로 견디고 버텨내었다. 토벌대와 빨치산이 번갈아 가며 시집간 여동

---

26) 신동흔 연구(앞의 논문, 2012, 301쪽)에 따르면 여성들의 전쟁기억은 '나'와 '타자'의 관계에서 인식한다고 한다. 여성들의 전쟁기억 속에는 언제나 남편, 자식, 시댁식구, 친정식구 등 내 몸 이상으로 주변을 신경 써서 감당해야 하는 존재였고, 그들을 마음속에 넣어둔 채 그들을 짊어지고서 움직여 왔다는 것이다.

27) 임판례 제보자의 경우에는 두 차례에 걸쳐 조사가 진행되었는데, 2번의 조사과정에서 동일한 사건을 구술하였다.

생을 찾아와 친정오빠의 행방을 대라며 맨살에 인두를 대며 협박을
해도 흔들리지 않았다. 어린 딸, 여동생은 아버지, 오빠를 대신해 자
발적으로 노역을 나가 방공호를 팠다. 가족들을 부양하기 위해 한
겨울에도 산 넘고 강 건너 장사를 다니고, 나무껍질을 벗기러 다니면
서 수없이 많은 죽을 고비를 넘기기도 했다. 강제로 쫓겨나 갈 곳이
없는 가족들을 데리고 토굴을 파서 그 속에서 몇 해를 살기도 했다.
전쟁 상황에서 가족을 지켜내기 위한 안간힘, 처절한 고통을 감내하
는 여성들의 모습은 아버지를 살리기 위해 떠난 구약노정에서 온갖
시험과 시련을 감내해 낸 바리공주, 처녀의 몸으로 잉태했다는 이유
로 가해지는 갖은 핍박을 고스란히 받아내고 토굴 속에서도 묵묵히
세 아들을 길러낸 당금애기의 모성과 다르지 않다.

> 그 속으로 난 장사를 댕기는 거야. 그 속에가 다 집이 있으니께, "어떡
> 해요. 아이고 아줌니 저 인민군 봐 인민군 총탄을 봐. 인민군 총탄을."
> "괜찮아요. 총탄알도 사람 알아보고 쏘는 거야. 나 무슨 죄있가뇨? 난 죄
> 라곤 안졌어 나는. 산중에 살면서 나는 산신님만 믿고 살은 사람인데. 나
> 머리위에 산신이 있어요. 나 살려요. 이리지나고 저리지나고 총탄을 해도
> 안쏘아. 진짜 안쏘아."28)

신씨할머니는 가족을 부양하기 위해서 떡을 만들어 이 산 저 산
넘어 다니며 떡을 팔았다. 한 번 장사를 나가면 오일이고, 일주일이
고 물건이 다 팔려야 집으로 돌아 왔고, 총탄이 날아다니는 상황이라
고 장사를 쉴 수가 없다. 신씨할머니는 함께 장사를 하는 사람이 인
민군 총탄에 사시나무 떨 듯 떨어도, 자신은 지은 죄가 없으니 괜찮
다고 말한다. 총알도 사람을 알아보고 쏘는 거라면서 말이다. 그런데
신씨할머니라고 해서 날아다니는 총알이 왜 무섭지 않겠는가? 가족

---

28) 신동흔 외, 앞의 책, 394쪽.

들을 부양하기 위해서는 위험하다고 해서 숨어 있을 수만은 없는 노릇이니, 위험을 무릅쓰고 장사를 다니는 거다. 신씨할머니는 자신이 산신님 믿어서 살 수 있었다고 말하지만, 정작 그녀를 살린 건 자신만을 위한 삶이 아닌 가족, 주변을 아울러 돌보는 포용의 삶, 진실한 삶을 살아온 자신에 대한 믿음이다. 이렇게 처참한 삶을 감내하며 진실하게 살아가는 이 여성을 어찌 하늘이 안 도울 수 있겠는가. 그렇기 때문에 여성들이 전쟁 상황에서 온갖 고난을 감당해 나가는 삶의 태도와 민간신화의 여신, 바리공주와 당금애기의 삶의 태도가 맞닿아 있는 것이다.

요런 이야기 힐라고 안 죽어. 요런 이야기. 글안했으믄 저저 옥굴 화순 온천 그 또랑에서 죽었어야 맞어. 그랬으믄, 그때 죽어부렀으믄 간단허제. 근디 기필 살아가꼬 그 역경을 다 겪고 아이구메 지나간 일 돌아보기 싫어 진짜. 요 이야기를 해도 손이 벌벌벌 떨려. 어츠게 힘들게 살았든지. 긍게 그 피난 대님서 그 고생을 했기에 <u>여그 와서도 그릏게 악착같이 그냥 몸뻬 하나를 못 사입고 떨어진 놈을 깁고 깁고 기워 입어가꼬 누가 몸뻬 하나를 사줌선 요롷게 살아서 뭣헐라냐 헙디다.</u> 그래도 그 속에서 내가 딸까장 그래도 저릏게 눈 띄였어. 그렇게로 <u>지금을 질로 편하게 됐어 인자.</u>[29]

고영 제보자는 자신이 반란군과 국군의 총격전에서 살아남은 것은 자신의 경험을 남기기 위한 필연 때문이라고 말한다. 그때의 고생은 기억하는 것만으로 손이 벌벌 떨릴 정도로 트라우마로 남아 있지만, 그때 견디고 이겨낸 역경으로 몸뻬 한 벌 사서 떨어지면 기워 입으면서 악착같이 살아갈 힘이 생겼다는 거다. 그래서 지금은 제일 편하게 되었다고 고단한 삶을 잘 이겨낸 자신을 스스로 격려하고 위

---

29) 고영(여, 74세); 전남 담양군 창평면(2012.7.24)

로한다.[30)]

여성들이 전쟁이라는 역사가 준 아픔이자 상처를 좌절의 서사가 아닌 무수한 죽음의 위협과 고난을 감당해내고 이겨낸 긍정(희망)의 서사로 받아들일 때, 고영 제보자처럼 가족과 자신을 지켜낸 삶에서의 영웅이자 주인공으로 거듭날 수 있으며, 굳게 닫힌 마음 문이 서서히 열려 치유의 과정으로 접어들 수 있다.

2) 포용과 통합을 통한 구원

이념갈등으로 인해 빚어진 전쟁의 역사는 이념과는 무관하게 하루 일상을 살아 왔던 여성들에게 치명적인 상처와 아픔을 남겼다. 많은 여성들이 전쟁 상황에서 겪은 사선(死線)에서의 무수한 죽음의 공포, 고초, 가족상실의 아픔과 고통을 감당했지만, 그와 동시에 가슴속 깊이 상처와 아픔을 간직한 채 오늘을 살고 있다. 전쟁의 역사가 개인에게 안겨준 트라우마를 극복하고 치유하는 일이 결코 쉬운 일이 아니다. 원망과 분노를 고스란히 간직한 채 삭이고만 있으면 평생 그 고통에서 벗어나기 힘들다. 포용과 통합의 서사로 풀어내지 않으면 안 된다.[31)]

고영 제보자의 모친의 삶의 태도를 잠시 보기로 한다.

우리어머니가 전에는 그 신분들이 오므는 입저택이다고 요런 요 모직에다가 막 엿도 해오고 떡도 해오고 허요 이. 근디 그 군인들을 그 와중에

---

30) 김귀옥은 한국전쟁기의 남성의 부재로 인한 여성의 고된 시집살이는 고생의 원천이면서도 동시에 '고된 시집살이를 이겨냈다'는 점에서 여성으로서의 자긍심의 원천이 되기도 한다고 하였다. 이는 참혹한 전쟁을 감당해낸 여성들에게도 동일하게 적용되는 부분이다 (앞의 논문, 2012, 427쪽).

31) 김종군은 분단의 트라우마를 치유하고 회복의 단계로 나갈 수 있는 대안으로 통합서사를 제시한 바 있다. 통합서사의 담론화를 통해 우리 사회에 집단적으로 자리 잡고 있는 분단 서사를 걷어내고 통합과 화해의 방향을 제시할 수 있을 것으로 보고, 이를 구술 치유라고 명명하고 있다(앞의 논문, 2013, 135쪽).

도 우리 어머니가, 우리 어머니는 남자여 아주 여장부여. 돌아가셨지마는. 그 와중에도 무섭도 안 했등가 떡가래를 그냥 종이에다 똘똘 몰아서 막 군인들을 줌선, "시장허신디 잡숨서 허시라"고. "우리야 뭔 죄가 있으마는 그 이렇게 군인들이 생각기는 우리가 죄가 많은디 우리로 해서는 죄가 없다" 그런 말을 험선 막 주셨대요. 궁게 그런 인연으로 배가 고팠는디 그분들도 그 떡을 주시고 그 음식을, 남은 음식을 주고 그양, "우리는 죄가 없지마는 나라에서는 우리를 죄로 취급을 허니 별 수가 없이 당한다"는 그 말씀을 허신 것이 너무 감동됐다고 와서 전화를 해 고리. 이자 그 우리 아부지한티로, 있는 지서에로. 시방 말하믄 화순군이여 화순군으로 넘어 가부렀어. 그래가꼬는 딱 죽어불므는 물 한 바가지썩 팍 찌끄러가꼬, 찌끌른 살아난다드만. 딱 해가꼬 한, 한 이십 일간을 거그서 못나오셨어요. 그 인자 그 양반들이 늘 막 이렇게 전화를 험서, 말을 함서 그래가꼬 그 덕으로 오신디. 당신 발로도 못 오고 그떡에는 차도 없응게로 져 왔어 져 와. 화순서 둠병재라는 재를 넘어서[32]

고영 제보자의 부친에 얽힌 비극적 사연은 앞서 2장에서 언급한 바 있다. 그래서 간단하게 사연을 정리한다.

고영 제보자의 부친은 큰아들 결혼식에 쳐들어온 반란군들의 협박에 못 이겨 음식과 옷을 제공했다는 이유로 가족들과 이웃이 보는 앞에서 심한 매질을 당하고 지서로 끌려간다. 부친은 반란군과 내통하기 위해 아들 결혼 잔치를 열었다는 누명을 썼다. 죄목이 그러하면 끌려가서 당할 고초는 그 시절을 경험한 사람이라면 누구나 예상하고도 남음이다. 보통사람 같으면 억울하게 누명을 씌우고 끌고 간 사람들을 원망하고 분노를 표출하는 분리의 서사를 선택할 법도 하다. 하지만 제보자의 모친은 군인들에게 그저 억울하다고, 살려달라고 매달리지 않는다. 배고픈 군인들에게 엿과 떡을 해다 주고, 음식

---

32) 고영(여, 74세); 전남 담양군 창평면(2012.7.24)

을 갖다 주면서 그들의 논리와 상황적 개연성을 이해해 준다. 그러면서 "우리는 죄가 없지마는 나라에서는 우리를 죄로 취급을 허니 별 수가 없이 당한다"는 진심을 말한다. 제보자의 모친이 먼저 마음을 열고 진심으로 소통의 손을 내밀었을 때, 군인들은 부정할 수 없는 진실을 거부하지 못한다. 그들은 모친의 말에 감동을 받았다면서 제보자의 부친이 풀려나올 수 있도록 도움을 준다. 제보자의 모친은 원망의 대상에 분노를 표출하는 대신 포용하고 그들의 마음을 진심으로 읽어주는 포용의 서사로 대응함으로써 이념갈등으로 악심이 차 있는 상대가 마음의 문을 열고 적극적으로 돕게 만든 것이다.

> 그렇게로 어머니가 손을 잡고, "죽으믄 우리나 죽제 넘을 피해줘서 쓰 겄냐?" 그러고 인제 내 손을 그냥 끌코 막 총탄은 쏟아진디 어디를. 요로 코 봉게로는 그 속에서도 짊어지고 그 산에를 올라가드랑게. 군인 찾어서 올라가. 그렇게로 어머니가 손을 잡고, "죽으믄 우리나 죽제 넘을 피해줘 서 쓰겄냐?" 그러고 인제 내 손을 그냥 끌코 막 총탄은 쏟아진디 어디를. 요로코 봉게로는 그 속에서도 짊어지고 그 산에를 올라가드랑게. 군인 찾어서 올라가. [조사자: 어머니가?] 이자 사람들이. 긍게, "차라리 우리도 저 사람들을 따라가자" 어머니가. 눈이 수북허니 왔는디 눈을 한 주먹쓱 집어먹음서 배도 고프도 목도 마릉게 죽을 일이제. 막 겁은 나고. 총소리 는 하도 쏟아징게. 긍게로는 눈을 한 주먹쓱 요로고 집어먹고, "엄마 나는 못 가겄어" 막 금서 주저앉을라고 허믄, "너땀시 다른 사람이 죽은디 너는 죽어도 괜찮허고 나는 죽어도 괜찮허지만 너땀시 다른 사람이 피해를 봉 게 기피 가야 한다"는 거야 거그를. 그래가꼬 얼마나 얼마나 고생을 허고 눈을 한 주먹쓱 집어먹고 거그를 올라강게로 군인들이 있어요.33)

위 인용문은 고영 제보자가 사선(死線)의 공포를 경험했던 사연의

---

33) 고영(여, 74세); 전남 담양군 창평면(2012.7.24)

연장이다. 제보자가 모친을 따라서 담배를 주우러 갔다가 반란군과 군인이 총격전이 벌어졌을 때, 모녀가 다른 사람과 함께 몸을 숨기려다가 사람들에 의해 거부당한다. 그때, 모친의 태도는 그렇게 죽음의 길로 내모는 그들을 원망하지 않는다. 모친은 "죽으믄 우리나 죽제 넘을 피해줘서 쓰겠냐"면서 바깥으로 나가면 죽을지 모른다는 두려움에 떨고 있는 어린 제보자의 손을 잡고 총탄이 쏟아지는 곳으로 발길을 옮긴다. 배고프고 목말라서 못가겠다고 주저앉는 딸에게 너도 나도 죽어도 괜찮지만, 이 자리에 그대로 눌러 있으면 다른 사람들이 피해를 보기 때문에 피해야 한다면서 딸에게 눈을 한 주먹 집어 먹이고 끌고 올라간다. 제보자의 모친은 나 살자고 다른 사람을 죽음의 길로 내 몰수는 없다는 생각에서다. 내가 죽고 딸이 죽게 될지도 모르는 급박한 상황인데도 말이다. 사람 목숨이 파리 목숨 보다 못하다는 전시상황에서도 모친은 나가 아닌 타인, 사람을 먼저 생각한 처사다. 그들을 쫓아내던 사람들에게 나도 같이 살자고 덤볐다면, 혹은 그들을 원망만 하고 있었다면 제보자 모녀는 그들과 함께 몰살을 당했을 것이다. 그러나 제보자의 모친은 딸의 검은 옷 때문에 위험하다며 자신들을 쫓아낸 그들의 마음을 충분히 이해하고 포용했기에 총탄이 날아다니는 그 위험한 길을 딸과 함께 오를 수 있었고, 그 길이 사즉생(死卽生)이 될 수 있었던 것이다.

가족 간이라도 원망을 품으면 그 상처는 극복하기 어렵다. 남보다 더 극복하기 힘든 분리의 서사로 갈 수도 있다. 그렇기 때문에 가까운 가족일수록 포용과 통합의 서사는 더욱 필요하다.

여그 여 주포 있는데 저그 있어. 구주포라고. 근디 거까장 내빼. 야- 우리 어매도 내빼고 나도 내빼고 내뺀디. 나는 그래도 내뺐다고 했어도 잘 못 따라가겠드만 어매를. 못 따라가겠어. 어매는 담박질을 잘 친디. 그렇게 애기 업은 각시도 인자 담박질을 잘 치고 그래가꼬 십리 밖에나 쫓겼어 인자 거그를. 주포라고 헌 디를. 여그 와가꼬 못 강게. 그래가꼬 가붕게 우리어매는 어디로 가불고 없고. "아이 우리 어매 어디로 갔냐?"
고 헝게는 모린다고 해. (청중 웃음) 그래가꼬 내중에는 인자 요로고 찾아
봉게 여그 여 가둥이라고 거그 뒷산에가 올라가가꼬 소리허드랑게. 거그
서 순경들허고 같이. "시상에 나는 뛰어놓고 한자만. (청중 웃음) 혼자 가
서 있냐?"고 뭐이라고 했제 어매보다. "내 앞에 간 중 알았제 누가 뒤에
온 중 알았냐"고. 긍게 "앞에 갔으므는 앞에 갔시믄 어디가 죽어부렀겄구
만. 저 총 맞어서" 그렇게 웃드라고.34)

임판례 제보자는 반란군을 피해 모친과 함께 도망친다. 그러나 딸
보다 모친의 달음박질이 더 빠르다. 그 순간 딸은 모친을 잃어버린다.
뒤늦게 찾아온 딸에게 모친은 먼저 앞에 간 줄 알았다는 둥, 딸이
앞에 갔으면 총에 맞아 죽었을 거라는 둥 핑계를 대며 난감한 상황을
모면하려고 한다. 이 모녀에게 이런 상황은 반복적으로 일어난다. 봉
화가 피어오르고 총소리가 들리자 제보자의 모친은 두 딸에게 논두
렁으로 가서 숨으라고 한다. 하지만 두 딸에게 그곳은 모기가 물어서
숨기 싫은 장소다. 그래서 자매는 서로 먼저 들어가라고 티격태격하
다가 결국 위험을 무릅쓰고 근처 할머니집으로 피한다. 그런데 그곳
에는 모친이 막내아들만 데리고 피난 와 있었다. 당시 어린 마음에
제보자는 "아이 어매가 우들 논두렁으로 가라 해서 갔는디 우들한테
안 오고 어디가 뭣 허고 인제 오냐?" "아이 근디 우들은 띠어놓고
고러고 어매만 나가서 막둥이만 델꼬 여가 앉었구만" 하면서 모친에
게 원망조로 따진다. 하지만 오랜 시간이 흘러 그때를 기억하며 구술
할 때는 그때 섭섭하지 않았냐는 조사자의 질문에 "섭섭헌 것도 없고
뭣 헌 것도 없고 다 나만 살라고 헝게 그때는. 소용 없당게"라며 당시
시대적 상황에서 누구나 그랬다면서 모친의 행동을 포용하고 감싸
안는다. 더 나아가 "우리 오빠들 살릴라고 그랬제. 우리 어매가. 아들

---

34) 임판례(여, 77세); 전남 함평군 함평읍 석성2리(2012.2.19)

살릴라고. 아들 하나 죽어불고는 한이 되가꼬. (…중략…) 큰 아들 갖다가 그래불고 헝게. 집안, 큰 대종손인데 죽어부렸제. (…중략…) 그렇게 아주 얼마나 거시기 했겠소"라며 모친의 행위를 대변하며 모친의 감정까지 내재화하여 통합의 서사로 나아간다.

여성들의 전쟁 체험담의 서사가 포용과 통합의 서사로 나아갈 때, 가족 상실 트라우마의 극복과 치유의 여지가 생긴다. "그 인공을 그릏게 당했어도 아부지만 애매하게 그렇게 가셨제. 우리들은 아예 그냥 아무 거시기가 없어. 그릏게 막 총탄이 앞으로 슝슝 쏟아지고 그래도 우리 식구는 안 죽었어"라고 구술하는 고영 제보자나 경찰가족이었어도 큰 오빠 외에는 전쟁 통에 죽은 사람이 없다고 구술하는 임판례 제보자의 모습에서 그 여지를 찾을 수 있다. 여성제보자들은 전쟁이 남긴 가족 상실의 트라우마로 인해 전쟁의 기억은 떠올리기도 싫지만, 적어도 온갖 고난을 감당한 결과로 나머지 가족이 무사히 살아남았다는 사실에 큰 위안을 얻으며 자정적인 치유의 과정을 거쳐나가고 있다.

여성제보자들이 전쟁 체험을 나, 가족 그리고 타인의 삶까지 이해하고 끌어안으려는 포용과 통합의 서사로 재구성해낼 때, 비로소 전쟁 체험의 역사적 트라우마는 극복과 치유의 길로 나아갈 수 있다.

4. 전쟁 상흔의 치유의 길

지금까지 여성 전쟁 체험담을 기반으로 여성이 경험을 통해 기억하는 전쟁의 서사적 특성을 살펴보았다. 여성들의 전쟁 체험은 자신과 직접 관련된 서사만 기억되지 않는다. 직접 경험한 자신과 가족이야기, 다른 사람에게서 간접적으로 들은 가족이야기, 직접 목격한 주변 사람들이야기, 주변 사람들에게 간접적으로 들은 주변 사람이야기를 모두 아우르는 통합적 서사이다. 자신뿐만 아니라 가족이나 주변인의 서사까지 자신의 전쟁 체험으로 내재화함으로써 기억하여 재구성해내는 전쟁 체험의 서사는 범위가 광범위하고 내용이 깊고 풍부하다.

지금까지 분석한 전쟁 체험 구술담화 속에는 여성들의 전쟁 체험에 대한 양가적인 감정과 태도를 발견할 수 있었다.

하나는 여성들이 전쟁이라는 참혹한 역사를 살아가는 과정에서의 내재된 부정적 감정이다. 남성들이 부재한 생활 속 전쟁을 살아가는 여성들은 결혼, 임신, 출산, 피난, 가족 부양 등의 버거운 책임감으로 감당해 내야만 했던 여성으로서의 고난에 대해 그러하다. 또, 많은 여성들은 전쟁 상황에서 아무런 죄도 없는 선량한 아비가 누명으로, 피난 가던 어린 동생이 총격으로, 남성의 이념적 사상으로 자녀를 처참하게 잃어야 했다. 전쟁 체험 구술과정에서 가족의 억울한 죽음에 대한 여성들의 한이 서린 분노와 안타까움의 토로가 그러하다. 또 사선(死線)에서 직면한 죽음의 공포에 대해 그러하다. 이러한 전쟁의 부정적 감정은 여성들에게 전쟁의 역사적 트라우마로 작용하여 깊은 상흔을 남긴다.

전쟁 체험은 여성들에게 온갖 고통을 주며 깊은 상처를 남겼지만 이를 극복할 수 있는 해답도 그녀들의 전쟁 상황 속 삶의 방식과 태도에서 찾을 수 있다.

여성들은 전쟁 상황에서의 생활이 고통스럽고 버겁다하여 삶을 포기하지 않는다. 줄줄이 자신만 바라보고 있는 가족들을 부양해야 하는 가장으로서의 책임감으로 몸이 부서지는 한이 있어도, 생명을 위협받는 상황에서도 절대 포기하지 않고 끝까지 감내해 낸다. 이렇게 감내해 낸 그 삶이 곧 영웅서사가 되고, 그 서사는 트라우마를 극복해 나가는 힘의 원천이 됨을 확인할 수 있다. 또, 여성제보자들은 분노와 원망의 사건들을 포용과 통합의 서사로 받아들이고 감내해 냄으로써 트라우마로 작용하는 많은 전쟁의 상흔들을 자정적으로 치유해 내고 있다.

물론 여성의 모든 전쟁 체험담의 서사가 극복의 서사를 담고 있지는 않다. 분명 극복되지 못하고 분리의 서사에 멈춰 아물지 않은 전쟁의 상흔에 현재까지 고통스러워하기도 한다. 하지만 여성들이 그 힘겨운 삶을 감당하고 살아낸 서사를 지닌 것만으로도 그들의 치유 가능성은 열려 있는 것이다.

참고문헌

김귀옥, 「한국전쟁기 남성 부재와 시집살이 여성」, 『역사비평』 통권 101호, 역사비평사, 2012년 겨울.

김귀옥 외, 『전쟁의 기억 냉전의 구술』, 선인, 2008.

김종곤, 「'역사적 트라우마' 개념의 재구성」, 『시대와 철학』 제24집, 한국철학사상연구회, 2013.

김종군, 「지리산 인근 여성 생애담에 나타난 빨치산에 대한 기억」, 『인문학논총』 제47집, 건국대학교 인문학연구원, 2009.

김종군, 「구술을 통해 본 분단트라우마의 실체」, 『통일인문학논총』 제51집, 건국대학교 통일인문학연구단, 2011.

김종군, 「한국전쟁 체험담 구술에서 찾는 분단트라우마 극복 방안」, 『문학치료연구』 제27집, 한국문학치료학회, 2013.

김진환, 「빨치산, 또하나의 전쟁」, 한국구술사학회 편, 『구술사로 읽는 한국전쟁』, 휴머니스트, 2011.

안태윤, 「딸들의 한국전쟁: 결혼과 섹슈얼리티를 중심으로 본 미혼여성들의 한국전쟁 체험」, 『여성과 역사』 제7집, 한국여성사학회, 2007.

안태윤, 「후방의 '생계전사'가 된 여성들」, 『중앙사론』 제33집, 중앙대 중앙사학연구소, 2011.

박찬승, 『마을로 간 한국전쟁』, 돌베개, 2010.

신동흔, 「역사경험담의 존재양상과 문학적 특성: 6·25체험담을 중심으로」, 『국문학연구』 제23호, 국문학회, 2011.

신동흔, 「한국전쟁 체험담을 통해 본 역사 속의 남성과 여성」, 『국문학연구』 제26호, 국문학회, 2012.

윤정란, 「한국전쟁과 장사에 나선 여성들의 삶」, 『여성과 역사』 제7집, 한국여성사학회, 2007.

이성숙, 「한국전쟁에 대한 젠더별 기억과 망상」, 『여성과 역사』 제7집, 한국여성사학회, 2007.

이임하, 『여성, 전쟁을 넘어 일어서다』, 서해문집, 2004.

한정훈, 「한 여성 빨치산의 구술생애담을 통해 본 정체성의 서사」, 『한국문학이론과 비평』 제50집, 한국문학이론과 비평학회, 2011.

함한희, 「한국전쟁과 여성」, 『역사비평』 통권 91호, 역사비평사, 2010년 여름.

제3부

분단트라우마의
치유

한국전쟁 체험담을 통해 본 역사 속의 남성과 여성

: 우리 안의 분단을 넘어서기 위하여

신동흔

1. 전쟁 체험과 구술 이야기

이 연구는 구술 전쟁 체험담을 통해 사람들이 비극적 역사를 어떻게 체험하고 기억하며 말하는지를 새롭게 조명하는 것을 목적으로 한다. 구술 자료를 통해 분단과 전쟁을 돌아보는 작업은 그간 적지 않은 연구가 수행되었는데, 그 대부분은 역사적 관점에서 이루어진 것이었다.[1] 역사적 관점의 구술자료 연구는 '정보'와 '사실'을 축으로

---

1) 한국전쟁과 관련한 구술사적 연구 성과는 매우 많다. 그중 주요한 것들을 발표순으로 제시하면 다음과 같다.

김귀옥, 『월남민의 생활 경험과 정체성: 밑으로부터의 월남민 연구』, 서울대 출판부, 1999; 이용기, 「마을에서 한국전쟁 경험과 그 기억: 경기도의 한 '모스크바'마을사례를 중심으로」, 『역사문제연구』6, 2001; 윤형숙, 「한국전쟁과 지역민의 대응: 전남의 한 동족마을의 사례를 중심으로」, 『한국문화인류학』제35집 2호, 2002; 윤택림, 『인류학자의 과거여행: 한 빨갱이 마을의 역사를 찾아서』, 역사비평사, 2003; 표인주 외, 『전쟁과 사람들: 아래로부터의 한국전쟁 연구』, 한울아카데미, 2003; 이임하, 『여성, 전쟁을 넘어 일어서다』, 서해문집, 2004; 김현아, 『전쟁과 여성: 한국전쟁과 베트남전쟁 속의 여성, 기억, 재현』, 여름언덕, 2004; 김경학 외, 『전쟁과 기억: 마을 공동체의 생애사』, 한울아카데미, 2005; 이성숙,

하여 역사에 접근하며, 특별한 역사적 사건의 소용돌이에 휘말렸던 특수 경험자를 주 대상으로 삼는 것이 보통이다. 이에 대해 이 글은 보통사람들이 전하는 구술담화에 대한 문학적 관점의 접근을 통해 전쟁이라는 상황 속의 인간과 삶을 새롭게 조명하고자 한다. 문학적 관점에서 한국전쟁 체험담을 수집하고 분석한 사례는 최근 제출된 몇 편의 연구가 있을 뿐으로,[2] 이제 본격적인 논의가 시작되어야 하는 지점에 있다.

이 글이 지향하는 문학적 접근의 핵심 사항은 구술자들이 기억하여 재현하는 경험을 정보나 사실로 환원하는 대신 그로부터 살아 있는 총체로서의 인간과 삶을 투시한다고 하는 것이다. 추상성보다 구체성을 중시하고 해체보다 통합을 추구하는 접근 방식이 된다. 이때 방법론적 축을 이루는 요소는 문학적 담화로서의 '이야기'가 된다. 역사적 경험을 일련의 서사적 구성과 구체적 형상성을 갖춘 이야기 형태로 전하는 담화들은 과거에 묻힌 삶의 양상을 상상을 통해 재체험하는 적극적인 정신 활동을 통해 발현된 것으로서, 경험적 사실 외에 사람들의 사유구조까지를 함축한 살아 있는 문학 텍스트로서 의의를 지닌다.[3] 수많은 역사적 사실과 정보로써 미처 짚어 내지 못하는 역사의 이면적 진실을 한 편의 잘 짜인 경험담을 통해서 드러낼 수 있다고 하는 것이 우리의 시각이다.

전쟁에 얽힌 삶 가운데 이 글에서 기본 화두로 삼을 화두는 남성과 여성의 문제다. 전쟁기의 삶 속에서 여성과 남성이 서로 어떻게 다른

「한국전쟁에 대한 젠더별 기억과 망각」, 『여성과 역사』 제7집, 2007; 안태윤, 「딸들의 한국전쟁: 결혼과 섹슈얼리티를 중심으로 본 미혼여성들의 한국전쟁 체험」, 『여성과 역사』 제7집, 2007; 윤정란, 「한국전쟁과 장사에 나선 여성들의 삶」, 『여성과 역사』 제7집, 2007; 김귀옥 외, 『전쟁의 기억 냉전의 구술』, 선인, 2008; 이임하, 『전쟁미망인, 한국현대사의 침묵을 깨다』, 책과함께, 2010.

2) 김종군, 「지리산 인근 여성 생애담에 나타난 빨치산에 대한 기억」, 『인문학논총』 제47집, 건국대학교 인문학연구원, 2009; 한정훈, 「한 여성 빨치산의 구술생애담을 통해서 본 정체성의 서사」, 『한국문학이론과 비평』 제50집, 2011; 신동흔, 「역사경험담의 존재양상과 문학적 특성: 6·25체험담을 중심으로」, 『국문학연구』 24집, 2011.

3) 역사 경험담의 문학적 성격에 대한 자세한 논의는 신동흔, 앞의 글(2011), 19~22쪽 참조.

삶의 방식을 나타내고 있는지를 주요 담화 자료를 통해 단면적으로 살펴본 다음, 여성과 남성이 일반적으로 전쟁을 어떻게 다르게 기억하여 내면화하고 있는지를 대비적으로 조명해 보려 한다. 남성과 여성을 대립시키면서 논의를 풀어가려는 것은 현지조사를 통해 이야기를 수집하고 검토하는 과정에서 가볍게 지나칠 수 없는 편차가 드러났기 때문이다. 여성과 남성은 전쟁에 대처하는 방식에서, 그리고 전쟁을 기억하고 의미화하는 과정에서 주목할 만한 차이를 보이고 있거니와, 그 편차는 역사 속에서 남성과 여성이 살아온 방식의 차이를 확인시켜 주는 한편으로, 그들이 근본적으로 인간과 삶을 어떻게 다르게 인식하고 있는가를 단면적으로 보여 주고 있다. 남성과 여성의 삶과 의식 사이에 보이지 않는 깊은 분단이 있다는 입장이거니와, 그 분단은 오늘날까지도 작용하고 있다는 것이 우리의 시각이다. 그 분단을 들여다보면서 그것을 넘어설 수 있는 길을 찾고자 하는 것이 이 논의의 궁극적인 목적이 된다.[4]

이 글에서 논의 대상으로 삼을 기본 자료는 필자가 책임을 맡아 수집 정리한 한국전쟁 체험담 구술자료들이다. 자료를 합치면 50편 가량이 되는데,[5] 그중 한국전쟁기 여성과 남성의 삶의 모습과 인식 태도를 잘 보여 주는 열 편 안팎의 이야기를 중심으로 논의를 진행할 예정이다. 이 자료들은 모두 특수 경험자가 아닌 일반인이 구연한 것으로서, 평범한 보통사람들의 전쟁 체험과 기억을 반영하고 있다.

---

[4] 구술사 방면에서 이루어진 기존 연구 가운데 이 글의 문제의식과 성격이 가장 가까운 것으로 이성숙의 글을 들 수 있다(이성숙, 「한국전쟁에 대한 젠더별 기억과 망각」, 『여성과 역사』 제7집, 2007). 본 연구는 새로운 자료와 관점으로 그 논의를 보완하는 가운데 '서사의 분단'이라는 문제적 화두를 제기하는 방향으로 논의를 진행하게 될 것이다.

[5] 필자는 6·25 이야기를 포함한 역사경험담이 문학적 담화의 중요한 자료가 된다는 사실을 인지하고 현지조사 과정에서 그 자료들이 정리 보고될 수 있도록 해 왔다. 양주지역을 대상으로 한 2002~2003년의 구비문학 공동조사에서 한국전쟁 체험담을 일부 포함시켰으며, 2004년에서 2006년까지 수행한 도심공원 이야기문화 현지조사 사업에서도 20여 편의 자료를 수집하였다. 그리고 2008년에서 2010년 사이에 수행한 시집살이 체험담 현지조사 과정에서도 한국전쟁과 관련한 경험담들을 일부 수집할 수 있었다. 자료의 목록과 성격에 대해서는 신동흔, 앞의 글(2011), 10~17쪽 참조.

한국전쟁 체험이 민족 전체에 걸친 광범위한 것이었고 화자에 따라 서로 수많은 이질적인 이야기가 전해질 수 있음을 고려할 때, 이 글에서 대상으로 삼는 자료는 명백히 한정적인 것이라 할 수 있다. 이 글은 남성과 여성의 전쟁기억의 전체적 양상을 드러낸다는 과업과는 방향을 달리한다. 그 한 단면을 의미 있게 드러내 보임으로써 역사적 삶을 투시해 볼 수 있는 화두를 이끌어낸다고 하는 것이 이 글의 지향점이다.

2. 전쟁상황 속의 남과 여, 그 단면적 초상

김성연(가명, 여, 1927년생)은 서울 종로구 서울노인복지센터에서 만난 화자로서, 필자가 연구책임을 맡았던 시집살이 이야기 현지조사 과정에서 특별히 긴 시간에 걸쳐 생애담을 펼쳐낸 분이다. 조사자들과는 2006년 무렵의 설화조사 과정에서부터 일정한 교류가 있던 차에 아래 면담 과정을 통해 가슴속에 간직하고 있던 살아온 사연을 자세하게 풀어놓았다.

1차 조사: 2008년 9월 19일, 서울 종로구 서울노인복지센터에서 김정경·
  김예선 조사. 1시간 40분 구연.
2차 조사: 2008년 10월 31일, 서울 종로구 한정식 집에서 김정경·김예선·
  김효실 조사. 2시간 38분 구연.
3차 조사: 2009년 3월 19일, 서울 종로구 한정식 집에서 김정경·김경희
  조사. 2시간 25분 구연.

세 차례에 걸친 조사에서 김성연은 결혼과 남편, 자식에 얽힌 사연 등 세상을 살아온 이야기를 소상하게 들려주었다. 그에게 있어 전쟁과 피난은 기억 속에 생생히 남아 아픔을 환기하는 '생애의 경험'이

었다. 1차 조사에서 6·25 피난을 주요 화제로 삼아 긴 구연을 펼친 데 이어 2차 조사에서는 반 이상의 시간을 전쟁 체험 구연에 할애하였다.

김성연의 고향은 황해도 해주다. 일제강점기 경찰 집안의 자식으로서 대체로 유복한 날을 보냈다. 초등학교를 졸업한 뒤 2년 고등과 과정을 수료했으니 학교 공부도 많이 한 쪽이다. 하지만 해방 직후 중매를 통해 한 남자와 결혼하면서 인생이 뒤틀리기 시작했다. 김성연의 남편은 주색과 도박에 빠진 건달이었다. 결혼 첫날밤에 만취한 술집 여자를 신방에 들여서 함께 잘 정도였다. 연이은 도박에 폭력까지 휘두르니 김성연의 결혼생활은 고통의 연속이었다. 김성연은 친정에 머무르던 중 가족과 함께 월남하여 강화에서 살았는데, 남편이 따라 내려와 머물면서 주색과 노름으로 세월을 보냈다. 경찰에서 일하던 김성연의 오빠가 남편을 경찰에 취직시켰으나, 남편의 거친 습벽은 여전했다.

1950년 한국전쟁이 발발했을 때, 김성연에게는 다섯 살 된 딸과 돌 무렵의 아들이 딸려 있었다. 둘 모두 제 몸으로 낳은 아이가 아니라 남편이 밖에서 낳아 와서 떠맡긴 자식들이었다. 오빠는 아이들을 내다버리라 했으나, 차마 그럴 수 없어서 한 아이는 업고 한 아이는 끌고서 피난길에 나섰다. 걷고 또 걸어서 남편의 근무지인 대전에 이른 뒤 경찰의 도움으로 차를 얻어 타고서 대구로 들어갔다고 한다.

어린아이들을 데리고 홀로 피난길을 움직이는 일이 어떠했는가 하면 다음과 같았다.

그래갖군 해는 뉘엿뉘엿 지지, 기마대 병사들이 저거 말 타구 뛰어 돌아댕기는 거 그거뱄이 읎어. 그런데두 힘들어서 어떻게 갈 수는 없지. 그래서 내가 앉아갖구 애기는 안구 인제. 그랬드니 인제 우리 그 딸래미다러 옆에 앉아서,

"엄마 나 발이 부었어"

그래갖구 보니께 발잔등이 탱탱 부었어. 그래서

"어뜩허냐, 어이구 그래갖구, 하루종일 이 어린 게 걸어왔으니까 다리가 이릏게 붰네"

인제 그러믄서나 앉아서 그릏게 다리를 맨지구 있는데. 요롷게 바리다 보니까 풀숲에 병이 떨어졌드라구. 그래서 내가 얼릉 이릏게 병을 줏었다구. 줏어갖구 우리, 그 내가

"아프지? 그르니까 엄마두 아프니까, 가지 모두 아프니까 우리 저거 어뜩허니? 이거 약이야. 먹고 죽는 약인데 너캉 나캉 이거 먹구 죽자" 그르니까

"애기는 어뜩허구?" 그르니까

"애기는 너캉 나캉 죽으믄 그냥 죽어 여그서."

"그 불쌍해." 그래.

"같이 못 죽어 약이 즉어서. 우리 둘이만 먹구 죽자." 그르니까

"엄마 나 아프다구 안허구 잘 걸어가께, 우리 애기 죽이지 말구 그냥 우리 같이 살자" 그러드라구.[6]

저녁 무렵에 두 아이를 챙겨서 깃들 곳을 찾아야 하는 어머니와 발이 퉁퉁 부운 채로 하염없이 걸어야 하는 다섯 살 어린아이라니, 생각하면 가슴이 아파오는 모습이다. 오죽하면 약을 먹고 죽자는 말을 했을까만, 그 말을 듣는 어린아이의 심정이 어떠했을지 측량하기 어렵다. 저 아이가 어미의 친자식이 아니라 밖에서 낳아온 자식임을 생각하면 이 장면에 얽힌 갈등과 아픔이 더욱 무겁게 다가온다. 딸아이가 힘을 내게 하려고 꾸며낸 말이라 하지만, 저 어미의 마음속에는 자식을 떼어놓고 싶은 마음이나 죽고 싶은 마음이 정말로 담겨 있었던 것인지도 모른다.

피난처에서 머물면서 어떻게든 남편을 만날 기회를 엿보던 김성연

---

6) 2008.10.31(2차 조사), 서울 종로구 안국역 근처 한정식 집(충청도집)에서 김성연 구연.

은 마침내 남편과 상봉하게 된다. 그런데 제 자식을 이끌고 사지를 헤쳐온 아내한테 그 남편이 한 말은 어떤 것이었을까?

그래갖구 대구에서 자매실방을 읃어갖구, 사람들이 나가서 읃어갖구는 칠성동에서 자매실방에 가서 일주일인가 있는데 충남 경찰관들이 인제 뿔뿔이 다 하나씩 걸어서 대구로 들어오래는 삐라가, 삐라가 붙구선 막 거식허니 뿌리고 그러드라구. 집어보니 그렇드라구. 그래서 그 날부텀 에 충남 경찰 거식허니 학교, 그 전에는 충남 경찰관들이 모이래구 해는 데니까 거기 가서 일주일을 지켰나봐, 내가. 만날려고, 남편을.

그랬드니 거기서 만났더니 (길게 강조하며) 날더러– 죽지 않구 거기꺼징 왔다구 욕을, 욕을. (잠시 말을 잇지 못하더니) 아우 저 인간이 살아서 또 여기꺼징 왔다구…… . 그냥. 내가 뭐랬냐구, 거식허니 하면. 내가 올 힘이 있을 때꺼정은 오는 거지, 왜 (목소리를 높이며) 괜히 왜 죽어? 그 맞닿았을 때는 그 사람들(인민군) 손에 죽지 말구 인제 내가 그냥 자살이라두 하라 했지만, 만나지 않구선 피난 헐 때는 나두 나와야 될 거 아니야. 아유–7)

그랬드니 그기 바로 앞에가 여관이드라구. 그래 낮엔 여관두 못했거든. 피난민들이나 뭐 막 들어오니까. 그래 그 집더러 방 하나 주라니까 행길 앞 방을 주드라구.

그럼 자기가 올라가마는 얘기를 헐 테니까 요기매, 이 여관에 가 있다구 얘기를 헐 테니까 요기서 기달리라구 헝게, 쫄병이니까 인제 뭐이라두 하나라두 그른 심부름 해주만 좀 또 그리하잖아 그래서. 앉구 있으니까 이렇게 처량하게 바깥 내다보구 앉구 있으니까 우리 할아부지가 어뜬 트럭을 타구서 나오드니 고기서 딱 스드니만 홀딱 내려갖구 가는 게. 인자 그래 막– 쫓아가서 이름을 부르니깐 보드니

---

7) 2008.9.19(1차 조사), 서울 종로구 경운동 서울노인복지센터 1층에서 김성연 구연.

"아 저거 죽지않구 여기꺼정 왔네." 그러드라구.
우리 할아부지 그래, 날더러 저거 죽지 않구 여기까지 왔대.[8]

그래서 우리들이 인제 자는데. 아 뭘 잊어뿌렸다구 그냥 그 쥔여자보구 뭐라구 허구서나 들오는데 그 우리 애기 아부지 목소리드라구. 그래서 내가 댐벼락으루 자는 척하구 이렇게 돌아 드뤄눠 있으니까 불도 안키구 후라시루다가 그 옷 이래 뭐 넣어뒀던 데 거길 뒤져보다

"어, 여기 있네"

그르구 들구선 나가니까는 우리 강림이가 가만 놔두래는데도 놔두지 않군

"아자씨!" 그랬다구. 그러니깐

"으 이것들 여깄네. 고놈으 새끼들이," 그 경찰관들을 욕을 허므, "그놈으 새끼들이 여기 데려다 줬구만"

그러믄서나 민망하니깐 그 사람들더라 그 저카드라.

"우리 식군데 여기서 잘 자게 해 주라"구 그러구는 나가드라.

그게 인간이요? 일 년 만에 사람을 보는데, 육이오 그 전시하에 그르구 댕기다가 식구를 보는데 그 때려주구는, 끌어다가 거그다 놓구는 아무 데서나 가라구 거기다.

"너 느이 오빠 있잖아, 느이 오빠 찾아가믄 되잖아." 날더러, "느이 오빠 있잖아, 느이 오빠네루 내려가지 왜 이리 오냐?"구.[9]

김성연은 두 차례의 면담에서 피난지에서 남편과 대면한 상황을 세 번이나 이야기했다. 그 상황이 그의 전쟁기억의 중핵을 이룬다는 뜻이다. 상황에 대한 구체적 서술은 이야기에 따라 조금 차이가 있으나, 핵심 사항은 분명하다. 남편이 1년 만에 전쟁통에서 만난 처자식

---

8) 2008.10.31(2차 조사), 서울 종로구 안국역 근처 한정식 집(충청도집)에서 김성연 구연.
9) 위와 같음.

을 보고 반가워하거나 동정하기는커녕 못 볼 꼴을 본 것처럼 "저게 죽지 않고 여길 왜 왔나" 하고 내뱉었다는 것이다. 그렇게 무심코 내뱉는 말에 본심이 깃드는 법이니, 저 남자한테 처자식이란 옆에 있어 봐야 하등 좋을 것이 없는 귀찮은 짐일 따름이었다.

　제 자식도 아닌 어린 자식을 짊어지고서 죽도록 고생하며 찾아가 만난 남편한테서 저 말을 들었을 때 아내의 심정은 어떠한 것이었을 까? 김성연은 이 대목을 구술하면서 목소리를 떨거나 높이기도 하고 목이 메어 말을 잇지 못하기도 했다. 그 일은 이미 수십 년이 지나 남편이 세상을 떠난 오늘날까지도 그렇게 지울 수 없는 트라우마로 남아 있었다. 저 장면은 남편에 대한 한 가닥 기대마저 무너뜨리는, 둘을 남남으로 만드는 '분리'의 장면이었다고 할 수 있다. 전쟁이라 는 극한상황에서 확인한 건널 수 없는 심연이다. 뒷날 김성연은 아이 들이 큰 뒤 남편을 버리고 집을 나오게 되거니와, 실상 위의 저 순간 에 결정적으로 심리적 절연이 이루어졌던 것이라고 할 수 있다. 언제 라도 저 일을 생각하면 억울함과 분노가 치밀면서 남편이 완전한 남 으로 느껴지게 되었으리라는 것이다.

　김성연이 경험한 남자들의 냉혹한 모습은 남편만의 것이 아니었 다. 그가 1.4후퇴 때 찾아간 오빠는 제 동생의 친자식이 아닌 두 아이 를 다음과 같이 대했다고 한다.

　　그래서 강경 가서 그르구 사는데 1.4가 또 나더라구 1.4후퇴라는 게 또 있었어, 쭝국놈들이 내리 밀었잖아. 그게 1.4후퇴가 나갖구서나. 피난을 가는데 피난을 가야되는데 어득해 가냐. 내가 그냥 돈이 있냐, 뭣 있어.
　　그래는데 저 문관이라구, 혼병대에 문관이래는 게 있어. 그냥 사복 하 구 차림으루다가 나가서 뭐 정보 허는 사람, 그 사람이 데릴러 왔드라구, 오빠네서 데릴러오랜다구. 그 사람이 데릴러 와서 광주, 전라도 광주로 내리간 거야 오빠네루.
　　그 인제 우리 오빠가

"아이들 내불구 오지 왜 데리구 왔냐?"는.

오빠마다 그냥 애들 버리구 댕기지 끌구 댕긴다구 그르니 얼마나 더 불쌍해.

우리 큰오빠는 조반 먹을 적에 그냥 친정에 가서 아이 둘 아이 데리구 사니까는 불쌍, 저 거스그니 막 어려운 시절에 와서 애들꺼정 데리구 있다구.

나 뷤에서 밥갖구 들으가기 전에 우리 딸래미 저 구석에다 갖다 세워놔. 그 구석에 서 있어. <u>우리 오빠가 그짓을 했다구. 구석에다 세워놓구 지들은 밥 먹는 거야.</u> 아후 그냥 더 불쌍하구 더 가슴 아프구. 찢어지게 아프구. [목이 메어 눈물을 흘림]

내가 인제 물이든지 밥을 뜨구 들으가믄 구석에서

"엄마" 그래.

"이리 와." 내가, "이리와, 이리." 그루구.

인제 우리 오라버니댁이 막 야단을 하믄서

"새끼 버리구설랑 자기 혼자 살라구 친정에 오갔냐"구. "그러는 데가 어딨냐"구 야단을 허구.

그래두 우리 오빠 자꾸 그러대. 내가 그렇게 해서 길러났는데. [목이 메어 눈물을 흘림][10]

아이들이 듣는 앞에서 그 애들을 버리고 오지 무엇 하러 데려왔느냐고 말하는 사람. 그것은 단순한 허언이 아니라 '본심'이었으니 아이들을 세워놓고서 자기끼리 밥을 먹는 행위를 통해 그것을 확인할 수 있다. 전쟁 중의 힘든 시절이었고 여동생이 짐처럼 떠안은 아이에 대한 화증을 이해할 만도 하지만, 철없는 어린아이에게 차마 저렇게 할 일은 아니었다. 김성연은 그때를 생각하며 서러움에 목메어 흐느끼고 있거니와, 저 장면 또한 전쟁이라는 상황 속에서 사람과 사람

---

10) 위와 같음.

사이에 장벽이 놓이는 분리의 순간이었다고 할 수 있다. 김성연은 저러한 오빠의 모습이 하도 원망스러워서 그 뒤로 오빠 집에서 무슨 일을 해도 안 갔다고 한다. 이렇게 마음은 닫히고 상처만 남게 되었던 것이었다.

김성연의 두 자식은 주변 사람으로부터, 특히 남편한테서 마음의 상처를 받고 신음하는 엄마를 보면서 이렇게 말했다고 한다.

우리 큰딸은 날더러 쪼꼼 크니까 중국놈한테라두 시집가래. 그래서 우리들 멕여 살려야지 어뜩허냐구. 남은 다 잘 가는데 왜 중국사람한테라두 시집을 가서 멕여 살리지 그런다구. 얼마나 싸납게 컸는지 지랄을 하고 커갖고는. 그렇게 잘 하드니만 어딜루 갔어.

세상에 미인으루 생겨두 그렇게 미인으루 생길 수가 없어. 을마나 이쁘게 생겼는지 몰라. 사람들이 보믄 놀래. 하하 그리구. 즈 애비만 들오므는 잘 살다가도, 우리 서이 벌어먹고 잘 살다가도 애비가 들오므는 만날 때리구 부시구 싸우니까는 우리 큰딸은 날더러 쭝국사람한테라도 시집을 가래. 갈 데가 읎으믄 중국사램한테라두 가서 살라구 그러구.

우리 아들애는

"저 사람 내쫓구 우리끼리 살자, 엄마 우리끼리 살자, 엄마 우리끼리 살자"

"저거이 나가야 우리끼리 살잖아." 내가 그러믄

"아유, 저거 내쫓구 우리끼리 살자, 우리끼리 살자"

굶어두 우리끼리만 살므는 좋대.11)

엄마한테 아버지를 버리라고 말하는 저 아이들이 누군가 하면 제 몸으로 낳은 자식이 아니라 제 남편이 데려와서 떠안겨놓은 자식들이었다. 김성연은 결국 저 자식들에 대해서도 마음이 닫히면서 분리

---

11) 위와 같음.

의 길을 걷게 된다. 생활고에 시달리는 와중에 큰딸을 학교에 안 보내고서 고된 일을 감당하도록 하다 보니 딸의 마음이 팍팍해지고 어미와 사이가 멀어져 갔다. 김성연은 그 뒤 제 몸으로 아들과 딸을 더 낳았으나 그들도 삶을 기댈 만한 버팀목이 되어주지 못했다. 오래전부터 이미 남편에게서 마음이 떠나 있었던 김성연은 나이 마흔을 넘긴 어느 날 남편과 자식들을 놔둔 채 무작정 집을 나와서 혼자만의 삶을 선택하게 된다. 주변에서 집으로 다시 들어가라는 권유도 받았지만, 좋은 기억이라고는 하나도 남기지 않은 남편과의 재결합은 상상하기조차 싫었다. 20년쯤 뒤에 남편이 정식으로 이혼절차를 밟아주겠다고 했을 때 너무나 기뻐서 신속히 일을 처리했다고 한다. 그 뒤 남편이 죽었다는 소식을 들었을 때도 슬프다는 마음을 조금도 느끼지 않았다 하니 둘 사이의 분단은 그리도 골이 깊은 것이었다.

김성연은 현재 틈나는 대로 노인복지센터에 나와 역사와 컴퓨터도 배우고 미술작업을 하는 등 활발한 활동을 하고 있다. 하지만 남자 노인네가 엉뚱한 마음을 비치거나 하면 바로 따귀를 치는 등 냉정하게 자른다고 한다. 그에게 있어 세상의 모든 남자란 포용하기 어려운 존재이거니와, 지난 시절의 쓰라린 경험이 남긴 슬픈 유산이다. 하지만 남편과는 달리 자식에 대해서는 회한이 무척 깊다고 한다. 자식들을 생각하면, 특히 제대로 보살피지 않고 고된 일을 시켜 원망을 낳았던 큰딸을 생각하면 너무나 마음이 아프다며 눈물을 흘리기도 했다. 젊은 시절 남자에 의해 가슴에 심어진 '분리의 서사'에서 자유로울 수 없었던 저 여인은 이렇게 깊은 트라우마에 신음하면서 노년의 삶을 영위하고 있는 중이다. 그가 마음속 상처와 한을 끝내 풀어내지 못한 채 눈을 감을 것을 생각하면 마음이 무거워진다.

이상 살펴본 김성연의 사례가 전쟁상황 속 남성과 여성의 모습을 대변한다고 할 수는 없을 것이다. 세상 모든 남편이나 오라비가 저렇게 모질도록 냉정하지는 않을 것이다. 하지만 저 형상이 전쟁이라는 극한상황 속에서 노출된 남성과 여성 삶의 단면적·이면적 초상이라고 하는 사실은 부정할 수 없을 것이다. 여성이니까 저러할 수 있었고, 남성이니까 저리 할 수 있었다는 것이다. 무엇보다도 저것은 꾸며낸 일이 아니라 밑바닥의 한 보통 여성이 실제로 겪었던 일이다.

3. 여성이 겪은 전쟁, 남성이 겪은 전쟁

김성연 화자의 사례를 통해 우리는 여성이 겪은 전쟁의 일단을 본 터다. 어떤 전쟁인가 하면 전장에 나가 총을 드는 대신 가족을 짊어진 채로 무겁게 움직여온 생활 속의 전쟁이다. 당장 잘 곳을 찾고 먹을 것을 찾으며 나날의 삶을 지켜내야 했던 그 전쟁은 남성들의 전쟁 못지않게 버거운 것이었다. 특히 김성연의 경우처럼 물리적인 측면 외에 심리적으로 고립된 처지에 있어 그 전쟁은 더욱 감당키 어려운 것이었다고 할 수 있다.

'가족을 짊어진 채로 전쟁터를 걸었다'는 것. 이는 한국전쟁 체험을 생생한 이야기로 펼쳐낸 여러 여성 화자들이 공통적으로 전해 준 핵심적인 전쟁의 형상이었다. 전쟁 당시 아내이거나 어머니였던 많은 여성들이 그와 같은 맥락에서 전쟁에 얽힌 사연을 들려주었다.

먼저 충남 논산 출신으로 공주시 교동에서 전쟁 체험담을 전해 준 이임선 화자(가명, 1929년생)의 사례를 본다. 이임선은 일제에서 해방되던 해에 열일곱 나이로 조치원에 내려와 결혼한 뒤 서울에서 살다가 두 번의 피난을 거쳐 공주에 정착한 여성이다. 남편이 타지로 일을 하러 간 상태에서 피난길에 나섰는데, 돌 지난 아기를 업고 무거운 짐까지 짊어지고서 옮기는 발걸음이 한없이 무겁고 힘들었다고 한다.

애기가 아주 어린 건 아닌데 세 살인디 세 살이래도 아주 어린 거여. 12월 달에 낳아서. 올 지나고 내년이 세 살이잖어. 그렇게 건, 확실히 걷지도 못하고 업기도 힘들고. 그걸 업고 오는디, 남들은 그냥 애기를 업고 그것도 대간하다고 남자가 이만한 보따리 짊어지고 여기다 얹어놓고 오는 겨. 그럼 그렇게 부러울 수가 없는 겨. [청중: 웃음] 애기 업었지, 또 보따리였지. 덥기는 얼마나 더워, 그 육이오 때. 그 더운데. 그렁께 포대기는 못 둘르고 띠만. 띠 아나 몰라? 이렇게 길은 띠로다 이렇게 (웃으며) 쫌매고.

오다가는 이 공주 사는 사람이 몇 사람이 있더라구 그 동네에. 그래서 같이 와야지. 길을 몰르잖아. 걸어서 오는디. 걸어서 안 대녀봤으니께. 그 사람들을 놓치면 안 되는디 그냥 죽었다고 애기를 업고 쫓으면 그 사람들은 기운이 좋으니께 저만치 보일 만치 안 보일 만치 가요. 그래가주 그늘엘, 나무, 느티나무 같은 게 있으면 쉬어 가는 겨 거기서. 그래 그 사람들을 안 놓쳐야 내가 공주를 올텐디 놓치지 않을려고 죽-겠다고 쫓아가며는, 쫓아가며는 그 사람들은 시컷 쉬고 가자는 겨. "갑시다." 하고 일어나요.

(…중략…)

한참 오고나니께 비가 오기 시작하는 거여. 비가와도 와도 어지간이 오는 게 아니여. 그러니 우산이 있어 뭐 집 있으니 들어가길 해. 산길로, 산길로 오는디 아주 다 젖은 거야. 다 젖어 애기도 다 젖고. 그래도 어린 애는 안 젖게 어떻게 갑바조각이 하나 있었는데 여기다 쓰고 갔어요. 하나도 안 젖었어, 애기는. 그래 오는데 하루 종일 걸어서 오는디 소변도 어디 가서 볼 디도 없지만 그냥 옷이 다 (웃으며) 젖었응게 가면서 서서 [청중 웃음] 그냥 소변보는 거야 그냥.[12]

지금은 지난일이 된 터라 웃으면서 이야기하고 있지만, 젊은 여인의 몸으로 아기와 짐을 함께 간수하면서 온몸이 땀범벅이 된 채로 황급히 발걸음을 옮기는 일이란 감당하기 어려운 크나큰 고역이었을 것이다. 빗속에서 길을 걸으며 소변을 볼 적에는 모름지기 땀과 함께

---

12) 2008년 11월 29일, 충남 공주시 교동에서 이임선 구연. 박경열·나주연·김아름 조사.

눈물까지도 섞여서 흘러내렸을 것이다. 도랑을 건너다가 고무신을 흘려보내고서 맨발로 길을 걸어서 목적지에 도착한 순간 "그냥 거기 엎어져서 그냥 막 울었다"고 하거니와, 그 마음자리가 생생하다. 서울에서 공주에 이르는 그 피난길은 육체적인 고통 이상으로 남편도 없고 다른 가족도 없이 혼자라고 하는 데 따른 심리적 고통이 컸을 것이다. 그 막막함과 절망감은 수십 년이 지난 오늘날까지 생생하게 남아서 이렇게 이야기로 펼쳐지고 있는 중이다.

다음은 강원도 강릉 초당 출신으로 강릉 현지에서 전쟁 체험을 포함한 생애담을 구연한 지순녀(가명, 1928년생)의 사례다. 지순녀는 학교 공부도 제대로 못한 상태에서 열여덟에 성씨 좋은 집안의 남자를 골라 시집을 갔는데, 고된 시집살이의 시작이었다. 시댁 식구들은 첩의 자식이었던 남편을 머슴처럼 부렸다고 한다. 시어머니는 일을 하지 않고 맏동서가 집안일을 챙겼는데 맏동서가 죽은 뒤 수많은 집안일이 다 자기한테로 넘어 왔다. 전쟁이 터진 뒤 돌이 갓 지난 아이를 업고서 겨울에 피난길에 나섰는데, 대관령 눈길에 막혀 멀리 가지 못하고 친정으로 걸음을 돌렸다. 홀로 아기를 업고서 친정집에 도착하자 설움에 그만 눈물이 쏟아졌다. 그런데 그때 제 모습을 본 친정 아버지의 한 마디 말이 가슴을 쳤다.

그래 문을 열고 이래 정지를 해서 문을 앞을 걸고 정지문을 해서 부엌 문을 열고 구들에 구들에 이불을 이렇게 덮어놓고. 아버지가 계시는게 숨소리만 이렇게 헐건헐건 하고. 누구냐고 하니까. 내다 하니 왜 왔느냐고 하고. 피난가다 못가고 왔다 그러니까. 고개를 이리 들썩 하면서 나를 내치시더라구.

"왜서 남의 손을 데리고 우리 집으로 왔느냐"고.

"따라가지. 죽더래도, 따라가지. 왜서 남의 손을 데리고 이리로 왔느냐"고.

"동생이라 오라비와 피난 다가고, 우리 두 늙은이만 죽더라도 여기 있을라고 떨어졌는데. 왜 왔냐"고. 이러더라구.13)

전쟁이 터진 상황에서 어린애를 업고서 의지처를 찾아 힘들게 친정에 찾아든 딸에게 아버지가 한 말은 "왜 남의 손을 데리고 왔느냐"는 타박이었다. 옆에 챙겨주고 지켜줄 남편이 없는 상태에서 친정조차 마음 편히 깃들 곳이 되지 못함을 깨달았을 때의 고립감과 서러움은 어떠한 것이었을지. 저 장면은 전쟁이라는 상황 속에서 이 땅에 '여성'으로 산다는 일의 설움에 단적으로 직면하는 장면이라고 할 수 있다.

어떻든 지순녀는 친정집에 머물러 지내게 되었다. 그런데 계속되는 공습 소리에 놀랐는지 아이가 경기를 했다. 약을 사러 가려 해도 인민군들한테 붙잡힐까 봐 맘대로 나갈 수가 없었다. 결국 거기서 아들을 잃고서 솔밭에 묻고 말았다. 소식을 들은 시아버지가 찾아와서 자기를 데려갔는데, 수건을 씌우고 할머니 모양으로 만들어서 데리고 간 뒤 인민군의 눈을 피해 숨어살게 했다고 한다. 남편이 부재한 상태에서 아이를 데리고 부대끼면서 친정과 시댁 사이에서 갖은 마음고생을 하며 지내온 한 많은 날들이었다. 감당할 일은 많되 마음 편히 깃들 곳은 없었던, 전쟁이라서 더욱 힘들고 서럽기만 했던 여성의 형상이다.

다음은 경북 영주 출신으로 충남 공주시 교동에서 피난생활담을 구연한 김연자(가명, 1926년생)의 사례. 김연자는 열여섯의 나이에 남편을 만나 일제 치하에서 결혼생활을 시작했다. 결혼한 지 삼년 만에 남편이 일본에 군인으로 갔다가 해방되고 나서 돌아 왔다. 한국전쟁이 발발했을 당시 남편은 경찰에 있었다. 피난을 가야 할텐데 시어머니를 챙겨야 하고 이웃집에서 맡긴 아이까지 딸려 있어 움직이기가 어려웠다. 수도깡(?)이란 곳으로 피난하여 갯국집에 취직해서 일을 했는데, 여자를 몹시나 밝히는 미군들을 피하느라 신경을 써야 했다.

---

13) 2008년 12월 8일, 강원도 강릉시 성산면 금산리 노인회관에서 지순녀 구연. 최원오·이원영 조사.

일부러 얼굴에 황칠을 해서 흉하게 보이기도 하고, 장애인 흉내를 그럴듯하게 내어서 미군들을 물러나게 하기도 했다. 적군들이 물러난 뒤 남편이 자기를 데리러 왔으나, 김연자는 남편을 따라갈 마음이 나지 않았다고 한다.

그래 그래 일하다가 해방이 됐어. 인제 이렇게 올라가고 내려가고 막 이렇게 해방이 됐는데 인제 그땐 신랑이 와가지고 뭐 어째어째 하대. 내가 배짱을 부렸어. 아, 식당에 댕겨보이 돈도 많이 주지, 아, 시어마이하고 둘이 살면 되겠더라고. 가 신랑이사, 내비려뻐리고 뭐 그땐 뭐 남자 생각도 없고. 에이고, 막 그때는

"나 당신하고 안 살어. 당신 어머니는 안 내빌고 내가 데리고 살 거이께 당신은 당신대로 경찰서 가서 살으라"고.

"나 여기서 돈 많이 주이께 돈도 뭐 저금하고 낸중에 이렇게 해가지고 시어마이하고 방 얻어가지고 이렇게 살면 아, 뭐, 뭐 나 혼자 있는 거보다 시어머이하고 있으이께 든든하고 당신 어머이는 내가 맡을 테이께 당신은 가라."

이래이께 눈이 뚱그래가지고 그때는 나를 안 놓칠라 그러더라고.

"일 없다"고.

막 저녁에도 오면 막 소릴 지르고 막 내가 막 지랄을 막 하고 이래이께 한 몇 달을 그랬는가봐.[14]

남편이 없는 상태에서 시어머니와 둘이 지내는 것이 오히려 더 편하고 자유로웠다는 것이다. 밖으로 나돌며 생활하는 남편은 없는 존재나 마찬가지였다는 뜻이니 생활상의 분리가 심리적 분리로까지 이어진 상황이라 할 수 있다. 시어머니 또한 아들보다 며느리 김연자를 더 믿고 의지했다 하니, 이 가족을 짊어진 것은 남편이 아닌 아내였

---

14) 2008년 11월 29일, 충남 공주시 교동에서 김연자 구연. 박경열·나주연·김아름 조사.

다고 할 만하다. 그 뒤 '겨울난리'(1.4후퇴)가 났을 때 시어머니를 챙겨서 굴속의 피난생활을 영위해 나간 것도 단연 그녀의 몫이었다. 남편이 가족을 벗어나 혼자 움직이는 동안 저 아내는 이렇게 이리 부딪치고 저리 부딪치며 전쟁하의 한 가정을 떠맡았던 것이었다.

이상 여러 사례에서 공통적으로 확인되는 하나의 두드러진 특징은 남편의 부재이다. 남편이 바깥에서 움직이는 상황에서 전쟁하의 지난한 '생활'을 온몸으로 감당해야 했던 것이 이 땅의 여성들이었다. 그 생활은 제 혼자의 몸만 수습하면 되는 것이 아니었으니, 자식을 돌봐야 했고 시댁 식구들을 챙겨야 했다. 그것이 한 집안의 안식구로서 여성이 담당해야 했던 전쟁의 전형적 단면이었다고 할 수 있다. 위험하기로는 총탄이 오가는 전장보다 덜할지 모르나 버겁기로는 그에 못지않은 큰 전쟁이었다.

그렇다면 이렇게 여성의 전쟁 기억에 있어 흔히 집 떠난 부재자로 등장하고 있는 남성들은 그 당시 어디서 무얼 하고 있었던 것일까. 필자가 확보하고 있는 20편 가량의 남성 구연 전쟁 체험담에 있어 남성들이 전쟁 중에 집안에 머물면서 가족을 챙겼다고 하는 사연은 찾아보기 어렵다. 그들은 전장에 있거나, 피신 중에 있거나, 또는 밖에서 일을 보고 있는 모습으로 등장한다. 그 이야기의 큰 줄기는 참전담과 처세담으로 나누어 살펴볼 수 있다.

직접 전쟁터에 나서서 목숨을 걸고 전투에 임했던 경험은 누구나 할 수 있는 것이 아니다. 전투에 임한다는 것은 생사가 엇갈리는 극도의 긴장 상황을 헤치고 나아가는 일로서 강렬한 인상 속에 많은 잊지 못할 많은 기억을 남긴다. 참전 경험을 지닌 남성들은 전쟁 체험담을 득의의 종목으로 삼아 적극적인 이야기 구연에 나서곤 하는 바, 과연 그럴 만한 일이라 할 수 있다. 전쟁터에서 구사일생으로 살아나 생사가 교차하던 그 극한상황을 돌아본다는 것은 언제라도 가슴을 움직이게 하는 일일 것이다.

사례 하나. 청원군 출신으로서 청주 중앙공원에서 한국전쟁 참전
담을 구연한 서병하 화자(1923년생).[15] 몇 편의 설화 구연에 이어 자
청하여 자신의 전쟁 체험담 구연에 나선 분이다. 서병하는 훈련소를
거쳐 6사단 7연대에 배치된 후 이리저리 전쟁터를 거치면서 사선(死
線)을 넘나든 이른바 '참전용사'였다. 그가 소속된 연대는 사람이 많
이 죽기로 유명했던 곳인데, 명이 길었는지 요행히 살아남아 훈장까
지 받았다고 한다. 총탄이 빗발치는 전쟁터를 누비는 것은 지척의
앞날을 내다볼 수 없는 긴장된 상황의 연속이었다.

　　그래 저녁을 먹으면서,
　　"내일 너하고 나하고 또 밥먹을라나 모르겠다." 이거여.
　　매일 죽으니께.
　　"글쎄 글쎄 살면 다행이지."
　　아침에 보면,
　　"너 안 죽었니?"
　　"그래 너도 안 죽었구나." (웃음)
　　이라고 인저 맨날 인사가 그거여. 그라더니 그때는 다치면 육군 병원을
　　갔어.
　　"어떻게 해야 육군병원 가니?"
　　인사가 그거고.
　　"어떻게 해야 육군 병원 가니, 가니."
　　그랴. 그라고 사는데, (손으로 다리쪽을 가리키며) 칼로 다리를 푹 찌르
　　고 육군 병원을 좀 가볼라고, 대검으로 찔러볼 게 찌르는데 아파서 못
　　찔르겠어 제 살은. (웃음) 그래 콩 튀듯 해도 거기서 살아 나왔어 내가.[16]

15) 2006년 12월 20일, 청주 중앙공원에서 김종군·김경섭·심우장·유효철 조사. 서병하가 구
　　연한 체험담은 신동흔 외, 『도시전승 설화자료 집성』 6, 민속원, 2009, 135~144쪽에 '6·25
　　에 참전하여 살아온 이야기'라는 제목으로 수록되어 있다.
16) 위의 책, 139쪽.

언제 목숨이 달아날지 모르는 극한의 상황에서 죽음을 모면하는 확실한 길이 부상을 당하여 병원으로 실려가는 일이었다 하니 아이러니한 일이다. 대검으로 자기 다리를 찌르는 모습까지 상상해 보았다 하니 죽음의 공포가 얼마나 현실적인 것이었는지 실감하게 된다. 어떻든 서병하는 그런 전방의 생활 속에서 무사히 살아 돌아와 자랑스레 그 시절 이야기를 전하고 있다. 그가 이야기를 통해 말하고자 하는 바 '전장을 누비며 빗발치는 총탄 속을 헤쳐 나왔다'는 것은 한국전쟁 당시 남성이 치른 전쟁의 한 전형을 이루는 것이라 할 수 있을 것이다.

사례 둘. 경북 구미 출신으로 대구 노인종합복지관에서 한국전 참전담을 구연한 박태문 화자(1927년생).[17] 박태문은 조사자들이 설화에 관심이 많은 것을 알면서도 6·25체험담을 해도 되겠냐고 양해를 구한 뒤 약 40분에 걸쳐 열띤 태도로 참전담을 구연하였다. 전쟁이 발발한 지 채 한 달이 안 되어 입대했는데, 대동청년단에 있던 중 군대에 가보고 싶어서 손을 들고 자원입대한 것이라 한다. 훈련을 거친 뒤 부대에 배치되어 전국의 전쟁터를 누비며 사선(死線)을 넘나들었다. 아홉 명으로 구성된 분대가 식사를 하던 중 수류탄이 터져 동료 여섯 명이 즉사한 적도 있으며, 절에 숨은 적을 소탕하기 위해 절에 불을 지른 적도 있다. 중공군과 싸우다가 포위되어 나흘 동안 개구리 같은 것을 잡아먹으며 버티기도 했다 한다. 다음은 중공군을 공격하다 부상을 당한 상황을 진술한 내용이다.

고때 인제 저녁 시간인데. 저녁에 뭐 어둑은, 어둑살인 안 끼이고 저녁 시간인데 저- 여서 보면은 한- 백매다 전방에 보이까네 떼놈들이 말이지 막 털모자 쓰고 밥 받아 노나 먹구 막 이래요. 그 내가 있다가,

---

"야야, 우리 말이지 여-서 말이지 씨발 저거 보고 막- 마마 함 쏴 보자. 쏴 보고 마, 뭐 그래야 우리가 다부도를 내려가지 쏴보자."

"그래자, 마."

거가 나무가 이제 참나무가 말이지 가지가 쭉- 벌어져 있는데. 뭐 총 이래믄 턱- 얹어 놓고 조준하이 참 그 조준이 아주 잘 맞는 기라 고마. 그러구 마- 에므완(M1) 하나에 팔방썩 말이지 팡팡 쏴부르고 또 새로이 탄발에 재가지구 두 발을 쏘니까 땡기니까네 저 늠도 우릴 알아가지고 이제 바격포를 쏜단 말이야. 바격포를 쏘가지고 바격포를 인자- 대거리 직통으로 맞으면 그건 대번 박살 나부지마는 저래 숲이 꽉- 때리는데 나무에 떨어지면 말이제 바격포가 말이지 마- 나무판이랑 같이 와르르르 떨어져요.

떨어지는데 내 뒷 궁딩이에 여-가 지금두 흉터있네, 여가 딱 때려뿌는데 보이, 확인해 보이 마 피가 쭈르르 나더라. 에이고 뭐 수건 빼가주 마- 질끈 매가주구 마 그- 저, 중대본부 쫓아왔는 기라. 와가지구,

"부상당했다." 그카이,

"그래 그 저저 중공군 그거 적이 어딨드노?" 그카이,

"여 정말, 여서부터며는 약, 한- 이백매다 밖에 그거 있드라."

그 말이야. 진치구 있드라 보고하고.[18]

적을 발견하고 선제공격을 했다가 박격포 반격을 받아 엉덩이에 부상을 입은 장면이 뚜렷한 기억으로 남아서 생생하게 재현되고 있다. 생각하면 위기일발의 상황이었으나, 저 부상은 박태문을 최전방 전선에서 물러나게 하는 계기가 되어주었다. 박태문은 부상병으로 후송되어 치료를 받은 뒤 일종의 꾀병을 내어 몸의 이상을 주장하여 육군병원에 계속 머무를 수 있었다. 박태문의 체험담은 목숨을 건 교전담과 살아남기 위한 처세담을 아우른 것으로서, 전쟁터에서 생

---

18) 위의 책, 192쪽.

사의 고비를 이리저리 헤쳐나온 과정에 서술의 초점이 놓여 있다. 서병하의 경우와 통하는 특징이다.

한국전쟁 때에 목숨을 건 치열한 싸움과 전방의 교전지역에서만 펼쳐졌던 것이 아니다. 후방에서도 인공 치하와 국군(유엔군) 치하를 거치며 좌우의 이념을 둘러싼 갈등 속에 많은 사람이 죽어 갔다. 이념 갈등의 문제는 특히 남성들이 감당해야 할 과제였으니, 자연히 남성들의 경험담 속에 좌우의 이념대립 사이에서의 처신과 관련한 이야기가 주요 화두가 된다.

먼저 강원도 횡성 출신으로 서울 종로구 서울노인복지센터에서 펼쳐진 '자유발언대'에서 발언을 신청하여 25분에 걸쳐 한국전쟁 체험담을 구연한 탁양선 화자(1922년생)의 사례.19) 그의 체험담의 기본 화두가 무엇이었는가 하면 전쟁이라고 하는 긴장과 위험의 상황 속에서 어떻게 움직여 살아남았는가 하는 문제였다. 탁양선은 전쟁 당시 횡성 법전면에 살고 있었는데 갑자기 인민군이 밀어닥치며 세상이 바뀌었다. 그는 그 상황에서 마을 선전부장 역할을 맡았으나 겉만 빨갛고 속은 하얀 가짜 빨갱이였다고 한다. 그는 인민군이 의용군을 모집하여 붙잡혀갈 상황이 되자 몸을 피하여 친지 댁을 거쳐 산에 숨어 지냈다. 그러던 중 인민군이 후퇴하는 걸 보고 인민군 몇 명을 붙잡아 가두었다가 경찰에 넘겼다. 그 뒤 국군이 들어온 후 부역자로 취급되지 않고 환영을 받았다고 한다.

전쟁이라는 긴장과 위기의 상황에서 사태가 돌아가는 정황을 잘 파악하여 현명하고 교묘하게 처신함으로써 그 상황을 무난히 잘 헤쳐 나왔다는 것이 탁양선이 구연한 체험담의 기본 줄기를 이룬다. 그에게 있어 위험을 이리저리 피하거나 감당해 온 자신의 모습은 전쟁에 참여한 역전의 용사 못지않게 자랑스러웠던 일이었던지, 많은

---

19) 2006년 6월 22일, 서울 종로구 경운동 서울노인복지센터 강당에서 신동흔·김예선 외 조사. 탁양선 화자가 구연한 체험담은 신동흔 외, 『도시전승 설화자료 집성』 3, 민속원, 2009, 404~414쪽에 '한국전쟁 때 겪은 이야기'라는 제목으로 실려 있다.

사람들 앞에서 자랑스럽게 당시 상황을 펼쳐놓았다. '이념의 틈바구니에서 줄타기를 잘 하여 살아남았다'는 것. 그가 보여 준 전쟁 속 남성의 단면적 형상이다.

끝으로 전북 정읍 출신으로 서울 종로구 서울노인복지센터에서 한국전쟁 시기 생활담을 들려준 조판구 화자(1918년생)의 사례를 본다.[20] 조판구는 서울 종로구 종묘공원과 노인복지센터의 소문난 이야기꾼으로서 조사자들에게 많은 설화를 구연하였는데, 고추장사를 하며 살아온 사연을 비롯한 경험담도 길고 재미있게 들려주었다. 그는 자신이 한국전쟁 시절 '이국충신' 소리를 들었다면서 30여 분에 걸쳐 전쟁 체험담을 들려주었다. 그 요지는 좌우로 지배 권력이 이동하던 갈등의 시기에 소신껏 처신하여 위기를 넘기고 또 사람들의 인정을 받았다는 것이었다. 그는 한국전쟁 당시 고향인 정읍에 있었는데, 인민군이 밀려 내려와 마을을 점령하자 경찰이었던 육촌동생이 찾아와 숨겨 달라고 청했다. 조판구는 대청 아래에 있는 채소 저장용 굴속에 육촌동생을 숨겨주었다. 그때 면의 남로당 사무소에서 출두 명령을 받고서 갔더니 자기를 면의 남로당 지도책으로 맡기는 것이었다. 제주도에서 좌익 활동을 하다가 온 오아무개라는 사람과 함께였다. 그 뒤 인민군이 물러가고 다시 국군치하가 되자 학도호국단에 붙잡혀 갔는데 맞아죽을 것을 각오하고 있을 때 뜻밖의 상황이 벌어졌다.

그 학생놈들이 막 나를 그냥 몽둥이루 때릴라구 엎어놀라구 그려. 다른 사람이 엎어져서 뚜딜겨 맞는디, 그 다음 차례가 나여. 아― 그래 그 사람이 인제 일어나서 저리 끌구 가. 인제 저― 가둘 디가 데리꾸가. 볼기짝 몽둥이루 뚜딜겨서. 그리구는 나를 막 끄집어 가. 아― 갈라구 허는 찰라에

20) 2006년 1월 26일, 서울 종로구 경운동 서울노인복지센터에서 김종군·김경섭·심우장 외 조사. 조판구가 구연한 전쟁 체험담은 신동흔 외, 『도시전승 설화자료 집성』 2, 민속원, 2009, 363~374쪽에 '이국충신이 되었던 지난 삶'이라는 제목으로 수록돼 있다.

문이 빼긋이 열려. 아- 그러드니 우리 면장, 촉진대장, 아- 그 촉진대쟁이 들어오더니 우루루 허드니 내 손목을 잡드니,

"조동지-."

그리어. 동무라고 안 허고, 동지라 그려. 아- 그러드니 아- 그 촉진대쟁이 날더러, 학생들을 보고 뭐라 허느냐 하면,

"이 분이 사상이 틀려서 교육을 받으러 간 것이 아니다. 교육을 받으러 간 것은 강제로 선출이 되얏고. 갔다 와서 면 지도책 노릇을 허면서 자기 재종동생, 경찰, 대핸민국 경찰을 자기 집에 숨겨 놨다가 중-요헌 정보가 있시면 이리라, 저리라, 지시한 양반이 이 양반이다. 그런디 학생들이 그런 것을 자세히 알고 다스려야지. 무조건, 겉만 보고 다시리면 씨냐? 조동지 갑시다."

아- 그르드니 막, 촉진대쟁이 내 손목을 잡드니 막 끌구 나가. 아- 나가드니 나를 데리다 놓고. 아- 그렇게 촉진대 사무소에 가서 기냥 그 간부덜이 빵- 둘러앉았어. 아- 그래 내가 들어가닝게. 떠억 허니 저기 가서 명단이 저렇게 붙여 있는데. 촉진대장, 부대장, 뭔, 뭐 동원부장, 뭔 부장, 뭔 부장, 명찰이 있잖아. 아- 그래드니 나보고 동원대장, 동원부장. 우리 면 동원부장. 그래 내가 이국충신 말을 들은 만히여.[21]

면에서 촉진대장을 맡은 인사가 이렇게 나서서 자신을 감싸줌으로써 조판구는 목숨을 부지함은 물론 새로 동원부장 직책을 맡게 되었다. 그렇게 그는 '이국충신' 노릇을 하게 된 셈이었다. 그때 인공치하에서 함께 지도책 일을 했던 오아무개가 찾아와 매달리며 자기를 살려 달라고 했다. 인간적으로 모른 척할 수 없었던 조판구는 그를 국군에 지원병으로 추천하여 입대하도록 주선해 주었다. 그렇게 군대에 들어감으로써 그는 좌익 전력을 씻고 목숨을 부지할 수 있었다. 그 뒤 오아무개는 군을 제대하여 어머니와 함께 고향에 정착했는데

---

21) 위의 책, 370쪽.

자기 은혜를 잊지 않고 근간에 이르기까지 고기 말린 것을 소포로 보내주었다고 한다.

한국전쟁 당시 조판구가 펼친 행적은 탁양선의 경우와 마찬가지로 지배권력의 교체와 이념대립의 틈바구니에서 무난히 살아남았다고 하는 것으로 요약된다. 탁양선의 경우와 비교하면 조판구는 좀 더 정면으로 그 상황을 감당함으로써 양쪽의 인정을 함께 받은 쪽에 해당한다. '이국충신'으로 요약되는 그의 행적은 한국전쟁에 후방의 남성이 겪었던 또 다른 전쟁의 한 단면을 보여 주는 것이라 할 수 있겠다.

이상 남녀 화자가 전하는 전쟁 체험담에 나타난 남성과 여성의 전쟁의 양상을 살펴보면 하나의 뚜렷한 차이를 발견하게 된다. 여성이 겪은 전쟁이 '생활'을 짊어진 '안의 전쟁'이었다면, 남성이 겪은 전쟁은 전선과 후방이라는 서로 다른 전쟁터를 움직이며 '세상'을 감당했던 '바깥의 전쟁'이었다고 할 수 있다. 일반적으로 전쟁이라 하면 후자를 떠올리는 것이 상례일 것이다. 특히 남성들에게 있어 전쟁이란 것은 적과 맞서고 이념과 맞서는 전쟁이야말로 유일한 전쟁이었던 것으로 생각된다. 그들의 이야기 속에서 여성이 담당했던 전쟁의 모습은 작은 자취조차 찾아보기 어렵다는 것이 이를 잘 보여 준다. 하지만 우리가 살펴본 여러 이야기들이 보여 주는 역사의 진실은 그와 차이가 있다. 그 진실이란 무엇인가 하면 여성들이 감당했던 '안의 전쟁'이 남성들이 겪은 '밖의 전쟁' 이상으로 힘들고 또 중요했던 진짜 전쟁이었다고 하는 것이다.[22]

한 여성 화자가 남편의 전쟁 체험에 대해 이야기한 뒤 던진 다음의 말은 심상하게 여길 일이 아니다.

---

22) 이성숙은 한국전쟁에 대한 젠더별 경험과 기억을 논하면서 여성들이 후방에서 피난과 이산의 고통을 온몸으로 겪는 가운데 성 억압적 상황에 따른 수난에 노출되는 등 보이지 않는 수많은 시련과 고통을 겪었음을 강조한 바 있다(앞의 논문, 140~149쪽 참조).

그랬는데 그 안에 나는 고생한 걸 그 이루 다 말을 못해요. 그이는 편안했죠 이제 시방드기 얘기가 뭐냐 하면

"나 고생한 걸 아느냐?"

내가 그러면

"아 일 많이 한 걸 알지."

"일 많이 한 게 문제가 아니고 밥, 일단 쌀이 없으니까 배가 고프고 또 우리 모녀가 있으니까 그 방에서 자질 못하지 않느냐? 남의 집에 가서 껴 자야지. 당신은 오늘 죽을지 내일 죽을지 그거는 예측을 못하지만은 군대에서 옷 줘서 옷 입지 (…중략…) 그래서 그다지 전쟁을 많이 하지는 않았지만 그래도 곱게 있었지 않았냐?"[23]

말 그대로다. 남성에게 어떻게든 입을 것과 먹을 것이 주어졌고 제 몸을 이리저리 혼자 움직이면 되었다면 여성들은 먹을 것 입을 것을 다 직접 챙겨 만들어야 했고 제 몸뿐 아니라 가족까지 나서서 챙겨야 했다. 여성들에 비하면 전쟁터에 나선 남성의 삶은 오히려 편안하고 고운 것이었다는 저 말을 누구라도 쉽사리 부정하기 어려울 것이다.

---

23) 2009년 2월 26일, 경기도 가평군 가평읍에서 신순옥(가명, 여, 1928년생) 구연. 신동흔·이홍우·구미진 조사.

4. 남성과 여성의 전쟁기억, 그 사이의 간극

문학적 관점에서 전쟁 체험담을 살피는 데 있어서는 이야기 내용에 나타난 전쟁의 상황 외에 사람들이 어떻게 전쟁을 기억하면서 어떻게 말하고 있는지, 그리고 그 속에 삶에 대한 어떠한 태도와 인식이 깃들어 있는지를 살피는 것이 중요한 과제가 된다. 이제 지금까지 살폈던 여러 사연들과의 관련 속에서 전쟁을 보는 남성과 여성의 시각에 어떤 간극이 자리잡고 있는지, 그리고 그것이 어떻게 우리 삶을 규정해 왔는지를 짚어 보기로 한다.

이 문제와 관련하여 우선적인 화두가 될 만한 것이 '나'와 '타자'의 관계 문제라고 할 수 있다. 전쟁이라는 극한상황 속에서 사람들이 자기 자신과 타자의 관계를 어떻게 인식하면서 행동했는가의 문제이다. 특히 나를 둘러싼 1차적 관계의 표상으로서의 '가족'의 문제를 주목할 만하다. 여성과 남성의 전쟁 기억이 확연히 갈라지는 지점이기도 하다.

여성과 남성의 전쟁기억 속에서 나와 타자에 대한 인식에는 주목할 만한 차이가 확인된다. 여성들의 전쟁기억 속에는 언제나 가족과 주변사람이 있다. 남편이 있고 자식이 있으며 시댁식구와 친정식구가 있다. 그들은 내 몸 이상으로 신경을 써서 감당해야 하는 존재였다. 대다수 여성들은 늘 그들을 마음속에 넣어둔 채로 그들을 짊어지고서 움직여 왔다고 할 수 있다.[24] 그것은 전쟁 당시만 그랬던 것이 아니라 그 뒤에도 쭉 그러했던 것이니, 김성연이 평생토록 마음속에 남편과 자식들을 담고서 아프게 움직여온 것은 단적인 사례가 된다.

---

24) 이임하는 구술사적 관점에서 여성의 전쟁 체험을 살피면서 '남성 부재의 현실'을 주요한 특징으로 든 바 있다(앞의 책, 2004, 65~84쪽 참조). 수많은 남성들이 전장으로 끌려감으로써 여성들이 남성 없이 가정을 책임져야 했던 상황을 지적한 것이다. 이는 우리의 현지조사를 통해서도 확인된 사항이다. 흥미로운 사실은 현실적으로는 남성이 부재하지만 그들의 마음속에는, 예컨대 아내의 마음속에는 늘 남편이 크게 자리잡은 상태에서 걱정이 떠나지 않았던 것으로 드러난다. 그리하여 그들은 전쟁 체험을 구술함에 있어 끊임없이 남편과 가족에 대한 이야기를 하고 있는 것이다.

이에 대해 남성들은 어떠한가 하면, 그들의 전쟁 기억 속엔 '나' 자신이 있을 뿐 가족을 비롯한 타자는 의미 있는 존재로 부각되지 않는다. 그들에게도 아내와 자식이 있고 부모형제가 있을 터이나, 화자들이 그에 대하여 신경을 써서 말하는 모습과 만나기 어렵다. 가족들은 기억 속에서 사라진 채 '나'만이 움직이고 있을 따름이다. 어디를 움직이는가 하면, 자기의 활동무대인 바깥세상을. 그들은 마치 저 혼자 전쟁의 상황을 헤쳐온 것처럼 말하고 있거니와, 때로 이야기를 듣다 보면 전쟁 상황을 마치 빛나는 자기실현의 장처럼 여기는 것으로 느끼게 될 정도다.

'나'와 타자, 특히 '나'와 가족의 문제와 관련하여 여성과 남성의 전쟁기억에서 보이는 한 가지 두드러진 차이가 있다. 여성 화자들 가운데는 자기 자신이 아닌 다른 가족 구성원의 전쟁 체험을 구연한 사례가 많았다. 전주의 전창현 화자는 남편이 백마고지 전투를 지휘하여 승전을 이룬 사연을 치밀하고 꼼꼼하게 구연했으며, 가평의 신순옥 화자는 남편이 전쟁터에 나갔다가 패전한 뒤 고생 끝에 살아 돌아온 사연을 마치 자신이 겪은 일인 양 길고 생생하게 구연했다. 양주의 엄정옥 화자는 인민군한테 붙들려갔다가 살아온 오빠의 사연을 역시 생생하게 구연했다. 무슨 말인가 하면, 이들이 남편을 비롯한 가족이 겪은 일을 마치 자신의 일인 듯 마음을 열고 받아들여서 제 기억의 일부로 삼았다는 뜻이다. 그렇게 그들은 자신을 둘러싼 타자에 대해 마음을 열고 있었던 것이다.[25] 이에 대해 그간 필자가 수집한 남성 화자의 전쟁 체험담 가운데 자신이 아닌 다른 가족구성원의 체험을 기억의 대상으로 삼아 화제로 삼은 자료는 한 편도 없었다. 제3자가 경험한 사건을 흥미 차원에서 전한 사례가 몇몇 있을

---

25) 여성이 남성의 체험을 자기 이야기로 구연하는 것은 주체적 포용보다는 '내면화'나 '동일시'라는 시각에서 볼 여지도 있다. 이 부분의 심리적, 사회적 맥락은 더 깊이 따질 필요가 있다는 뜻이다. 중요한 것은 여성들이 남편을 비롯한 가족에 관심을 가지며 그 삶을 자기 내면으로 끌어들이고 있다는 사실이다. 그것은 기본적으로 소통과 포용의 몸짓이라고 하는 것이 우리의 시각이다.

따름이다. 전쟁하에서 그 가족들 또한 기막힌 여러 사연을 겪었을 것임에도 남성들의 기억 속에 그 자취를 찾아보기 어렵다는 것은 그들이 자신을 둘러싼 주변의 타자에 대해 마음을 닫고 무관심했음을 보여 주는 표징으로 해석할 수 있을 것이다. 남성들에게는 자기와 타자를 구분짓는 '분리의 서사'가 폭넓고도 강력하게 작동하고 있었다는 뜻이다.

다음으로 살필 것은 전쟁에 대한 기억이 어떠한 정서적 특성을 함축하고 있는가의 문제다. 이 지점에서 남녀의 기억은 다시 한 번 확연한 차이를 보인다. 여성의 전쟁기억이 시련과 고난에 집중하면서 힘들고 서러웠던 시절을 무겁고 아프게 환기한다면, 남성들의 전쟁 기억에 얽힌 정서는 오히려 재미와 신명에 가까운 면이 보인다. 여성들의 전쟁기억에 깃든 아픔이나 회한의 정서에 대해서는 재론을 생략하거니와, 남성들의 정서는 좀 더 구체적으로 살펴볼 만하다.

앞서 박태문과 서병하, 탁양선, 조판구 등의 전쟁 체험담을 소개했는바, 돌이켜 살펴보면 그 담화들은 예외 없이 자랑과 즐거움이 깃들어 있는 '흥미진진한' 이야기에 해당하는 것이었다. 함께 밥을 먹던 동료가 한순간에 죽어나간 것조차 아주 흥미로운 기억을 이루며, 처신을 잘하여 인공 시절과 수복 시절에 무난히 살아남은 것 또한 아주 자랑스러운 기억이 된다. 좀 과장하여 말하자면 무엇 하나 즐겁고 신나는 기억이 아닌 것이 없으니, 전쟁 참전 중에 배가 너무 고프고 졸려서 쓰러질 뻔했던 장면이나 전투에서 포 공격을 받아 부상을 당한 아찔한 장면 같은 것도 지금의 그들에게는 두루 유쾌한 자랑스러운 기억일 따름이다. 그리하여 그들은 지금 청중들에게 그때 자신이 얼마나 놀랍게 그 어렵던 상황을 헤쳐 왔는지를 일종의 '무용담'으로서 제대로 과시하고 있는 중이다.[26] 요컨대 많은 남성들에게 있어

---

26) 이 글에서는 자료가 정리 보고된 네 편의 사례를 다루었으나, 현지조사 과정에서 남성들이 전쟁경험담을 구연함에 있어 이러한 태도를 보이는 상황과 자주 접한 바 있다. 설화를 대상으로 한 현지조사에서 전쟁 체험담 구연 의사를 나타내는 남성 화자들이 꽤 많았는데,

전쟁경험은 일종의 '훈장'과 같은 것으로 마음에 깃들어 있는 것이니, 그것은 전쟁을 깊은 트라우마로 간직하고 있는 대다수 여성들의 경우와 선명한 대조를 이루는 것이라 할 수 있다.27) 같은 시절에 나란히 전쟁을 경험했음에도 불구하고 여성과 남성은 실질적으로 이렇게 판연히 다른 세상을 살았던 것이니, 어쩌면 이것이야말로 한국전쟁이라는 역사적 상황에 얽힌 가장 깊고도 본질적인 분단이 아닐까 하는 생각을 해 보게 된다. 마음속 깊이 깃들어 있어 잘 드러나 보이지 않음으로 해서 더 굳건하게 존속돼 온 우리 안의 분단이다.28)

끝으로 한 가지, 전쟁기억 속에 깃들어 있는 이념과 욕망, 그리고 '사람'의 문제에 대해 잠깐 짚어 본다. 자세한 분석적 논의는 생략하거니와, 이 또한 남성과 여성의 기억에 있어 뚜렷한 차이가 나타나고 있다는 것이 우리의 판단이다.

일반 남성들의 기억에 있어 두드러진 것이 무엇인가 하면 이념과 욕망이다. 그들에게 있어 적은 '우리편: 상대편'이라고 하는 진영 논리에 따라 이미 결정되어 있다. 단순화시켜 말하면 '빨갱이'가 곧 적이다. 그들은 죽이거나 내몰아서 물리쳐야 하는, 그래야 내가 살 수 있는 존재이다. 그리하여 그들은 적을 향해 총을 쏘고, 적을 잡아서 넘기며, 적을 피해 숨어 다닌다.29) 그들에게 '사람'이 있다면 누구인

일단 이야기를 시작하면 놀랍고 신명나는 '무용담' 형태로 구연이 이루어지는 경우가 많았다. 청중의 반응에 아랑곳없이 자기자랑 식의 사연을 일방적으로 펼쳐내는 경우도 적지 않았다. 이러한 성향은 이른바 '전쟁유공자'들이 전하고 있는 회고담들에서 두드러지게 확인되는 것이기도 하다.

27) 남녀의 전쟁 체험담 구술을 비교한 이성숙 또한 남성 화자들이 '고난'에 집중하는 여성들과 전쟁경험을 '전훈'으로 인식하며 자랑스러워하는 경향이 있다는 사실을 지적한 바 있다(앞의 글, 138~139쪽). 본 논문에서 제시한 사례들과 맥이 통하는 특징이다.

28) 앞서도 언급했지만, 이 연구 결과는 보통의 일반 화자들을 대상으로 삼아서 전쟁을 어떻게 기억하며 풀어내는가를 담화 양식(style) 차원에서 검토함으로써 도출한 것이다. 본 연구의 결과는 전쟁피해자와 같은 특수체험자를 대상으로 삼아 객관적인 사실 분석 위주로 수행되었던 구술사적 연구가 도출해낸 결과와는 상당한 차이가 있다. 구술사적 연구는 남성과 여성 모두를 전쟁 피해자로 보는 인식이 두드러진 쪽이었다. 이 문제에 대해서는 후속 연구를 통한 더욱 폭넓은 검증이 필요한 상황이라 하겠다.

29) 남성 화자들이 전쟁경험을 전함에 있어 '빨갱이'에 대한 적대감을 축으로 한 이념적 성향을 짙게 나타난다는 사실 또한 이성숙이 단면적으로 지적한 바 있다(앞의 글, 134~136쪽).

가 하면 자기 자신이 그다. 나 자신이 살고 봐야 한다는 것이 그들의 동선을 결정하는 기본 준칙이다. 그리하여 실질적으로 볼 때 그들의 삶을 심층에서 움직이고 있는 것은 이념의 문제라기보다는 욕망의 문제라고 보아야 한다는 것이 필자의 생각이다. 나의 생존과 나의 욕망을 위협하는 존재란 모두 적이라고 하는 사고이다. 자기를 중심으로 하여 움직이며 타자와는 경계를 설정하는 '닫힌 삶'의 속성을 이루는 사유구조이다.[30]

여성들의 전쟁기억에 있어서도 이념과 욕망은 큰 힘을 발휘하고 있다. 예컨대 '빨갱이'가 적이라는 것은 대다수 여성 화자들의 생각 속에 기본 전제로 작용하고 있는 요소가 된다. 우선 나 자신이 살고 봐야 한다는 것 또한 여성이라 해서 예외가 아닐 것이다. 하지만, 자료를 세심히 살펴보면, 여성의 기억과 의식 속에서 남성과는 다른 의미요소를 감지할 수 있다. 이념을 보기에 앞서서, 나 자신을 내세우기에 앞서서 '사람'을 보는 사유 방식이 곧 그것이다.

그즌에는 새각시 (오른 손을 모아 내보이며) 화장품이란 거이, 똑 연지 한 개, 분 한 개, 구루분 한 통, 그래. 그래갖고 절에 그, 딱 놔믄 [조사자: 시집갈 때?] 항. 화장품이란 거이 그래. 총각 집이 사줘. 구루분 한 통, 연지 한 통, 분 한 통. 그르믄 인자 우리는 얼굴이 히서 인자 분은 안 보리고, (뺨에 연지를 찍으며) 연지만 찍고 인자, 크림만 쪼꼼 볼랐어.

그맀는디 아, 반란군 가시내들 오드만, 절에 와서 요-래 [조사자: 아 여자도 있어, 반란군이?] 아이-고, 가이나들이 얼-매나 이뻐다고-. 참-, 이뻬. 말도 잘하고 얼매나 이뻤디. 꽉-기통 같애. 사무, (두 팔로 둥그렇게 해보이며) 요런 것들이. 그래갖고 (고개를 살짝 빼며) 요-리 디다 보

---

30) 남성들의 전쟁 체험과 전쟁 기억에서 두드러지게 나타나 보이는 이와 같은 자기중심성은 다분히 사회적 맥락에서 형성된 것으로 볼 수 있을 것이다. 남성중심의 가부장적 사회구조 속에서 자기 위주로 움직여온 경험이 전쟁이라는 극한상황 속에서 이렇듯 자기중심적이며 배타적인 욕망으로 표출되었다는 뜻이다.

드만은,

"(얌전하게) 이 아줌마도요, 화장한다요."

이라디만 싹 훔쳐가뿌리드라고. (웃음) 싹 훔쳐가비리. 가이나들이 저, (오른쪽을 가리키며) 범왕 와서 있을 때 보면, 뭐 이런 디는, 그런 인물 읎어. 똑똑하고 막, 어-매 인물도 좋아 고마.31)

그래 쏟아서 밥을 이런 구밥을 해서 퍼 내놓고 밭에 밤에 밭에 나가서 무수를 뽑다가 장국을 끓이고 (웃음) 옥수수는 큰 가마에다 한 가마니 돼. 일곱 놈인가? 다 빠졌으니 뭐. 그래이 한 가마이 되는 그걸 내다 씻기 달래. 저 마당에다가 함태기 이래는 거 구밥 모두 내다놓고 거다 다 건져 다 담아놓고 밥을 인제 뭐, 그랬더니 뭐 찰부지가 뭐 있는 대로 인제 우리 먹는 반찬 있는 대로 인제 해 놔주는 기, 아주 우리 조선 나와서 이렇게 잘 먹기가 처음이래. 장국도 맛있고 이렇게 잘 해 먹기, 잘 먹는 게 아주 처음이라고.

아주 잘 먹었다고 이래민서 밥이 남으이 싸달라 그래고 장하고 싸달라 그래고 먹고는 그 베랑에 옥수수를 지만큼 다 갈라져요. 다 갈라줘고는 그래도 가자 소리 안 하고 가는 길을 어느 산으로 어떻게 가면 북쪽을 가는 걸 갈쳐달라는 거야. 그래 오빠들이 나가서 이, 이쪽으로 내려가면 저, 방림 그쪽으로 가니까 내려가면, 가지 말고 이 쪽으로만 곧장 가면 북한산을 갈 수 있으니까 강릉 쪽을 나가고 북한산을 갈 수 있으니까 그렇게 가시라고, 그러이까 아이 알았다고, 고맙다고 그러고 간 다음에는 가자 소리 안 한 게 고마워서. (웃음) 다 고맙다 하지 뭐. 마커 그 청년들이 붙잡고 앞세우면 가야지 우쩔 거여. 안 죽을라면 가야 되는 거여.

그래 아주 가자 소리 안 한 게 고마워가지고, 그렇게 고맙다고 하, 잘 가라고, 제발 잘 가라고, 그랬는데 그 사람들이 인물이 좋읍디다. 다 사람

---

31) 2008년 12월 29일, 경남 하동군 화개면 용강리에서 이순녀(가명, 여, 1935년생) 구연. 김종군·김경섭·박현숙 조사.

들이 잘 나고 북쪽 사람들이 인물이 좋아요. 잘나고 마음씨는 다 참 지금 말따나 남북을 갈라놔서 우리가 그렇지 마음은 다 한마음이지. 우리 마음이 아니라 그러면서 겁내지 말라고 우리보고. 무서워 하지 말고 겁내지 말고 일하라 그러민서는 그래 부엌 앞에 와서 불도 쬐고 뭐 그 밤을 까가주 와서 이래 굴려서 귀 먹고 뭐 이래민서 우리보고 우리도 똑같은 이 한민족인데 우리 이름이 달라서 그러니까 겁내지 말라고. 이래민서 그렇게, 그렇게 그래 해 싸 짊어지고 간 기 그거 본 기 눈에 선해요.32)

앞의 인용은 보급투쟁을 나왔다가 화장품을 보고 탐내는 여성 반란군(빨치산)한테서 여성으로서의 한 인간의 모습을 보는 장면이며, 뒤의 인용은 패잔하여 후퇴하던 인민군들에게 밥을 해 주는 과정에서 그들이 우리와 똑같은 인간임을 확인하고 있는 대목이다. 비록 전쟁에서 서로 적이 되어 있으나 그들도 똑같은 인간임을 느끼며 마음을 열고 받아들이는 이런 모습은 남성 화자의 체험담에서 쉽게 볼 수 있는 것이 아니다. 관념을 내세우기보다 경험을 바탕으로 대상을 응시하며, 이념이 아닌 '사람'의 기준으로 세상을 보는 여성적 사유가 작용했다고 할 수 있는 모습이다. 인간을 향해 마음을 여는 그러한 사유는 저절로 생겨난 것이라고 할 수 없다. 앞서 말했던바, 내 몸에 앞서 가족을 챙겨 품었던 삶의 방식이, 그리고 그 속에서 형성된 '고통에 대한 감수성'이 이념적으로 상대편에 서있는 타자까지를 인간의 관점에서 바라보고 손을 내밀어 품을 수 있게 한 동력이 되었다고 생각한다. '분리의 서사'가 아닌 '포용의 서사'가 발휘하는 힘이다.

남성과 여성이 전쟁을 받아들이는 방식에 대하여 이렇게 특징을 양분하는 관점은 무리한 것일 수 있다. 남녀 할 것 없이 생존의 위협

---

32) 2009년 10월 17일, 강원도 평창군 대화면 대화리에서 최희옥(가명, 여, 1934년생) 구연. 박경열·유효철·나주연·김아름 조사.

과 고통 속에서 힘겹게 전쟁 상황을 헤쳐 왔다고 하는 것이 일반적 진실일 것이다. 이 글에서 군이 한정된 자료 속에서 남성과 여성의 서사를 분리하여 차이점을 강조하는 것은 남성과 여성의 편을 가르기 위해서가 아니다. 오랜 삶의 과정을 관통하며 우리 안에 작동하고 있을 수 있는 분리의 서사를 냉철하게 응시함으로써 그것을 넘어서 진정한 동반과 통합으로 나아가는 길을 찾기 위해서이다.

5. 맺음: 분단의 서사 또는 서사의 분단 넘어서기

좌우의 이념 대립은 전쟁을 낳았고, 전쟁은 수많은 죽음과 크나큰 고통을 남겼다. 정치사회적인 분단, 이념적 분단이 야기한 비극이었다. 하지만 우리의 삶과 역사에 얽힌 분단이란 정치사회적이고 이념적인 부분에만 있는 것이 아니다. 그것은 우리와 더욱 가까운 곳에, 일상적이고 인간적인 차원에도 넓고 깊게 깃들어 있다.

이 글에서는 전쟁을 겪은 세대의 남성과 여성 사이에 깃들어 있는 내적 분단의 요소를 짚어 보고자 하였다. 그 결론을 단순화하여 말하자면, 분단과 전쟁의 시절을 명백히 자기중심적으로 움직여온 남성들의 사유와 동선에 '분리의 서사'가 작동함으로써 그들과 가족 사이에, 나아가 그들과 세상사람들 사이에 보이지 않는 벽이 가로놓였다고 하는 것이다. 전쟁 속의 여성들에게 있어 항상 그 옆에 남편과 자식, 시댁식구와 같은 가족이 있었고 그들을 챙기기 위한 분투가 이어졌던 것과 달리 남성들은 많은 경우 가족을 포함한 타인들은 2차적 존재로 여긴 채 제 자신의 생존과 전진에 관심과 행동을 집중했던 것으로 나타나고 있다. 이야기의 중심에는 항상 자기 자신이 있으며, 전쟁의 포화 속을 죽지 않고 헤쳐나온 사연이 일종의 무용담과 같이 자랑스럽게 이야기되곤 한다. 여성들의 전쟁 체험담 속에 늘 짐져야 할 가족과 있고 험난한 '생활'이 있는 것과 비교되는 양상이다.

문제는 분단의 서사, 또는 서사의 분단이라고 하는 벽을 어떻게 허물어 넘어설까 하는 것인데, '나'와 함께 '또 다른 나'로서의 가족을 몸과 마음으로 품어 왔던 여성들의 삶에 작동해 온 '포용의 서사'를 주목해야 하리라고 생각한다. 닫힌 몸과 마음을 열어 나의 가족을, 이웃을, 그리고 세상 사람을 끌어안는 노력이 이루어져야만, 그렇게 내 안으로부터의 열림과 통합이 이루어져야만 진정한 소통과 치유, 통합의 삶이 가능한 것이라고 생각한다. '나'를 둘러싼 벽이 강고할 때, 나의 욕망이 배타적으로 우선시될 때, 결국은 갈등과 반목만이 남게 될 것이다.

　이 글에서 제시한바 분리의 서사로서의 남성의 서사와 포용의 서사로서의 여성의 서사 사이의 경계가 단지 육체적 성별에 따라 나뉘는 것이 아님을 지적해 둔다. 남성이 포용의 서사를 발현할 수 있고, 여성이 분리의 서사를 발현할 수 있다. 미처 유의해서 드러내지는 못했지만, 전쟁 체험담을 구연한 남성 화자들과 여성 화자들한테서 그러한 특징을 볼 수 있는 단서들이 없지 않았다. 다시 강조하지만, 중요한 것은 편을 가르는 일이 아니라 그것을 넘어설 길을 찾아 나아가는 일이다.

참고문헌

강진옥·신동흔·김헌선·전경욱, 『양주의 구비문학 2 자료편』, 박이정, 2005.

김경학 외, 『전쟁과 기억: 마을 공동체의 생애사』, 한울, 2005.

김귀옥, 『월남민의 생활 경험과 정체성: 밑으로부터의 월남민 연구』, 서울대학교 출판부, 1999.

김귀옥 외, 『전쟁의 기억 냉전의 구술』, 선인, 2008.

김현아, 『전쟁과 여성: 한국전쟁과 베트남전쟁 속의 여성, 기억, 재현』, 여름언덕, 2004.

신동흔 외, 『도시전승 설화자료 집성』 1~10, 민속원, 2009.

윤택림, 『인류학자의 과거여행: 한 빨갱이 마을의 역사를 찾아서』, 역사비평사, 2003.

이균옥 외, 『20세기 한국민중의 구술자서전』 1-6, 소화, 2005.

이임하, 『여성, 전쟁을 넘어 일어서다』, 서해문집, 2004.

이임하, 『전쟁미망인, 한국현대사의 침묵을 깨다』, 책과함께, 2010.

표인주 외, 『전쟁과 사람들: 아래로부터의 한국전쟁 연구』, 한울아카데미, 2003

김귀옥, 「지역의 한국전쟁 경험과 지역사회의 변화: 강화도 교동 섬 주민의 한국전쟁 기억을 중심으로」, 『경제와 사회』, 한국산업사회학회, 2006.

김성례, 「여성주의 구술사의 방법론적 성찰」, 『한국문화인류학』 35-2, 2001.

김예선, 「'살아온 이야기'의 담화 전략: 삶의 구조화를 중심으로」, 『한국고전연구』 19, 고전연구학회, 2009.

김종군, 「지리산 인근 여성 생애담에 나타난 빨치산에 대한 기억」, 『인문학논총』 제47집, 건국대학교 인문학연구원, 2009.

박경열, 「제주 여성 생애담에 나타난 4·3의 상대적 진실」, 『인문학논총』 제47집, 건국대학교 인문학연구원, 2009.

박정석, 「전쟁과 '빨갱이'에 대한 집단 기억 읽기」, 『역사비평』 통권 59호, 역사

문제연구소, 2002년 여름.

박찬승, 「한국전쟁과 진도 동족마을 세등리의 비극」, 『역사와현실』 제38권, 한국역사연구회, 2000.

신동흔, 「경험담의 문학적 성격에 대한 고찰: 현지조사 자료를 중심으로」, 『구비문학연구』 4, 한국구비문학회, 1997.

신동흔, 「역사경험담의 존재양상과 문학적 특성: 6·25체험담을 중심으로」, 『국문학연구』 24집, 2011.

안태윤, 「딸들의 한국전쟁: 결혼과 섹슈얼리티를 중심으로 본 미혼여성들의 한국전쟁 체험」, 『여성과 역사』 제7집, 2007.

염미경, 「전쟁 연구와 구술사: 아래로부터의 한국전쟁 연구를 위한 새로운 방법론」, 『동향과 전망』 제51호, 2001.

윤정란, 「한국전쟁과 장사에 나선 여성들의 삶」, 『여성과 역사』 제7집, 2007.

윤택림 편역, 『구술사, 기억으로 쓰는 역사』, 아르케, 2010.

윤형숙, 「한국전쟁과 지역민의 대응: 전남의 한 동족마을의 사례를 중심으로」, 『한국문화인류학』 제35집 2호, 2002.

이성숙, 「한국전쟁에 대한 젠더별 기억과 망각」, 『여성과 역사』 제7집, 2007.

이용기, 「마을에서 한국전쟁 경험과 그 기억: 경기도의 한 '모스크바'마을사례를 중심으로」, 『역사문제연구』 6, 역사문제연구소, 2001.

정근식, 「한국전쟁경험과 공동체적 기억: 영암 구림권을 중심으로」, 『지방사와 지방문화』 제5권 2호, 2002.

천혜숙, 「농촌여성 생애담의 주제와 생애인식 양상」, 『한국고전여성문학연구』 2, 2001.

천혜숙, 「농촌여성생애담의 문학담론적 특성」, 『한국고전여성문학연구』 15, 2007.

한정훈, 「한 여성 빨치산의 구술생애담을 통해서 본 정체성의 서사」, 『한국문학이론과 비평』 제50집, 2011.

한국전쟁 체험담 구술에서 찾는 분단트라우마 극복 방안

김종군

1. 구술에서 찾는 치유의 가능성

20세기 들어 우리 민족에게 가해진 가장 큰 시련은 일제강점과 남북의 분단이라는 거대한 사건이다. 그리고 그 정점에 동족상잔의 한국전쟁이 엄청난 비극으로 자리하였다. 역사의 연결고리 속에서 일련의 사건들이 맞물려 발발하였고, 21세기에 접어든 현재까지도 휴전이라는 불안한 상황은 지속되고 있다. 이러한 역사적 사건들은 표면적으로 집단적인 사회구조에 악영향을 미쳤고, 내밀하게 개인들에게는 처절한 상처를 주었다. 현재 한국 사회의 부조리와 갈등의 근원은 분단과 한국전쟁이라고 보는 시각이 틀리지 않아 보인다.

거대한 부조리로서 한국전쟁의 폐해는 지금의 한국인의 삶 구석구석에 자리하면서 나쁜 영향을 뿜어내고 있다. 그 양상은 정치사회적인 구조 속에서도 남북갈등·남남갈등의 불씨로 자리 잡고 있고, 개인의 삶에서도 전쟁의 상처와 외상에 대한 후유증이 대를 이어 지속되고 있다. 분단과 전쟁으로 야기되어 우리의 현재 삶에 심각하게 영향을 미치는 상처를 분단트라우마라는 개념으로 명명할 수 있다.

분단트라우마는 우리의 일상 속에서 개인적인 문제로 강한 영향력을 발휘하지만, 그 개인들이 사건을 겪은 특수한 일부가 아니라 우리 민족 전체라는 점에서 집단적인 문제로 고민해야 할 것이다. 일상을 영위하는 가운데서도 분단과 전쟁에서 비롯된 갈등의 요인들은 곳곳에 존재하고 있으므로, 우리의 삶의 문제점들은 분단트라우마의 표면화라고 과감하게 진단할 수 있겠다.

이처럼 우리의 모든 삶에 지대한 영향을 미치는 분단과 한국전쟁 사건이므로 전쟁 이후 지속적으로 이야깃거리로 인구에 회자되어 왔다. 우리의 문예활동의 소재로도 적극적으로 원용되어, 전후소설이나 전쟁영화 등의 대중문화에서 갈등의 요소나 비극적인 삶의 모습으로 형상화되었다. 특별한 예술적 장치를 빌리지 않더라도 분단과 한국전쟁 이야기는 현재 70대 후반 이후의 노년층의 집단적 혹은 개인적인 서사1)로서 강하게 자리 잡고 있다.

곧, 한국전쟁 체험담은 현재의 이야기문화에서 역사 사화(史話)와 같은 위상으로 구비 전승되고 있다. 70대 후반 이후의 노년층의 주요 레퍼토리로 자리매김하고 있는데, 이 이야기들은 구술 방식이나 향유의식에서 양면적인 모습을 가지고 있다. 남북 분단과 갈등의 최고점에서 서로를 살상한 처절한 이야기이지만 지나간 역사의 이야기쯤으로 순탄하게 구술되다가도, 남북 정세가 적대적으로 급변하면 작금의 상황을 대변하는 이야기로 돌변하게 된다. 분단이 지속되는 가운데서는 이러한 이중적인 구술 방식과 향유의식은 유지될 것으로 보인다. 곧 전쟁 체험담의 구술 방식과 이야기의 내용에는 분단트라우마가 깊이 개재되어 있고, 이러한 트라우마는 분단의식을 고착화

---

1) 여기에서의 서사(敍事)는 일상의 구술 현장에서 찾을 수 있는 '이야깃거리' 정도의 개념으로 사용하므로, 'narrative'의 의미가 강하다.

하는 부정적 요인으로 작용할 수 있다.

지금까지 한국전쟁 체험담에 대한 접근은 구술사적인 측면에서 주로 이루어져,2) 국가 주도 전쟁사 기술에서 누락된 민간인 학살 사건이나 이데올로기 갈등을 겪은 지역의 실상을 밝히는 방향3)에서 성과를 냈다. 이러한 성과를 통해 역사 속에서 잊히고 묻힌 사건들의 전모가 세상에 모습을 드러내게 되었고, 전쟁의 또 다른 폐해에 대한 사회적 인식을 확산시켰다. 그리고 문학의 영역에서는 한국전쟁 체험담의 문학적 특성과 구술 방식 등에 관심을 둔 연구4)가 있어 이 글에 시사하는 바가 크다. 그러나 기존의 연구에서는 한국전쟁 체험담을 통해 전쟁의 또 다른 실상을 밝히고, 체험담의 존재 양상과 문학적 특성에 대해 주목하였지만 체험담 속에 자리한 분단트라우마의 양상이나 치유 방안에 대한 고민으로까지는 나아가지 못한 면이 있다.

이에 필자는 이 지점에 착목하여 연속적인 연구를 진행하였다.5) 한국전쟁이나 분단 사건에 관련된 체험담을 통해 분단트라우마의 양

---

2) 김귀옥, 『이산가족, '반공전사'도 '빨갱이'도 아닌…』, 역사비평사, 2004; 김귀옥 외, 『전쟁의 기억 냉전의 구술』, 선인, 2008; 박경열, 「제주 여성 생애담에 나타난 4·3의 상대적 진실」, 『인문학논총』 47집, 건국대학교 인문학연구원, 2009, 233~256쪽; 이임화, 『전쟁미망인, 한국현대사의 침묵을 깨다』, 책과함께, 2010.

3) 박찬승, 「한국전쟁과 진도 동족마을 세등리의 비극」, 『역사와 현실』 제38집, 한국역사연구회, 2000, 274~308쪽; 이용기, 「마을에서 한국전쟁 경험과 그 기억: 경기도의 한 모스크바 마을 사례를 중심으로」, 『역사문제연구』 6, 역사문제연구소, 2001, 11~55쪽; 윤형숙, 「한국전쟁과 지역민의 대응: 전남의 한 동족마을의 사례를 중심으로」, 『한국문화인류학』 제35집 2호, 한국문화인류학회, 2002, 3~29쪽; 박찬승, 『마을로 간 한국전쟁』, 돌베개, 2010.

4) 신동흔, 「역사경험담의 존재양상과 문학적 특성: 6·25체험담을 중심으로」, 『국문학연구』 제24호, 국문학회, 2011, 7~61쪽; 신동흔, 「한국전쟁 체험담을 통해 본 역사 속의 남성과 여성: 우리 안의 분단을 넘어서기 위하여」, 『국문학연구』 제26호, 국문학회, 2012, 277~312쪽.

5) 김종군, 「지리산 인근 여성 생애담에 나타난 빨치산에 대한 기억」, 『인문학논총』 47집, 건국대학교 인문학연구원, 2009, 211~232쪽; 김종군, 「구술을 통해 본 트라우마의 실체」, 『통일인문학논총』 51집, 건국대학교 인문학연구원, 2011, 37~65쪽; 김종군·정진아, 「탈북자의 역사적 트라우마와 탈북 트라우마의 현재적 양상」, 『코리언의 역사적 트라우마』, 선인, 2012, 117~167쪽; 김종군, 「구술생애담 담론화를 통한 구술 치유 방안: 『고난의 행군시기 탈북자 이야기』를 중심으로」, 『문학치료연구』 제26집, 한국문학치료학회, 2013, 107~134쪽.

상들을 진단해 내고, 더 나아가 그 치유 방안으로 체험담 구술의 상황에 주목하여 '구술 치유' 개념에 대해 고민하였다. 일련의 과정에서 체험담 구술을 통한 분단트라우마 치유는 개인의 문제로 국한하여 실효를 거두기가 쉽지 않겠다는 결론에 도달하였다.

구술 치유는 개인적인 차원에서 입은 외상보다는 국가나 민족, 집단 차원에서 벌어진 한국전쟁과 같은 충격적인 사건에서 피해를 입은 개인들이 간직한 트라우마를 치유하는 방법론으로서 적절하다고 판단하였다. 그리고 그 방법으로 구술 현장에서의 말하기 방식과 서사 내용에 주목하여 치유와 회복을 지향하는 방향을 찾고, 이러한 구술 방식과 서사 내용을 담론화를 통해 확산하여 집단적 병증인 분단트라우마를 치유할 수 있다는 가설을 제시해 보았다. 집단의 트라우마를 치유하는 방편으로서의 구술 치유는 자신이 간직한 고통을 다른 사람도 함께 가지고 있다는 것을, 타인이 구술한 자료들을 통해 확인하는 가운데 동병상련의 위안을 얻게 되는 일련의 과정에서 실현 가능하다고 추론한 것이다. 그리고 이러한 위안이 점점 확대되는 가운데 동일한 트라우마를 공감할 수 있는 담론의 장에 자신도 참여할 수 있는 용기를 얻게 될 것으로 보았다. 구술의 과정이 진행되면서 이 정도 수준에 도달한다면 어느 정도 치유나 회복의 예후를 보인 것으로 진단할 수 있을 것이다.[6]

그렇다면 분단트라우마를 극복하기 위한 한국전쟁 체험담의 담론화의 올바른 방향은 무엇인가? 이 글에서는 한국전쟁 체험담의 다양한 사례들 가운데서 그 말하기 방식과 서사의 내용에 주목하여 분단트라우마를 극복하는 방안을 찾아보고자 한다.

---

6) 김종군, 위의 논문, 2013, 114~115쪽.

2. 한국전쟁 체험담의 성격과 양상

한국전쟁 체험담이란 1950년 6월 25일에 발발한 한국전쟁이 1953년 7월 27일 휴전을 맺는 시기 동안 당시를 살았던 사람들이 개인적으로 겪은 이야기를 지칭한다. 그러나 이러한 단순한 시기로서 그 영역을 제한하기에는 복잡한 문제들이 얽혀 있다. 1945년 해방 이후 38선으로 분단이 이루어진 시점부터 좌우의 이데올로기 갈등이 첨예하게 일어났고, 그 대표적인 사건이 4·3사건과 여순사건이며, 그 과정의 정점에 한국전쟁이 위치하고 있다. 그리고 38선 인근에서는 6·25 이전에도 국지전 성격의 소규모 전쟁은 끊임없이 이루어졌다고 하니, 그 시점을 6·25로 두는 것도 문제이다. 그리고 휴전이 1953년에 이루어졌다고 해도 지리산을 중심으로 웅거한 빨치산들의 활동은 이후 수년간 지속되었으므로 개전과 휴전으로 체험담의 영역을 정하는 데는 문제가 있어 보인다. 시기적으로는 분단 이후부터 빨치산의 활동이 종결된 1953년 이후까지로 확대[7]할 필요가 있으며, 사건의 성격으로는 남북이 총칼을 겨눈 전쟁뿐만 아니라 이데올로기 갈등으로 국가폭력이 가해진 4·3이나 여순사건 등도 포괄하는 개념으로 보는 것이 타당할 것이다.

그렇다면 한국전쟁 체험담의 양상은 제주도 4·3사건 관련 체험담, 여순사건 관련 체험담, 지역 공동체 내부에서 벌어진 좌우 이데올로기 갈등 체험담, 6·25 이전 38선 인근에서 있었던 국지전 체험담, 그리고 본격적인 한국전쟁 체험담, 휴전 후 빨치산 토벌 과정에서의 체험담 등으로 다양화할 수 있다.

한국전쟁 체험담의 성격을 구명하는 일은 우리가 갖고 있는 치부를 건드리는 일일 수 있고, '건드리면 덧나는 상처'일 수도 있다. 그렇

---

7) 빨치산 토벌의 종료 지점을 1953년 9월에 지리산 빗점에서 이현상이 사살된 상황으로 보는 시각이 일반적이지만 최후의 빨치산이라고 하는 정순덕은 1963년 11월에 체포되었으므로 현지인들에게 전쟁의 공포는 더 오랜 시간 지속되었다고 볼 수 있다.

더라도 이 체험담의 구술에서 분단트라우마의 극복을 논의하기 위해서는 이야기의 성격, 말하기 방식에 대해 주목할 필요가 있다. 한국전쟁 체험담은 분단이 지속되는 한 온전한 실체를 드러내지 않을 수도 있다. 체험담의 구술은 구술자가 어느 한편—남한의 입장, 체제옹호의 논리, 더 나아가 반공의 논리에 서서 이야기하는 방식이다. 이러한 체험담 구술의 성격이 분단트라우마이고, 한국인의 비극을 대변한다고 볼 수 있다. 전쟁을 겪는 가운데 전세에 따라 가해자가 피해자로 바뀌는 상황을 반복적으로 겪었고, 그 와중에서 누군가가 암흑 속에 전짓불을 얼굴에 들이대면서 "넌 어느 편이냐?"고 묻는 절체절명의 상황8)에 처한 경험이 일반적이다. 상대의 정체를 파악할 수 없는 상황에서 순간의 선택이 생명을 좌우하는 극한의 공포 체험인 것이다. 그 결과 전쟁을 겪은 사람들은 세상은 다시 뒤집어질 수 있다는 영원한 불안감을 마음에 품고 살아간다고 볼 수 있다.9) 이를 전쟁문학 작가는 '마음속의 지뢰밭'으로 표현10)하기도 하였다.

한국전쟁은 진행형으로 자리하기 때문에 한국전쟁 체험담은 말할 수 있는 자유가 박탈된 상태에서 진행되는 비정상적인 성격을 갖는다. 그리고 구술자들 모두가 어느 한 구석은 감춘 상태에서 구술에 임한다. 그 결과 자신의 과오를 합리화하는 방식으로 구술은 진행될

---

8) 이청준의 소설 〈소문의 벽〉에 그려진 극한 공포의 상황으로 이해할 수 있다. 전쟁 시기 빨치산과 경찰이 번갈아 가며 점령한 마을의 어린이가 암흑 속에서 누군가 전짓불을 들이대며 "넌 어느 편이냐?"고 묻는 공포의 상황을 겪은 후 강한 트라우마를 간직하게 된 내용이다.

9) 초등학교 시절 막내아들의 학부형이 된 아버지는 뒤늦게 학교 교정에 동상을 세워주고 싶어 하였다. 이미 마을 유지들을 중심으로 충무공상, 신사임당상, 독서하는 여인상, 각양각색의 동물상들이 콘크리트 재질로 설립된 상태였다. 남은 것은 반공소년 이승복상 밖에 없었다. 대처의 학교에는 이승복 어린이상이 오독하게 서 있는데, 지리산 밑에 자리한 초등학교에는 그것만은 없었다. 아버지는 술만 드시면 막내에게 미안해 하셨다. 동상을 세워 아들의 기를 살려주어야 하는데 차마 그것은 할 수 없다고. 세상이 언제 다시 변할지 모른다는 불안감에서 용기를 낼 수 없었던 것이다.

10) 〈아베의 가족〉, 〈남이섬〉 등으로 한국전쟁의 참상을 드러내고 상처의 회복을 이야기하는 전상국 작가의 표현이다. 한국전쟁 체험담 구술의 성격에 대한 많은 조언이 있었다 (2013년 2월 17일, 김유정문학촌에서 구술, 신동흔·김종군 외 조사).

수 있고, 한쪽 편에 편중된 입장을 취하면서 스스로를 영웅화하는 경향도 갖는다.

전세에 따른 가해와 피해의 반복 순환 속에서 주변 사람들의 인심의 변화가 가장 참혹함으로 다가왔고, 이 가운데 불신의 조장이 가장 큰 핵으로 자리 잡았다. 그래서 전쟁 체험담에서 대체적으로 보이는 양상은 전쟁 중 북에서 내려온 인민군이 무섭다는 생각은 거의 없고, 지방 빨갱이들의 복수와 그에 대한 재복수의 반복이 더 큰 공포로 자리 잡고 있다.

결국 한국전쟁 체험담의 구술에서는 사건에 대한 객관적인 태도가 요구된다. 그러나 본인의 체험담에서는 도저히 불가능한 실정이다. 그러므로 전쟁소설에서 작가가 허구화를 꾀하는 가운데 객관화가 이루어지는 것처럼, 구술자도 남들이 겪은 이야기를 본 대로, 들은 대로 구술하는 방식이 필요할 수 있다. 자신의 행위가 아닌 남들의 이야기를 구술로 전달하는 과정에서 사건의 전모를 가해자와 피해자 양측의 입장을 고려해 가면서 객관화할 수 있을 것이다. 이 가운데 온정에 대한 기대도 가능할 것으로 보인다.

또 한편 전쟁 체험담을 담론의 장으로 끌어내기 위한 방안으로 전쟁의 비극 속에서 인간이 행할 수 있는 행태는 유사하다는 점에 착안할 필요가 있다. 개연성을 가진 이야기들이 체험담으로 주로 구술된다는 말이다. 피난 도중 우는 아이를 버리거나 질식시킨 이야기나 여성들의 성폭력 피해 이야기, 양측으로부터 수탈당한 이야기 등은 반복적으로 조사된다. 이러한 개연성을 띤 체험담 구술의 확산을 통해 극단의 전쟁 시기에 가해자로서 자신이 행한 행위가 대단한 비난을 받을 일이 아닐 수 있다는 위안을 주는 방식으로 담론화를 시도할 수 있다. 일단 담론의 장이 형성되고 나면 그 가운데 자신의 이야기를 구술하는 과정에서 가슴속에 응어리진 한을 풀어 놓을 수 있을 것이고, 회복의 기미를 엿볼 수도 있다고 판단된다.

현장에서 얻을 수 있는 한국전쟁 체험담의 내용이나 구술 상황은 이처럼 다면성을 지니고 있다. 구술하는 서사의 내용이나 구술 방식이 남성과 여성에 따라 다름에 대해서는 기존의 논의에서 꼼꼼하게 다루어지고 있다.[11] 그렇지만 다면적 양상이 구술자의 성별에 따라 확연히 구별된다고 보기에는 다소간 무리가 따른다고 판단된다. 체험담의 서사 내용과 말하기 방식은 분단서사에 고착된 경우와 이를 벗어나 서사로 이분할 수 있을 것이다. 분단의식을 고착화하고 적대감을 강조하는 체험담은 분단서사라고 볼 수 있는데, 대체로 전쟁에 참전한 용사들이 승리자나 강자의 입장에서 구술하는 무용담류를 들 수 있다. 한편으로 전쟁의 피해에 주목한 이야기들—피난이야기, 수탈당한 이야기, 학살당한 이야기는 약자의 입장에서 전쟁의 참상을 고발하면서, 양비론을 펼치기도 하고, 인도주의 시각에서 어쩔 수 없는 상황이었다고 수긍하는 경향도 볼 수 있는데, 이러한 이야기들은 분단서사를 벗어난 서사라고 볼 수 있고, 더 나아가서는 통합을 지향하는 서사라고 설정할 수 있을 것이다.

　동일한 사건을 놓고도 구술자의 입장에 따라 이야기가 분단서사가 되기도 하고 이를 벗어나기도 한다. 이런 양분의 요인은 정치사회적 분위기가 가장 주요하게 작용할 것이고, 구술자의 처지에 따라서도 달라지게 될 것이다. 정치사회적인 요인이 일정 정도 해결된다면 이후의 문제는 구술 상황 속에서 어느 정도 조율할 수 있지 않을까? 곧 말하기 방식과 레퍼토리의 선정에서 분단서사보다는 통합을 지향하는 서사를 구술하도록 계도하고, 자료를 구축하는 가운데 분단트라우마의 극복도 어느 정도 가능할 것으로 판단된다.

---

11) 신동흔, 「한국전쟁 체험담을 통해 본 역사 속의 남성과 여성: 우리 안의 분단을 넘어서기 위하여」, 『국문학연구』 제26호, 국문학회, 2012, 277~312쪽.

3. 분단서사에 고착된 말하기 방식과 서사

기존에 조사되었거나 조사 현장에서 접할 수 있는 한국전쟁 체험담은 대체로 분단서사를 주 내용으로 하고 있다. 특히 한국전쟁을 직접적으로 겪은 사람들, 그 가운데서도 전쟁에 참전한 남성 구술자들은 전쟁의 참상을 이야기하기보다는 자신들의 무공을 과시하고자하는 의도가 구술의 내용이나 구술 방식 속에 강하게 자리 잡고 있다. 참전 용사로서 국가에서 포상을 받은 경우는 더욱 더 체제 수호에 대한 자긍심을 드러내면서, 전쟁을 겪지 못한 젊은 세대들을 반공의식이 결여된 존재들로 진단하고, 자신의 무용담이 계도의 수단이되기를 소망하는 입장을 취한다. 특히 전쟁을 체험한 노년 남성들이집단으로 참여하는 구술 현장에서는 마치 반공 궐기대회에 나선 연사의 입장이 되기도 한다.

　저도 군대 가고 6·25때 갔다 왔지만 저, 몇 가지 이야기하고 말갔어요. 군대 가니께 제가 저, 그러니까 단기 83년도에 6·25 나는 해에 갔습니다. 가니께 에, 지가 하사관으로 갔는데요, 그 사병들이 너무 이가 많아서 이를 잡는데 에? 저, 이, 내가 처음으로 그거를 봤어요. 그래 분대원들이 이를 잡는데 뭐 한이 없어요. 그래서 그걸 어떻게 이를 잡느냐? 불에 태워라. (청중 웃음) 그래가지고 분대원들이 다 불에 태웠어요. 에? 그런 생활을 해가지고.
　또, 우리 인민군하고 저 직접 싸웠어요. 저 강원도 화천에서, 저, 양구에서요. 육박전이 벌어지며는 걔들은 야간으루 막 쳐들어옵니다. 주간으로는 안 쳐들어오구요. 그래믄 인민과 한국군과 구별을 못 해요. 에? 총, 갈, 칼, 총 ??니께 모자를 베껴봅니다. 모자를 베껴 머리를 세요. 인민군은 깎, 빡빡 깎았어요. 한국군은 질렀구요. 그래 빡빡 깎았으면 서로 죽이고 그래요. 에? 이러한 전투를 했는데 지금 젊은 사람들이 저, 좌경으로 빠져나가요. 에? 그런데 대학교수가 어? 나보고 통일 될라고 뭐, 6·25를 이북에서 했다. 그러한 그 허매, 허무맹랑, 에? 걔들이 비행기, 쌕쌕이로 일곱 대로 왔어요. 여의도가 비행기장이 있었어요.

와서 공격을 해서 너무 지금 저로서는, 군대생활 5년 했습니다. 전투에서만 어, 그저 쉬흔 될 때까지 에? 일설에 있었어요. 양구에서. 그런데 또 한 가지는 그 저, 중공군이 와서 후퇴를, 우리가 후퇴를 해면은 먼처 말타고 와서 높은 고지에 올라와서 피를 봅니다. 그래믄 우리는 그냥 앞에 몰르죠. 아무거, 저, 인민군, 저, 중공군이 와서 포위됐다고. 그래 따발총 가지고 확확 쏩니다. 그때는 사단이고 군단이고 생전 저, 본부가 다 천막이 있었어요. 그래 천막에 와서 말 타고 와서는 따발총으로 다 때립니다. 그래믄 다 도망갔어요. 그때 화천이었어요. 저, 저, 인제 원통리서. 그러한 저게 했는데 허무맹랑한 소리를 할 적에 지가 할 수, 분해서, 분해고 지금 젊은 사람들이 그러한 그 쌕쌕이가 인민군 쌕쌕이가 왔다는 것도 몰를 거예요.

저는 그때 열여덟 살에 군대 나갔습니다. 학도병으로. 에? 가서는 5년을 싸웠어요. 에? 그러니께 여러분들이 좌경으로 빠지는 걸 잘 생각해서 가지고 요다음에 투표했을 적에 좌경으로 안 빠지게 자알 생각들 해셔가지고 해주시오. (청중 박수)12)

이 체험담은 2006년 6·25를 맞아 노인복지센터에서 주관한 '자유발언대-6·25를 맞으며'에서 구술된 내용이다. 구술자는 참전용사로서 전쟁 당시 겪었던 이야기를 몇 가지 에피소드로 구술하고 있는데, 구술의 의도를 현재의 젊은이들이나 일부 지식인들이 좌경화되고 있는 것이 분해서라고 밝히고 있다. 일부 젊은이들이 한국전쟁의 북침설을 제기한다고 하면서 인공군 비행기의 서울 상공 출현을 증언하고 있다. 서사의 전개는 전쟁의 참상을 '사병들이 이를 잡는 풍경'이라는 열악한 환경으로 그리다가, 강도를 더하여 진지에서 있었던 피아를

---

12) 신동흔 외, 『도시전승설화자료집성』 3, 민속원, 2009, 419~420쪽.

분간할 수 없는 야간 육박전의 긴박한 상황을 그리고, 중공군의 총격을 피해 도망을 쳐 목숨을 건진 상황으로 이어지고 있다. 스스로가 겪은 전쟁의 참상과 공포를 생생하게 묘사하면서 구술한 내용이다. 이러한 사건의 사실성은 자신이 겪은 체험이므로 특별히 문제가 될 것이 없다. 그 사실을 통해 청중들은 전쟁의 참상을 상상하게 되고 구술자의 국가체제를 수호한 무공에 대해 찬사를 보낼 수도 있다.

그러나 그 서사의 구술 의도가 전쟁을 겪지 못한 젊은 세대들에 대한 비난에 있다는 점은 문제라고 할 수 있다. 세대 간의 갈등을 조장하는 장치로 전쟁 체험담이 활용되는 경우는 결코 긍정적이지 못하기 때문이다. 우리 사회에서 한국전쟁을 겪은 세대들이 젊은 세대들의 정치적 입장이나 시국관에 대해 비판할 때 이러한 분단서사로서의 전쟁 체험담이 강하게 자리 잡고 있다. 집안에서 자식이나 손자들을 대할 때는 강도가 약하다가도 노년층들이 집단으로 모여서 담론이 형성되는 장에서는 세대 갈등의 도구로서 분단서사가 짙게 투영된 전쟁 체험담을 과감하게 쏟아내는 실정이다.

이러한 세대 갈등의 조장 장치로서 분단서사에 고착된 전쟁 체험담은 이야기의 말미에 보이는 결말 구조에서 더욱 심각성을 드러낸다. 정치적인 문제와 결부를 시켜서 투표의 상황에서도 잘 판단하라는 정치 선동도구로 전락하고 있다. 결국 분단서사에 고착된 전쟁 체험담은 세대 갈등과 더불어 종국에는 이념 갈등의 상황으로 끌어가면서 또 다른 전쟁을 지저에 깔게 되는 것이다.

이 같은 전쟁 체험담은 민주화가 이루어지기 전 시기에 관 주도로 조사된 전사(戰史) 기술에서 일반적으로 활용된 방식이다.13) 참전 용사들의 체험담 중 가장 빈번하게 조사되는 사건이 퇴각하는 인민군을 사살했다는 내용이다. 그러나 이 이야기의 진실은 총상을 입고

---

13) 그 예를 하동향토수호전기편찬위원회, 『하동향토수호전기』, 하동군, 1987에서 찾을 수 있다.

길거리에 누워 죽어 가는 인민군에게 총상을 가한 것일 수 있다. 총을 들고 퇴각하는 인민군을 쫓고 있는 자신도 공포에 떨고 있었으므로 죽어 가는 패잔병을 보자 엉겁결에 발사를 하게 된 것이다. 그런데 이것이 관 주도의 '향토수호전사(鄕土守護戰史)'를 기술하기 위해 자료를 모으는 과정에서 전쟁 영웅의 무용담으로 자리 잡게 되는 양상이다. 그리고 이러한 국가나 관 주도의 전사 자료집들이 무상으로 보급되어 읽히는 가운데, 전쟁 체험담은 적을 죽이는 무용담 주축으로 담론을 형성하게 되었다고 볼 수 있다.

앞서 언급한 것처럼 한국전쟁 체험담은 구술자가 어느 한편의 입장을 확고하게 정해서 구술할 수밖에 없는 분위기에서 조사가 이루어져 왔고, 그러한 조사 작업을 국가나 관에서 주도했다는 데 문제가 있다. 이러한 정황이라면 당연히 분단서사를 이야기의 주요 내용으로 채울 것이고, 적대성을 극대화하는 방식으로 구술에 임하게 될 것은 자명하다. 결국 분단서사에 고착된 전쟁 체험담 구술은 정치 논리에 순응하면서 세대 갈등, 이념 갈등을 조장하는 악순환의 장치로 활용되었다고 볼 수 있다.

4. 분단서사를 벗어난 말하기 방식과 서사

체험담의 존재 가치는 사실을 기반으로 당시의 삶의 모습을 진실하게 담아내는 데 있다고 할 수 있다. 그러므로 한국전쟁 체험담에는 전쟁의 실상을 생생하게 담으면서, 처절했던 전쟁 시기를 살아낸 사람들의 삶의 진실이 담기면 의미가 있을 것이다. 전쟁은 누가 뭐라고 해도 승자에게도 패자에게도 비극일 수밖에 없기 때문이다. 한국전쟁 체험담은 종전이 된 상황이 아니라 현재진행형의 휴전 정국이므로 상대를 적으로 몰아세우고 자신이 피해자의 입장이 되어 이야기하는 방식이 될 가능성이 크다. 그러므로 구술된 서사나 구술 방식은 분단서사에 고착될 여지가 크다. 이와 같은 상황을 감안하면 한국전쟁 체험담에서 통합서사로 단정할 수 있는 이야기나 구술 방식을 찾는 것은 무리일 수도 있다. 전쟁 체험담에서 화합이나 평화의 메시지를 오롯이 담고 있는 서사나 가해자와 피해자가 화해하는 방식으로 구술되는 서사를 찾기는 매우 어렵다. 그러나 극단적인 상호 적대성을 벗어난 이야기와 말하기 방식들은 더러 찾을 수 있으므로 이를 분단서사를 벗어난 상황으로 볼 수 있겠다. 달리 온정의 서사나 고발의 서사 정도로 명명할 수 있겠다.

그 양상은 전쟁의 처절한 참상을 고발하는 경우, 생존을 위한 양쪽을 넘나든 처세를 변론하는 경우, 온정주의의 입장으로 전쟁의 참상을 보듬고자 하는 경우 등으로 나타날 수 있다.

1) 전쟁의 참상 고발: 성폭력 피해

6·25 때 내가 하도, 하도 엄청난 얘기라서 내가 한번 하고 싶네. 이건 어데서 내, 언제 어디 가도 내가 공개하고 싶었는데. 6·25 때 말하자면은 미군들이 많이 안 들어 왔어요? 6·25 전쟁 때. 그래 미국 놈들 처음 들어올 때 아이구, 여자들하고 마 강탈을 온다고 막 난리가 났는데 한 삼십 명 여자들 막 한집에 모아놓고 밤에 자고 그랬거든? 그랬는데 막 혼차 있는 영감들은 있으면 가면 막 가서 배를 푹 찌르고,

"여자 내놓으라."

고. (조사자: 미군들이요?) 예. 아, 미군들이 그랬지 처음에는. 그랬는데 (청자: 미군들이 첨에 그랬어요?) 예. 그랬는데 난중에는 막 돌아댕기, 이 한 이십 일간 숨어가 있으니까 살 수가 없어요.

(…중략…)

그래도 미군이 그래 들어오고. 우리 참 대동아 전쟁을 해줬기 때매 우리가 이렇게 지금 발전하고 살지 (청자: 맞어.) 그분들 무시하면 안 돼지. (웃음) 안 그래요? (조사자: 아, 그런 일이 있었구나.) 아이고. 무서라. 별

일 다 있었어요.[14]

　전쟁에서 가장 참혹한 피해자는 여성과 어린이라고 한다. 전쟁에 참전하지 않으므로 생명의 위협이 덜하다고 판단할지 모르지만 약자로서 배고픔과 추위 등을 막아낼 방법이 없어진 상황에서 사지로 내몰린 형상이다. 여기에 더하여 여성들에게 전쟁은 성적 유린이라는 공포를 가장 크게 안고 살아야 하는 처참한 상황인 것이다. 이 이야기 구술에 나선 여성은 고향인 마산에서 겪었던 전쟁 체험 중 가장 두려웠던, 미군에 의한 성폭행 사건을 고발하고 있다. 서두에서 말한 것처럼 일생을 살면서 하도 엄청난 사건을 보았으므로 한번은 이야기하고 싶었다고 고발 의지를 드러내고 있다. 구술한 서사에서 폭행의 구체적인 정황을 묘사하지도 않았고, 자신을 비롯한 처녀들이 위기를 모면하여 죽음을 무릅쓰고 도망쳤다고 직접적인 피해 사실을 피해가지만 구술 방식에서 감추어진 서사를 감지하고도 남음이 있다. 여자를 내놓으라고 노인들을 위협하는 상황과 숨어 지내기가 갑갑하여 들에 나왔다가 미군에게 잡혀서 죽기 살기로 발악했다는 상황을 통해 말하지 않은 진실을 읽어낼 수 있다.
　그런데 이러한 여성들의 전쟁 체험담에서 문제는 서사의 말미에 심각성을 드러낸다. 강력한 고발 의지를 드러내고 피해 사실들을 감추기 식으로라도 언급했건만 마지막에서는 그래도 우리를 구해 준 미군이니 어쩔 수 없다는 결론으로 나가고 있다. 전쟁의 참상을 고발하고자 한 의지의 너머에 미군이라는 고마운 구원자에 대한 지나친 비난은 삼가야 한다는 심리적 통제가 작용한다고 볼 수 있다. 여기서 고발 의지는 전쟁이라는 비인간적인 행위가 다시는 발발해서는 안 된다는 평화의 메시지라고 볼 수 있다. 그러나 담론화 과정에서는 더 큰 메시지 전달로 나아가지 못하고 있어 안타까움을 더하고 있다.

---

14) 신동흔 외, 『도시전승설화자료집성』 2, 민속원, 2009, 421~423쪽.

결국 한국전쟁 체험담에서의 고발 의식은 여전히 한계에 봉착하고 있음을 실감하게 한다.

> 클 때야 어쨌가니? 반란군 땀세 나가도 들으가도 못하고, (머리를 헝클며) 펑-상 머리 가 못 땋고, 머리도 헤풀고. 저녁이면 뭐, 반란군이 들온게, (얼굴을 만지며) 막 얼굴에다 거망칠을 해갖고. 젤-로 무서워라 한 건 염병을 무서워라 해. 염병을, 반란군이. 그래갖고 인제 아랫집이 그, 두임이 손센 집이, 혹보 영감이라고, 홀애비 영감이 있었어. 그 밑에 가 펑-상 (웅크리며) 오구리고 누웠어 인자. 반란군이, 마악 배꼍에 옥신각신허고 염생이 잡아먹니라고 꽥꽥끼리고 난리를 지겨, 우리 친정에는. 집이 큰께 그때는. 그으 아랫집이 그, 우두막집이 그 혹보 영감, 똥구녕에 가 누, 누웠는 거라 인자.
>
>   그 가 누, 다 떨어진 요, 그 누우가 있으먼 우앤동 옛날 [조사자: 반란군들이 처녀들을 건드리나요?] 아 처녀야 뭐, 환장을 하지. 군인이나, 전투순경이나 군인들이나 반란군이나 마, 처녀 있는 집이야 하먼 고만, 집중을 하는 거이라 거그서 고마.
>
>   긍께 인, 그땐 인자 쪼끔 젊었으이 꼬라지는 반다숭 - 하이, 환장을 하고 고마 잡아가먼 우쩔 꺼이라? 무서버서. 긍께 그 마, (얼굴을 문지르며) 마악 꺼멍칠을 막 요상하게 해갖고, 머리는 헤풀고.[15]

전쟁 체험 중 성적 유린에 대한 공포는 미군에게 한정된 내용은 아니었다. 지리산 인근에서 긴 세월 동안 전쟁의 공포를 체험한 여성들의 경우에는 산중에 웅거한 빨치산과 토벌대로 나선 군인, 경찰들도 모두 위협의 대상이었음을 확인할 수 있다. 결국 전쟁은 정상적인 인간을 비정상적인 짐승의 형상으로 만들게 된다는 고발의 메시지가 전해지는 서사이다. 이러한 입에 담기 힘든 사건들은 당사자인 여성

---

15) 이귀례(여, 1935년생) 구연, 2008년 12월 29일, 경남 하동 화개 용강, 김종군 외 조사.

들에게 가장 큰 트라우마로 자리 잡고 있다고 하겠다. 사회적인 약자로서 전쟁을 겪어내면서 당한 말 못할 외상을 담론의 장으로 끌어내는 방식이 죽기 전에 한을 풀어내는 장치가 될 수 있을 것이다. 곧, 전쟁의 참상을 고발하는 구술이 통합서사의 오롯한 양상이 될 수는 없더라도 전쟁이 다시는 있어서는 안 되는 사건으로 인식될 수 있도록 담론을 형성하는 것만으로도 치유의 효과는 있다고 판단된다.

2) 전쟁의 참상 고발: 양쪽으로부터의 수탈

전쟁의 참상을 고발하는 이야기 중 다수가 전쟁 시기 인민군과 국군에 의한 민간인 약탈 사건에 대한 것이다. 정상적인 생활이 이루어질 수 없는 전쟁 시기에 식량의 조달은 쉽지 않은 일이고, 이로 인해 발생하는 배고픔의 공포는 총탄의 위협에 버금가는 것이었음을 구술 곳곳에서 찾을 수 있다.

> 아-, 무서운 시상 많이 살어, 어데 뭐 밥을 제대로 먹었는 줄 알아? 저녁에, 보리 곡식 양석 두 되 구해놓고 어디, 집 사랑 처마 밑에 (위쪽을 가리키며) 저런 디 옇놓먼, 아침에 보면 싹! 만리경으로 보는 갑소, 범왕, 저런 디는. 싹 돌라 가버리고 읎어, 아무곳두. 뭐 자귀경(?)을 했는가 뭘 했는가 뭐. 싹 돌라가버리. (위쪽을 가리키며) 저-게서 만리경으로 봐. 그른께 그마 해거름- 되면 인자, (위쪽을 가리키며) 저-그서 인자, 우리가 범왕 있을 때 인자 밭을 매면, 말하자면 시방 시간, 시방 시간으로 한 다섯 시나-되믄, (위쪽을 가리키며) 저-건네로 온다고. 줄-줄이 내려 와. 그마 유격대들, 줄-줄이 니러왔다 인자 동네 근처 어데 있다가 밤에 오는 모냥이라. 못 견디. 뭐 도-저히 숭킬 수가 없어. 참-말로, 그때 안 죽고 모도 산 것만 해도 고맙지.
>
> 근데 뭐 (위쪽을 가리키며) 저, 범왕 저런 디는 (두 손을 동그랗게 모으며) 요-만한 도구, 도가지 한 개도 없어. 싹- 군인들이 와 다 뚜딜이가

<u>깨삐리고. 반란군 준다고, 묵는다고. 아-무긋두 없응께 소금 한 되, 보도</u>
시 동목 져다가 소금 한 되 사다가, 소금국 풀어갖고 밥 위에 쪄갖고 (떠먹
는 시늉을 하며) 기양 묵고.16)

지리산 인근에서 조사된 이 이야기에서 구술자는 전쟁의 체험 중
빨치산과 토벌대의 민간인 수탈에 대해 토로하고 있다. 반란군으로
불리는 빨치산들은 험준한 지리산 중에 숨어 지내면서 밤마다 보급
투쟁을 나와서 숨겨 둔 식량을 약탈해 갔고, 그에 비해 보급이 이루
어진 토벌대의 군경들은 빨치산의 보급투쟁을 저지하기 위해 민간인
들의 집을 불사르고, 기물을 파손하면서 삶을 위협하였다.

전쟁은 군인들에게는 서로를 죽여야 하는 비극이지만 민간인들에
게는 아군과 적군 모두에게 약탈당하는 더 큰 비극이라는 이야기이
다. '낮에는 국군에게 당하고 밤에는 공비에게 당하는' 전쟁은 결국
모두가 나쁜 사람들이고 악의 존재들이라는 인식을 갖게 한다. 이러
한 양비론의 서사와 구술 방식이 통합서사일 수 있는가에 의문을 제
기할 수 있지만, 역시 이와 같은 양비론적인 구술 담론화를 통해 전
쟁의 폐해를 고발하고 전쟁불가론을 확신시킬 수 있을 것으로 기대
된다.

3) 전쟁 중 처세에 대한 변론

한국전쟁 시기에 인공치하에서는 사회주의 사상을 가진 사람들은
'바닥빨갱이'로 불리면서 득세하여 가해자로서 활동을 하였고, 군경
이나 공무원의 가족들은 피해자로서 죽임을 당하거나 고초를 당했
다. 수복 이후에는 이러한 상황이 정반대로 역전되어 피해자는 가해
자가 되어 철저하게 복수를 감행하였고, 가해자였던 '바닥빨갱이'는

---

16) 이귀례(여, 1935년생) 구연, 2008년 12월 29일, 경남 하동 화개 용강, 김종군 외 조사.

죽임을 당하거나 고향을 등지고 타관으로 흘러가야 했다. 이들은 모두 신봉하는 사상을 따르거나 국가의 수혜를 받은 입장이므로 비극적인 상황에 처해지는 것이 불가피했다고 볼 수도 있다. 그렇지만 이러한 사상이나 공직과 무관한 민간인들 중 언변이 뛰어나거나 마을 일을 맡아했던 사람들은 두 체제 속에서 마을 일을 맡게 되어 전쟁 후 모호한 입장에 처하게 된다. 이에 대한 이야기가 전쟁 체험담에서 일군을 이루면서 구술되고 있다.

이들은 자신의 행적을 지금에 와서는 '이국충신'으로 미화하기도 하고, 솔직하게 인공시절 '여성동맹위원장'을 지냈다고 토로하기도 한다. 이러한 처지에 처한 사람들의 구술 방식은 '시절이 그러하였으므로 어쩔 수 없었지만 누구에게도 해를 끼치지는 않았다'는 입장을 보이고 있는데, 정세에 휩쓸려 분단서사 주축으로 구술하는 경우에 비해 의연하다고 할 수 있겠다.

아이 학생 놈들이 그것을 알고는,
"하이, 이국충신님 모셔왔다."
그래 내가 이국충신 말을 들었어.
"우리 나라 한국 정치 때는 국민을 위해서 성인 교육을 가리쳐서 그 무식헌 대중을 가르친 분인디, 그렇게 충신노릇을 헌 분이 인민공화국을 보고, 오닌게 우리 나라 지도책이 되았다. 근게 이북에도 충신, 우리 나라도 충신, 이국충신이다."
허구서는,
<u>"사람 양심이, 목심이 그릏-게도 아깝소?"</u>
<u>[청중 웃음] 허믄서 막, 그 학생놈들이 막 나를 그냥 몽둥이루 때릴라구 엎어놀라구 그려. 다른 사람이 엎어져서 뚜딜겨 맞는디, 그 다음 차례가</u> 나여. 아- 그래 그 사람이 인제 일어나서 저리 끌구 가. 인제 저- 가들 디가 데리꾸가. 볼기짝 몽둥이루 뚜딜겨서. 그리구는 나를 막 끄집어 가. 아- 갈라구 허는 찰라에 문이 빼긋이 열려. 아 그러드니 우리 면장, 촉진

대장, 아- 그 촉진대쟁이 들어오더니 우루루 허드니 내 손목을 잡드니,

"조동지-."

그리어. 동무라고 안 허고, 동지라 그려. 아- 그러드니 아- 그 촉진대쟁이 날더러, 학생들을 보고 뭐라 허느냐 하면,

"이 분이 사상이 틀려서 교육을 받으러 간 것이 아니다. 교육을 받으러 간 것은 강제로 선출이 되얏고. 갔다 와서 면 지도책 노릇을 허면서 자기 제종동생, 경찰, 대핸민국 경찰을 자기 집에 숨켜 놨다가 중-요헌 정보가 있시면 이리라, 저리라, 지시한 양반이 이 양반이다. 그런디 학생들이 그런 것을 자세히 알고 다스려야지. 무조건, 겉만 보고 다시리면 씨냐? 조동지 갑시다."17)

이 이야기에서 '이국충신'의 의미는 인공시절에 면 지도책으로 선발되어 교육을 받고 활동하던 중 수복이 이루어져 학도호국단18) 학생들에게 끌려가서 고초를 당하면서 들었던 비난의 말이다. 그런데 구술자는 구술의 상황에서 전쟁 시기 자신의 처세를 미화하는 용어로 거리낌 없이 사용하고 있다. 구술자는 고령의 나이에도 자신의 살아온 생애담을 풍부한 서사를 갖추어 구술하는 유능한 이야기꾼이다. 6·25가 나자 경찰로 근무하던 재종동생이 몸을 숨길 곳이 없어서 자기 집으로 찾아오자 대청마루 지하에 숨겨 주고 있었는데, 인민위원장이 불러서 면 지도책 교육을 받고 오라는 요청을 받게 된다. 하는 수 없이 지도책 교육을 받고 활동을 하였는데, 후에 수복된 후 청년들에게 '이국충신'이라는 비난을 들으며 죽을 위기에 처했다고 한다. 이때 모든 정황을 알고 있는 촉진대장이 나타나 사실을 밝히고 위기에서 구해줬다는 내용이다. 비교적 긴 서사이고 입담이 좋아서 흥미진진하게 구술이 이루어졌다.

---

17) 신동혼 외, 『도시전승설화자료집성』 2, 민속원, 2009, 369~370쪽.
18) '학도병'이라는 용어를 구술자가 착오로 이렇게 사용한 것으로 보인다.

이 이야기에서 한국전쟁 체험담 구술의 또 다른 일면을 발견할 수 있다. 전쟁 시기를 잘 살아낸 사람들은 체제나 이데올로기에 휩쓸리기보다는 인간의 도리를 다하는 것으로 위기를 모면할 수 있었다는 진리를 말하고 있다. 이야기가 자신의 입장을 변론하는 과정에서 충분히 부풀려졌을 가능성이 있지만 통합의 의지를 읽을 수 있는 서사라고 할 수 있다. 이념이나 욕망 갈등의 정점에서 발생한 전쟁에서 어떻게 처세해야 하는지 방향을 제시하면서 전쟁의 의미를 무화시키고 있기 때문이다. 인간으로서의 삶이 철저하게 파괴되는 전쟁 중에도 사람의 도리를 올곧게 행하면 명을 보존할 수 있다는 또 다른 메시지를 담고 있는 이야기로서, 통합에 기여할 수 있는 전쟁 체험담이라 할 수 있겠다.

4) 적에 대한 온정적인 태도

앞서 언급한 전쟁 체험담의 성격에서 어느 한편의 입장이 되어 구술하는 방식을 취한다는 특징을 이야기했는데, 분단 체제 속에서는 대부분이 인민군이나 빨치산에 대해 적대감을 가지고 구술에 임할 것이라고 예측하였다. 그러나 실제 구술의 현장에서는 인민군에 대해서 적대감을 풀고 '순박한 사람'으로 인식하는 경우가 많고, 온정적인 시각을 드러내는 경우도 있다. 이러한 인도주의적인 온정은 통합서사의 단초라고 말할 수 있겠다.

  인자 그 사람이 빨치산으로 나가놓이께, 그 사람, 왜 그러냐하면은 좌우간 불러다가 때리니까 매 맞기가 싫어서 도망을 가는 기지. 도망을 가는 기라. 그래놓이 그 사람 부인도 인자 우찌 되어서 그 산에 갔느냐 하면은 남편이 산에 간께 장근 잡아다가 장근 여자를 오락해가지고 괴롭히이께 '내가 고마 산에 가야되겠다.'
  그래 가가지고 그래-, 저, 정순득이가, 그게 신문에도, 부산일보에도 많이 나왔다고. 잽히고 나서 결국 총에 맞아 가지고 안 죽고 다리 절단하고 이래가지고 살아나왔거든. 그래가지고 무기 징역을 받았다가 감영돼가지고 이십 년인가 얼마 받았다가, 십, 내가 알기로는 한 십팔 년 쯤 살다 나왔거든. 나왔는데 그래 그 사람, 그, 그때 그, <u>부산일보 내가 한 번 본께, 자기도 털어놓고 기도하고 이바구를 하는데 매에 못 이겨서 간 거라. 장근 불러다가 인제 남편 빨개이 나가고 없으니께 장근 불르니께, 그러니께 인제</u>

'아이고 그만 내가 장근 불리 가가지고 고초 당하는 것 보다 고마 나도 산에 가야되겠다.' 싶어서 그래 산에 갔지. 그래서 그 정순득이라고 그 제일 뒤에 잽혔다 아이가.19)

마지막 빨치산으로서 1963년에 체포된 정순덕에 대한 이야기이다. 여기에 얽힌 이야기는 현재까지 인구에 회자되는데, 마지막 빨치산이 토벌되었다는 사실이 세간을 놀라게 하였고, 그가 여성이라는 사실에 더욱 놀랐으며, 더 나아가 그가 여자 빨치산이 된 사연이 남편을 찾아 들어갔다는 사실에 더더욱 놀랐다. 구술자는 그 사연을『부산일보』기사를 통해 보았다고 말하면서, 남편이 빨치산이 되었다고 매번 잡아다가 괴롭혔기 때문에 빨치산이 된 것이라고 정순덕에 대해 온정적인 입장으로 구술에 임하고 있다. 워낙 애틋한 사연이었고 언론을 통해 대대적으로 보도되는 가운데 감정을 자극한 측면이 없지 않지만, 이와 같은 사건의 회자 방식이 분단서사를 극복하는 한 양상으로 가능함을 보게 된다. 전쟁이나 분단의 사건이 국가적이거나 거시적인 차원에서는 적대 감정으로 확고하게 자리 잡게 되지만 주변의 애틋한 사연으로는 충분히 온정적인 감정을 유발하게 할 수 있다는 시사점을 엿볼 수 있다.

전쟁의 비극을 다룬 소설이나 영화20)가 우리에게 던지는 메시지

---

19) 신동흔 외,『도시전승설화자료집성』9, 민속원, 2009, 284~285쪽.

와 그에 반응하는 우리의 온정적인 감정 상태가 이와 같은 구술에서도 가능함을 보게 된다. 이러한 사연을 담은 이야기를 발굴하여 담론화하고 사회적으로 확산하는 가운데 분단서사가 통합의 서사로 대체됨을 발견할 수 있지 않을까?

다음은 마지막 빨치산 정순덕에 대한 온정적인 시각을 엿볼 수 있는 단상이다. 특히 정순덕에 의해 피해를 입은 지역 주민의 글이라 그 화해의 의미를 읽어낼 수 있다.

16살의 순박한 새색시가 17살 남편을 찾아 입산하고, 다시 만난 신혼의 남편은 만난지 20일 만에 국군에 의해 죽었다. 어린 새색시는 복수심에 불타 짐승같은 빨치산 생활을 하면서 많은 양민을 죽였다. 그리고 자신도 총을 맞고 한쪽 다리를 잃었다. 친척도 아는 이도 없이 외다리로 버티며 수용시설을 전전하며 모진 삶을 이어가고 있다 한다. 총을 맞고 생포된 때가 30살이었으니, 지금은 68세가 되었다.

그러나 그녀가 입산한 것도, 남편의 죽음도, 표독한 공비로 산 13년도 그녀의 선택은 아니었으리라. 16세 신부가 결혼 6개월 만에 산으로 찾아가 남편과 지낸 20일…, 우리의 슬픈 역사의 한자리이다.[21]

5. 분단트라우마의 극복 방안: 분단서사에서 통합서사로

이상에서 분단서사를 벗어난 이야기와 구술 방식을 몇 가지 사례로 나누어서 살펴보았다. 이러한 이야기나 구술 방식이 통합서사로서의 의미를 지니며, 그 서사에서 도출할 수 있는 분단트라우마를 극복하는 방안이 될 수 있는지는 아직 미지수이다. 그럼에도 분단의

---

20) 1965년 개봉한 김기덕 감독의 〈남과 북〉과 같은 영화가 예가 될 수 있다.
21) 화개면지 편찬위원회, 『화개면지』 상, 화개면, 2002, 196쪽.

트라우마를 치유하고 회복의 단계로 나갈 수 있도록 하는 노력은 계속되어야 하므로 통합서사의 대안적인 사례를 제시해 본다. 이러한 통합서사의 담론화를 통해 우리 사회에 집단적으로 자리 잡고 있는 분단서사를 걷어내고 통합과 화해의 방향을 제시할 수 있을 것이다. 이러한 일련의 과정이 곧 구술 치유라고 말할 수 있다.

전쟁 체험담에서 자신의 이야기를 생애담 방식으로 구술하는 경우는 개인이 간직한 분단트라우마에 접근할 수 있을 것이고, 구술의 과정에서 회복을 얻게 된다면 치유의 단계로까지 볼 수 있을 것이다. 그러나 가슴속에 응어리진 한이나 상처를 구술하는 과정에서 온전히 털어내기란 쉽지 않아 보인다. 결국 구술 치유 방법으로 개인적인 분단트라우마가 치유될 수 있다고는 아직 장담하기 이르다. 오히려 집단적인 트라우마를 치유하는 데에 좀 더 적절하다고 판단된다. 그 방식은 거듭 언급한 것처럼 통합서사를 구술을 통해 담론화하고, 그것을 사회적으로 확산시키는 것에서 찾을 수 있다.

전쟁 체험담은 개연성에 입각하여 다양한 사례들이 전국적으로 분포할 수 있다. 자신의 이야기가 아닌 남의 이야기라고 할지라도 '들은 이야기', '본 이야기'[22]를 통해 사실을 객관화하고 전쟁의 참상과 비극을 폭로하고 비판하는 방식으로 전개되는 이야기가 확산될 필요가 있다. 이 같은 사례는 전쟁문학에서 전쟁을 소재로 다루는 방식과 상통한다.

"얘기 다– 듣구 왔다." 이기여.
"형도 잘못한 게 하나두 없구."
자기 마누라한테 하는 말이,
"이– 내가 데리고 살던 여자지만 이 여자는 잘못한 게 하나두 없다."

---

22) 자신이 체험한 경험담이 아니라 남에게 듣거나 본 이야기이므로 2차적 경험담으로 명명하는 경우도 있다(신동흔, 「경험담의 문학적 성격에 대한 고찰: 현지조사 자료를 중심으로」, 『구비문학연구』 제4집, 한국구비문학회, 1997, 157~182쪽).

이기여.

"우리 어무니가 선심을 베풀은 거밖에 없다."

이 말이지.

"우리 어무니가 잘 할라고 한 건데, 그 자기가 죽었다는 게 살은 게 이게 병이지 뭐 다른 게 있어."

그러니께 이- 가라앉으니께 그 집 주인이 하는 말이, 인제 말문 열리는 겨.

"이거 내가 자네한테 죄 지은 걸 따지면 이루 말할 수두 없는데, 나두 이렇게 되고 싶어 된 것이 아니라 이러이러하다 됐는디 하튼 모든 걸 다 잊어버리고 자네 식구를 데리구 갔시믄 난 좋겠다구."

그게 또 원칙 아니여, 그 사람은 줘야지. 그래 이 사람 그러는 기지,

"나는 아즉 나이가 젊으니까 얼-마든지 장가를 갈 수 있으니까 내 걱정을 하지 말고, 이 이 사람은 나는 인저 인연이 끝났으니까 이건 누가 잘못도 아니라 우리나라의 그 전장 일어난 게 잘못이지 다른 거 아-무도 누구도 탓할 수가 없다." 이거여.

전장이 잘못이지 누가 워뗜 놈이 군인 가고 싶어 갔어. 나라가 위기에 닿았시니까 간 거지. 그러니까 그런 생각 말구 자기 부인한테두,

"당신두 말이지 아-무 생각 하지 말구 이, 현재 이 남편을 섬기구 잘 사는게 결국 나나 우리 어머니한테두 잘 하는 거리구."

얘기를 하니께. 그 사람두 제발 데려가라구 사정하구, 이 여자가,

"오늘 저녁에 당신이 만약에 나 안 데려가면 나는 이 세상에 오늘 저녁에 끝이다 이거여. 내가 죄는 죽은 죄를 졌지만은 인저 나는 죽어두 당신 집에 죽는다."

이거여. 옷자락을 붙들고 안 놓는 겨, 나 데려가라구. 안 데리구 갈라면 죽이구 가라 이거여.

그래서 모두들 동네 사람들 모두 다 아는 겨, 이웃 동네니께.

"자네가 암만 저거해도 이 사람을 데려가야지 안 된다구. 널 모레 따질 것도 없이 이 시간에 데리구 넘어가라구."

그래 데리구 왔어. 그- 안 그래 그거. [청중: 그렇지.] 또 장가를 들은들 뭐 하냐고. [청중: 들었어도, 그만 못햐-.] 어. [청중 웃음] [청중: 그만 못햐-.]

그- 데리구 와서 자기 어머니한테 와서 자기 어머니, 자기 부인, 자기 셋이 끌어안구 실컷 울었어. 이게 다- 누구 때미 그런 거냐, 이거지 사실은. 그땐 다른 게 아니여 이승만이하고 김일성이 그 두 놈들 때문에 그렇게 된 거지 왜 아- 우리나라 동족끼리 어떤 놈은 싸우고 싶어 싸웠어. 그게 다- 비극이여. 우리, 우리 대한민국 국민의 큰- 비극이에요. 그게 간단하게 생각하면 그거 통일전장을 서로 한다고 했지만 김일성이하고 이승만이하고 둘이는 우리나라 완전 그렇게 맨들어 놓은 거여. 참- 그 불쌍하게, 억울하게 죽은 사람이 얼마나 많어-. 한두 없어요.

(…중략…)

저- 동작동 국립묘지에 가서 봐요, 동작동. 그 다- 그 기가맥힌 사람덜이요, 다 그거. 거기에 못, 못 앉힌 사람이 더 많아요. 무명용사가 더 많아요, 6·25 사변 때. 그렁께 내가 생각헐 때는 참 절대 우리는 그것은 잊어서는 안, 안 된다고 생각해요.[23]

이 이야기는 청주지역의 유능한 이야기꾼이 한국전쟁 시기에 인근 청원군에서 실제 있었던 이야기를 접하고 구술한 내용이다. 6·25 때 청상과부의 아들이 혼인을 하고 자식도 없는 상태에서 군대에 나갔는데 실종이 되어 실종통지서가 집으로 날아든다. 그 어머니는 자신이 청상으로 살아온 삶을 돌아보고 며느리의 강한 거부를 무릅쓰고 혼자된 며느리를 이웃 마을 상처한 부잣집으로 재가시킨다. 그런데 휴전이 되자 실종된 아들이 총을 지니고 휴가를 나온다. 혼자 있는 어머니에게 아들은 아내를 행방을 묻지도 못하고 며칠을 지내다가 처가를 다녀오겠다고 말하니, 어머니가 그간의 사정을 모두 말한다.

---

23) 신동흔 외, 『도시전승설화자료집성』 6, 민속원, 2009, 150~157쪽.

그날 밤 아내를 한번 보고 싶다는 마음에 이웃마을로 건너가니 재가한 남편이 병이 들어 마을 사람들이 모인 자리에서 법사가 독경을 하고 있었다. 군대에서 전사한 전 남편의 혼령이 새로 만난 남편에게 씌어 병이 들게 됐다고 독경하던 법사는 남편의 혼령을 가두어 퇴치하겠다고 한다. 마당가의 짚단 속에 몸을 숨기고 지켜 보던 남편은 기가 막혔지만 두고 본다. 아내는 법사가 혼을 가두겠다고 하자 불쌍한 전 남편의 혼령을 암흑 속에 거둘 수는 없다고 절규하고, 법사는 마당가 짚단 근처로 달려오며 혼령을 잡는 시늉을 한다. 놀란 남편이 엉겁결에 총을 발사하게 되고 굿청은 난장판이 된다. 모든 사실 밝혀지자 새로 만난 남편은 아내를 데려가라고 하는데 전 남편은 도리가 아니라고 극구 사양한다. 아내는 울면서 전 남편을 따르겠다고 하고, 이를 지켜 보던 마을 사람들도 아내를 데려가라고 종용한다. 전 남편은 아내와 집으로 돌아와 어머니와 함께 부둥켜안고 하염없이 울었다는 내용이다.

전쟁 체험담 중에서도 보기 드물게 극적인 내용이고, 뛰어난 구술자의 능력으로 한편의 드라마를 보는 착각에 빠지게 하는 이야기이다. 그런데 이와 같은 상황은 전쟁 체험담에서 종종 찾을 수 있는 이야기이다. 실종이나 잘못된 전사통지서를 받고 재가한 여성이 전 남편이 살아 온 상황에서 운명의 기구함을 토로하는 사례는 개연성을 가진 이야기라고 할 수 있다. 구술자는 이러한 개연성을 가진 이야기를 화해와 통합의 서사로 얽어서 구연하고 있다. 청상으로 늙을 며느리를 염려하여 재가를 적극적으로 추진하는 시어머니, 홀로 남을 시어머니를 걱정하여 극구 재가를 거부하는 며느리, 몇 년 만에 집에 돌아와 아내가 보이지 않음에도 조급하게 묻지 않는 아들의 형상이 지극히 유순하고 인간적이다. 갈등의 해결 단계에서도 화합을 지향하는 방식을 택하고 있다. 불쌍하게 죽은 남편의 원혼을 암흑 속에 가두지 말라고 애원하는 아내, 살아 돌아온 아내의 전 남편에게 용서를 구하고 아내를 데려가라는 재혼한 남편, 모든 책임이 자신에게 있다고 체념하는 전 남편, 그 상황을 보고 아내를 데려가라고 판결을 내려주는 마을 사람들 모두가 이야기를 화합의 서사, 포용의 서사, 통합의 서사로 만드는 설정이다. 그리고 구술자는 마지막에 결정적인 쐐기를 박는다. 이 모든 것이 전쟁에서 비롯된 비극이고, 위정자들의 욕심으로 비롯된 것이라고. 그리고 전쟁으로 억울하게 죽어 간 무명용사들을 절대로 잊어서도 안 된다고.

비록 자신이 직접 겪은 사건은 아니지만 듣고 본 이야기를 이처럼 완벽한 통합의 서사로 만든 구술자의 능력과 구술 방식은 구술 치유에서 지향하는 대안적인 이야기로 충분하다. 전쟁에서는 개연성이 있는 사건들이 일정한 유형으로 발생한다. 이러한 사건들을 이야기로 구술하는 과정에서 위의 예처럼 통합의 서사로 구술하고자 한다면 전쟁 속에서 발생한 트라우마를 치유하는 데 크나큰 효과를 발휘할 것이다. 그리고 이와 같은 이야기들이 담론을 형성하여 널리 확산되고 많은 사람들이 접하는 가운데 분단을 고착화하는 서사는 통합을 지향하는 서사로 대체될 수 있을 것이다.

6. 분단서사에서 치유서사로

한국전쟁은 분단된 한민족이 갈등의 극단에서 서로에게 총칼을 겨누고 살상을 가한 동족상잔의 비극이다. 이 전쟁에서의 피해자와 가해자를 따로 구분하여 잘잘못을 따지는 일은 현재의 상황에서 큰 의미가 없어 보인다. 이 땅에 거주하는 모든 사람들이 모두 피해자들이고, 전 세계에 퍼져 있는 코리언들에게 부정적인 폐해를 끼쳤다는 사실은 인정하지 않을 수 없다. 지금까지 한국전쟁 체험담을 조사하고 접근하는 방식이 전쟁의 피해와 피해자 및 가해자의 진상을 파악하는 데에 주력하였다. 그리고 이 과정에서 또 다른 적대성이 부각되면서 분단의식이 강화되는 폐단을 낳고 있다.

한국전쟁 체험담 구술조사를 통해 역사적인 진실을 파악하는 일이 일정 정도 성과를 거두었다는 점에 대해서는 인정해야 할 것이다. 그러나 그러한 역사적 진실 구명이 서로를 가해자로 지목하면서 구술자는 피해자였음을 강조하는 방식으로 진행된다면 분단과 전쟁에서 비롯된 남북갈등, 남남갈등은 지속될 것이 자명하다. 한국전쟁 체험담 구술은 전쟁을 겪으면서 동일한 사건, 또는 유사한 사건들을 체험한 사람들이 자신의 입장에서 철저하게 자신을 변론하는 방식으로 진행된다는 특징이 있음을 간과해서는 안 될 것이다. 분단이 지속되는 가운데 구술자들은 정치적, 이데올로기적인 입장을 정하고 그에 맞춰서 구술에 임한다는 것이다. 그 결과 대체로 한국전쟁 체험담은 분단서사를 고착화하는 경향성을 띠게 되는 것이다.

그러나 동일한 사건, 개연성을 가진 유사한 사건에 대한 이야기가 일부에서는 통합서사를 지향하는 방식으로 진행되는 경우를 보인다. 필자는 이러한 구술자의 구술 방식, 사건 인식 방식에 주목해야 한다는 입장이다. 전쟁 상황에서 이루 형언할 수 없는 처참한 사건을 목격하고 체험했다고 해도 상대를 가해자로 지목하여 철저하게 비난하는 분단서사의 말하기 방식과 온정에 입각해서, 더 나아가서 사건의 전모를 객관화하여 말하는 통합서사를 지향하는 말하기 방식이 병존하고 있다. 전쟁이 얼마나 비극적인 사건이고, 인간이기를 부정하는 행위임을 고발하는 통합서사를 지향하는 후자의 말하기 방식이 분단의 트라우마를 치유하는 데 기여할 것은 확실하다. 그러한 말하기 방식을 발굴하여 사회적으로 확산시키고, 통합서사를 지향하는 담론의 장을 형성하는 가운데 구술 치유는 가능하다고 판단된다.

참고문헌

<기본 자료>

신동흔 외, 『도시전승설화자료집성』 3, 민속원, 2009.

하동향토수호전기편찬위원회, 『하동향토수호전기』, 하동군, 1987.

화개면지 편찬위원회, 『화개면지』 상, 화개면, 2002.

<논문 및 단행본>

김귀옥 외, 『전쟁의 기억 냉전의 구술』, 선인, 2008.

김귀옥, 『이산가족, '반공전사'도 '빨갱이'도 아닌…』, 역사비평사, 2004.

김종군, 「구술생애담 담론화를 통한 구술 치유 방안: 『고난의 행군시기 탈북자 이야기』를 중심으로」, 『문학치료연구』 제26집, 한국문학치료학회, 2013.

김종군, 「구술을 통해 본 트라우마의 실체」, 『통일인문학논총』 51집, 건국대학교 인문학연구원, 2011.

김종군, 「지리산 인근 여성 생애담에 나타난 빨치산에 대한 기억」, 『인문학논총』 47집, 건국대학교 인문학연구원, 2009.

김종군·정진아, 「탈북자의 역사적 트라우마와 탈북 트라우마의 현재적 양상」, 『코리언의 역사적 트라우마』, 선인, 2012.

박경열, 「제주 여성 생애담에 나타난 4·3의 상대적 진실」, 『인문학논총』 47집, 건국대학교 인문학연구원, 2009.

박찬승, 「한국전쟁과 진도 동족마을 세등리의 비극」, 『역사와 현실』 제38집, 한국역사연구회, 2000.

박찬승, 『마을로 간 한국전쟁』, 돌베개, 2010.

신동흔, 「경험담의 문학적 성격에 대한 고찰: 현지조사 자료를 중심으로」, 『구비문학연구』 제4집, 한국구비문학회, 1997.

신동흔, 「역사경험담의 존재양상과 문학적 특성: 6·25체험담을 중심으로」, 『국문학연구』 제24호, 국문학회, 2011.

신동흔, 「한국전쟁 체험담을 통해 본 역사 속의 남성과 여성: 우리 안의 분단을 넘어서기 위하여」, 『국문학연구』 제26호, 국문학회, 2012.

윤형숙, 「한국전쟁과 지역민의 대응: 전남의 한 동족마을의 사례를 중심으로」, 『한국문화인류학』 제35집 2호, 한국문화인류학회, 2002.

이용기, 「마을에서 한국전쟁 경험과 그 기억: 경기도의 한 모스크바 마을 사례를 중심으로」, 『역사문제연구』 6, 역사문제연구소, 2001.

이임화, 『전쟁미망인, 한국현대사의 침묵을 깨다』, 책과함께, 2010.

장일구, 「역사적 원상과 서사적 치유의 주제학: 5.18 관련 소설을 사례로」, 『한국문학이론과 비평』 7권 3호, 한국문학이론과 비평학회, 2003.

정운채, 『문학치료의 이론적 기초』, 문학과치료, 2006.

정운채, 「문학치료학의 서사이론」, 『문학치료연구』 제9집, 한국문학치료학회, 2008.

정운채, 「심리학의 지각, 기억, 사고와 문학치료학의 자기서사」, 『문학치료연구』 제20집, 한국문학치료학회, 2011.

정운채, 「자기서사의 변화 과정과 공감 및 감동의 원리로서의 서사의 공명」, 『문학치료연구』 제25집, 한국문학치료학회, 2012.

영화 〈웰컴 투 동막골〉을 통해 본 외상 후 스트레스장애와 분단서사 극복 전망

강미정

1. 분단서사 극복을 위해 돌아보아야 할 영화 〈웰컴 투 동막골〉

이 글의 목적은 영화 〈웰컴 투 동막골〉을 통하여 남북 분단으로 인한 외상 후 스트레스 장애 현상을 탐색하고, 그러한 증상을 어떻게 극복할 수 있을지 고민하며, 나아가 영화 〈웰컴 투 동막골〉의 문제 상황과 동일한 상황을 고려할 수 있는 설화작품들과 함께 다루며 분단서사가 극복될 수 있는 지점을 전망하려는 데 있다. 외상 후 스트레스 장애 현상의 문제와 분단서사의 관련성에 대한 의문을 풀기 위해 우선 필요한 것은 영화 〈웰컴 투 동막골〉에 관한 기왕의 연구사가 될 것이다. 왜냐하면 이러한 연구사를 통하여 〈웰컴 투 동막골〉이라는 작품이 우리 삶과 역사에 환기하는 의미가 무엇인지를 파악하고 전쟁과 분단으로 인한 고통의 경험을 하지 않았어도 우리 시대에 관류하고 있는 분단의 고통에 대하여 생각할 수 있는 여지가 마련될 수 있기 때문이다.

영화 〈웰컴 투 동막골〉에 대한 기왕의 연구는 영화, 문학, 사회, 역사 등 다양한 영역에서 전개되어 왔다. 이러한 연구사를 통해 영화 〈웰컴 투 동막골〉은 예민한 정치와 이념을 판타지와 유머로 소화해 내면서 힘든 현실과 접속하는 영화의 힘을 잘 드러낸 작품이며,[1] 슬로우 모션과 CG 등이 서사를 적극적으로 이끌어 가는 동력이 되었음을 확인할 수 있는 작품임을 알 수 있다.[2] 또한 적절한 교차편집과 장면배열을 통하여 긴장감을 유지하고, 원작 희곡보다 더 입체적인 플롯을 실천한 작품이기도 하다.[3] 무엇보다도 영화 〈웰컴 투 동막골〉[4]은 동막골이라는 유토피아적인 가상의 공간에 우연히 모이게 된 남북한군인의 대치 상태와 화해의 흐름을 보여 준 분단 소재[5] 영화라는 것이 중요하다.[6] 그리고 영화 〈웰컴 투 동막골〉은 신화적

---

1) 유지나, 「유지나의 영화이야기 2: 웰컴 투 동막골」, 『대한토목학회지』, 대한토목학회, 2006, 92~94쪽. "이 영화가 예민한 정치, 이데올로기의 문제를 판타지와 유머로 소화해낸 것이 오히려 영화가 비천하고 처참한 현실과 접속하는 상징적 코드를 넓혔다고 생각한다. 당연히 이 영화는 다른 영화들처럼 정치적 사상성을 나름대로 갖고 있다. 그러나 그런 점을 우화적 표현으로 우회시키는 코믹 판타지 특유의 공학으로 은닉시키면서 분단정치학의 엄숙주의에 가위눌린 그간의 관행을 깨는 신선함이 있다."

2) 문재철, 「민족주의 수사학으로서의 디지털 특수효과에 대한 연구」, 『영화연구』 33호, 2007, 315~338쪽.

3) 김남석, 「〈웰컴 투 동막골〉의 장면 배열 양상 연구」, 『한국문학이론과 비평』 36집, 한국문학이론과 비평학회, 2007, 251~273쪽.

4) 박광현 감독(각본: 박광현, 김중, 장진), 2005년 상영. 이 영화는 원작이 장진 감독의 희곡 〈웰컴 투 동막골〉로 2002년 12월에 LG 아트센터에서 연극으로 공연 된 것이 영화화된 것이다.

5) 영화 〈웰컴 투 동막골〉은 한국의 분단 상황을 다루고 있다는 점에서 분단영화로 볼 수도 있다. 그런데 김의수에 따르면, 한국의 분단상황에 초점을 맞춘 일련의 영화는 분단영화로 지칭되고(「한국 분단영화에 관한 연구: 분단영화의 장르적 정의와 진화과정을 중심으로」, 서강대학교 석사논문, 1999), 김정란(「영화 〈웰컴 투 동막골〉에 나타난 신화적 요소의 분석」, 『프랑스 문화연구』 제15집, 2007, 333~375쪽)에 따르면, 한국의 분단 상황을 다루기는 하나 주제가 다양한 일련의 영화들은 분단 소재 영화로 지칭되어야 한다. 이 글에서는 김정란의 의견에 따라 영화 〈웰컴 투 동막골〉을 분단 소재 영화로 지칭한다.

6) 홍재범, 「희곡의 시나리오 전환과정 고찰(3)」, 『한국근대문학연구』 제17집, 한국근대문학회, 2008년 상반기, 423~447쪽. 홍재범에 따르면 영화 〈웰컴 투 동막골〉은 결코 연합할 것 같지 않았던 남북한 군인이 연합하며 화해를 실천하는 작품이다. 그는 영화 〈웰컴 투 동막골〉의 원작이라 할 수 있는 희곡과 영화 〈웰컴 투 동막골〉의 대본과의 비교를 통해 매체 전환에 따른 차이를 논의하면서 두 텍스트(희곡 〈웰컴투 동막골〉과 시나리오 〈웰컴 투 동막골〉을 가리킨다)는 모두 상대방에 대한 적개심으로 가득 찬 군인들이 동막골의

으로 해석될 수 있는 상징요소들을 통하여 민족주의적 환상에 매몰되지 않고 새롭게 꿈꿀 수 있는 공간을 제시해 준 작품이며,[7] 한국적 민족의식을 계승하면서 전통적인 삶이 해답임을 제시한 작품으로 인정받기도 했다.[8] 하지만 지나친 민족주의의 강조로 인하여 씁쓸한 인상을 남기거나,[9] 때로는 역사를 훼손하고 민족의식을 망각했으며, 남북한 화해의 마무리를 미국인 스미스에게 전가시켰다는 점으로 인하여 평가절하[10]되기도 하였다. 그렇지만 미래지향적인 역사의식을

신비로운 기운에 의해 정화되고 화해를 하고, 화해를 이룬 남북의 군인들은 자신들을 정화시킨, 다시 태어나게 만든 동막골과 동막골 사람들을 지켜주기 위해 '메이드 인 동막골' 연합군이 되어 동막골을 파괴하려는 현실의 유엔 연합군과 전쟁을 하는 내용이라고 기술한 바 있다.

7) 김정란, 「영화〈웰컴 투 동막골〉에 나타난 신화적 요소의 분석」, 『프랑스 문화연구』제15집, 2007, 333~375쪽.

8) 서인숙, 「장르의 진화와 반복의 변주, 그리고 재현의 정치성:〈웰컴 투 동막골〉을 중심으로」, 『문학과 영상』10집 1호, 문학과영상학회, 2009, 84쪽. "〈웰컴 투 동막골〉은 한편으로는 한국적 민족의식을 그대로 답습, 계승하고 있으면서도 다른 한편으로는 이전 영화들과는 다른 재현 스타일과 묘사 방식을 채택하면서 분단에 대한 한 단계 진일보한 시각을 제공한다. 말하자면 분단 이데올로기를 주요 테마로 삼는 영화들이 지닌 친숙한 내러티브 관습은 반복하면서도 그 내러티브 컨텍스트(context) 내에서 시각적 스타일과 묘사 방식에 대한 창조적 변형과 함께 분단에 대한 정치, 문화 의식을 새로운 방향으로 나아가게 하는 장르적 변주를 보여준다."

9) 강성률, 『영화는 역사다: 한국 영화로 탐험하는 근현대사』, 살림터, 2010, 114쪽. "민족을 위해 기꺼이 목숨도 바쳐야 한다는 과도한 민족주의는 우리의 저변에 깊게 깔려 있지만, 그것을 강요하다시피하는 이 영화는 분명 유쾌하게 볼 수 있는 영화는 아니다. 우리는 민족주의를 버릴 수는 없지만, 민족주의가 만병통치약이 되어서도 안 된다. 민족주의만이 살 길이라고 주장하거나 지금의 세계정세를 무시한 민족주의는 결코 대안이 될 수 없다. 그런 면에서 이 영화는 약간은 위험한 영화라고 할 수 있다."

10) 김소영, 「무릉도원에 스미스는 왜 있는거야요?〈웰컴 투 동막골〉」, 『씨네 21』, 2005.8.17. (http://www.cine21.com) "'웰컴 투 동막골, 동막골에 오신 것을 환영합니다', 이 한국전쟁 시기의 어떤 공간을 호박등 켜진 동막골이라는 곳으로 판타지화하면서 스미스로 대표되는 미국인에게 웰컴이라고 말거는 양식 자체를 표제화하고 또 그 미국인의 눈물과 동일화해 관객이 눈물을 흘리도록 되어 있는 영화적 구조를 순박하게 받아들이기 어렵다. 이 영화가 지지하고 있는 것처럼 보이는 남북한 화해, 그것을 가능케 할 이데올로기 제로 지대로서의 동막골의 설정, 남북 양쪽 군인들의 희생 등, 이것이 가질 수 있는 상징적 중량감이 스미스에게로 건너가 종결되는 판타지 구조는 문제라고 생각한다."; 김형석, 「그들은 구원자였을까 침략자였을까」, 『민족21』, 2005.9, 155쪽. "흐뭇하고 감동적인 '전장의 휴머니즘' 영화처럼 보이는〈동막골〉은 미국이 한국 현대사에 적극적으로 개입하기 시작한 시점의 희비극이다. 물론 스미스 대위라는 '선한 미국인'을 등장시킴으로써 "사람은 미워하지 말자"는 논리를 덧붙이기는 하지만, '역사적 평가'라는 엄정한 화두와 만나면〈동막골〉은 가차 없다. 연합군, 그들은 과연 구원자였을까 침략자였을까? 여기서〈동막골〉은 마을을 지키기 위해 폭격을 유도하며 폭탄들 사이에서 죽어 가는 새로운 연합군을 손을 잡은 리수화와

고취하고, 국가와 이데올로기를 넘어선 진정한 휴머니즘을 구현할 수 있는 작품이라는 점은 중요한 것이다.[11]

이처럼 〈웰컴 투 동막골〉에 관한 다양한 시각 이외에도 〈웰컴 투 동막골〉이 800만 관객들에게 관심의 대상이 되었다는 점도 간과할 수 없는 점이다. 이러한 흥행 성적은[12] 대중적으로 성공한 작품이라는 것을 반영할 뿐 아니라 우리 역사의 특수한 상황, 분단현실과 민족 화합에 대한 열망이 높음을 생각케 한다.[13]

그러니까 〈웰컴 투 동막골〉은 대중으로부터 연구자에 이르기까지 다양한 생각들을 추동하고,[14] 전개시켜 온 작품이라 할 수 있다. 그런 점에서 영화 〈웰컴 투 동막골〉은 분단과 관련되는 문제들을 우리 사회가 어떻게 소화하고 그것을 반복적으로 되새기고 있는지를 탐색하기에 적절한 작품 중 하나가 된다. 그래서 이 글에서는 영화 〈웰컴 투 동막골〉을 통하여 전쟁과 분단의 충격으로 인한 병리적인 현상에

표현철, 그리고 소년병과 장하사와 문병장을 보여준다."

11) 김기봉, 「웰컴 투 동막골 국가를 넘어서 인간애로」, 『팩션시대, 영화와 역사를 중매하다』, 프로네시스, 137~143쪽. "〈태극기 휘날리며〉가 국가를 해체하고 가족주의로 후퇴했다면, 〈웰컴 투 동막골〉은 국가를 넘어서 휴머니즘을 구현한 영화. 왜 한국전쟁을 테마로 한 영화가 연달아 흥행에 성공하는 것일까? (…중략…) 영화가 허구적 이야기를 통해 현실의 모순을 비틀어서 풍자할 수 있는 자유가 있기 때문에 현실의 질곡에서 답답해하는 대중은 그런 우화를 통해서 해방감과 카타르시스를 느낀다."

12) 2005년 8월 개봉한 〈웰컴 투 동막골〉은 최종 집계 관객 수가 8백만 명인 흥행작으로 2007년 2월 현재 한국 영화 역대 흥행 기록에서 6위의 자리를 차지하고 있다. 한국 영화 역대 흥행순위(2007년 2월 15일 기록)는 다음과 같다. 1위 〈괴물, 13,019,740명, 2006〉, 2위 〈왕의 남자, 12,302,831명, 2005〉, 3위 〈태극기 휘날리며, 11,746,235명, 2004〉, 4위 〈실미도, 11,081,000명, 2003〉, 5위 〈친구, 8,181,377명, 2001〉, 6위 〈웰컴 투 동막골, 8,008,622 명, 2005〉, 7위 〈타짜, 6,820,000명, 2006〉, 8위 〈미녀는 괴로워, 6,600,200명, 2006〉, 9위 〈쉬리, 6,209,898명, 1999〉, 10위 〈투사부일체, 6,105,431명, 2006〉

13) 분단 자체보다는 전쟁을 테마로 삼고 있는 영화라고 할 수 있는 3위의 〈태극기 휘날리며〉를 제외한 것이다.

14) 〈웰컴 투 동막골〉에 대한 대중들의 관심과 이해는 연구자들에게 신선한 자극이 되기도 한다. 이에 대한 일례로 다음의 논의를 들 수 있다. "필자는 한국 역사교과서의 컨셉이 '역사란 아와 비아의 투쟁'이라는 20세기 전반기에서 형성된 민족사관에서 벗어나지 못하는 것이 현재 우리의 역사적 상상력의 발목을 잡고 있는 것은 아닌지 회의해본다…대중은 〈웰컴 투 동막골〉을 보면서 현실의 질곡에서 벗어나 미래지향적인 역사를 꿈꾼다는 사실을 오늘의 역사교육은 깊이 반성해야 한다."(김기봉, 「웰컴 투 동막골 국가를 넘어서 인간 애로」, 『팩션시대, 영화와 역사를 중매하다』, 프로네시스, 143쪽)

대한 탐색과 그러한 병리적인 현상이 분단서사와 관련된 문제이며, 그렇기 때문에 문제의 지점으로부터 분단서사를 극복할 수 있는 상황을 전망하려는 것이다. 이러한 생각을 풀어가기 위하여 2장에서는 영화 〈웰컴 투 동막골〉에 등장하는 인물 중에서도 특히 표현철 소위에 집중하여 외상 후 스트레스 장애라는 병리적인 현상과 그 극복과정에 대하여 살펴보고, 3장에서는 영화 〈웰컴 투 동막골〉과 유사한 갈등 상황에 봉착했다고 여겨지는 설화 작품 3편을 예로 들어 분단서사를 어떻게 극복해나갈 것인지 전망해본다.

2. 영화 〈웰컴 투 동막골〉의 표현철 소위를 중심으로 본 외상 후 스트레스 장애 극복과정

영화 〈웰컴 투 동막골〉의 외상 후 스트레스 장애 극복과정을 표현철 소위를 중심으로 보려는 것은 유사한 상황 속에서 증상으로 인한 고통을 잘 드러내고 있는 인물이 표현철 소위이기 때문이다.[15] 남한 군인이었던 표현철 소위는 적군의 추적로를 차단하기 위하여 어쩔 수 없이 피난민이 건너가는 다리를 폭파할 수밖에 없었던 인물이다. 표현철 소위가 다리를 폭파할 수밖에 없었던 것은 전쟁 중이라는 특수 상황에 따른 선택이었지만 그는 그 일로 인하여 탈영하고 자살기도를 하는 등 심신이 피폐해버린다. 그리고 영화 〈웰컴 투 동막골〉에서 표현철과 유사하면서도 다른 경로를 겪게 되는 인물로는 리수화를 들 수 있다. 리수화는 북한 군인으로 그가 속한 부대원이 전멸하

---

15) 이에 참고할 수 있는 것은 다음 논의이다. 안현의, 「복합외상(complex trauma)의 개념과 경험적 근거」, 『한국심리학회지』 일반 26집 1호, 2007, 106쪽. "정신장애진단 및 통계편람 IV (Diagnostic and Statistical Manual of Mental Disorders-IV; DSM-IV, 1994)에 수록된 외상 후 스트레스 장애(posttraumatic stress disorder, 이하 PTSD)의 진단기준에서는 외상 사건 자체가 무엇이었는가 보다는 그 사건과 관련하여 공포감이나 두려움, 또는 무력감을 느꼈는지와 같은 주관적 반응이 진단의 전제조건이다."

면서 자연스럽게 중대장 역할을 맡게 된 인물이다. 그는 작전 수행을 위하여 효율적인 전략을 사용하기보다는 부상병들을 끝까지 책임지고 퇴각할 것을 고집했던 인물이기도 하다. 결국 상황이 악화되어 그가 책임지고 싶었던 부상병을 결국 살리지도 못한 채 북진을 해야 했지만 리수화는 표현철과 같은 외상 후 스트레스 장애를 드러내면서 좌절하지는 않았다. 리수화는 남은 2명의 동료와 함께 북진하기로 마음먹고 어찌할 수 없는 사태에 대하여 이미 감수하는 모습을 보인다.

그런 점에서 전쟁과 분단이 인생에 얼마나 위협을 가하는지는 다른 누구보다도 표현철 소위에게 집중되어 있다. 또한 영화 〈웰컴 투 동막골〉에서 극도의 침체로부터 일어나 전복과 변화를 확실하게 보여 주는 인물도 표현철 소위이다. 따라서 표현철 소위에게 초점을 맞춘다면 외상 후 스트레스 장애의 문제적 상황과 그 극복 과정을 알게 되리라 예상된다.

물론 영화 〈웰컴 투 동막골〉의 표현철 소위의 이상심리 증상에 대한 관심이 이 글에서 처음 시도되었다고 단정해서는 안 될 것이다. 왜냐하면 기왕의 연구자들도 영화 〈웰컴 투 동막골〉의 표현철 소위가 그가 겪은 외상으로 인하여 문제적이라는 논지를 전개한 바 있기 때문이다.16) 그렇지만 표현철 소위에 대해서 많은 연구자들은 그를 통하여 환기하게 되는 상처받은 휴머니즘과 인간을 무기력하게 만들

---

16) 영화 〈웰컴 투 동막골〉의 표현철 소위의 이상심리 증상를 언급한 기왕의 논의로는 다음 연구를 참고할 수 있다. 김정란, 「영화 〈웰컴 투 동막골〉에 나타난 신화적 요소의 분석」, 『프랑스 문화연구』 제15집, 2007, 371쪽. "결국 이 영화는 표현철의 시각으로 쓰여진 텍스트이다. 휴머니스트의 시선과 어쩔 수 없는 군대의 명령 사이에 찢겨 있는 인간. 저항하고 노력했지만, 살릴 수 없었던 피난민들에 대한 죄의식에 시달리는 인간. 그는 전쟁에 대한 죄의식 때문에 마음 놓고 놀이인간이 되지도 못한다. 그는 대부분의 남한 지식인들의 모습을 하고 있다. 떨쳐버릴 수 없는 역사, 그렇다고 내 힘으로 구원할 수도 없는 역사. 트라우마 안에 웅크린 인간. 맏형 같은 리수화가 마지막 전투의 지휘권을 표현철에게 넘겨주는 것은 따라서 당연하다. 어쨌든 이 문제는, 이 문제가 영화적으로 제기되고 수용되는 남한 사회 구성원들이 풀어야 하는 숙제이기 때문이다. 따라서 이 영화는 〈민족주의적 환상〉에 매몰되어 있지 않다."

어버리는 불가피한 현실을 논의하는 데 집중해 온 편이다. 그에 달리 이 글에서는 표현철 소위의 개인의 문제와 극복에 더 집중하려는 차이가 있다. 본격적으로 표현철 소위의 외상 후 스트레스 장애 증상을 장면을 통하여 논의하기 전에 참고로 외상 후 스트레스 장애의 진단 기준을 소개하면 다음과 같다.

〈외상 후 스트레스 장애 DSM-4기준〉
A. 외상성 사건을 경험했던 개인에게 다음 2가지 증상이 모두 나타난다.
　(1) 개인이 자신이나 타인의 실제적이거나 위협적인 죽음이나 심각한 상태, 또는 신체적 안녕에 위협을 가져다주는 사건(들)을 경험하거나 목격하거나 직면하였을 때
　(2) 개인의 반응에 극심한 공포, 무력감, 고통이 동반될 때
　주의: 소아에서는 이런 반응 대신 지리멸렬하거나 초조한 행동을 보인다.
B. 외상성 사건을 다음과 같은 방식 가운데 1가지(또는 그 이상) 방식으로 지속적으로 재경험할 때:
　(1) 사건에 대한 반복적이고 집요하게 떠오르는 고통스런 회상(영상이나 생각, 지각을 포함)
　주의: 소아에서는 사고의 주제나 특징이 표현되는 반복적 놀이를 한다.
　(2) 사건에 대한 반복적이고 괴로운 꿈
　주의: 소아에서는 내용이 인지되지 않는 무서운 꿈
　(3) 마치 외상성 사건이 재발하고 있는 것 같은 행동이나 느낌(사건을 다시 경험하는 듯한 지각, 착각, 환각, 해리적인 환각 재현의 삽화들, 이런 경험은 잠에서 깨어날 때 혹은 중독 상태에서의 경험을 포함한다)
　주의: 소아에서는 외상의 특유한 재연(놀이를 통한 재경험)이 일어난다.
　(4) 외상적 사건과 유사허가나 상징적인 내적 또는 외적 단서에 노출되었을 때 심각한 심리적 고통
　(5) 외상적 사건과 유사하거나 상징적인 내적 또는 외적 단서에 노출되

었을 때의 생리적 재반응

C. 외상과 연관되는 자극을 지속적으로 회피하려 하거나, 일반적인 반응의 마비 (전에는 없었던)가 다음 중 3가지 이상일 때:

(1) 외상과 관련되는 생각, 느낌, 대화를 피한다.

(2) 외상이 회상되는 행동, 장소, 사람들을 피한다.

(3) 외상의 중요한 부분을 회상할 수 없다.

(4) 중요한 활동에 흥미나 참여가 매우 저하되어 있다.

(5) 정서의 범위가 제한되어 있다(예: 사랑의 감정을 느낄 수 없다)

(6) 미래가 단축된 느낌(예: 직업, 결혼, 자녀, 정상적 삶을 기대하지 않는다)

D. 증가된 각성 반응의 증상(외상 전에는 존재하지 않았던)이 2가지 이상 있을 때:

(1) 잠들기 어려움 또는 잠을 계속 자기 어려움

(2) 자극에 과민한 상태 또는 분노의 폭발

(3) 집중의 어려움

(4) 지나친 경계

(5) 악화된 놀람 반응

E. 장해(진단기준 B, C, D)의 기간이 1개월 이상이다.

F. 증상이 임상적으로 심각한 고통이나 사회적, 직업적, 다른 중요한 기능 영역에서 장해를 초래한다.

세분할 것

급성: 증상 기간이 3개월 이하

만성: 증상 기간이 3개월 이상

지연성: 스트레스 발행 후 적어도 6개월 이후 증상이 나타난다.[17]

이와 같은 외상 후 스트레스 증상에 관한 기준들은 표현철 소위가

---

17) 정신장애의 진단 및 통계편람 제4판, 하나의학사, 558~559쪽.

보여 주는 여러 모습들과 관련지을 수 있다. 표현철 소위는 이미 다리 폭파라는 강력한 외상적 사건을 경험하고(자신이나 타인의 실제적이거나 위협적인 죽음이나 심각한 상태), 자신으로 인하여 죽은 사람들이 나타나는 악몽(사건에 대한 반복적이고 집요하게 떠오르는 고통스런 회상), 다른 사람들은 즐겁게 놀 때에도 자신은 경계심을 늦출 수 없음(중요한 활동에 흥미나 참여가 매우 저하되어 있음), 사람들에 대한 경계를 풀지 않고 지나친 분노의 드러냄(자극에 과민한 상태 또는 분노의 폭발), 경계심 때문에 잠들지 못함(지나친 경계) 등을 드러내고 있다. 결정적으로 표현철 소위는 광분한 상태에서 자살을 시도하였다는 점에서 외상 후 스트레스 장애의 가장 심각한 상태를 드러낸 인물이기도 하다.[18)]

(화난 표정으로 다가오는 표현철에게)

리수화: 곳간은 우리가 채울테니 님자네들은 그냥 내려가라우. 섞여 있어 봤자 좋을 게 뭐이가 있간.

표현철: 웃기는 소리 하지 말구, 니들이나 내려가라

리수화: 와.. 안내려 갈라 기네? 기 양키 새끼 데불고 내려가면 훈장감일 텐데..

소택기: 내려갈 때 조심하는 게 좋겠오. 동무~ 산 아래 우리 인민군이 쫙 깔렸을기야

표현철: (비웃으며)이 산.. 통 털어서 빨갱이 새끼들은 니들 셋이 전부일 거다. 인천에 연합군이 상륙했거든. 흠.. 아마 지금쯤이며는 평양 까진 밀고 올라갔을거다. 그 밑으론 빨갱이들 시체만 널려 있겠지?! (씨익 웃으며)아주 시뻘겋게 말이야

---

18) 어떤 이상심리이든 자살시도는 가장 심각한 증상의 하나이다. 그런데 다음의 내용을 참고한다면 외상 후 스트레스 장애의 자살 시도율이 높다는 것을 알 수 있다. 주디스 허먼, 최현정 옮김, 『트라우마』(원제: *Trauma and Recovery*), 플래닛, 2009, 96쪽. "헨딘과 하스는 외상 후 스트레스 장애가 있는 참전 군인을 연구하면서, 자살을 시도하거나(19%) 지속적으로 자살에 집착했던 사람들(15%)의 수가 상당한 수준임을 발견하였다."

소택기: 쌍 간나새끼 개소리 집어 치우라(달려들 듯 하는데, 리수화가 막
        는다)
표현철: 조심할 게 있으면 니들이 해야지.

위는 리수화 일행과 표현철 일행이 동막골 주민을 위하여 농사일
을 돕고 산중에서 내려오다가 전개되는 장면이다. 여기에서 리수화
는 서로 어울리지 않는 사람들끼리 같이 있으면 싸움밖에 더 나겠느
냐는 경계를 담은 말을 건넨다. 그리고 이어지는 리수화와 표현철의
대화 속에서 보다 더 노골적으로 적대적이며 원색적인 분노를 드러
내는 표현철을 찾을 수 있다. 특히 '아주 시뻘겋게' 빨갱이들 시체가
널려 있을 것이라는 표현철의 말에서 외상 후 스트레스 장애로 인한
방어기제인 강한 노여움을 엿볼 수 있다.[19] 또한 다음 장면에서는
극심한 두려움과 관련된 표현철의 경계심이 나타난다.

(밤에 잠이 들 무렵)
장영희: 평양까지 맥혔다믄 이거야 말로 큰일 아닙네까?(리수화에게)
리수화: (잠든 척하고 대답하지 않는다)
소택기: (문 앞에서 방비를 하고 있다가) 하사 아바이. 귀구녕도 넓소..
        그 말 믿소?, 이 험한 곳에 무슨 볼일이 있다고 그런 놈들이 왔겠
        오. 개소리요. 괜한 소리에 넘어가지 마오.
장영희: 흠.. 거 뭐.. 부대에서 도망튀어 나왔을 수도 있디 않네

표현철: (방문 앞에 앉아 건너편 리수화 일행의 방을 노려보고 있다)
문상상: 안 잘거예요? 잘 땐 좀 자자구요

---

19) Glen O. Gabbard, 이정태·채영래 옮김, 『역동정신의학』(원제: *Psychodynamic psychiatry*,
제4판), 하나의학사, 2008, 311~312쪽. "희생되었다는 것에 대한 분노의 감정은 종종 타인
들에게로 투사되어, 외상의 생존자들이 자신들을 둘러싸고 있는 이들에게서 받을 공격으
로부터 자신들을 보호하기 위한 노력의 일환으로 지나치게 경계하게 만든다. 또 다른 환자
들은 더욱 불안한, 약해졌다는 느낌에 대한 방어로서 노여움(anger)을 사용한다."

표현철: 자다가 목 날아가구 싶냐?

문상상: 저 놈들이 그럴 맘 있으면.. 우리 자고 있을 때 그 때 일냈겠죠. (혼잣말로)가만.. 근데 우리를 가만뒀지?

위는 리수화 일행과 농사를 짓고 내려오면서 서로 험악하게 대화를 하던 오후가 지나 각 일행들이 그들의 방안에서 각자의 상황에 대하여 고민하는 장면에 대한 것이다. 모두들 잠 못 드는 형상이지만 그들이 잠들지 못하는 이유는 다르다. 리수화 일행이 북쪽으로 돌아갈 수 없음에 대하여 고민하고, 표현철의 존재에 대하여 혹시 탈영한 사람인지도 모른다고 생각하는 것과는 달리 표현철은 방안에서 리수화 일행이 그들(표현철과 문상상)을 언제 죽이러 올지를 두려워하면서 염탐한다. 리수화 일행의 대화에서 그들은 표현철 일행을 더 이상 적대감 혹은 두려움의 존재로 여기지 않고 있음을 알 수 있다. 이와는 달리 표현철 일행의 대화에서는 리수화 일행에 대한 적대감과 두려움이 표현철의 입을 빌어 강하게 드러낸다. 이렇게 위험한 상황이 끊임없이 일어날지도 모른다는 강력한 두려움과 경계심은 외상 후 스트레스 장에서 나타나는 증가된 각성 반응에 해당된다. 또 한편으로 문상상은 표현철과 같이 두려움에 떨지 않는다. 그래서 문상상은 이성적으로 생각하면 죽이려면 벌써 죽이려고 왔을 것이라면서 표현철에게 잠 좀 자라고 말한다. 이와 같이 문상상과 표현철의 대화 속에서도 외상 후 스트레스 장애로 인하여 지나치게 예민해지고 이성적인 판단이 둔화된 표현철의 모습이 부각된다.

그렇지만 표현철의 이러한 두려움은 서서히 사라지게 된다.[20] 표현철은 그의 주변에 있는 인물이 적대적인 존재라고 인식하고 있을 때에는 매우 적대적이지만, 그가 도와주어야 할 상황일 때에는 헌신적으로 바뀔 수 있었던 인물이다. 그와 같은 가능성은 표현철의 자살

---

20) 부록의 줄거리 (11)~(14) 참조.

을 막으려 했던 문상상이 오히려 자신에게 총구를 들이미는 표현철에게 살려달라고 애원했을 때 총구를 치우고 정신을 차리는 것에서, 택기가 멧돼지에 쫓기는 것을 본 표현철은 인민군임에도 불구하고 그를 구하기 위해 뛰어드는 것에서 찾을 수 있다.

이로 본다면 표현철이 외상 후 스트레스 장애로 인한 노여움과 두려움으로부터 벗어나게 될 수 있는 계기는 그의 마음에 남아 있는 인간성을 회복하면서 가능함을 알 수 있다. 그렇지만 아직 불안정하다. 그에게는 아직 외상 후 스트레스 장애로 인한 다른 사람들과 어울리지 못하는 고립과 죄책감이 남아 있기 때문이다. 예를 들면, 모두들 아이처럼 웃고 떠들면서 하는 풀썰매 놀이에 끼고 싶지만 끼지 못한 채 동떨어져 있는 것은[21] 외상 후 스트레스 장애로 인한 무력감과 고립감 때문이다.[22] 그리고 혼자서 풀썰매를 타고 푸른 하늘을 바라보다가도 끔찍한 환상에 사로잡힐 수밖에 없는 것은 강한 죄책감 때문이다.[23] 그가 피난민들이 건너던 다리를 폭파하여 결국 사람들을 죽였고, 그 환상의 재현으로 고통 받는 것은 '생존자 죄의식'[24] 때문이라고도 볼 수 있다. 이처럼 겹겹으로 싸여 있던 표현철 소위의 외상 후 스트레스 장애는[25] 동네 사람들과의 교우와 어색하기는 하지만 리수화 일행과의 이전과 다른 약간의 친밀감을 쌓아가며 점차

---

21) 부록의 줄거리 (15) 참조.

22) 주디스 허먼, 최현정 옮김, 『트라우마』(원제: *Trauma and Recovery*), 플래닛, 2009, 327쪽. "무력감과 고립은 심리적 외상에서 핵심적인 경험이다."

23) 부록의 줄거리 (16) 참조.

24) 김순진·김환, 『외상 후 스트레스 장애』, 학지사, 2000, 68쪽. "'생존자 죄의식'을 느끼는 사람들은 책임감의 결과로 종종 다양한 자기파괴적인 행동을 하게 된다. 베트남 참전용사들은 이러한 생존자 죄의식 때문에 자기파괴적인 싸움을 걸고, 그 결과 가까운 이들로부터 거부를 당하며, 심지어는 자살이나 자동차 사고, 살인에 의한 폭력적 죽음 등 단독 사고를 통해 자기처벌을 가하였다고 한다. 일반적으로 죄의식 및 생존자 죄의식의 문제는 생존자들의 죄의식이 비현실적이며 비합리적인 데 있다. 그러나 이들에게 죄의식을 느낄 만한 사실적이고도 충분한 이유가 있는 경우도 있다. 많은 참전용사들은 실제로 잔혹한 살상행위에 가담하였던 것이다."

25) 주디스 허먼, 최현정 옮김, 앞의 책, 68쪽. 강렬한 두려움, 무력감, 통제 상실, 붕괴의 위협에 관한 느낌은 심리적 외상의 공통분모이다.

풀어진다. 이는 곳간이 채워진 뒤에 표현철과 리수화의 대화에서 확인할 수 있다.

> 리수화: (술을 따라서 건네준다) 이 곳간도 다 채워졌으니 각각 갈 길 가야겠지? 혹 다른 전장에서 만나면 총부리 겨눠야겠지만 말이지.
> 표현철: 다시 못만날 겁니다. (망설이며) 탈영했어요. 돌아가면 당장에 총살감이죠. 부대로 돌아갈 수 없으니까 서로 총 겨눌 일 없을 겁니다.

지금까지 죽이고 싶었던 리수화에게 표현철은 솔직하게 고백한다. "자신은 탈영병"이라고. 부인하고 싶었고 감추고 싶었던 이야기를 할 수 있을 만큼 그의 마음이 풀어진 상태인 것이다. 적이라고 생각하며 서슬이 시퍼렇게 대치하던 시간은 어느새 지나가고, 서로의 안위를 생각하면서 이루어지는 대화는 진정한 소통의 대화이다.[26] 표현철이 그에게 또다시 닥친 선택의 상황에서 어떤 것을 선택할 것인지는 위의 대화를 통하여 충분히 짐작할 수 있다. 그는 예전에는 용기가 없어 자기 의지를 굽혔지만, 이제는 자기 의지를 실천한다. 그래서 촌장을 위협하는 특수부대원을 죽이고, 동막골을 구하는 데 앞장을 설 수 있게 된다.

> 표소위: 문상상! 여기에서 도망쳐서 살면 니 마음 편할 거 같애? 아마 평생 후회하다가 미쳐버릴거다
> 문상상: 차라리 미치는게 나아요. 표소위님이야 죽고 싶어 안달이나 상관이 없겠지만, 난 전혀 관심이 없거든요.
> 장영희: 상유 동지~!

---

26) 동막골의 유일한 (외부세계의 상황을 잘 아는…) 문명인처럼 보이는 김선생은 스미스와의 대화를 시도하면서, 서로 잘 지내느냐는 안부를 주고 받다보면 뭔가 완성되게 된다고 기대한다. 김선생이 구체적으로 말하고 싶었던 것은 소통이 잘 되는 대화의 양상이 아닌가 한다.

리수화: 우리가 여기 어캐완. 따라오지 못하는 부상자들.. 여성 동무들 다 내손으로 죽이고 왔어. 내래 고향의 가족들을 무슨 낯으로 보간

장영희: 기거야 상급부대에서 시켜서 그런 것이지

리수화: 우리가 여기까지 얼마나 많은 사람을 죽이고 완. 이제야 빚을 갚을 수 있는 거야

(…중략…)

장영희: (흩날리는 눈을 바라보며 미소 짓는다.)

리수화: 이 작전.. 표 소위가 지휘하는 게 어떻간?

표현철: (눈을 동그랗게 뜨고 바라본다.)

리수화: 난.. 뭐.. 이 딴 무기를 처음 봐가지구.. 어디가 앞이네 이거.. (슬며시 자리를 뜬다)

위 대화에서 짐작할 수 있듯이 표현철을 오랫동안 잡고 있었던 생존자 죄의식, 또는 민간인들을 구하지 못한 군인이었음에 대한 죄책감은 동막골을 위하여 총을 들게 되었을 때 사라져가고 있다. 그의 죄책감은 "'다르게 행동했어야 한다'는 생각과 함께 동반되었던 불쾌한 감정"[27]이라고 할 수 있다. 그래서 표현철이 자신의 결정 여하에 따라 민간인을 구할 수도 있고[28] 민간인을 구할 수 없는[29] 상황에 다시 놓이게 되었을 때 그는 다르게 행동하는 것을 선택하게 되는 것이다. 그리하여 표현철은 지휘권을 잡고 동막골 주민을 살릴 수 있는 기회를 스스로 만들면서 그를 옥죄던 외상 후 스트레스 장애 증상 중 하나인 생존자 죄의식으로부터 벗어날 수 있게 된다. 이는 어두운 과거를 마무리 짓고 새로운 일을 시도하는 용기를 내는 지점

---

27) 정희진, 「외상 경험자의 외상 죄책감 특성과 심리적 적응의 관계」, 이화여자대학교 석사 논문, 2011. "Kubany와 Manke(1995)는 죄책감을 "'다르게 행동했어야 했다'는 생각과 함께 동반되는 불쾌한 감정'이라고 정의하면서 '정서적 요소와 더불어 인지적요소, 즉 부정적 사건에서 자신의 역할에 대한 신념'을 포함하는 개념이라고 보았다."(13쪽)

28) 이는 동막골 주민을 구할 수 있는 여지를 말한다.

29) 이는 이전에 다리를 폭파하여 결국 민간인을 죽게 만들었던 상황을 말한다.

에 이르면서 가능해진 것이기도 하다.[30] 그리고 그 용기는 주변 사람들과 연결되어 있다는 강력한 유대감을 경험하면서[31] 강화되고 실천적이고 극적인 행동으로 옮겨지는 것이다. 처음에 '죽고 싶음'으로 드러났던 표현철의 병리적인 증상은 "동막골을 살리는 거야"로 마무리 되면서 극복된다. 함께 살기보다는 죽어 없어지고 싶다는 생각은 외상 후 스트레스 장애로 고통 받는 사람들에게 뿌리내린 아픔이다. 그것은 "다 같이 사는 거야" → 아니면 "모두를 살리기 위한 죽음을 택하는 것"이라고 옮겨지면서 변화해야만 한다. 영화 〈웰컴 투 동막골〉에서 자살기도로 시작되었던 표현철의 등장은 장렬한 죽음을 맞이하면서 퇴장한다. 자기 목에 총구를 겨누며 찡그리던 그의 모습은 주변 사람들과 환한 미소를 나누는 모습으로 바뀌면서 세상과 단절된 무기력한 존재에서 세상을 지키는 활력적인 존재가 된 것이다.

---

30) 주디스 허먼, 최현정 옮김, 앞의 책, 326쪽. "과거를 마무리 지은 생존자는 미래를 생성하는 과제에 직면한다. 외상이 파괴한 과거의 자기를 애도한 그녀는 이제 새로운 자기를 발달시켜야 한다. 관계는 외상에 의해 시험에 들고 영원히 변화하였다. 이제 그녀는 새로운 관계를 발달시켜야 한다. 인생에 의미를 주었던 오래된 신념은 도전을 받았다. 이제 그녀는 새로이 지탱할 신념을 찾아야 한다. 이것이 세 번째 회복 단계에서 마주하는 과제이다. 이 작업을 이루어내면서, 생존자는 자기 세계를 되찾아간다."

31) 위의 책, 344쪽. "사회적인 활동은 생존자의 주도성, 활력, 자원에 힘을 실어주고, 개인의 능력을 능가할 만큼 그 힘을 증폭시킨다. 이것은 서로 협력하고 목적을 공유하는 사람들과 동맹할 수 있는 기회를 제공한다. 노력을 요하는 조직화된 사회적 분투에 참여하는 일은 생존자에게 가장 성숙하고 적응적인 대처 기제를 발휘할 것을 요청한다. 참을성, 예기, 이타심, 유머가 바로 그것이다. 그는 자기 안에서 최선의 힘을 이끌어낸다. 그 결과, 생존자는 다른 사람이 지닌 최선의 힘과 연결될 수 있다. 이렇게 서로 연결되어 있다는 느낌 속에서 생존자는 특정시간과 특정 공간에만 소속된 자기 한계를 초월한다. 때로 생존자는 일상적 현실을 초월하여 창조의 질서에 참여하는 느낌을 얻을 수도 있다."

3. 영화 〈웰컴 투 동막골〉로부터 설화에 이르는 분단서사 극복 전망

　2장에서는 영화 〈웰컴 투 동막골〉의 표현철 소위를 중심으로 외상 후 스트레스 장애가 어떻게 발현되고 극복되는가를 살펴보았다. 이제 3장에서는 이러한 논의를 바탕으로 분단서사의 극복을 전망해 보고자 한다. 외상 후 스트레스 장애와 분단서사를 바로 연결 짓는 것은 단순하지 않다. 그렇지만 영화 〈웰컴 투 동막골〉을 통하여 전쟁과 분단 상황에 놓인 여러 인물 중에서 표현철 소위가 외상 후 스트레스 장애에 고통 받은 것이 그의 내면에 있는 서사가 다른 여러 인물들의 내면의 서사와 동일하지 않아서라는 가정을 하게 된다면 외상 후 스트레스 장애는 내면의 분단서사와 상응하면서 증상으로 발현된 것이라고 생각할 수 있다. 이것을 좀 더 넓은 의미에서 설명하자면 어려운 상황에 봉착하였을 때 나를 둘러싼 모든 상황이 나에게 불리하고 고통스러우며 화해의 실마리는 처음부터 마련되어 있지 않다는 내용의 서사를 갖고 있다면 외부로부터 침입하는 충격적인 일들은 모두 그런 서사를 강화시키고 조장하는 것이 되리라는 것이다.

　단적으로 동일한 상황에 처했던 문상상과 표현철, 표현철과 리수화 등을 놓고 비교할 때에도 이러한 생각이 가능하다. 전쟁과 분단으로 인하여 외상 후 스트레스 장애가 생길 수밖에 없다면 그들 모두가 외상 후 스트레스 장애를 극단적으로 보여 주는 인물이 되었을 것이다. 이에 관하여 영화 〈웰컴 투 동막골〉은 현실을 그대로 반영한 것이 아니며, 각 인물의 설정에서 특화된 성격이 부여되면서 그렇게 보이고 읽히는 것이라고 말할 수 있다. 만일 현실과 동떨어져서 유토피아적인 기대에 따라 인물 성격도 그렇게 그려진 것이라면, 영화 〈웰컴 투 동막골〉의 장점은 더욱 부각된다. 왜냐하면 현실에서는 쉽사리 기대하기 어려운 가능성을 그려내고 있기 때문이다. 또 한편으로 현실에서 일어남직한 상황들을 잘 그려낸 것이라고 보아도 역시 영화 〈웰컴 투 동막골〉의 장점은 유지된다. 왜냐하면 있음직한 상황을 충실히 그려낸 작품이기 때문이다.

그런 점에서 영화 〈웰컴 투 동막골〉은 분단의 경험으로 인하여 분단서사가 우리들 내면에 자리 잡게 되는 것이 아니라 분단서사가 자리 잡고 있을 경우에 주변 환경까지 불리하게 작용하면 병리적인 현상으로 치달을 수 있음을 환기시키는 작품이 된다. 그래서 영화 〈웰컴 투 동막골〉이란 작품을 통하여 외상 후 스트레스 장애와 분단서사의 연결을 시도하려는 것이다.

분단서사에 대해서는 정운채의 다음 논의를 들 수 있다. 그는 "분단현실 자체만을 문제 삼아 논의하는 데 그치지 않고 분단현실의 배후에서 작동하고 있는 분단서사에 관심을 기울일 때 인문학은 분단현실의 극복에 제 구실을 톡톡히 해낼 수 있을 것이다. 분단서사가 구체적으로 어떠한 모습을 가지고 있으며, 분단서사의 어느 지점이 분단현실의 어느 지점에 어떻게 대응되고 있는지에 대해서는 인문학이 아니면 접근할 수조차 없기 때문이다. (…중략…) 문학치료학적인 관점에서 볼 때 우리의 분단현실은 그 배후에 분단서사가 도사리고 있다. 이 분단서사의 영향력으로 말미암아 과거에는 분단을 초래한 여러 원인들이 작동하였으며, 현재에는 분단의 제반 현상들이 일어나고 있으며, 미래에는 분단에 뒤따르는 온갖 폐해들이 나타날 것이다"[32]라고 전망한 바 있다.

이러한 분단서사에 대한 의견을 바탕으로 본다면 영화 〈웰컴 투 동막골〉은 분단현실의 배후에서 작동하고 있는 분단서사가 외상 후 스트레스 장애라는 증상과 관련될 수 있는지를 관찰할 수 있는 작품이 되기도 한다. 또 한편으로 표현철 소위가 그의 외상 후 스트레스 장애를 극복해나가는 과정이 담겨져 있다는 점에서 증상과 관련된

---

32) 정운채, 「분단현실에 대한 문학치료학적 이해와 분단서사」, 『분단인문학의 인식론적 반성』, 2010.02.22, 통일인문학 제3회 국제학술심포지엄 자료집, 17쪽.

분단서사가 어떻게 변화되는지를 짐작할 수 있게 하는 작품이기도 하다. 그러니까 영화 〈웰컴 투 동막골〉이 분단서사의 극복을 향한 자리에 놓을 수 있는 이유 중의 하나로 스스로를 고립시켰던 표현철이 동막골 주민을 위하여 연합을 이루고, 실천에 옮기는 것에서 찾아볼 수 있다는 것이다. 다시 말하자면, 주변 사람들과 단절되어 있고 괴로움에 점철되어 있던 표현철이 주변사람들과 관계를 회복하고 동막골을 유지할 수 있는 실마리를 열어 놓으면서 증상을 극복했다는 것을 분단서사를 극복해나간 결과로 연결 지을 수 있다는 것이다.

그렇다면 영화 〈웰컴 투 동막골〉은 분단서사 중에서도 어떤 지점에 놓을 수 있는 작품이라 할 수 있는가. 이러한 의문을 풀기 위하여 이 글에서는 영화 〈웰컴 투 동막골〉과 유사한 상황이면서도 서로 다른 방향으로 전개되는 작품들과의 비교를 시도하려 한다. 그에 따라 〈엎질러진 물〉, 〈전쟁귀 잡는 굿에서 재회한 부부〉, 〈도량 넓은 남편〉 등의 설화를 비교 자료로 소개한다. 물론 분단서사의 상황에 적절한 설화로 이 3편만이 해당되지는 않을 것이다.

그런데 영화 〈웰컴 투 동막골〉과 관련될 수 있으려면 서로 생각이 다른 이질적이고 서로 경계할 수 있는 인물관계나 상황이 전제되어야 한다. 동시에 그들의 관계는 아주 작은 부분에서부터 어그러져 도저히 함께 할 수 없는 극단적인 단절로 이어질 수도 있고, 아주 큰 문제가 있음에도 불구하고 관계가 오히려 극적으로 회복될 수도 있어야 한다는 상황이 드러나야 한다. 이러한 조건들을 어느 정도 충족시키면서 함께 논의할 수 있는 설화작품으로 이 글에서는 위 세 편을 제시하려는 것이다. 이에 관하여 전쟁이나 분단의 고통을 다루고 있는 작품을 직접적으로 비교하지 않고 왜 오래전부터 전해진 구비설화 작품 중에서 비교대상을 찾는가하는 의문이 일어날 수 있다.

그에 대하여 간략하게 언급하자면 우리 내면에 도사리고 있는 분단서사는 전쟁과 분단이라는 외적 경험 때문에 발생하는 것이 아니라 그러한 외적경험에 의하여 자극받을 수 있다는 의견을 내고 싶다. 우리 삶에는 오래전부터 갈등이 일어났을 때 관계를 단절시킬 것인지, 회복시킬 것인지에 대한 각각의 선택과 관련된 서사가 있고, 그중에서도 관계를 끊어버리려는 단절이 강하게 점철된 내용이 분단서사로 자리 잡고 있다가 외부로부터의 강력한 충격이 가해졌을 때에 분단서사가 현실로 드러나게 된다고 본다. 그리고 이러한 생각을 작품을 통하여 살펴보려면 이미 오래전부터 구비 전승되어 왔던 설화작품의 단절과 회복에 대한 내용들을 다룰 필요가 있는 것이다. 덧붙이자면 우리 삶에서 무시로 끼어 들 수 있는 분단과 갈등의 상황에서 어떤 방향으로 나아갈지를 다양하게 제시해 주고 설화들을 영화 〈웰컴 투 동막골〉과의 비교라는 계기를 통하여 읽으려는 것이다. 우선 〈엎질러진 물〉을 영화 〈웰컴 투 동막골〉과 견주며 생각해 보기로 한다.

(1) 옛날에 갱피를 훑는 부인이 있었다. 부인은 뇌성이 쳐서 갱피가 다 떠내려가도 남편이 거들지 않고 공부만 하는 것을 보고는 참지 못하고 다른 집으로 시집을 갔다. (2) 남편이 공부를 하여 알성급제를 하고 돌아오는 길에 부인을 보고 들에 서 마지기 곡물 피를 훑는 저 마누라 오나가나 갱피 자루에서 벗어나지 못한다고 하였다. (3) 부인이 남편을 보고 갱피 자루를 내던지고 자신도 데리고 가라면서 말몰이나 소몰이라도 시켜 달라고 하였다. 남편은 말몰이도 좋이 하고 소몰이도 좋이 한다고 하였다. (4) 남편이 깨를 한 되를 주면서 땅에 흩어서 젓가락으로 다 주워서 가지고 오라고 하였다. (5) 부인이 깨 한 개를 줍다가 갱피 자루도 던져버리고 남편을 따라갔는데, 그러다가 애가 타서 죽어 매미가 되었다. (6) 남자가 첩과 아들을 데리고 자고 있었는데, 매미가 벽에 와서 남편에게 모질다면서 울었다. 매미가 오줌을 찔끔 싸면서 꽃도 떨어지고 네 직장도 떨어지면 네 신세나 내 신세나 마찬가지라고 했다. 또 매미는 짚 석단 적셔놓았다가 오장천 만들어서 각설이 타령이나 해 보라고 하였다. (7) 남자가 매미를 잡아 죽이려고 하나 얼굴에 오줌을 찔끔 싸고는 도망 가버려서 죽이

지 못했다. (8) 남자가 직장도 떨어지고 첩도 가고 짚 석단을 이어서 오장
천을 만들어 각설이 타령이나 하고, 구경 나온 술장사 집에 들어가 술로
배 채우며 불쌍하게 되었다고 한다.[33]

위의 〈엎질러진 물〉은 '도저히 함께 살 수 없었던 두 사람에 관한
이야기'라 할 수 있다. 위 설화에서 가난이 싫어 떠났던 아내와 해후
하였을 때 온갖 궂은일을 다 시키고도 돌아보지 않았던 남편이나,
매미가 되어 남편을 저주하는 아내의 모습은 마치 영화 〈웰컴 투 동
막골〉에서 표현철 일행과 리수화 일행이 며칠 동안 서로에게 총구를
겨누면서 둘 중 누군가는 죽어야만 끝날 듯했던 상황과 겹쳐진다.
다른 점이라면 영화 〈웰컴 투 동막골〉은 동막골이라는 유토피아적인
공간에서 적대적 관계를 우호적으로 풀어나갈 여지를 가질 수 있었
다면, 〈엎질러진 물〉은 그런 가능성이 전혀 그려내지 않은 데 있다.
따라서 〈엎질러진 물〉은 원망만을 앞세워 연결지점을 잃고 있는 분
단서사로 볼 수 있는 것이다. 만일, 대치의 순간을 경험한다 하더라
도 표현철의 변화처럼 관계를 이어나갈 수 있는 경우를 생각한다면
어떤 작품을 들 수 있는가. 여기에서는 〈전쟁귀 잡는 굿에서 재회한
부부〉를 우선 들어본다.

(1) 홍천에 십이동란 때 아들을 군대 보냈는데 전사를 당했다고 유골이
왔다. (2) 아들 장사를 지내고 전에 얻은 며느리가 아직 풋새댁이라 팔자
를 고치게 했다. (3) 그런데 몇 해 있다가 아들이 돌아와 모두들 놀라 어떻
게 된 일이냐고 물었다. 아들은 이북에 포로로 끌려갔다가 포로교환을
했을 때 넘어온 것이라고 했다. (4) 아들에게 장사를 다 지내고 안사람을

33)『문학치료 서사사전 2(설화편)』에는 〈엎질러진 물〉에 17편의 단일설화가 속해 있다. 이
   설화들은 모두 다른 명칭을 사용하면서 채록되어 있는 데, 이 논문에서는『문학치료 서사
   사전 2(설화편)』에 준하여 〈엎질러진 물〉이라고 지칭한다. 정운채 외,『문학치료서사사전
   2(설화편)』, 문학과치료, 2009.8, 2186~2187쪽.

재가 시켰다고 이야기를 해 주었더니 아들은 어디로 재가를 했냐고 물었다. 아들은 자신이 죽은 줄 알고 간 것이니 조금도 서운하지 않다며 가서 얼굴 한번 보고 얘기나 하고 오겠다고 했다. (5) 남편이 그 집을 찾아가보니 그곳에서 굿을 하고 있어 옆에 있는 이에게 그 집에 누가 아프냐고 물었다. 옆에 있던 사람은 그 저 집 아들이 과부장가를 들었는데 마누라 본 남편이 전쟁에서 죽어 전쟁귀가 되어 나온다고 귀신 잡느라 굿을 하는 것이라고 했다. (6) 남편은 그 집에 가서 하루 묵어갈 수 있겠냐고 묻고 마누라가 맞는지 확인을 했다. 그리고 마누라 눈에 안 띄려고 사랑에 숨어 있었는데 밖에서 전쟁귀를 잡는다고 굿을 하느라 야단법석이었다. (7) 굿을 마치고 귀신통을 갖다 묻어야 하는데 부인네가 직접 해야 한다고 했다. 남자는 부인이 귀신통을 끌어안고 가는 것을 몰래 따라가 어떻게 하는지 보았다. (8) 여자는 귀신통을 파묻을 구덩이를 파며, 당신하고 백년해로를 하려고 했더니 당신이 죽어서 전쟁귀가 됐다고 하니 이제 당신 천년만년 가서 영원히 나오지 못하게 잡아가두니 당신과 나는 고혼이 되어서 이별이라고 눈물을 흘리며 파묻고 돌아갔다. (9) 이 말을 듣고 남편은 부인 앞에 나타나 그간 있었던 일을 이야기 해 주었다. 그러면서 자신은 다른 곳으로 장가를 가면 되니 이곳에서 살라고 했다. (10) 그러니까 여자는 육례를 갖추고 하늘 땅을 가리킨 사람이 첫째라며, 자신이 당신이 죽었다니까 팔자를 고친거지 내가 당신 살아있는데 어쩌느냐며 집에서 나와 남편을 따라 나와 버렸다.[34]

위의 〈전쟁귀 잡는 굿에서 재회한 부부〉는 '헤어졌다가도 다시 만나는 두 사람에 관한 이야기'라 할 수 있다. 위 설화에서 아내의 개가로 인해 헤어질 수밖에 없었던 남편은 〈엎질러진 물〉처럼 아내에게

---

34) 『문학치료 서사사전 3(설화편)』에는 〈전쟁귀 잡는 굿에서 재회한 부부〉에 3편의 단일설화가 속해 있다. 이 설화들은 모두 다른 명칭을 사용하면서 채록되어 있는 데, 이 논문에서는 『문학치료 서사사전 3(설화편)』에 준하여 〈전쟁귀 잡는 굿에서 재회한 부부〉이라고 지칭한다. 정운채 외, 『문학치료서사사전 3(설화편)』, 문학과치료, 2009.8, 2717쪽.

복수하기 위해서가 아니라, 아내의 상태가 어떤지를 보려고 찾아간다. 그런데 그 아내는 새로 맞이한 남편이 있음에도 불구하고 예전 남편과의 관계를 회복하고자 한다. 그리고 예전처럼 부부는 화합한다. 이 〈전쟁귀 잡는 굿에서 재회한 부부〉는 세상의 흐름에 따라 일시적으로 헤어질 수밖에 없었지만, 만나려던 마음이 있다면 해후가 가능함을 보여 준 사람들의 이야기이다. 이는 영화 〈웰컴 투 동막골〉에서 도저히 어울릴 듯하지 않았던 표현철 일행과 리수화 일행이 동막골에서 일을 하고 지내면서 일정 시간이 지나 서로 어긋나기만 하였던 마음의 합일점을 찾아가는 것과 유사한 것이다. 영원히 만나지 못할 것이라는 단정이나, 영원히 화해하지 못할 것이라는 단정의 어두움을 걷어내고 나면, 때가 되면 만나고 화해하게 되리라는 가능성을 보게 된다. 그런 점에서 〈전쟁귀 잡는 굿에서 해후한 부부〉는 영화 〈웰컴 투 동막골〉과 비슷한 지점에 있는 분단서사라 할 수 있다. 이처럼 서로를 이해하는 데 시일이 걸리는 이야기가 있는가 하면, 어떤 충격 속에서도 관계의 단절이 일어나지 않고 오히려 견고해지면서 함께 미래를 열어 가는 경우도 있다. 이에 대한 것으로는 〈도량 넓은 남편〉을 들 수 있다.

    (1) 예전에 어떤 동리에 윗마을에는 김판서가 살고 아랫마을에는 이판서가 살았다. (2) 그런데 판서와 판서끼리 다보니 조정에서도 만나고 동리에서도 서로 자주 만나게 되어 의좋게 지내게 되었다. (3) 김판서의 아들이 이판서가 사는 동네에 있는 글방에 다녔는데, 이판서의 딸이 초당에 있다가 김판서 아들이 공부하러 가는 모습을 보고 반해버렸다. (4) 김판서 아들 역시 이판서의 딸을 보고는 저런 색시한테 장가들면 얼마나 좋을까라는 생각을 하게 되었다. (5) 일 년 동안 두 사람이 한 번도 고백은 하지 않고 늘 서로 바라보기만 했는데, 그러다가 이판서 딸이 다른 곳으로 시집을 가게 되었다. (6) 김판서 아들이 상사병이 걸려 집에 드러눕자 부모님들이 걱정을 하였다. 그래서 의사를 불러 치료를 하려고 했으나 어떤

약도 소용이 없었다. (7) 결국 김판서가 아들에게 돈을 많이 주면서 마음대로 놀다가 실컷 유람을 하고 오라고 했다. (8) 아들이 집을 나와 이판서의 딸이 시집 간 곳을 찾아갔는데, 그 집 앞에서 팥죽 파는 할머니를 만나 자신의 수양어머니로 삼았다. 그리고는 수양어머니에게 시집 간 이판서의 딸을 만나게 해달라고 했다. (9) 수양어머니가 아들을 여장시켜서 방물장수처럼 꾸미고 그 집으로 들어가라고 했다. (10) 방물장수로 변장한 아들이 그 집에 들어갔는데, 집안의 여자들이 모여서 모두 가져온 물건을 구경하느라 정신이 없었다. (11) 그러다가 날이 저물자 안주인 마님이 방물장수에게 젊은 애들은 늙은이하고 자길 싫어하니 혼자 글방에 가서 자는 셋째 며느리와 함께 자라고 했다. (12) 여장한 아들과 이판서의 딸이 같은 방에서 둘 다 윗도리를 벗어 놓고 눕게 되었다. (13) 그러자 아들이 이판서 딸을 어루만지면서 귀에다 대고 자신이 김판서의 아들이라고 했다. 서로 그리워하던 두 사람이 만나서 하루 저녁을 유쾌하게 자고, 다시는 오지 않기로 약조를 했다. (14) 닷새가 지나자 김판서 아들이 이판서 딸이 보고 싶어 죽을 지경이었다. 그래서 또 찾아갔는데, 이판서의 딸 역시 반갑게 맞아주었다. 그 뒤로 두 사람이 계속 같이 잠을 자게 되었다. (15) 그런데 그 집 첫째 아들, 그러니까 이판서 딸의 큰 아주버니가 보아하니 방물장수가 분명 남자 같았다. 그리고 방물장수가 자기 막내 제수와 주고받는 눈짓을 보니 분명 좋아하는 사이임에 틀림없었다. (16) 큰 형이 이판서 딸의 남편인 자기 동생을 불러서, "애! 너 제수씨 방에 늘 와서 자는 여자가 남자다. 어떡하니."라고 말해 주었다. (17) 그러자 이판서 딸의 남편이, "형님 걱정할 것 없어요. 뭐 깊은 규중 속에 있는 놈을 그래 까짓거 죽여서 갖다 어느 토굴에 묻어 버리면 누가 알아요?"라고 했다. (18) 형과 아우가 방물장수로 분한 김판서의 아들을 죽이기로 했는데, 아우가 자신이 먼저 방에 들어가 확인해 보겠다며, 형은 칼을 들고 방 문 밖에서 지키고 서 있으라고 했다. (19) 그날 밤 형과 아우가 칼을 준비하여 이판서 딸과 김판서 아들이 자고 있는 방으로 갔다. 형은 약속대로 방문 밖에서 기다리고 이판서 딸의 남편이 먼저 방에 들어갔다. (20) 남편이 들어가니 방안에서 잠을 자던 두 사람이 깜짝 놀랐는데, 남편이 밖에 서있는 형이 들을 수 있도록 큰 소리로 물었다. "옷 좀 벗으시오." 그리고는 더욱 큰 소리로, "아휴, 실례했습니다. 잘못했습니다. 나는 꼭 남잔 줄 알았더니 여자가 분명하니 잘못 봤시우."라고 하는 것이었다. (21) 아우가 밖으로 나와 형에게, "형님! 생사람 여럿 죽이겠우. 그 뭐하는 기여?"라고 했다. 그리고는 "여자들끼리 자니 나는 글방으로 간다."며 가버렸다. (22) 여자는 자기 남편의 아량으로 목숨을 건지자 큰 후회를 하면서 남편에게 더욱 잘하고 고마운 마음을 품게 되었다. (23) 김판서의 아들도 모든 것을 후회하고는 그 길로 나와 공부에 전심전력을 다하였다. (24) 그 뒤에 김판서 아들이 과거를 보러 갔다가 이판서 딸의 남편을 만나게 되었다. (25) 둘 다 모두 과거에 급제를 하여 조정에 들어가게 되었는데, 서로 말은 안하지만 늘 도와주고 챙겨주었다. (26) 두 사람이 각각 영의정과 우의정이 되어 서로 집안끼리 흥왕하며 아주 잘 살았다.[35]

위의 〈도량 넓은 남편〉은 '어떤 경우에도 헤어지지 않았던 두 사람에 관한 이야기'라 할 수 있다. 위 설화에 등장하는 남편은 일반적으로 지속할 수 없는 상황에 처했음에도 불구하고 단절보다는 지속에 더 힘을 기울였다. 이러한 남편의 모습은 영화 〈웰컴 투 동막골〉에서는 어떤 이방인이 들어와도 반겨주고 기다려주는 동막골 주민들과 닮아 보인다. 그들의 삶에 끼어 들어와 곡식창고를 날려도 감자를 삶아주면서 배고픔을 챙겨주고, 보살펴주려는 동막골 주민은 아내의 옛 사랑까지 이해하는 〈도량 넓은 남편〉의 남편처럼 인자한 것이다. 그러나 큰 차이가 있다면 동막골 주민들은 착하기는 하지만 그들 스스로의 방어능력이나 앞으로 어떻게 험한 세상을 살아갈 것인지에

---

35) 『문학치료 서사사전 1(설화편)』에는 〈도량 넓은 남편〉에 9편의 단일설화가 속해 있다. 이 설화들은 모두 다른 명칭을 사용하면서 채록되어 있는 데, 이 논문에서는 『문학치료 서사사전 1(설화편)』에 준하여 〈도량 넓은 남편〉이라고 지칭한다(정운채 외, 『문학치료서 사사전 1(설화편)』, 문학과치료, 2009.8, 760~761쪽).

대한 대안이 부족한 것이다. 동막골은 알려지지 않은 미지의 공간으로 남아 있을 때에는 유토피아가 될 수 있지만, 누군가에 의하여 금방 훼손되고 부서질 약한 공간이기도 하다. 그에 비하여 〈도량 넓은 남편〉의 남편은 그 스스로도 견고하지만, 그와 만난 다른 사람까지도 성장시킬 수 있는 가능성을 지닌 인물이다.36) 그렇기 때문에 영화 〈웰컴 투 동막골〉과 같은 작품이 견고한 통일서사로 자리 잡기 위해서는 〈도량 넓은 남편〉의 경지로 옮겨갈 수 있어야 할 것이다.

4. 함께 살아가는 계기를 마련한 영화 〈웰컴 투 동막골〉

이 글은 영화 〈웰컴 투 동막골〉을 통하여 남북 분단으로 인한 외상 후 스트레스 장애 현상을 탐색하고, 그러한 증상을 어떻게 극복할 수 있을지 고민하며, 나아가 영화 〈웰컴 투 동막골〉과 함께 배치할 수 있는 설화작품들을 통하여 이 영화가 분단서사의 어느 지점에 해당되는가를 밝히는 데 있었다.37) 그래서 먼저 2장에서는 〈웰컴 투 동막골〉의 표현철 소위에 집중하여 외상 후 스트레스 장애 극복에 대한 논의를 전개했다. 그리하여 죽음의 유혹에 사로 잡혀 있던 표현

---

36) "서사의 깨달음이란 대단한 것이어서 우리로 하여금 어느새 두 남녀의 마음에 동조하게 된다. 불륜이고 간통인데도 문제 삼지 않게 된다. 도량 넓은 남편의 도량 넓은 마음을 갖게 된 것이다. 도량 넓은 남편이 그 부분을 이해하고 받아들이자 정념을 따르던 아내와 총각도 큰 깨달음을 얻게 된다. 새로운 경지가 있음을 알게 된 것이다. 그래서 세 사람 모두 성공할 수 있었다. 배타성을 넘어선 관계의 지속은 모두 다 성공하는 서사인 것이다." 정운채, 「문학치료학의 서사이론과 통일인문학」, 『소통·치유·통합의 통일인문학』, 통일인문학연구단발행, 2009, 65~88쪽.

37) 이와 함께 생각할 수 있는 것은 다음과 같은 논의이다. 강윤주, 「영화 〈웰컴 투 동막골〉의 '지정학적 미학'」, 『문화와 사회』 통권 2권, 79쪽. "앞으로도 분단을 테마로 하는 영화는 계속해서 나올 것이며, 분단을 해석하는 태도의 변화는 세계 속의 우리의 정체경제학적 위치를 바라보는 입장의 변화와 어떤 식으로든 연관을 맺게 될 것임에 틀림없다. 불과 몇 년 전이었다면 '친북주의'라는 공격에 시달렸을 것임에 분명한 영화 〈웰컴 투 동막골〉이 대 흥행작이 되었다는 점에서 북한과 통일, 그리고 미국에 대한 우리의 시각 변화를 읽을 수 있다."

철의 외상 후 스트레스적인 증상은 "다 같이 사는 거야"→아니면 "모두를 살리기 위한 죽음을 택하는 것"이라고 바뀌면서 극복됨을 알 수 있었다. 그러니까 영화 〈웰컴 투 동막골〉은 표현철의 변화를 통하여 분단 상황에서 겪게 될 외상 후 스트레스 증상과 극복을 동시에 다룬 작품이 될 수 있다.

3장에서는 영화 〈웰컴 투 동막골〉과 같은 선상에서 함께 다룰 수 있는 설화작품을 소개하면서 영화 〈웰컴 투 동막골〉이 분단서사의 어느 지점에 해당하며, 분단서사를 극복할 수 있으려면 어떤 서사로 나아가야 할 것인지를 전망해 보았다. 그를 위하여 영화 〈웰컴 투 동막골〉과 같은 맥락에서 이해할 수 있는 설화 작품들로 〈엎질러진 물〉, 〈전쟁귀 잡는 굿에서 재회한 부부〉, 〈도량 넓은 남편〉들을 제시해 보았다.

이들 세 편의 설화들이 어떤 이야기이기에 한 자리에서 논의되어야 하는지에 대하여 다시 간단히 말하자면 다음과 같다. 〈엎질러진 물〉은 '도저히 함께 살 수 없었던 두 사람에 관한 이야기'라 할 수 있다. 〈전쟁귀 잡는 굿에서 재회한 부부〉는 '헤어졌다가도 다시 만나는 두 사람에 관한 이야기'라 할 수 있다. 특히 〈도량 넓은 남편〉은 '어떤 경우에도 헤어지지 않았던 두 사람에 관한 이야기'라서 단절의 위험 속에서도 어떤 방식으로든 소통이 가능하다는 가능성을 담고 있는 작품이기도 하다. 또한 이들 설화들은 충돌과 분단의 사건 속에서 어떻게 관계를 이어갈 것인지를 고민케 하는 작품들이기도 하다. 그리고 영화 〈웰컴 투 동막골〉은 〈전쟁귀 잡는 굿에서 재회한 부부〉와 〈도량 넓은 남편〉을 옮겨가는 데 중요한 고리 역할을 할 수 있을 것이다. 그런 점이 영화 〈웰컴 투 동막골〉을 분단서사 극복을 위하여 관심을 갖고 살펴야 할 이유가 될 수 있는 것이다.

결론적으로 영화 〈웰컴 투 동막골〉은 분단서사가 내재한 경우에 일어날 수 있는 병리적 현상을 극적으로 다루면서 그러한 위기로부터 어떤 돌파구를 찾는 것이 적절할지를 고민한 작품이라 할 수 있다. 나아가 분단서사로 인한 단절, 단절을 벗어날 수 있는 화해의 손짓, 동질성을 회복하면서 서로 함께 살아갈 수 있는 새로운 계기 등을 다양하게 그려내고 싶었던 작품이기도 하다.

이처럼 분단서사, 그리고 외상 후 스트레스 장애 등과 관련지어 영화 〈웰컴 투 동막골〉을 돌아보는 과정은 우리가 알고 있으면서도 놓치고 있었던 것들을 찾는 계기도 될 수 있다. 물론 이 글에서는 단절, 화해, 그리고 상생과 관련될 수 있는 세 편의 설화들을 소개하는데 그쳤지만 그 이외에도 다양한 이야기들이 영화와 함께 어우러지면서 기울어져 있는 생각을 바로 잡고, 빈약한 내면의 서사를 채워줄 수도 있으리라 본다.

참고문헌

<자료>

박광현, 영화 〈웰컴 투 동막골〉 CD, 2005.
정운채 외,『문학치료 서사사전』, 문학과치료, 2009.

<논문 및 단행본>

강미정,「영화 〈라쇼몽〉을 매개로 본 〈배신한 신부와 의리 지킨 몸종〉에서 〈도량 넓은 남편〉까지」,『문학치료연구』16집, 한국문학치료학회, 2010.

강서영,「새터민의 외상 후 스트레스장애에 대한 서사적 이해와 문학치료 방안」,『통일인문학논총』51집, 건국대학교 인문학연구원, 2011.

강성률,『영화는 역사다: 한국 영화로 탐험하는 근현대사』, 살림터, 2010.

강윤주,「영화 〈웰컴 투 동막골〉의 '지정학적 미학'」,『문화와 사회』통권 2권.

김기봉,「웰컴 투 동막골 국가를 넘어서 인간애로」,『팩션시대, 영화와 역사를 중매하다』, 프로네시스.

김남석,「〈웰컴 투 동막골〉의 장면 배열 양상 연구」,『한국문학이론과 비평』36집, 한국문학이론과비평학회, 2007.

김소영,「무릉도원에 스미스는 왜 있는거야요? 〈웰컴 투 동막골〉,『씨네 21』2005.8.17. (http://www.cine21.com)

김순진·김환 지음,『외상 후 스트레스 장애』, 학지사, 2000.

김의수,「한국 분단영화에 관한 연구: 분단영화의 장르적 정의와 진화과정을 중심으로」, 서강대학교 석사논문, 1999.

김정란,「영화 〈웰컴 투 동막골〉에 나타난 신화적 요소의 분석」,『프랑스 문화연구』제15집, 2007.

김형석,「그들은 구원자였을까 침략자였을까」,『민족21』, 2005.9.

문재철, 「민족주의 수사학으로서의 디지털 특수효과에 대한 연구」, 『영화연구』 33호, 2007.

서인숙, 「장르의 진화와 반복의 변주, 그리고 재현의 정치성: 〈웰컴 투 동막골〉을 중심으로」, 『문학과 영상』 10집 1호, 문학과영상학회, 2009.

안현의, 「복합외상(complex trauma)의 개념과 경험적 근거」, 『한국심리학회지』 일반 26집 1호, 2007.

유지나, 「유지나의 영화이야기 2: 웰컴 투 동막골」, 『대한토목학회지』, 대한토목학회, 2006.

정운채, 「〈처용가〉와 〈도량 넓은 남편〉의 관련 양상 및 그 문학치료적 의의」, 『고전문학과 교육』 12집, 한국고전문학교육학회, 2006.

정운채, 「문학치료학의 서사 및 서사의 주체」, 『영화와 문학치료』제3집, 서사와 문학치료연구소, 2010.02.

정운채, 「문학치료학의 서사이론과 통일인문학」, 『소통·치유·통합의 통일인문학』, 통일인문학연구단발행, 2009.

정운채, 「분단현실에 대한 문학치료학적 이해와 분단서사」, 『분단 인문학의 인식론적 반성』, 통일인문학 제3회 국제학술심포지엄 자료집, 2010.02.22.

정희진, 「외상 경험자의 외상 죄책감 특성과 심리적 적응의 관계」, 이화여자대학교 석사논문, 2011.

홍재범, 「희곡의 시나리오 전환과정 고찰(3)」, 『한국근대문학연구』 제17집, 한국근대문학회, 2008년 상반기.

Glen O. Gabbard, 이정태·채영래 옮김, 『역동정신의학』(제4판), 하나의학사, 2008.

Judith L. Herman, 최현정 옮김, 『트라우마』(원제: *Trauma and Recovery*), 플래닛, 2009.

　　영화 〈웰컴 투 동막골〉의 줄거리를 소개하면 다음과 같다. 이 줄거리는 표현철 소위의 증상과 영화 전반이 외상 후 스트레스 장애 극복을 이해하는 데 도움을 주는 데 초점을 맞춘 것이다.[38]

(1) 1950년 11월, 연합군의 인천상륙으로 인하여 북한군은 패주하고, 남한군은 도망치는 북한군을 쫓고 있었다. 표현철 소위는 이런 상황 속에서 탈영하여 강원도 산골의 깊은 숲속으로 들어갔다. 표현철 소위는 총을 장전하여 목에 대고 자살 하려고 했다. 그때 우연히 그를 발견한 위생병 문상상의 만류 때문에 자살을 하는 것을 멈추고 오히려 문상상을 쏘려 했다. 제발 살려달라고 애원하는 문상상을 바라보던 표현철은 갑자기 정신없이 도망쳤다.

(2) 숲 속으로 허위허위 들어가는 표현철의 뒤를 문상상이 같이 가자면서 쫓았다. 표현철은 약초를 캐려고 하는 산골 주민 수에게 총구를 겨누었다. 약초 캐던 수는 자신이 사는 동막골로[39] 표현철과 문상상을 데리고 들어갔다. 동네에 들어간 표현철과 문상상은 촌장에게 인사를 하였고,[40] 마을 사람들과 촌장은 두 사람을 반갑게 맞이하였다.

(3) 저녁이 되어 평화로운 동막골에서 주민들은 아무 말 없이 마루

---

38) 그래서 많은 연구자들이 관심을 기울였던 인물인 여일에 대한 내용은 줄어든 감이 있다.
39) 약초 캐던 사람은 얼마 전에 자기 부락에 아주 덩치 큰 사람(그는 미군조종사 스미스이다)이 다친 채로 들어와서 그 사람을 위하여 약초를 캐러 밖에 나왔다고 말했다. 그리고는 자기 부락이 동막골이라면서 아이들처럼 막 살아가라(이는 자유롭게 살아라 라는 의미로 이해할 수도 있을 것이다)는 의미로 지어진 부락명이라고 알려 주었다.
40) 동막골 주민이었던 약초 캐던 남자는 나중에 촌장에게 표현철과 문상상이 길을 잃고 하룻밤 묵어갈 사람이라고 소개한다.

에 앉아 있는 표현철은 가만히 두고, 문상상을 둘러싸고 앉아 산 아래에서 어떤 일이 일어났는가를 들었다. 문상상은 산 아래에서는 싸움이 일어났다고 설명하는데, 촌장은 "왜놈인가, 때놈인가" 하고 물었다. 문상상이 남북한의 전쟁을 설명하기 어려워하며 같은 민족끼리 싸우는 것이라고 설명하자, 마을 사람들은 그 상황을 이해하지 못했다. 동네의 아주머니가 그렇다면 지금 방에 있는 덩치 큰 사람(스미스를 가리킨다)은 누구 편이냐고 묻자, 문상상이 답하기도 전에 다른 주민이 표현철 일행을 반갑게 맞이하는 것을 보면 같은 편이 분명하다고 대꾸했다. 그러자 사람들은 2 : 1이니까 불공평하다고 떠들어대었다.

(4) 그때 마을의 유일한 선생인 김선생이 리수화, 장영희, 서택기 등의 3명의 인민군과 함께 마을로 들어 왔다. 동막골 주민들은 또 외부인이 들어온 것에 대하여 반가워하는 데, 표현철은 정신 없이 총을 들고 대치상태로 접어들었다. 동네 사람들은 모두 평상 위에 올라가게 하고, 표현철 일행과 리수화 일행[41]이 서로 총을 겨누는 긴장상태가 이어졌다. 리수화는 수류탄을 꺼내 들어도 공포심을 일으키지 않는 동막골 주민들을 보면서 싸운다는 것에 순간순간 맥이 빠졌지만 평상위의 주민들에게 손을 번쩍 들라고 하면서 명령했다. 그때 표현철은 리수화를 저격하기 위하여 총구를 겨누었다.[42]

(5) 갑자기 벌통을 지키던 응봉이 "촌장님요!"부르면서 나타나 모든

---

41) 리수화는 부상병까지 데리고 평양으로 돌아가고자 하였으나, 부관이 상부의 명령이라면서 부상병들을 죽이고 가자고 하였다. 리수화는 그런 부관의 말을 묵살했는데, 부관은 리수화에게 총을 겨누었다. 리수화가 그런 부관의 위협에 노출되었을 때 그들을 쫓던 남한군들의 공격으로 대부분 사살되었다. 그 아수라장에서 겨우 살아남은 사람은 리수화, 장영희, 서택기였다. 이들은 산골의 바위 앞에서 잠시 쉬었는데, 동막골의 여일(정신이 나간 소녀. 꽃을 꽂고 다닌다)과의 만남으로 근처에 부락이 있다는 사실을 깨닫고 부락(동막골)로 찾아든 인물들이었다.

42) 표현철은 명사수로 보인다. 그는 문상상의 목에 칼을 대고 위협하던 특수부대원의 이마에 총알을 명중시킬 수 있었기 때문이다. 만일 벌통을 지키던 사람이 나타나서 사람들의 주의를 흔들지 않았다면, 이 상황에서 리수화는 저격되었을 것이다.

사람들의 주의가 그에게 쏠렸다. 일순 긴장이 돌았지만, 동네 사람들은 벌통지기에게 모두들 평상 위로 올라오라고 말하면서 "이 사람들이(표현철 일행과 리수화 일행을 가리킴) 부애가 많이 났어..."라고 알려 주었다. 평상 위에 올라온 응봉은 멧돼지가 출몰한 사건을 보고했고, 총을 겨누던 수류탄을 꺼내든 두려워하지 않던 동막골 주민들은 멧돼지의 출현이 곧 겨우내 식량을 없애는 사건으로 이어질 것을 걱정하며 술렁거렸다. 그것을 본 리수화가 "이놈(수류탄을 가리킴)까면 송장길 생겨!!"라고 소리쳤다. 그때 여일이 나타나 리수화와 그에게 총을 겨누는 표현철을 번갈아 보면서 "쟈들하고 친구나?" 하고 물어보더니 표현철에게 "뭘 좀 먹었어요?"라고 물었다.

(6) 하룻밤이 지나자 평상 위에 웅크리고 있던 동막골 주민들은 하나하나 자신의 생업을 위해 자리를 떴다. 그 와중에도 표현철 일행은 총을 겨누고, 리수화 일행은 수류탄을 들고 위협적으로 대치하였다. 소나기가 내려도 졸리운 눈을 억지로 뜨면서 마당에서 대치하던 일행들에게로 여일이 다가왔다. 빗방울을 받아 마시던 여일은 그녀의 버선을 벗어 비에 흠뻑 젖은 서택기의 얼굴을 닦아 주었다. 그리고 수류탄의 핀을 뽑아 손가락에 끼우고는 "가락지~" 하고 말하더니 사라졌다. 서택기는 자신의 수류탄의 핀이 뽑힌 것을 뒤늦게 알고 두려움에 소리를 치면서 우왕좌왕하고 표현철 일행과 리수화 일행은 이제는 서택기의 수류탄이 어떻게 될까 걱정하였다. 또 그렇게 하루 종일 거의 잠든 상태로 서로에게 총구를 겨누었는데 그만 서택기가 졸다가 수류탄을 떨구고 말았다. 그 순간 리수화는 피하라고 소리쳤고, 표현철은 몸을 던져 수류탄을 덮었다.

(7) 그러나 수류탄은 폭발하지 않았다. 표현철은 그 수류탄을 들어 아무것도 아니라는 듯이 뒤로 던졌다. 수류탄은 마을의 곡식창고에 떨어졌고 바로 폭발했다. 창고에 있던 옥수수가 날아올라

하나씩 팝콘으로 터지는 것을 동막골 주민들은 신기하게 바라보았다. 그 팝콘 비를 맞으면서 표현철과 리수화 일행은 갑자기 졸음이 밀려와 그대로 잠들고 말았다.

(8) 깊이 잠들었던 표현철은 자신의 얼굴을 스다듬고 있는 장영희의 손길에 소스라치게 놀라 일어났다. 표현철은 급히 밖으로 뛰쳐나갔는 데, 촌장이 리수화와 함께 야채를 다듬고 있었다. 표현철은 가래를 들고 리수화에게 위협을 가하였다. 리수화는 "그렇게 피가 고프믄 날선 낫을 들고 오라"고 말했다. 촌장의 아내가 두 사람 사이를 지나가면서 '기운도 좋다. 감자를 먹어야 하니, 얼굴에 물이나 무치라'고 하였다. 머쓱해진 표현철과 리수화 일행이 삶은 감자를 상에 받아 놓고 앉아 있는데, 동네 사람들이 지나가면서 곡식창고가 비었으니 앞으로 어떻게 해야 하느냐고 두런두런 이야기하는 것을 들었다. 리수화는 그 말을 듣고 장영희, 서택기를 재촉하여 밭으로 감자를 캐러 나갔다. 아무 말 없이 감자를 먹고 있던 표현철과 문상상은 미안한 마음이 들어 뒤늦게 밭으로 나가 감자를 캐었다.

(9) 감자를 캐면서 리수화에게 장영희와 서택기는 저 놈들(표현철과 문상상을 가리킴)이 수상하다고 말하고, 문상상은 표현철에게 저 놈들이 수상하다고 말한다. 석영이와 응식이는 열심히 감자를 캐는 표현철 일행과 리수화 일행을 보고 있었다. 석영이 좋은 사람들 같다고 말하자, 응식이는 형님은 왜 그렇게 사람 볼 줄을 모르느냐고 핀잔을 주었다. 석영이 자기 말을 가슴에 담지는 말라고 웃으며 말했다.

(10) 표현철 일행과 리수화 일행이 감자를 캐고 동네로 내려왔다. 표현철은 리수화 일행에게 이 산에 있는 인민군은 너희 3명밖에 없고, 다른 인민군들은 모두 연합군에 의하여 시체가 되었다고 말하며 기를 꺾었다. 그날 밤, 리수화 일행은 갈 길이 막막한 그들의 처지 때문에 잠을 이루지 못했다. 표현철은 혹시라도 리수화

일행이 그의 목을 따러 올 것이 두려워 방문을 지켰다. 그런 표현철을 보면서 문상상이 목을 따러 왔으면 벌써 오지 않았겠느냐고 말하였다. 그 말을 들은 표현철이 설픗 잠이 들었는데 꿈속에서 끊어진 다리에서 죽어 가는 사람들을 보고 가위에 눌렸다.

(11) 다음 날 표현철과 리수화 일행, 그리고 동막골 주민들은 감자를 캐서 산 아래로 내려오는 데, 골짜기 위에서 환하게 웃으며 달려 내려오는 여일을 보았다. 서택기는 그런 여일에게 미소 짓다가 여일의 뒤로 스미스와 동구가 달려오고 그 뒤로 달려드는 멧돼지를 보았다. 서택기는 여일을 구하려고 멧돼지에게 돌을 던져 자신 쪽으로 멧돼지를 몰았다. 돌에 맞은 멧돼지가 서택기에게 달려들려 하자, 근처에 있던 표현철이 몸을 날려 서택기를 밀쳐내고, 자신이 멧돼지에게 쫓기는 형국을 맞았다.

(12) 표현철은 마구 소리를 지르면서 도망쳐 내려오는 것을 장영희와 문상상은 동아줄을 함께 당기고 반대쪽에서는 동막골 주민들이 줄을 당겨 표현철을 쫓던 멧돼지에게 발을 걸어 넘어뜨렸다. 그리고 그 순간 스미스가 던진 목발을 받은 리수화는 목발을 부러뜨려 나무창으로 만들어서 멧돼지를 찔러 죽였다. 동막골 주민들은 환호하고, 리수화는 표현철에게 고마움을 표하려 했는데, 동구 어머니가 아들을 구해 주어 고맙다고 인사를 건넸다. 표현철은 머쓱한 표정을 지으며 사라졌다.

(13) 그날 밤 표현철과 문상상은 동막골 주민들이 땅에 묻은 멧돼지를 찾으러 숲으로 들어갔다. 그 곳에서 리수화와 장영희, 서택기가 이미 멧돼지를 파내어 바비큐파티를 하고 있었다. 고기를 먹다가 눈이 마주친 리수화 일행은 어색하게 표현철 일행과 함께 앉게 되었다. 장영희가 얼른 살코기를 떼어 문상상에게 주자, 문상상은 허겁지겁 먹으려다가 표현철에게 나누어 줘 함께 먹게 되었다. 그리고 어느새 다가온 스미스도 함께 하며 모두들 고기를 함께 먹었다. 후둑후둑 내리는 빗방울에 그들은 모두 젖었지

만 각자의 방으로 들어가면서도 화기애애함은 가득했다. 다음날 비에 젖은 군복들은 동네의 빨랫줄에 높이 걸리고 표현철 일행과 리수화 일행, 그리고 스미스까지도 동네사람들과 같은 옷으로 갈아입고 농사를 지으러 갔다.

(14) 다음날 일을 하러 나갔던 리수화는 용변이 마려워 숲으로 갔는데, 그곳에서 먼저 와서 용변을 보던 표현철을 보았다. 두 사람은 어색하게 서로를 경계하면서 쪼그리고 앉아 있었다. 리수화가 표현철에게 "그냥 편한 척, 친한 척 그렇게 지내는 것이 어떻겠느냐"고 물었다. 그러자 표현철은 "하나만 물어보자. 왜 우리를 그냥 두었지" 하고 물어 보고 떠났다.[43)]

(15) 농사일을 마치고 골짜기에서 모두들 풀썰매를 타는 데, 표현철만은 그 놀이를 바라볼 뿐 쉽게 끼어들지 못했다. 그런 표현철에게 문상상은 같이 놀자고 했으나, 표현철은 망설였다.

(16) 모두 돌아가고 혼자 남아 풀밭 아래를 바라보는 표현철에게 촌장의 어머니가 풀썰매도구를 휙 던져주고 갔다. 표현철은 혼자서 신나게 풀썰매를 타다가 푸른 하늘을 바라보며 누웠다. 파란 하늘에 갑자기 먹구름이 끼면서 피난민이 가득한 다리가 떠올랐다. 표현철은 상부의 지시에 따라 다리를 끊어야 하는 처지였다. 아무리 사람들이 많아서 안 된다고 하여도 상부에서는 명령이라면서 스위치를 누르라고 했다. 결국 표현철은 스위치를 눌렀고 다리에는 죽은 사람들이 널려 있었다. 표현철은 이런 환상 속에서 몸을 떨며 발작했다. 갑자기 먹구름이 사라지고 여일이 다가와 표현철의 얼굴을 이상하다는 듯이 빤히 바라보고 사라졌다.

---

43) 그러나 표현철 소위는 리수화의 말을 선 듯 받아들일 수가 없다. 왜냐하면 그는 피난민들이 건너던 다리를 무너뜨린 장본인으로 죄책감 때문에 다른 사람들과 잘 지낼 수 없는 형편이었기 때문이다. 잠들기 위해 누워있을 때에나 푸른 하늘을 바라보며 누워 있을 때에도 표현철 소위는 죽어가던 피난민들을 잊을 수가 없다. 비록 군대의 명령에 의하여 폭약기를 눌렀지만 말이다.

(17) 한편 연합군 측에서는 실종된 조종사 스미스를 찾기 위하여 계속 비행기가 떨어질만한 장소를 찾다가 동막골의 위치까지 알게 되었다. 동막골이 수확에 대한 기쁨으로 잔치를 벌이던 날 특수부대원들이 마을로 급습하였다. 특수부대원 중 하나가 여일을 죽이려고 하자, 서택기가 그 아이는 정신이 나갔다고 소리쳤다. 서택기의 말투가 이상한 것을 알아차린 특수 부대원이 추궁하였을 때 동네 사람들이 나와서 가족인양 꾸며서 위기를 모면했다.

(18) 그러나 특수부대원은 촌장을 끌어내어 패면서 빨갱이들을 가려내기 전까지 하나씩 죽여 버리겠다고 위협했다. 촌장이 피를 흘리는 것을 본 표현철이 나무막대기로 촌장을 때리던 특수부대원의 목을 찔러 죽였다. 그리고 리수화, 장영희, 서택기, 문상상, 스미스 등이 가세하여 마을에 쳐들어온 특수부대원들을 죽였다.[44] 그리고 포로로 잡은 특수부대원에게서 이제 공습이 시작될 것이라는 정보를 알게 되었다.

(19) 스미스는 표현철과 리수화 등에게 자신이 발견한 전투기의 잔해를 보여 주었다. 그곳에서 갖가지 무기를 발견한 표현철은 의연하게 동네를 구하자고 하였다. 리수화도 어차피 여성동지와 부상자를 죽이고 고향에 돌아갈 수 없는 처지라면서 표현철과 힘을 합하기로 결의했다. 리수화는 이번 작전의 지휘권은 표현철 소위가 맡아야 한다고 하였다. 표현철 소위는 이제 동막골 주민을 위한 그들만의 전투의 지휘관이 되었다.

(20) 표현철과 리수화 일행은 그들과의 떠남을 아쉬워하는 동막골 주민들을 뒤로하고, 멀리 산 너머에 가서 대공포와 각종 폭약을 설치하여 전투기들이 그곳으로 공격할 수 있도록 유인하는 작

---

44) 그리고 이 소란 중에 동막골의 천진난만한 소녀 여일이 총에 맞아 죽고 말았다. 총을 겨누어도 두려워하지 않던 동막골 주민들은 여일의 죽음 앞에서 꺼이꺼이 울면서 그들이 얼마나 큰 위험에 처해졌는가를 실감했다.

전을 폈다. 전투기들이 표현철 일행이 펼쳐 놓은 대공포기지를 동막골로 오인하며 융단폭격을 가할 때 표현철 일행은 환하게 웃음 지으며 산화하였다.45)

---

45) 2차 공격을 저지시키기 위하여 표현철 일행과 헤어져 본진으로 향하던 스미스는 폭격의 소리를 듣고 그들이 전사했음을 깨닫고 눈물짓고, 동막골 주민들은 산 너머의 환한 불꽃들을 지켜 보았다.

탈북민 생애담 담론화를 통한 구술 치유

:『고난의 행군시기 탈북자 이야기』를 중심으로

김종군

1. 구술을 통한 트라우마 진단과 치유 가능성

최근 10여 년 사이에 인문학 연구의 새로운 키워드로 '치유'나 '치료'가 부상하고 있으며, 그 치유 대상의 증상으로 '트라우마(trauma)'를 주로 언급하고 있다. '외상 후 스트레스 장애(post-traumatic stress disorder: PTSD)'를 의미하는 정신의학적 용어를 축약해서 일반화한 것이다. 인문학 영역에서 병증인 트라우마에 주목하게 된 후 그에 대한 치료 요법이 다양한 분야에서 제시되고 있다. 포괄적인 개념으로 인문치료, 세분화하여 문학치료, 철학치료, 역사치료, 상담치료, 언어치료, 이야기치료, 독서치료, 창작치료, 영화치료 등이 그것이다.

이 글에서는 역사적이거나 집단적인 사건으로 트라우마를 간직한 이들의 살아온 이야기(체험담, 생애담)를 '말로 된 이야기'로 풀어놓게 하고, 그 이야기된 서사를 분석하여 구술자의 트라우마를 진단하고 그 가운데서 치유 방안을 찾아보고자 한다. 그리고 이러한 과정과 결과물이 '구술 치유'의 개념으로 성립할 수 있는지에 대해 고민해 보고자 한다.

트라우마라는 병증을 염두에 두고 좀 더 나은 상태가 되도록 만들고 도와주는 행위를 치료나 치유라고 할 때, 여기서는 치료 요법으로서의 therapy와 구분하여 병증 회복의 전 과정을 지칭할 수 있는 healing의 개념을 '치유'로 번역하여 사용하고자 한다. 영어에서는 대체로 전자는 의료 방법을 표시하는 단어에 붙여서 '치료'나 '요법'으로 해석 가능하게 사용하고 있으며, 후자는 '치료, 회복'으로 해석하고 있다. 국어사전에서도 치료(治療)와 치유(治癒)를 특별하게 구분하지 않고 '병이나 상처를 다스려 낫게 함', '병을 치료해 낫게 함'으로 풀이하고 있다. 그런데 일본어[1]에서는 후자의 의미를 '마음을 위안하는 일', '마음의 치료'로 번역하고 있다. 최근에 들어 각종 매체에서 현대인의 정서적인 문제를 해결하는 방안을 '힐링'이란 단어로 사용하는데, 이는 의료행위로서의 '치료'와는 구분하여 '마음의 문제를 위로하고 회복하게 함'의 의미로, '치유'라는 말과 대응시키는 분위기이다.

일반적으로 치료의 과정은 의료 행위로 인식된다. 다양한 인문학적인 치료 방법론은 정신과 의료행위의 하나인 상담치료 방법을 원용한 측면이 강하다. 이 경우는 문제가 있다고 생각되는 사람이 자의 또는 타의에 의해서 상담자(의사)를 찾으면서 치료의 과정이 시작되는 것이 일반적이다. 그리고 상담의 과정에서 각 영역별로 독창적인 상담프로그램이 진행되고, 이 과정을 곧 치료과정으로 보고 있다.

그렇지만 이 글에서 다루는 구술 치유는 트라우마를 간직한 사람이 문제를 해결하고자 하는 의지를 가지고 조사자를 찾는 방식이 아니다. 오히려 조사자가 트라우마를 간직한 구술자를 방문하거나 청하여 경험한 이야기를 듣고 구술 자료를 수집하는데, 구술조사 과정

---

1) ヒーリング(healing): [명사] 『의학』 힐링. 마음을 위안하는 일. 마음의 치료.

이나 구술한 이야기 속에서 트라우마의 실체를 파악하고 치유의 단초를 찾고자 하는 것이다. 일회성의 구술에서는 만족할 만한 결과를 얻을 수 없으므로 여러 회차에 걸쳐 살아온 이야기를 반복하게 하거나 심화하게 하는 방법이 요구된다. 그리고 이러한 구술 과정과 구술 생애담에서 반드시 치유의 예후가 보장되지도 않는다.

그렇다면 구술 치유를 염두에 두고서 구술조사를 수행하는 이유는 무엇인가? 구술조사에서 찾고자 하는 치유는 개인의 트라우마를 진단하고 이에 대한 치유 효과를 얻고자 하는 것이 1차적인 목적이지만, 더 나아가서는 집단적인 트라우마—전쟁이나 대학살·국가 폭력 등을 겪은 사람들의 체험담을 조사하여 집단적인 트라우마를 진단하고 집단의 치유를 모색하는 방안으로서의 구상이다. 한국전쟁 후 전후문학이나 5.18을 다룬 소설들이 사건의 다양한 참상을 서사화하여 피해자 집단들이 간직한 트라우마를 담론의 장으로 끌어들이고, 이를 통해 피해자들에게 회복의 처방을 부여한 것과 유사한 구상이 될 것이다. 소설에서와 같은 서사적 치유[2]의 방법을 구술생애담을 통해서 마련하고자 하는 것이다.

분석 대상으로 삼은 것은 1990년대 중반 이후 북한이 급격한 식량난을 겪던 '고난의 행군시기'에 북한을 탈출한 사람들에 대한 구술조사 자료이다. 2012년 현재 국내에 거주하는 탈북자는 2만 4천여 명[3]에 달하고 있고, 이들은 북한을 탈출하여 국내에 정착하는 전 과정에서 몇 차례 생명의 위협을 느낄 정도로 극한의 공포 상황을 체험한 사람들이다. 이들은 국내에 들어와서도 신변의 안정을 확보하지 못하여 불안에 떨기도 하고, 탈북 과정에서 겪은 외상이 강한 트라우마로 작용하는 경우가 대부분이다. 그렇지만 이들이 자발적으로 스스로의 병증을 자각하고 치료를 위해 의료기관이나 상담프로그램을 찾

---

2) 장일구, 「역사적 원상과 서사적 치유의 주제학: 5.18 관련 소설을 사례로」, 『한국문학이론과 비평』 7권 3호, 한국문학이론과 비평학회, 2003, 262~282쪽.
3) 2012년 9월까지 통일부에서 잠정 집계한 수치는 24,193명이다.

는 경우는 드물다. 분단 체제가 지속되는 가운데서 아직까지는 자신들의 고통을 공공연하게 드러내기에는 부담스럽다는 인식이 강하다.

그렇지만 결코 적지 않은 탈북자들의 트라우마를 그대로 방치할 수는 없는 상황이다. 이에 이들이 탈북과정에서 얻게 된 트라우마의 실체를 진단하고 국내 정착의 어려움을 파악하기 위해 구술조사를 기획하였고, 그 결과로 얻은 구술자료를 녹취하여 출판하였다.4) 이 글에서는 이 자료와 구술과정의 사례를 가지고 구술 치유의 방안을 모색하고자 한다. 치유의 예후를 확인하기에는 아직 시기상조이지만 앞서 언급한 것처럼 탈북자 집단의 트라우마를 담론의 장으로 끌어들이는 과정으로서 회복의 단초를 마련하고자 시도하는 것에 의미를 두고자 한다.

2. 구술 치유의 개념

구술 치유는 기존의 이야기치료나 창작치료(글쓰기치료)와 유사하면서도 차이가 있다고 본다. 활용 매체에서 구술 치유와 이야기치료는 말하기 방식과 말이라는 구술문화의 장치를 사용하는 측면이 유사하지만, 이야기치료는 치료자가 개인적인 문제를 담은 이야기를 치료과정에서 스스로 문제가 되지 않는 대안적 이야기로 대치하도록 하는 방법이다. 이를 통해 치료의 효과를 얻는 방식이다.5) 구술 치유에서 대상으로 삼는 개인들의 문제는 이보다는 좀 더 심각한 문제들일 가능성이 크다. 한 개인이 겪은 독특한 문제보다는 집단적이고 역사적인 사건들에서 기인한 문제들로서 그 자체가 대안적 이야기로 해소되기에는 한계가 있는 경우이다. 그러므로 이를 '문제'라고

---

4) 김종군·정진아, 『고난의 행군시기 탈북자 이야기』, 박이정, 2012.
5) 앨리스 모건, 고미영 역, 『이야기치료란 무엇인가?』, 청목출판사, 2010, 3~5쪽.

부르지 않고 '트라우마'로 지칭하게 된다. 그리고 그 방식도 상담이나 인터뷰보다는 제보자의 자연스러운 생애담(life story) 구술로 이루어진다. 이를 통해 얻은 결과물은 이야기치료의 결과물보다는 비교적 긴 서사들이다.

살아온 이야기(경험담, 생애담)에 주목하는 측면에서는 구술 치유는 창작치료(글쓰기 치료)와 통하는 면이 있다. 그러나 창작치료는 그 결과물이 자서전과 같이 잘 갖추어진 서사라는 점에서는 구술조사의 결과물보다 우위를 점할지 모르지만 그 활용 매체가 말이 아니라 글이라는 점에서 큰 차이가 있다. 기억에 입각하여 조사 현장에서 구술하는 구술생애담과 기억을 정제된 언어로 표현하기 위해 거듭 검열하는 글쓰기의 결과물은 다를 것으로 판단되기 때문이다. 트라우마를 간직한 구술자가 구술의 과정에서 내재된 공포와 울분을 토로하면서 얻는 치유의 효과를 창작치료에서는 장담할 수 없을 듯하다. 쓰기는 생활 경험에서 일정한 거리를 두고서 지식을 구조화하는 데 반해 구술문화는 인간 생활세계에 밀접하게 관련시키는 방식으로 언어화한다[6]는 진술도, 객관화된 글쓰기보다는 트라우마 증상을 격한 감정으로 직접적으로 토로하는 구술 현장이 치유의 장이 될 수 있음을 확인하게 한다. 아울러 구술조사 방식은 문자문화를 접할 수 없어 일차적 구술문화[7]에 머물러 있는 대상자에게도 적용이 가능하다는 점에서 좀 더 대중적이라는 이점을 가진다. 한국의 현대사에서 제도권에서 보호받지 못한 집단들은 상대적으로 교육 수준이 높지 못하며, 특히 여성의 경우는 문맹의 비율이 남성에 비해 월등하게 높으므로 창작치료를 적용하기에는 어려움이 크다.

구술 치유는 구술이라는 방식을 전제로 한다는 점에서 1990년대

---

6) 월터 J. 옹, 이기우·임명진 역, 『구술문화와 문자문화』, 문예출판사, 1995, 71쪽 참조.
7) '일차적 구술문화'는 월트 J. 옹의 『구술문화와 문자문화』에서 주요하게 다루는 개념으로, 문자를 읽고 쓸 줄 몰라서 기억에 입각하여 말로써 서사를 구성하고, 말하기 방식에 입각하여 세계를 인식하는 문화 수준을 지칭한다.

중반 이후부터 인문사회학계의 주요 연구 방법론으로 활용되는 구술사 연구, 구술생애사 연구와 긴밀하게 닿아 있다. 구술사 연구는 사회학이나 역사학 분야에서 주로 활용하여 많은 연구 성과를 내고 있다.[8] 역사적으로 한국의 정치사회 제도의 모순에 의해 고통 받은 집단의 사람들을 제보자로 정하여, 이들이 겪은 고통과 부조리를 구술하게 하고 이를 기록하여 관 주도의 한국 현대사 기록에서 간과한 역사를 채워나가는 성과를 인정받았다. 그런데 이들 구술사 연구는 구술된 역사적인 사건이 과거에 대한 증언이라는 특성에만 주목하고, 그것이 과거 사실을 현재의 기억을 통해 서사적으로 재구성한다는 특성을 놓치고 있다는 한계를 지적받고 있다.[9]

인류학이나 여성학 분야에서는 사실 입증에 주목하는 구술사 연구 방법의 틀을 넘어선 대안으로 구술생애사와 생애담을 내세우면서, 사실에 대해 어떻게 이야기하는가에 주목하고 있다. 특히 생애담에서 '단지 화자가 무엇을 말하는가에 집중하지 않으며, 어떻게 말하며 왜 그런 식으로 말하는지, 그리고 무엇이 그런 식으로 말하게 하는지에 관심'을 두는 서사방법론[10]은 구술 치유에서 구술 서사를 분석하면서 트라우마의 실체를 진단하는 작업과 상통할 여지가 크다. 그러나 이러한 인류학이나 여성주의자들의 구술조사를 통한 연구 방법은 세상에서 소외되거나 소수자로서 많은 문제를 안고 살아가는 개인들의 생애사를 사적인 범주에서 접근하고 있다는 것이 문제라고 할 수 있다.[11] 한 개인의 삶의 문제에 주목한다는 점에서 역사적 트라우마

---

8) 제주일보 4·3취재반, 『4·3.은 말한다』, 전예원, 1994; 김귀옥, 『이산가족, '반공전사'도 '빨갱이'도 아닌…』, 역사비평사, 2004; 김귀옥 외, 『전쟁의 기억 냉전의 구술』, 선인, 2008; 엄경선·장재환, 『동해안 납북어부의 삶과 진실』, 설악신문사, 2008; 박찬승, 『마을로 간 한국전쟁』, 돌베개, 2010; 이임화, 『전쟁미망인, 한국현대사의 침묵을 깨다』, 책과함께, 2010.
9) 이희영, 「사회학 방법론으로서의 생애사 재구성」, 『한국사회학』 39집 3호, 한국사회학회, 2005, 123쪽.
10) 이재인, 「서사방법론과 여성주의 연구」, 『여성이론』 통권 10호, 여성문화이론연구소, 2004, 246쪽.

나 분단트라우마, 이 글에서 대상으로 삼는 탈북민 집단들의 트라우마와 같은 집단적 또는 민족적인 문제를 감당하기에는 한계가 있다고 판단된다.

구술 서사에 주목하는 연구는 구비문학의 영역에서도 구술생애담 조사와 연구를 지속적으로 수행하고 있다. 문학의 특성상 서사에 주목하면서 대체로 생애이야기 위주의 조사를 수행하고 있다. 사회적인 약자이고, 그래서 일차적 구술문화 속에 머무는 비율이 높은 여성을 대상으로 시집살이 이야기를 전국적으로 광범위하게 조사하였고 그에 대한 연구 결과를 논문으로 제시하였다.12) 이 연구 결과들은 주로 여성들이 자신들의 생애이야기를 어떻게 말하는지에 집중하기도 하고, 생애이야기를 통해 드러나는 시집살이의 의미들에 주목하고 있다. 그러나 이러한 연구 방법이나 성과들보다 더 의미가 있는 것은 당대 여성들의 시집살이의 고충과 애환을 대대적으로 구술조사하여 자료집으로 제작하는 데에 있다고 본다. 이 자료집을 통해서 혼인생활을 유지하고 사는 모든 여성들이 정도의 차이를 두고 고충으로 간직한 시집살이를 담론의 장으로 끌어들이면서 사회 문제로 부각시키는 데에 더 큰 의미가 있다고 본다. 곪아서 아프지만 누구나가 다 안고 살아 왔고, 안고 사는 문제이므로 덮고 참아야 한다는 부조리함을 수많은 사람들의 구술 사례를 통해 세상에 드러냄으로써 개인의 문제가 아닌 사회나 집단의 문제로 부각시키는 데에 기여할 것으로 보인다.

현대 여성들의 구술담화가 시집살이 이야기 중심으로 형성된다는 점에 주목하여 위의 연구가 진행되었는데, 한국전쟁을 체험한 전체 노년층의 구술담화는 한국전쟁 체험담이 주축을 이룬다는 점에 주목

---

11) 이러한 한계를 지적하고 사회학의 연구에서는 구술생애사연구가 개인의 구체적인 생애사를 통해 사회의 구조를 재구성하는 방법론으로서, 식민지 경험과 분단, 전쟁과 폭력으로 각인된 한국의 사회현상을 과정적으로 천착하며 그 변화의 동인과 경과를 이해하는데 유용한 방법론이 될 수 있다고 대안을 제시하고 있다(이희영, 앞의 논문, 120~148쪽).

12) 신동흔 외, 『시집살이 이야기 연구』, 박이정, 2012.

하여 최근에는 그에 관련된 연구도 구비문학 연구자들에 의해 진행되고 있다.13) 이 연구들에서는 전쟁 체험담의 양상과 유형, 말하기 방식, 더 나아가 전쟁 체험담에서 발현되는 역사적 트라우마를 진단하는 데까지 접근하고 있다.

그런데 구술을 기본적인 방법론으로 내세우는 이상의 연구 방법론에서 치유에 대한 고민이 본격화된 경우는 흔치 않아 보인다. 구술로 이루어지는 이야기들이 대상자의 생애 경험들 가운데서도 가장 충격적이고 비극적인 사연을 담은 서사들로 채워지는 경우가 일반적인데, 이것을 구술하는 구술자들의 기억 속에 뿌리 깊게, 본질적으로 자리 잡은 트라우마의 실체로 보고 활발하게 논의를 진행하면서도 그 이후의 단계인 트라우마의 치유에 대해서는 건드리지 못하고 있다.

언어로 발화하는 억압된 기억은 치유로 가는 첫걸음이고 그 자체로 치유의 힘을 발휘14)한다는 논의는 모든 상담프로그램에서 기본 바탕으로 전제하고 있다. 가슴속에 응어리진 경험의 기억을 누군가에게 풀어 놓는 과정이 한풀이의 과정으로 볼 수 있으므로 치유의 기능을 가졌다고 인정할 수 있다. 그리고 역사적인 사건 속에서 국가폭력에 억눌려 입 밖으로 낼 수 없는 사건들의 내막을 풀어내는 일이 신원(伸寃)의 기능을 한다는 점도 인정할 수 있다. 그렇지만 그러한 한풀이식의 일회적인 구술로 트라우마가 온전하게 사라지지는 않다는 것이 정신의학계의 생각이다. 트라우마의 증상적 특징이 외상을 가한 사건이 반복적으로 재경험되는 데 있으므로 일회성 구술조사로 치유의 효과를 장담하는 것은 무리라고 여겨진다.

---

13) 김종군, 「지리산 인근 여성 생애담에 나타난 빨치산에 대한 기억」, 『인문학논총』 제47집, 건국대학교 인문학연구원, 2009; 박경열, 「제주 여성 생애담에 나타난 4·3의 상대적 진실」, 『인문학논총』 제47집, 건국대학교 인문학연구원, 2009; 신동흔, 「역사 경험담의 존재 양상과 문학적 특성: 6·25 체험담을 중심으로」, 『국문학연구』 제23호, 국문학회, 2011; 신동흔, 「한국전쟁 체험담을 통해 본 역사 속의 남성과 여성: 우리 안의 분단을 넘어서기 위하여」, 『국문학연구』 제26호, 2012.

14) 김호연·엄찬호, 「구술사를 활용한 인문치료의 모색」, 『인문과학연구』 24집, 강원대 인문과학연구소, 2010, 369쪽.

그리고 정치적인 문제나 국가 폭력과 같은 역사적 사건에서 비롯된 트라우마를 간직한 생애담은 국가적인 차원에서 그 근본 문제가 해결되지 않는다면 한 개인 구술자가 공공연하게 자신의 억울함을 토로하는 자체가 위험으로 인식될 수 있다. 트라우마의 치유 방법에서 선결 조건으로 대상자의 '안전의 확립'을 내세우는 점을 깊이 고려할 필요가 있다.15)

여기서 구술 치유의 방향에 대해 다시 한 번 짚고 넘어가야 한다. 구술 치유는 개인의 문제 상황에서보다는 국가나 민족, 집단 차원에서 벌어진 강력하고 충격적인 사건에서 피해를 입은 개인들이 간직한 트라우마를 치유하는 방법론으로서 여타 치료 방법론보다 적절하다고 판단된다. 그리고 트라우마에 대한 치유 예후는 구술의 과정에서 피해자 자신이 느끼기에 구술에 임하기 이전보다 좀 더 나아진 상태가 되었다고 본다면 대단히 성공적이라고 할 수 있겠다. 그러나 강력한 트라우마가 일회적인 구술로 사라지는 경우는 희박하다는 것이 통설이므로, 자신이 간직한 고통을 다른 사람도 함께 가지고 있다는 것을 타인이 구술한 자료들을 통해 확인하는 가운데 동병상련의 위안을 얻게 하는 수준이 되어야 한다.16) 이러한 위안이 점점 확대되는 가운데 동일한 트라우마를 공감할 수 있는 담론의 장에 자신도 참여할 수 있는 용기를 얻게 될 것으로 보인다. 구술의 과정이 진행되면서 이 정도 수준에 도달한다면 어느 정도 치유나 회복의 예후를 보인 것으로 진단할 수 있을 것이다.

이를 실현하기 위해서는 구술 치유를 전담하는 조사자가 동일한 사건에서 유사한 트라우마를 간직한 집단의 사람들을 광범위하게 구술조사하는 기획을 세우는 것이 필요하다. 비슷한 시기, 비슷한 사건

---

15) 주디스 허먼, 최현정 역, 『트라우마: 가정폭력에서 정치적 테러까지』, 플리닛, 2007, 260쪽.
16) 이러한 견해는 소설 연구에서 서사적 치유 이론과 상통한다. "치유의 관건은 그 트라우마의 내용을, 그 맺힌 사연을 발설하여 풀게끔 말문을 틔워주는 데 있다. 말문이 트이면 고통스런 기억을 공유한 이들 간에 모종의 연민과 함께 일체감이 이루어질 것이며 입을 굳게 다물었던 이들조차도 그 담론의 장에 함께 어우러질 법하다."(장일구, 앞의 논문, 263쪽)

을 통해 외상을 입은 대상자들을 구술자로 선정하여 다양한 사례들을 온전한 서사의 방식으로 수집하여 자료집으로 편찬하는 작업들을 진행한다면 트라우마를 간직한 사람들이 동참하는 가운데 치유의 단초를 얻을 수 있을 것으로 예상된다. 결국 구술 치유 방법론은 개인 차원을 넘어서 집단이 간직한 트라우마를 치유하는 방안이 될 수 있을 것이다.

3. 탈북민 생애담 구술에서 찾는 구술 치유 모형

이상에서 논의한 구술 치유의 성립 가능성과 개념을 뒷받침할 사례를 분석할 필요가 있다. 필자는 탈북민들을 상대로 구술조사를 실시하였고 그 결과를 녹취 기록하여 책으로 출판하였다.[17] 이 자료집을 사례로 삼아 구술조사 과정과 조사된 구술생애담에서 이들이 간직한 트라우마를 진단해 보고, 구술 치유 방법론의 가능성을 타진하고자 한다. 더불어 트라우마 치유의 단초도 찾아보고자 한다.

1) 구술조사 과정을 통해 본 치유 가능성

남북이 분단되어 적대적인 관계를 지속하는 가운데 국내에 2만 명이 넘는 탈북민이 들어와 새로운 삶을 꾸리고 있다. 이들에 대한 명칭이 '탈북자', '새터민', '북한이탈주민', '북한이주자' 등으로 다양하게 불리는 것처럼 국내에서의 이들의 위상도 안정되지 못하고 불확실한 상태라고 할 수 있다. 탈북민들은 탈북과정에서 일반인들이 상상하기 힘들 정도의 공포와 위험을 견디고 국내에 들어온 존재들이다. 이들이 겪은 공포는 지금을 사는 우리 민족들 가운데 가장 혹독

---

17) 김종군·정진아, 『고난의 행군시기 탈북자 이야기』, 박이정, 2012.

한 것이었다고 말할 수 있다. 이들이 비록 국내에 들어와 국가의 정착 지원을 받아가면서 새로운 삶을 꾸리고 있지만 탈북과정에서 겪은 외상은 엄청난 것이어서 강력한 트라우마로 내재할 가능성이 크다. 실제로 우울증 증상을 보이는 경우도 많고 사회 부적응 상태나 인간관계를 온전하게 맺지 못하는 경우가 대부분이다.

이들의 상황을 파악하기 위해 구술조사를 기획하고 6개월에 걸쳐 정례적인 조사를 실시하였다. 탈북민들은 북한을 탈출한 시기에 따라 각기 다른 체험을 간직하고 있다. 1996년 이후 북한이 극심한 식량난에 허덕이던 소위 '고난의 행군시기'에 탈북한 사람들은 대부분 그 탈북의 동기가 식량을 얻기 위함이었다. 그리고 이들은 중국에서 3~8년 정도 도피생활을 거친 후 제 3국을 통해 국내에 들어온 경우이다. 이들은 탈북민 집단에서 1세대 정도로 분류할 수 있는 사람들로서 가장 혹독한 탈북 노정을 겪었고, 그에 상응하는 외상이 큰 사람들로 보인다. 이들을 대상으로 구술조사가 시작되었다.

총 3명이 대상이 되었는데, 한영숙(여, 당시 60세, 가명), 이상숙(여, 당시 63세, 가명), 이승준(남, 당시 27세, 가명)이다. 처음 구술자 한영숙을 통해 친분이 있는 두 사람을 소개 받아서 조사가 정례화되었다. 이상숙은 북에 있을 때 한영숙과 같은 마을에 살던 친구였고, 이승준은 한영숙이 입주가정부로 있던 집에 기숙하는 대학생이었다. 이들은 비슷한 시기에 탈북하여 국내에 들어 왔는데, 그 표면적인 외상의 여건은 유사해 보였다. 또한 한영숙을 통해 소개받은 점이 이들의 구술 내용에 사실성을 어느 정도 확보할 수 있었다. 그리고 구술에 임하는 자세도 일정 정도 불안감을 떨치고 친근하게 다가왔다. 같은 시기, 유사한 외상 조건, 서로를 아는 사이, 체험한 사실을 피상적으로라도 안다는 요인들이 이들에 대한 구술조사를 성공적이게 하였다.

한영숙은 총 4회, 이상숙은 총 3회, 이승준은 총 2회에 걸쳐 구술에 임했는데, 세 사람 모두 독실한 기독교인들로서 언변이 매우 유창하였다. 그리고 교회 단체에서 북한의 실상을 간증 형식으로 고발한 경험이 있었다. 이러한 구술 경험이 조사에 도움이 되었지만 구술조사 과정에서처럼 생애담 위주의 긴 이야기를 해본 적은 없어 보였다.

한영숙의 경우 일주일 주기로 조사를 정례화하였다.[18] 처음 구술조사의 의도는 북한의 구비문학과 민속, 생활문화 전반에 대한 정보를 수집하는 데 있었다. 그런데 구술자가 1회 차에서 30분 정도 경과하자 북한 민속과 문화 정책에 대해 이야기를 마치고 더 이상 정보가 없다고 하였다. 이에 조사자가 조심스럽게 탈북과정에 대해 알고 싶다는 뜻을 건넸다. 잠시 생각을 정리하더니 이야기를 시작했는데, 마치 봇물 터지듯 탈북과정과 북한의 상황에 대한 이야기를 쏟아냈다. 구술조사의 의도를 생애담 조사라고 명시하지 않은 것이 구술 과정에서 오히려 경계를 늦추게 하고 쉽게 구술에 임하도록 하는 계기가 되었다. 곧 조사 상황이 경직되지 않고, 자연스럽게 살아온 이야기와 다양한 경험들을 두서없이 풀어가게 하여 효과적이었다. 구술조사에서 조사 목적을 구체적으로 제시하는 것은 사회학이나 역사학 분야에서 구술사를 조사하는 입장에서는 유효할 수 있어도 트라우마를 진단하는 차원에서는 구술자가 자연스럽게 전체 이야기판을 끌어가도록 배려하는 것이 효과적이라고 판단된다.

후에 이를 정리하여 출판하는 과정에서도 구술의 순서에 따랐는데, 자료집의 가독성을 높이기 위해 완결된 서사 단위로 제목을 도출하고, 그 아래에 내용을 요약하여 제시하고, 주제어를 3~5개 정도로 뽑아서 정리하였다. 이러한 자료집 체제는 서사 위주로 정리되어서 다양한 용도로 활용이 가능하다고 판단된다.

자료집은 구술조사 단위로 총 9장으로 구분하였고, 각 장마다 정리

---

18) 조사상황은 다음과 같다.
조사일시 및 회기: 2010.4.9부터 일주일 간격으로 4회
조사장소: 건국대학교 인문학관 교수연구동 611호
조사대상: 한영숙(가명, 당시 60세)
조사자: 김종군, 김예선, 이원영
조사 주내용: 탈북과정을 포함한 북한에서의 생애담, 북한의 생활문화, 남한에서의 적응기

과정에서 뽑은 제목들로 목차를 삼았다. 회차를 거듭하면서 동일한 사건에 대한 이야기가 반복 구술되는 경우가 있었지만 조사과정에서도 이를 제지하지 않았고, 정리하는 과정에서도 그대로 수록하였다. 비록 동일한 외상에 대한 이야기라고 해도 두 번째 또는 세 번째 구술을 할 때는 감정의 변화를 읽을 수 있었다. 예를 들면 처음 구술조사에서는 북한의 식량난이나 북한 체제에 대한 반감을 분노 수준으로 토로하였는데, 회차가 지나면서 그 분노의 감정이 누그러지는 양상도 보였고, 고향에 대한 그리움을 표현하기도 하였다. 이렇게 여러 회차에서 변화하는 서사를 통해 트라우마의 증상이 다소 완화되는 단초를 발견할 수 있었으므로 그대로 정리하여 수록하였다.

앞서 언급한 트라우마를 토로하는 담론의 장을 마련하는 단초를 구술조사 과정에서 찾을 수 있었다. 이상숙의 경우는 한영숙이 적극적으로 추천하여 만나게 되었는데, 한영숙은 처음 자리는 자신이 함께해 주겠다고 나섰다. 그 결과 구술 내용이 다소 산만한 부분은 있었지만 '이런 이야기는 해도 괜찮다'라는 안도감을 심어주어 단독으로 진행된 2회차 조사부터는 속내를 드러내는 진솔한 이야기들이 구술되었다. 이승준의 경우도 마찬가지였다. 한영숙이 동행하지는 않았지만 함께 생활하는 집에서 구술조사의 상황을 자주 언급하여 이승준에게는 굳이 구술조사의 취지를 설명하지 않아도 될 정도였다. 곧 적극적인 구술자가 이야기의 수위를 깊이 있게 정하여 구술에 임하자 동료들도 자신들의 트라우마를 진술하게 풀어 놓는 모습을 보여 활발한 담론의 장이 마련된 것으로 볼 수 있다.

2) 구술생애담을 통한 트라우마 진단과 치유의 단초

구술된 생애담을 통해 서사에 담긴 트라우마 증상을 진단해 보고자 한다. 한영숙의 사례로 살펴보면, 구술자는 북한의 고난의 행군시기의 식량난을 이기지 못해 1997년 1차 탈북 시도를 하다가 붙잡혀

6개월간 보호소에 감금 생활을 하였다. 이 과정에서 남편이 굶어 죽게 되고, 1999년 1월에 2차 탈북 시도에 성공하여 중국에서 8년간 도피생활을 한 후 2007년에 국내에 들어와서 모 신학대학 여교수집의 입주가정부로 지내고 있었다.

조사의 과정에서 얻은 정보가 매우 충격이었고 구술자 역시 하고 싶은 이야기가 많다고 하여 조사가 4회차로 진행되었는데, 그 사이 구술한 생애담에서 구술자가 간직한 트라우마를 읽을 수 있었다. 필자는 이들이 간직한 트라우마의 양상을 유형화하여 '탈북 트라우마'[19]라는 용어를 사용한 적이 있다. 집단으로서 탈북자들이 갖는 트라우마의 양상은 크게 이산 트라우마, 북과 중국에서 겪은 국가폭력 트라우마, 국내 입국 후 겪는 사회폭력 트라우마로 유형화할 수 있었다. 그렇지만 각 개인들이 겪는 트라우마의 진단은 세밀하게 이루어져야 하고, 그 진단 역시 구술생애담에서 찾을 수 있으므로 굳이 유형으로 명명하지는 않는다.

다만 구술자의 구술 내용 중 빈번하게 반복되거나 과도한 감정이 표출되는 내용 등 일반적인 외상 후 스트레스 장애의 주요 증상에 해당할 수 있는 사례들을 제시하고, 그 트라우마를 진단하고 치유의 가능성을 찾아보고자 한다.

〈사례 1〉 감옥 생활: 남편의 죽음

[조사자: 북에 계시면서 가장 가슴이 아팠던 때는 언제인가요?]

"우리 아버지 어떻게 됐는가?"
그랬대요. 하니까 뭐,

---

19) 김종군·정진아, 「탈북자의 역사적 트라우마와 탈북 트라우마의 현재적 양상」, 『코리언의 역사적 트라우마』, 선인, 2012, 117~167쪽.

"이 새끼야, 됐다 이 새끼야!"

법상 또 물어도 못 봐요. 어데 가서 하소연할 데도 없고. 해서 우리 아들이 거기 나가서, 엄마는 감방에서 아버지 죽은 것도 모르고 있을 판이고. 나는 우리 아버지가 병원에 있겠거니 하고 왔는데 아버지가 없단 말이야. 그래서 우리한테 우리 아들이 그런 말을 하더라고. 자기가 그날 밤에 누워서 자는데 자기가 막 꿈에 울은 것 같대. 어떻게 울었는지 그것도 모르는데 안전원이 와서 야야야야, 깨우드라는 거지 뭐. 툭 깨나니까 자기가 꿈을 깼더라. 그렇게 아버지를 잃어버렸지.

하니까 우리는, 근데요, 거기서 남편을 잊어 뿌렸는데. 그기 야, 일본 정치 때보다도 더하지 거기는, 지금. 일본정치 때도 안중근이가 이등박문 쏘구도, 동생도 면회가구, 뭐 엄마구 옷도 지어 보내구 면회도 하고 이러잖아. 북한은 그런 게 없어. 저런 나라가 없어요.

그러니까 남편을 그렇게 잊어 먹었는데 우리 아들이 하루는, 빨리 이제는 또 집에 들어가야 되는 거야. 감옥에 가서 엄마한테 이 말을 해 주야 되는 거야. 근데 나는 그때 예감에, 안전원들이 와서 날 들따보는 눈이 다르드라고. 것도 안전원도 사람이니까.

'야, 저 영감 죽은 것도 모르고 앉아 있구나.'

한데 나는 예감으로 알지, 아는데. 하루는 복도에 나가서 청소 한다구, 복도에 나가서 앉아 있는데 청소하는데 호실 뭐 청소한다고 그래서 앉아 있는데 우리 아들이 그때 들어오드라구요. 그러더니만 하도 악이 났겠지 뭐, 글마 큰 소리로. 대담하게 매 맞겠으면 맞구요.

"엄마! 아부지 죽었다!"

글더라구요. 그래서 내가 또 대답 한 말은.

"내가 안다. 안다!"

이랬어요. 글케서 남편을 잃어 버렸지. 애 아부지를 잃어 버렸다. 애가 이 말을 듣기 싫어해요(울먹이며). 애가 오늘도 이 말 할까봐 나갔을 꺼야. 내가 오늘도 이 말이, 나도 어디 가서 이 말 안 해(눈물을 닦으며). 그런게 글쎄, 그해 여름에요. 그 감방에 가 여섯 달을 앉아 있노라니까 말이야.

그 감방 아낙에 별에 별 사람이 다 들어와요. 그해에는 죄인이 팽창한, 죄인밖에 없는 나라야. 굶어 죽게 됐는데.[20]

구술자가 한 이야기의 가독성을 높이는 차원에서 주제별로 나누어 제목을 붙이는 작업을 수행했는데, 총 84편의 이야기 가운데 굶주림, 식량난, 경제난 등의 이야기가 30% 비율을 차지하였다. 위에 사례로 든 이야기는 1차 탈북을 시도하다가 잡혀서 감옥 생활을 하던 중 남편이 굶어 죽은 상황에 대해 구술한 내용이다. 조사자가 북한에 살면서 가장 가슴 아팠던 사건을 묻는 질문에 대한 대답으로 시작한 내용이다. 고난의 행군 시기로 불리는 1990년대 후반에 탈북한 초창기 사람들은 탈북의 동기를 굶어죽지 않기 위해서라고 꼽고 있다. 구술자 역시 굶어죽지 않기 위해 탈북을 감행한 경우이다. 이 시기 탈북민들이 겪은 굶주림은 단순한 배고픔의 단계를 넘어선 아사(餓死)의 공포를 강하게 내포하고 있다. 그러므로 이러한 굶어 죽는 공포는 강한 트라우마로 자리하게 된 것으로 진단할 수 있다. 구술자에게 굶주림은 곧 죽음과 결부되어 있다. 감옥에서 남편이 굶어 죽었고, 함께 탈북을 시도한 친한 이웃도 굶어 죽었다. 그러므로 구술자가 감옥에서 만난, 사람을 잡아먹고 들어온 여성에게도 "나라도 그러겠던데 뭐"라는 동조를 표한다. 굶주림은 아들과의 이산을 체험하게 하였고 이것이 구술자가 직접적으로 체험한 굶주림의 공포로 자리한 것으로 보인다.

트라우마의 주요 증상 중 하나가 반복적인 재경험(re-experience)인데, 구술자는 이러한 증상을 구술에서 여실히 드러내고 있다. 자신이 직접 겪은 이야기부터 시작하여 눈으로 본 이야기, 주변에서 들은 이야기들을 굶주림·죽음이라는 키워드로 연이어서 구술하고 있다. 그리고 이렇게 국민들을 굶어 죽게 만드는 북한 정부는 반드시 망해

---

20) 김종군·정진아, 『고난의 행군시기 탈북자 이야기』, 박이정, 2012, 65~66쪽.

야 한다는 강한 분노를 쏟아내면서, 미국이 비행기로 폭격을 해서 당장 망하게 해달라고 소망한다고 하였다. 과도한 각성의 상태로도 진단할 수 있다.

굶어죽는 공포는 구술자에게 현재진행형으로 자리잡고 있었다. 조사를 위해 처음 만난 날 함께 식사를 하는 자리에서 구술자는 거의 먹지 않았다. 북에서 너무 굶주려서 많이 먹지 못한다는 말이었다. 탈북 후 중국에서 8년 국내에서 2년을 지난 시점에서도 음식은 배고픔을 달래기 위해 먹는 것이라는 경직된 사고를 보이는 것 역시 외상의 장애라고 진단할 수 있겠다.

〈사례 2〉 탈북 여성들의 정절 관념을 문제 삼는 것에 대한 항변

여기 우리 교수님이 우리 같이 있는 교수님이 재작년에 내가 막 와서 처음에야 날 보고 그러더라고 어제 저녁에 들어와서

"야 우리가 탈북자들을 앉혀 놓고 좀 이거 뭐야 이성에 대한 관계 같은 거 좀 정절에 관한 개념에 같을 걸 좀 배워주고 심어줘야 되겠어. 너무나 북한에서 온 여자들이 북한에도 남편이 있고, 중국에 와서도 또 남자랑도 살다가, 여기 와서는 흔하게 남편을 또 하고 그렇게 사는데, 그게 참 우리 조선 여자들로서는 안 되는 일이야. 너무나 지금 북한 여자들이 그걸 몰라."

그러더라고. 그래서 내가 우리 교수님 대단한 분 아니에요? 그래도 나는 앉아서리 단 바람에 우리 교수님 보고 그랬다고.

"교수님, 그런 말씀 하지 마세요. 어디다가 그 정절에 관한 그런 개념을 강요하자고 하는가. 그 모에 띄아봐라(너도 그런 상황이 되어봐라). 그 모에 띄아보지 않고(너도 그런 상황이 되어보지 않고) 어떻게 감히 그런 말을 하냐. 너무 정절에 관한, 그게 사치다. 목숨이 오락가락하는 사지판에, 어? 자기도 똑같은 상황에 취해보지 않은 사람이 나서서 그 입장에 당했던 여자들 앞에서 그런 말 할 때 그 말이 마음에 들어가겠냐? 귀에

들어가겠냐? 그건 오히려 그 여자들을 욕되게 하는 거다."

내가 막 그렇게 말했어요. 그래 우리 교수님 거기서, 우리 교수님이 또 대단한 분이니까

"아 그래"

하더니 이 말을 듣더라고요. 그러더니만

"아 그렇구나. 아 맞다 니 말이. 이 말 하는 게 아니다."

그래 내가 그 말을 못하게 했다는데.

내가 그래,

"똑같은 입장에 똑같은 환경에 취해보지 않고, 누가 감히 교양을 하자 하고, 누- 훈계를 할라고 덤벼드냐? 말도 안 되는 일이지."

내 말이 맞지요? 내가 막 교수님한테 이렇게 말했다는데. 절대 그거 하지 말라고. 내 한국 사람들보고 다 그 말 해요.

"절대 그렇게 함부로 교양할라고 하지 말라."

내 말이 맞아요? 틀려요? 내 여기 와서는 정말 내 마음에 있는 말을 다 하니까 하지. 알아듣고 들어주니까 내가 이 말을 하지. 어떤 여자들은이 형제가 몇이가 다 홀애비로 사는 집에 드가서 오늘은 이 형이, 내일은 저 동생이, 그래 동거생활 했대. 중국에서 그렇게 팔려 당겨요, 여자들이.21)

구술자는 국내 입국 후 자신을 거두어 준 신학대학 여교수에 대해 존경과 고마움의 마음을 가지고 있음을 구술 이야기 전면에서 확인할 수 있었다. 하지만 위 사례에서는 강한 감정의 폭발을 보이고 있다. 존경의 대상이고 자신을 고용하고 있는 고용주이지만 탈북 여성들의 정절 관념을 문제 삼는 지점에서는 감정을 조절하지 못하고 분노에 가까운 항변을 쏟아내고 있다. 탈북 여성들이 중국에 체류하는 동안 겪는 인신매매나 성폭력에 대해 문제 삼는 것을 강하게 거부한 것이다. 구술자나 구술자의 딸이 그 같은 처지에 있었다는 정보는

---

21) 김종군·정진아, 『고난의 행군시기 탈북자 이야기』, 박이정, 2012, 206~207쪽.

전혀 없다. 그러나 구술자의 이야기 가운데는 굶주림을 참지 못해 두만강을 건너는 딸에게 그 부모는, 무슨 일을 해서라도 목숨을 부지해야 한다고 당부하면서 몸을 팔아서라도 살아야 한다는 말을 덧붙이고, 이걸 문제 삼는 부모는 아무도 없다고 한 사례도 있다. 구술자가 중국 도피기간에 만난 한 여성에게서 들은 이야기라면서, 굶주림을 참지 못해 젊은 부부가 노모와 네 살 먹은 아들을 북에 두고 두만강을 건너와서는 오누이 행세를 하다가 아내가 한족에게 팔려가게 되고, 남편이 있는 자리에서 첫날밤을 보낸 사연을 눈물을 쏟으며 한 사례도 있다. 비록 자신이 겪은 외상은 아니지만 눈으로 보고, 처절한 사연을 귀로 들으면서 성폭력의 피해자와 동일시를 이루거나 강한 동류의식을 갖게 되었다고 볼 수 있다.

성폭행으로 인한 외상 후 스트레스 장애의 가장 큰 특징은 과도각성(hyper-arousal)[22]과 과소각성(hypo-arousal)[23]의 교차와 반복이라고 한다.[24] 구술자가 평소 온화한 감정으로 경외의 대상으로 여기던 여교수에 대한 강한 감정 폭발을 보인 것은 과도각성 상태에 이른 것으로 진단할 수 있다. 이러한 과도각성 상태는 이야기를 구술하는 상황에서도 지속되었다. 화난 목소리를 그대로 재현하면서 눈을 부라리고, 호흡이 가쁜 증상을 그대로 전달 받을 수 있었다. 구술자는 자신이 겪은 외상은 아니지만 탈북 여성이라는 동류집단이 겪었을 외상을 그대로 체현하고 이를 트라우마로 간직하였다고 볼 수 있다. 결국 탈북 여성들이 겪은 인신매매와 성폭력 피해 경험은 개인 차원이 아닌 집단 차원으로 확대되어 있음을 확인하게 한다.[25]

---

22) 정상보다 민감하게 반응하여 불안·분노·공포 감정에 압도되고 심장박동과 호흡이 빨라지는 현상.

23) 정상적으로 있어야 할 반응이 없어지거나 둔감해지는 것으로 심정의 기복이 없고 심장박동이나 호흡도 밋밋한 현상.

24) 김준기, 『영화로 만나는 치유의 심리학』, 시그마북스, 2009, 143쪽.

25) 장일구가 5.18 관련 소설을 분석하면서 언급한 "사실이 실재화된 소문은 그만큼 파급력이 크다. 소문을 먼저 접한 후 실상을 목격했을 때 충격의 강도도 더해지게 마련이다. 그에 따라 분노도 더할 것이지만, 자신들도 언제 당할지 모른다는 두려움도 커질 것이다. 그

구술의 결말에서 조사자들에게 동의를 구하는 과정은 외상 장애의 회복의 단초를 살필 수 있는 지점으로 볼 수 있다. "내 말이 맞아요? 틀려요? 내 여기 와서는 정말 내 마음에 있는 말을 다 하니까 하지. 알아듣고 들어주니까 내가 이 말을 하지"라는 동의는 구술자가 이러한 트라우마 증상을 이제 담론화할 의지가 있음을 드러내는 부분으로 볼 수 있다. 탈북 여성들이 안고 있는 강력한 트라우마를 집단 차원에서 담론화함으로써 고통에서 벗어나고자 하는 의지로 읽힌다. 이러한 용기가 곧 트라우마를 치유하게 하여 일상의 회복을 이루게 할 것이다.

〈사례 3〉 남한에서 깨달은 여유

내가 또 작년 여름이다. 내가 또 이제 장마당에 한 번 갔는데, 길동시장이라는 데, 양옆에 쭉 시장이에요. 그 가운데로 이제 우리 탈북자들, 우리 집에 한 달에 한 번씩 같이 파티를 해요. 그래서 내가 사오느라고 장마당에 가서 왔다 갔다 하는데, 어떤 아주머니 둘이가, 한 40 넘은 아주머니 둘이가 나하고 이케 와요. 오는데, 이케 스치는데, 그 아주머니들이, 한 아주머니가 그래, 더운데.

"야. 아무개야. 야– 우리 집 들어가서 냉면 한 그릇 삶아 먹고 가자." 그래요.

근데 그 말 딱 듣는 순간에 내가이, 갑자기 있지, 막 땅– 하면서 내 머리가 막 돌아가는 게야. 그다음에 내가 시장에 가다가이 내가 지금, 내가 이거 사들고 이쪽으로 가야 되는지 이쪽으로 가야 되는지 모르겠어. 내가 그래 얼빵해져요, 그 가운데서, 그 말 듣는 순간에. 기러게 내가, '엄마나 내가 왜 이래? 사람들이 나 이상하게 보겠다. 내 가긴 가야 되

분노와 두려움이 확산되면서 이는 개인 차원이 아닌 사회 차원으로 비화되게 마련이다."와 동일하게 해석할 수 있겠다. 장일구, 앞의 논문, 272쪽.

는데, 나 지금 이짝으로 왔던가, 이짝으로 왔던가?'

이래 막 동요하는데, 교수님이 그 말을 하니까 교수님이 이해를 못해.

"왜?"

그래. 기래 내 들어와서,

"나 오늘 그 말 듣는데 가슴에 와서 딱 맺히는 거야."

그러니까,

"왜?"

이래.

야- 우리 평생 그런 말 한 번 못 해보고 살았잖아요.

"야 고 우리 집에 들어와서 냉면 한 그릇 삶아 먹고 가라."

이 말이 어떻게 내 마음에 와서 딱 맺히는지(울먹이며), 내가 오늘 막 있지 교수님, 야 내가 막 억울하기 짝이 없잖아. 내가 사람이, 나 사람 성격이 좋다고, 나 친구 많다고이, 헌데 이 북한에서이 우리 집에 들어가서 냉면 한 그릇 삶아 먹고 가라. 이게 말이, 이 말이 없는 나라라구. 이 말이 없는 나라라구. 그래 글쎄 그 아주머니들 둘이서 그 말을 하면서 지나가니 내가 감동을 먹어가지고 있지, 어마 교수님 오늘 아주머니들 둘이가 그러구 지나가서 내가 그 말이 글쎄 마음에 와서 딱- 닿으면서이, 띵- 하면서 있잖니, 이짝 길로 갔댔는지, 이짝 길로 갔댔는지 내가 생각이 안 나서, 한창 가운데서 왔다 갔다 했다는데."

이래요 우리가. 그렇게 살았어, 우리가. 고 국수 한 그릇 삶아 먹을 거 있음, 내 새끼 멕여야지. 내 지나가다가, 내 친구

"들어와서 국수 삶아 먹고 가라."

이게 말이 되냐 말이야.26)

구술자가 북한에서의 굶주림을 자주 이야기하는 가운데 남한에서 겪었던 일상에서 스스로 멍해지는 체험을 했다는 내용이다. 시장을

---

26) 김종군·정진아, 『고난의 행군시기 탈북자 이야기』, 박이정, 2012, 132~133쪽.

보러 나갔다가 한국의 중년 여성 두 사람이 나누는 대화를 듣고 현실 감각이 둔해지는 체험을 했다. 그 내용은 자기네 집에 가서 냉면을 삶아 먹고 가자고 권하는 말이었다. 이 말을 듣는 순간 플래시백 효과처럼 북한에서의 비참한 상황이 떠오른 것이다. 구술자의 이야기 가운데, 이웃에서 굶어 죽어 가는 사람을 보고 강냉이 죽을 나눠 먹지 못한 사연, 자신의 아이가 태어날 때 받아준 이웃 노인이 죽었는데도 돈이 없어 조문을 가지 못한 사연 등이 있다. 음식을 함께 나눠 먹자고 청하는 두 여성의 대화를 듣는 순간 이러한 비극적인 상황이 플래시백 현상으로 떠올랐다고 파악된다. 그 순간 현재 자신이 서있는 곳이 어디인지, 뭘 하기 위해 여기에 왔는지, 어디로 가야 하는지 분간을 할 수 없는 둔감화의 증상이 발현된 것이다.

외상 장애의 주요한 증상이 회피(avoidance)와 둔감화(numbness)라고 할 때 이 상황은 이러한 증상의 발현이라고 진단할 수 있다. 결국 구술자는 집으로 돌아가 대화의 상대인 여교수에게 외상으로 남은 당시에 그럴 수밖에 없었음을 호소하게 되었다고 한다. 이 지점 역시 구술 치유에서 트라우마의 치유 지점으로 이해할 수 있겠다. 외상 사건 당시의 억울함을 호소하고 이를 듣고 동조를 해 주는 구술 상황이 치유의 좋은 예가 될 수 있을 것이다.

4. 탈북 트라우마의 담론화와 구술 치유

이상 사례는 구술자의 생애담 중 그가 구술하는 가운데 트라우마의 주요한 증상을 표출한 경우를 대표적으로 제시한 것이다. 이러한 트라우마의 사례들은 개인에 따라 다양하게 찾을 수 있을 것이다. 그러나 이것을 개인의 사적인 경험이 아니라 탈북민이라는 한 집단의 트라우마로 일반화하기 위해서는 유형화가 필요할 것이다. 필자는 탈북민들의 사례를 가지고 몇 차례 유형화를 시도한 적이 있다.

탈북민 집단들이 갖는 트라우마를 이산 트라우마, 국가폭력 트라우마, 사회폭력 트라우마 등으로 나눠 보았다. 이러한 유형화는 매우 포괄적이라서 구체적인 치유의 상황에 적용하기에는 적절하지 않아 보인다. 좀 더 구체화하는 작업이 필요하다. 예를 들면 앞의 〈사례 1〉의 경우의 굶주림의 공포는 아사 트라우마로, 〈사례 2〉는 인신매매 트라우마로 유형화할 수 있을 것이다. 탈북민들에게 빈번하게 드러나는 또 다른 트라우마는 중국공안에게 쫓기던 외상, 두만강을 건널 때의 공포, 메콩강을 건널 때의 공포도 강한 트라우마로 자리한다. 이러한 유형화 작업은 구술 치유에서 주목하고자 하는 서사 담론의 장을 마련하는데 기초가 될 것이다. 동일하지는 않지만 유사한 외상들에 의해 가해지는 트라우마를 사적인 문제가 아닌 집단적인 문제로 인식하도록 하여 자신의 고통을 토로하는 담론의 장으로 나가게 하고, 이를 통해 회복을 기대할 수 있을 것이다.

서사에 주목하는 문학 분야에서는 여타 사회학이나 인류학, 역사학에서 주목하는 구술사 연구 방법론과는 또 다른 지점이 포착된다. 이들 학문 영역에서는 구술자 스스로가 경험한 기억으로 서사를 재구성하는 것에 주목한다. 그렇지만 구술조사 현장에서 구술생애담을 조사하게 되면 자신의 이야기와 거의 비슷한 비중으로 구술자가 접한 남들의 이야기도 조사되고 있다. 구술자는 남의 이야기라고 하여 객관적으로 이야기하는 경우는 드물다. 〈사례 2〉에서처럼 반드시 여기에 자신의 감정과 평가를 넣어 이야기를 구술하는 경우가 많다. 자신과 비극적인 운명을 함께하는 동류들의 이야기를 듣고 전달하는 가운데 유사한, 또는 동일한 트라우마를 경험하는 경우도 있어 보인다. 이 역시 담론의 장에서 이해가 가능할 것이다. 당사자는 너무나 참혹하여 입에 담을 수 없는 일을 타인이 대신 이야기함으로써 공론화가 가능하기 때문이다. 결국 구술 치유에서 서사적 담론화는 훌륭한 처방이 될 수 있을 것으로 기대된다.

김귀옥 외, 『전쟁의 기억 냉전의 구술』, 선인, 2008.

김귀옥, 『이산가족, '반공전사'도 '빨갱이'도 아닌…』, 역사비평사, 2004.

김종군, 「구술을 통해 본 트라우마의 실체」, 『통일인문학논총』 51집, 건국대학교 인문학연구원, 2011.

_____, 「지리산 인근 여성 생애담에 나타난 빨치산에 대한 기억」, 『인문학논총』 제47집, 건국대학교 인문학연구원, 2009.

김종군·정진아, 「탈북자의 역사적 트라우마와 탈북 트라우마의 현재적 양상」, 『코리언의 역사적 트라우마』, 선인, 2012.

_____, 『고난의 행군시기 탈북자 이야기』, 박이정, 2012.

김준기, 『영화로 만나는 치유의 심리학』, 시그마북스, 2009.

김호연·엄찬호, 「구술사를 활용한 인문치료의 모색」, 『인문과학연구』 24집, 강원대 인문과학연구소, 2010.

박경열, 「제주 여성 생애담에 나타난 4·3의 상대적 진실」, 『인문학논총』 제47집, 건국대학교 인문학연구원, 2009.

박찬승, 『마을로 간 한국전쟁』, 돌베개, 2010.

신동흔, 「역사 경험담의 존재 양상과 문학적 특성: 6·25 체험담을 중심으로」, 『국문학연구』 제23호, 국문학회, 2011.

_____, 「한국전쟁 체험담을 통해 본 역사 속의 남성과 여성: 우리 안의 분단을 넘어서기 위하여」, 『국문학연구』 제26호, 2012.

신동흔 외, 『시집살이 이야기 연구』, 박이정, 2012.

앨리스 모건, 고미영 역, 『이야기치료란 무엇인가?』, 청목출판사, 2010.

엄경선·장재환, 『동해안 납북어부의 삶과 진실』, 설악신문사, 2008.

월터 J. 옹, 이기우·임명진 역, 『구술문화와 문자문화』, 문예출판사, 1995.

이임화, 『전쟁미망인, 한국현대사의 침묵을 깨다』, 책과함께, 2010.

이재인, 「서사방법론과 여성주의 연구」, 『여성이론』 통권 10호, 여성문화이론

연구소, 2004.

이희영, 「사회학 방법론으로서의 생애사 재구성」, 『한국사회학』 39집 3호, 한국
사회학회, 2005.

장일구, 「역사적 원상과 서사적 치유의 주제학: 5.18 관련 소설을 사례로」, 『한
국문학이론과 비평』 7권 3호, 한국문학이론과 비평학회, 2003.

제주일보 4·3취재반, 『4·3은 말한다』, 전예원, 1994.

주디스 허먼, 최현정 역, 『트라우마: 가정폭력에서 정치적 테러까지』, 플리닛,
2007.